T0198553

Ansgar Nünning (Hrsg.)

Grundbegriffe der Kulturtheorie und Kulturwissenschaften

Verlag J.B. Metzler Stuttgart · Weimar

Der Herausgeber:

Ansgar Nünning, Professor für Englische und Amerikanische Literatur- und Kulturwissenschaft an der Universität Gießen und Direktor des »Gießener Graduiertenzentrum Kulturwissenschaften«. Zahlreiche Veröffentlichungen, vor allem zur englischen Literatur des 17. bis 20. Jahrhunderts sowie zu literatur- und kulturtheoretischen Ansätzen (u.a. Narratologie, New Historicism, Gender Studies, Mentalitätsgeschichte, komparatistische Imagologie, radikaler Konstruktivismus). Bei J.B. Metzler ist erschienen: »Metzler Lexikon Literatur- und Kulturtheorie«, 3. Auflage 2004 (Hrsg.); »Metzler Lexikon englischsprachiger Autorinnen und Autoren«, 2002 (Mithrsg.); »Konzepte der Kulturwissenschaften«, 2003 (Mithrsg.); »Erzähltextanalyse und Gender Studies«, 2004 (Mithrsg.); »Grundbegriffe der Literaturwissenschaft«, 2004 (Hrsg.).

Bibliografische Information Der Deutschen Bibliothek
Die Deutsche Bibliothek verzeichnet diese Publikation in der Deutschen Nationalbibliografie; detaillierte bibliografische Daten sind im Internet über <http://dnb.ddb.de> abrufbar.

ISBN-13: 978-3-476-10351-2
ISBN 978-3-476-05074-8 (eBook)
DOI 10.1007/978-3-476-05074-8

© 2005 Springer-Verlag GmbH Deutschland
Ursprünglich erschienen bei J.B. Metzlersche Verlagsbuchhandlung und Carl Ernst Poeschel Verlag GmbH in Stuttgart 2005
www.metzlerverlag.de
info@metzlerverlag.de

Vorwort

Die *Grundbegriffe der Kulturtheorie und Kulturwissenschaften* richten sich v.a. an Studierende im Grundstudium, die in geschichts-, literatur-, kultur- und sozialwissenschaftlichen Einführungskursen und Proseminaren in der Regel mit einer Vielzahl von Ansätzen und Fachbegriffen der Kulturtheorie konfrontiert werden, denen sie zunächst rat- und verständnislos gegenüberstehen. Im Gegensatz etwa zu dem Grundvokabular der Textanalyse, das vielen bereits aus dem Oberstufenunterricht bekannt ist, dürften Termini aus dem Bereich der Kulturtheorie für die meisten zunächst einmal ein Buch mit sieben Siegeln sein. Daraus ergibt sich die Notwendigkeit eines kleinen Nachschlagewerks für die erste Orientierung innerhalb eines interdisziplinären Sach- und Begriffsfeldes, das für Studienanfänger besonders schwer erschließbar und inzwischen selbst für Fachleute kaum noch überschaubar ist.

Der vorliegende Band verfolgt das Ziel, Studierenden einen kompakten Überblick über die wichtigsten Ansätze der zeitgenössischen Kulturtheorie zu geben und ihnen zentrale Grundbegriffe im breiten Feld der Kulturwissenschaften zu erläutern. Er beruht auf einer Auswahl von etwa 150 Einträgen aus der dritten, aktualisierten und erweiterten Auflage des *Metzler Lexikon Literatur- und Kulturtheorie* (Stuttgart/Weimar: J.B. Metzler 2004), die gezielt um einige Grundbegriffe aus den Kulturwissenschaften (z.B. Bildwissenschaft, Kulturbegriff, Philosophie der symbolischen Formen, Trauma und Traumatheorien) ergänzt wurde. Abgesehen von der Kürzung – und gleichzeitigen punktuellen Aktualisierung – der Literaturangaben wurden die Artikel bewußt nicht verändert, denn angesichts der Komplexität der Materie ist Studierenden weder mit unzulässigen Simplifizierungen noch mit Allgemeinplätzen gedient, sondern nur mit Erklärungen, die den Phänomenen, um die es geht, – trotz des durch das Lexikonformat ohnehin vorgegebenen Zwangs zur Prägnanz – noch angemessen sind.

Die Auswahl der Einträge orientiert sich an den wichtigsten zeitgenössischen Ansätzen und den grundlegenden Begriffen. Zum anderen wurde die Auswahl v.a. im Hinblick auf die intendierte Zielgruppe getroffen. Das heißt konkret, daß v.a. jene Ansätze und Grundbegriffe der Kulturtheorie ausgewählt wurden, denen Studierende im Grundstudium in der Regel tatsächlich begegnen. Berücksichtigt wurden daher zunächst einmal grundlegende Begriffe und Konzepte der kulturwissenschaftlichen Theoriebildung (von Alterität, Androgynität und Dialogizität über Erinnerung, Gedächtnis, Hybridität, Identität, Ideologie, Interkulturalität, Multikulturalismus, *Orientalism*, Performance/Performativität, Populärkultur und Postkolonialismus bis zu Ritual, Stereotyp und Zentrum/Peripherie). Daneben liegt der Akzent v.a auf der Erläuterung der wichtigsten neueren Richtungen der Kulturtheorie (z.B. *Cultural Materialism*, *Cultural Studies*, Dekonstruktivismus, Diskurstheorien, *Ecocriticism*/Ökokritik, *Gender Studies*, Kulturanthropologie, Kulturökologie, Kultursemiotik, Medienkulturwissenschaft, Mentalitätsgeschichte, *New Cultural History*/Kulturgeschichte, Postkoloniale Literaturtheorie, Poststrukturalismus, Systemtheorie und Xenologie) sowie der von den genannten Ansätzen geprägten Grundbegriffe. Außerdem wurde bei der Auswahl Wert darauf gelegt, daß der Zusammenhang innerhalb von Begriffsfeldern gewahrt bleibt und daß Ratsuchende durch die Verweise schnell die gewünschten Informationen finden. Die *Grundbegriffe der Kulturtheorie und Kulturwissenschaften* erheben mit dieser Auswahl keinen Anspruch auf Vollständigkeit, möchten aber Studierenden im Grundstudium fachliche Orientierungshilfe bieten und ihnen ermöglichen, sich innerhalb der zeitgenössischen Kulturtheorie schnell eine erste begriffliche Übersicht zu verschaffen.

Angesichts der kulturwissenschaftlichen Erweiterung der Literaturwissenschaft ist dieser Band einerseits als Ergänzung zu dem von Heike Gfrereis herausgegebenen Glossar *Grundbegriffe der Literaturwissenschaft* (Stuttgart/Weimar: Metzler 1999) und dem von mir herausgegebenen Band *Grundbegriffe der Literaturtheorie* (Stuttgart/Weimar: Metzler 2004) gedacht. Andererseits trägt dieser Band der kulturellen Wende in den Geisteswissenschaften insofern Rechnung, als er Studierenden aller Disziplinen einen Einstieg in das zunächst unübersichtlich und schwierig erscheinende Feld der Kulturtheorie bietet. Wer *noch* mehr wissen, wer sich über weitere kulturwissenschaftliche und kulturtheoretische Ansätze und Begriffe oder die historische Dimension der Kulturtheorie informieren und/oder wer die Autor/inn/en näher kennenlernen möchte, die die theoretischen Debatten und Begriffe geprägt haben, sei auf den Band *Konzepte der Kulturwissenschaften: Theoretische Grundlagen – Ansätze – Perspektiven* (Hgg. Ansgar Nünning & Vera Nünning, Stuttgart/Weimar: Metzler 2003) und auf das sehr viel umfangreichere *Metzler Lexikon Literatur- und Kulturtheorie: Ansätze – Personen – Grundbegriffe* verwiesen, das in etwa 750 Artikeln verständliche und zuverlässige Einführungen in die wichtigsten literatur- und kulturwissenschaftlichen Ansätze, deren Hauptrepräsentanten und die von ihnen geprägten Grundbegriffe bietet. Die in der Auswahlbibliographie am Ende des vorliegenden Bandes enthaltenen Titel sollen Interessierten die Suche nach umfassenden Darstellungen kulturtheoretischer und kulturwissenschaftlicher Ansätze und Begriffe erleichtern.

***

Allen, denen ich in den Vorworten zur ersten, zweiten und dritten Auflage des *Metzler Lexikon Literatur- und Kulturtheorie* gedankt habe, möchte ich an dieser Stelle nochmals herzlich für die ausgezeichnete und ertragreiche Zusammenarbeit danken: allen voran den Autorinnen und Autoren, die die Artikel für dieses Lexikon geschrieben haben, allen Kolleginnen und Kollegen sowie Rezensentinnen und Rezensenten, denen ich viele wertvolle Hinweise und Ratschläge verdanke, und natürlich – *last, but definitely not least* – meinen unschlagbar tüchtigen und netten Gießener MitarbeiterInnen, in diesem Fall v.a. Stella Butter, Michael Basseler und Julijana Nadj, sowie Hanna Bingel, Stefanie Bock, Katharina Engelhardt, Meike Hölscher und Daniela Siener, die bei der Endredaktion in vielerlei Hinsicht behilflich waren. Ute Hechtfischer vom Metzler Verlag danke ich einmal mehr für die professionelle und angenehme Zusammenarbeit sowie für die ebenso kompetente wie freundliche Unterstützung bei (nicht nur) diesem Projekt.

Wenn dieses Bändchen die oben skizzierten Ziele erfüllen und StudienanfängerInnen den Einstieg in die Kulturtheorie sowie die Orientierung im Begriffsdschungel erleichtern sollte, dann hätte sich die Mühe gelohnt. Über positive Rückmeldungen, Anregungen aller Art und natürlich auch kritische Anmerkungen freut sich: ansgar.nuenning@anglistik.uni-giessen.de. Denen, für die die *Grundbegriffe der Kulturtheorie und Kulturwissenschaften* bestimmt sind, wünsche ich viel Erfolg und ebenso viel Freude in ihrem (lies: Ihrem) Studium!

Gießen, im Februar 2005   Ansgar Nünning

Inhalt

A

Alterität, kulturelle (lat. *alter*: anders), während k.A. in der traditionellen Imagologie und Ethnologie auf Differenzen von Oberflächenphänomenen wie ↗ Ritualen und Institutionen verweist, stehen bei ↗ Kulturtheorien der Gegenwart kulturell vorgegebene, tiefenstrukturelle Wahrnehmungs- und Werteparadigmen im Mittelpunkt, welche die Differenzen motivieren. – Von der tiefenstrukturell konzipierten k.A. ist der diskursive Umgang mit k.A. zu unterscheiden. Auf einen *clash of cultures* reagiert das kulturelle Bewußtsein mit Entwürfen von Hetero- bzw. Autostereotypen, d.h. Fremd- und Selbstbildern, die sich zu ›*images*‹ eines *national character* verdichten und deren von unbewußten Interessen und Projektionen geleiteter Konstruktcharakter nicht durchschaut wird. Sie codieren nicht nur die individuelle Wahrnehmung, sondern ganze Wissenschaftsdisziplinen wie Philosophie, Philologie, Theologie, Biologie, Psychologie usw., wie z.b. im ↗ Kolonialismus und Nationalsozialismus. Kritikwürdig ist die in der Regel zu beobachtende Stigmatisierung der k.A., motiviert durch das Interesse an der Aufrechterhaltung einer mit den Normen der Ausgangskultur kompatiblen ↗ Identität, um Dominanzansprüche zu legitimieren. Dabei werden »curious interrelationships« between figures for sexual and racial Otherness« (H.L. Gates 1986, S. 16) funktionalisiert. – In der abendländischen, von der gr. Antike her logozentrisch (↗ Logozentrismus) und patriarchalisch (↗ Patriarchat) geprägten Denktradition gelten u.a. Bewußtsein und Sprache, das metaphorisch mit ihnen assoziierte Licht und die an dieses geknüpfte Sinneswahrnehmung der Visualität (Okularzentrismus), außerdem die durch ein binär operierendes Schema formal erzielte Eindeutigkeit der Aussage und ein mit ↗ ›Männlichkeit‹ assoziierter Merkmalskatalog als positiv konnotierte Werte und damit als Charakteristika der Identität. Sie werden abgesetzt von den der k.A. zugeschriebene Gegenpolen des ↗ Unbewußten, der Sprachlosigkeit, der Dunkelheit, der leibzentrierten Sinneswahrnehmung des Taktilen oder Olfaktorischen oder des Diffusen und Amorphen. Als weitere epistemologisch-imperialistische Strategie fungiert die Setzung von Schlüsselkonzepten der okzidentalen Epistemologie und Metaphysik als normativer Maßstab der anders codierten Weltbilder, wie z.b. die Universalisierung des okzidentalen männlich konnotierten, präsentischen und selbstmächtigen Subjektbegriffs (vgl. G.Ch. Spivak 1988), eine universalistisch ausgelegte, an der Chronologie und dem Ereignis orientierte, evolutionär und teleologisch konzipierte Zeit- und Wirklichkeitsdefinition (↗ Zeit) und die Überlagerung ontogenetischer und phylogenetischer Entwicklungsmodelle, welche die k.A. als eine moralische, biologische, intellektuelle, ökonomische und religiöse Vorstufe der Ausgangskultur erscheinen lassen. Während ›imaginäre‹ A.konstrukte nach dem *Us-Them*-Schema über ein dichotomisch-hierarchisierendes Polaritätsmodell definiert werden, fordern ›symbolisch‹ geprägte A.modelle (vgl. JanMohamed 1983) die Möglichkeit der k.A. ein, sich ›mit eigener Stimme‹ am interkulturellen Dialog (↗ Interkulturalität) zu beteiligen, z.B. in M. Leiris' Ethnopoesie, H.K. Bhabhas Modell einer ›*Dissemin Nation*‹ oder Spivaks ›*subaltern studies*‹.

Lit.: F.K. Stanzel: »Der literar. Aspekt unserer Vorstellungen vom Charakter frem-
der Völker«. In: *Anzeiger der Österreich. Akademie der Wissenschaften* 111 (1974)
S. 63–82. – A.R. JanMohamed: *Manichean Aesthetics. The Politics of Literature
in Colonial Africa*, Amherst 1983. – Gates 1995 [1986]. – S. Weigel: »Die nahe
Fremde – das Territorium des ›Weiblichen‹. Zum Verhältnis von ›Wilden‹ und
›Frauen‹ im Diskurs der Aufklärung«. In: Th. Koebner/G. Pickerodt (Hgg.): *Die
andere Welt. Studien zum Exotismus*, FfM. 1987. S. 171–199. – G.Ch. Spivak:
»Can the Subaltern Speak?« In: C. Nelson/L. Grossberg (Hgg.): *Marxism and the
Interpretation of Culture*, Urbana 1988. S. 271– 313. – N. Mecklenburg: »Über
kulturelle und poetische A.«. In: D. Krusche/A. Wierlacher (Hgg.): *Hermeneutik der
Fremde*, Mchn. 1990. S. 80–102. – J. Comaroff/J. Comaroff: *Ethnography and the
Historical Imagination*, Boulder 1992. – E.W. Said: »East isn't East. The Impending
End of the Age of Orientalism«. In: *TLS* 4792 (3.2. 1995) S. 3–6. – Weimann
1997. – Ashcroft et al. 1998. – Horatschek 1998. – B. Waldenfels: *Grenzen der
Normalisierung. Studien zur Phänomenologie des Fremden*, FfM. 1998. – Ausg. »A.«
(Hg. B. Schlieben-Lange) der Zs. *LiLi* 28.110 (1998). – Lenz/Lüsebrink 1999.
– K.S. Guthke: *Der Blick in die Fremde. Das Ich und das andere in der Lit.*, Tüb.
2000. – M. Fludernik et al. (Hgg.): *Der A.sdiskurs des Edlen Wilden. Exotismus,
Anthropologie und Zivilisationskritik am Beispiel eines europ. Topos*, Würzburg
2002. – P. Wiesinger (Hg.): *Zeitenwende. Die Germanistik auf dem Weg vom 20.
ins 21. Jh.*, Bd. 9, *Lit.wissenschaft als Kulturwissenschaft. Interkulturalität und A.;
Interdisziplinarität und Medialität; Konzeptualisierung und Mythographie*, Bern et al.
2003. – A. Schäfer: »Respekt. Das Problem von A. und Moral in interkultureller
Perspektive«. In: Jaeger/Liebsch 2004. S. 334–349.   AHo

Androgynität (gr. *anēr,* Genitiv *andrós*: Mann; gr. *gynē*: Frau; wörtlich:
Mannweiblichkeit), als platonischer Mythos beinhaltet A. die Vorstellung
von einem ›Kugelmenschen‹, der aus der Verbindung von männlichen und
weiblichen Prinzipien entsteht. Nachdem die A. in der Sexologie und Psychoanalyse der Jh.wende pathologisiert worden war, ist in der Psychologie
der letzten Jahrzehnte des 20. Jh.s die Interpretation von ↗ Männlichkeit
und ↗ Weiblichkeit als zwei entgegengesetzte, unvereinbare Pole durch die
Vorstellung von einem Individuum, das gleichzeitig eine maskuline und
eine feminine Geschlechterrolle in sich vereinigt, abgelöst worden. A. wird
im Zusammenhang mit der ↗ Postmoderne u.a. von E. Badinter (*L'un est
l'autre*, 1986) als Kennzeichen einer Epoche gesehen, in der ↗ Geschlechterdifferenzen im ökonomischen wie im psychosozialen Bereich allmählich
verschwinden. Für Feministinnen war die A. lange Zeit eine Vision, mittels
derer die restriktive Festlegung auf eine ↗ Geschlechtsidentität und die
normative Macht von Geschlechterhierarchien durchbrochen werden sollte
(vgl. *Women's Studies* 2, 1974). Ob A. ein feministisches Ideal sein kann, ist
jedoch umstritten. In der feministischen Lit.theorie wird das Konzept der
A. z.B. in Zusammenhang mit V. Woolf diskutiert. Dabei werden Woolfs
Darstellungen von A. mal als Flucht vor und deshalb Verrat an Weiblichkeit,
mal als Erkennen und deshalb bewußte Ablehnung jener verfälschenden oder
gar destruktiven Metaphysik gedeutet, welche Männlichkeit und Weiblichkeit
als binäre Oppositionen begreift (vgl. Moi 1985, S. 13–16). Am Beispiel der

romantischen Konstruktion der A. als Künstlerideal wird die Frage gestellt, ob A. hier nicht eher eine Aneignung des ›Weiblichen‹ für und durch den männlichen Künstler denn eine Überwindung der Geschlechterdifferenz impliziert. Statt als eine Kategorie, welche die Geschlechterdifferenzen nochmals benennt und (damit) fixiert, stellt C. Heilbrun in ihrer Studie *Toward a Recognition of Androgyny* (1973) A. als ein Konzept vor, das die Dualität von Männlichkeit und Weiblichkeit als essentialistische Konstrukte (↗ Essentialismus) auflösen soll. In Abgrenzung von einer A., welche die Fiktion eines umfassenden, abgeschlossenen Ganzen aufrechterhält, formuliert H. Cixous ihr (Schreib-)Konzept einer ›anderen‹ Bisexualität, einer pluralen und prozesshaft-dynamischen Geschlechtlichkeit, mit der die unterdrückten femininen Komponenten in Männern und Frauen zum Tragen kommen sollen.

Lit.: *Women's Studies* 2 (1974). – Moi 1995 [1985]. – K. Weil: *Androgyny and the Denial of Difference*, Charlottesville/Ldn. 1992. – U. Bock/D. Alfermann (Hgg.): *Androgynie. Vielfalt der Möglichkeiten*, Stgt. 1999. – L. Rado: *The Modern Androgyne Imagination. A Failed Sublime*, Charlottesville 2000. DF/SSch

Archiv (gr. *archeíon*: Regierungsgebäude; *archē*: Regierung, Herrschaft), der Begriff zielt weder auf die Summe aller Texte, die eine Kultur zur Dokumentation ihrer Geschichte aufbewahrt, noch auf die kulturellen Institutionen, die die Aufbewahrung dieser Dokumente gewährleisten (↗ Gedächtnis, kulturelles). Vielmehr bezeichnet A. »das Gesetz dessen, was gesagt werden kann« (Foucault 1973, S. 187), umgreift also die Bedingungen der Möglichkeit des Erscheinens und Verschwindens von Aussagen. Insofern das A. als das »allg. System der Formation und der Transformation von Aussagen« (ebd., S. 188) verstanden wird, beinhaltet es zugleich die Menge aller formulierter ↗ Diskurse einer Zeit, die im und durch das A. differenziert und spezifiziert werden. Konsequent ordnet M. Foucault dem A. nicht die Diskursanalyse, sondern die Archäologie als adäquates Verfahren zu. Archäologie erforscht weder den Sprecher und seine Intentionalität noch das Gesagte und seine Referenz, sondern »Typen und Regeln von diskursiven Praktiken« (ebd., S. 199). Zwei Grenzen jedoch hat die Analyse des A.s. Zum einen kann das A., worauf Foucault selbst verweist, nie vollständig beschrieben werden; wohl ein Grund dafür, sich hinfort der kleineren Einheit der Diskurse zuzuwenden. Zum anderen bleibt in der allg. Formulierung des A.s ungeklärt, was als Bedingung der Aussagen fungiert. Hier wird der Begriff des Dispositivs den des A.s ablösen, da er den Konnex von Wissen und ↗ Macht einholt, der in der *Archäologie des Wissens* (1973) ausgespart bleibt. Der Begriff des A.s wird in den späteren Schriften Foucaults im Sinne jener »ruhmlosen A.e« (Foucault 1976, S. 246) verwendet, die als Aufzeichnungsmedien von Wissen die Normierung des Menschen vornehmen und die entgegen der theoretischen Konzeptualisierung des A.s in der Summe der aufbewahrten, wenn auch wie in der ↗ Mentalitätsgeschichte aus dem Blick geratenen, Texte bestehen.

Lit.: Foucault 1969 (dt. 1997 [1973]). – ders.: *Surveiller et punir*, Paris 1975 (dt. *Überwachen und Strafen*, FfM. 1997 [1976]). – J. Derrida: *Mal d'archive. Une impression Freudienne*, Paris 1995 (dt. *Dem Archiv verschrieben. Eine Freudsche Impression*, Bln. 1997). – St. Rieger: »Diskursanalyse«. In: Pechlivanos et al. 1995. S. 164–169. – W. Ernst: *Das Rumoren der Archive. Ordnung aus Unordnung*, Bln. 2002.   HN

Aufschreibesystem, ein Terminus, den F. Kittler der Autobiographie des Nervenkranken D.P. Schreber entnommen und in die Kulturwissenschaften mit der Intention eingeführt hat, die ↗ Diskurs-Konzeption M. Foucaults in mediengeschichtlicher Hinsicht zu erweitern. Der Begriff A. (engl. *discourse networks*) bezeichnet demnach »das Netzwerk von Techniken und Institutionen [...], die einer gegebenen Kultur die Adressierung, Speicherung und Verarbeitung relevanter Daten erlauben« (Kittler 1995, S. 429). Während die Diskursanalyse Foucaults darauf abzielt, die Bedingungen der Möglichkeit zu rekonstruieren, unter denen eine bestimmte Kultur ihre Reden organisiert, will Kittler das historische *Apriori* des Sag- und Wißbaren auf ihre materielle, nämlich medientechnische Basis zurückführen. Als Netzwerk umfaßt das A. neben den Medien, die unmittelbar der Verarbeitung von Informationen dienen, eine Vielzahl scheinbar heterogener kultureller Praktiken. So besitzt das Medium Schrift im A. der Goethezeit wie im vorangehenden A. des Barockzeitalters das Monopol der Datenspeicherung. Doch erst aus dem Zusammenspiel mit dem staatlichen Machtapparat, pädagogischen Institutionen, einer Neubestimmung der Geschlechterrollen sowie innovativen Lektüre- und Schreibverfahren ergibt sich der spezifische Status des Schriftmediums um 1800: Schrift als eine Art Ersatz-Sinnlichkeit, die es ermöglicht, Texte zu halluzinieren und reine Signifikate zu lesen. Im A. der Moderne macht die Erfindung technischer Medien (Film, Grammophon) diese Funktion der Schrift überflüssig; Schreiben wird zu einer selbstbezüglichen, nicht länger sinnstiftenden Tätigkeit, einer Artistik des Signifikanten.

Lit.: Kittler 1995 [1985]. – Th. Sebastian: »Technology Romanticized. F. Kittlers ›Discourse Networks 1800/1900‹«. In: *MLN* 105.3 (1990) S. 583–595.   ChM

B

Bildwissenschaft, die BW beschäftigt sich mit der Frage nach den Merkmalen von Bildern sowie deren kulturellen und erkenntnistheoretischen Funktionen. Sie entwickelte sich aus der Kunstgeschichte, indem sie die dort bereits angelegte Ausweitung des Bildbegriffs auf alle visuell gestalteten Phänomene konsequent fortsetzte. Die BW beschäftigt sich nicht bloß mit künstlerischen Artefakten, sondern legt ein sehr weit gefaßtes Verständnis von Bildern zugrunde. Neben dominant visuellen Medien wie Filmen, Fotografien, Bildern der ↗ Populärkultur und Werbung gehört auch die Dingkultur (Münzen, Medaillen, Möbel oder Kleidungstücke) zu ihrem Untersuchungsgegenstand. Die Öffnung der Kunstwissenschaft hin zur BW und die damit verbundene Überwindung des normativ gefärbten Gegensatzes zwischen der sog. Hoch- und Populärkultur wurden maßgeblich durch die Arbeiten von Aby Warburg begünstigt. Indem er in seinem Bilderatlas *Mnemosyne* Werke der Hochkunst mit populärkulturellen Bildern vereint und den Blick auf deren gesellschaftliche Funktionen richtet, deutet er die Kunstgeschichte erstmals konsequent als BW. Die von Warburg beobachtete Wiederkehr bildlicher Formen in verschiedenen Epochen und Kulturräumen führte er auf die spezifische, zumal affektive Prägekraft des Bildes zurück. – Die der BW zugrundeliegende Frage nach den medienspezifischen Besonderheiten des Bildes beinhaltet sowohl die Analyse der kultur- und epochenspezifischen Bedingungen im Umgang mit Bildern als auch die Rekonstruktion der Geschichte des Bildes als Geschichte verschiedener, kulturell dominanter Bildmedien. Eine zentrale Herausforderung der BW besteht in der historisch fundierten Untersuchung des erkenntnistheoretischen und bedeutungsstiftenden Status, der Bildern in bestimmten soziokulturellen Situationen zugeschrieben wird. Der BW geht es daher weniger um eine rein inhaltliche Analyse von Bildern. Vielmehr konzentriert sie sich auf die medienspezifischen Strukturen von Bildern sowie auf die besonderen Funktionen, die diese im synchronen Geflecht aller kulturellen Symbolformen für die Sinnstiftungsprozesse einer Kultur erfüllen können. Die BW schärft damit das Bewußtsein für die geschichtliche und kulturspezifische Prägung von Bildern sowie die Historizität von Kommunikationsformen. – Die zunehmende kulturelle Bedeutung, die dem Bild spätestens seit dem letzten Jahrzehnt zugesprochen wird, findet in der erstmals im Jahre 1994 von Gottfried Boehm formulierten Notwendigkeit eines *iconic turn* ihren programmatischen Ausdruck. Die Formel vom *iconic turn* versucht der »ubiquitäre[n] Präsenz« (Boehm 1994, S. 12) des Bildes bzw. einem neuen ›ikonoklastischen Zeitalter‹ (vgl. ebd., S. 35) Rechnung zu tragen. Boehm beruft sich dabei explizit auf den sog. ↗ *linguistic turn* der Philosophie. Betont der *linguistic turn* die sprachliche Strukturierung bzw. diskursive Überformung der menschlichen Erkenntnisbildung, so stellt der *iconic turn* die Bedeutung der visuellen Wahrnehmung für die individuelle und kulturelle Orientierungsbildung heraus (vgl. ebd., S. 16). Wichtigste Folge dieser Einsicht ist, daß die Deutung und Aneignung von Wirklichkeit maßgeblich von Bildern geprägt wird. Das Postulat eines *iconic turn* impliziert damit auch die Forderung, nicht länger nur der Sprache und dem Text, sondern auch dem Bild als alternativem Repräsentations- und Sinnstiftungsformat (↗ Repräsentation) Beachtung zu schenken und einen hypostasierten Textbegriff, wie er sich am radikalsten in dem Konzept von ›↗ Kultur als Text‹ (vgl. Bachmann-Medick 2004 [1996]) niederschlägt, aufzugeben. Die sich aus dem *iconic turn* ableitende Forderung nach der Berücksichtigung der Mediendifferenz von Bild und Text gilt als Voraussetzung, um den je spezifischen Eigenwert dieser medialen Codes sowie deren produktives Spannungsverhältnis systematisch zu erfassen. Die Akzentuierung der Medienspezifität folgt der Einsicht, daß sich die strukturellen und funktionalen Spezifika von Bildern nur in der Differenz zu anderen, nicht-visuellen Medien bestimmen lassen. So wird Bildern im Vergleich zu Texten eine besondere Prägekraft sowie das Potential zur Veranschaulichung auch von abstrakten, anderweitig nicht artikulierbaren Erfahrungen zugesprochen. Bilder werden dabei als konstruktive Repräsentationsformen angesehen, die die dargestellten Objekte nicht abbilden, sondern erst erzeugen. Aus dieser ↗ Konstruktivität ergibt sich für die BW das Ziel, die spezifische Rhetorik von Bildern, also die genuine Bildsprache, zu analysieren (vgl. Belting 2001). Die medienspezifischen Formen und Verfahren gelten als eigenständige Bedeutungsträger, die maßgeblich zu der Sinndimension visueller Artefakte beitragen. – Die Konstruktivität von Bildern hat ihnen häufig den Ruf einer verfälschenden Repräsentationsform eingetragen, deren suggestiver Wirkung v.a. unter Bedingungen einer zunehmenden Digitalisierung mit Skepsis zu begegnen sei. Den deutlichsten Ausdruck findet diese Kritik in J. Baudrillards (1981) Begriff des ↗ Simulakrum. Der Begriff bezeichnet Darstellungen, die sich auf ein Original zu beziehen scheinen, diese Referenz jedoch nur durch Realitätseffekte simulieren. Baudrillard (1976) konzipiert Bilder als die ›Mörder des Realen‹. Eine solche Einschätzung beruht allerdings auf der ihrerseits problematischen Prämisse, daß ein unvoreingenommener, authentischer Zugriff auf eine äußere und an sich bedeutungsvolle Realität möglich ist. – Spätestens mit der Diagnose eines *iconic turn* obliegt die Beschäftigung mit Bildern nicht länger der Kunstgeschichte allein, sondern ist zum disziplinenübergreifenden Untersuchungsgegenstand geworden. Zahlreiche kulturwissenschaftliche Disziplinen (von der Lit.wissenschaft über die Geschichts- und Religionswissenschaft bis hin zur Ethnologie) setzen sich seit geraumer Zeit mit den spezifischen Funktionen von visuellen Artefakten auseinander und analysieren vergleichend die Besonderheiten unterschiedlicher medialer Codes. Die postulierte Wende wirft daher auch Fragen nach disziplinenspezifischen Kompetenzen auf und ruft neue Formen der interdisziplinären Zusammenarbeit auf den Plan. – Obgleich die Forderung nach einer allg. BW wiederholt erhoben wurde, besteht bis heute keine Einigkeit über den Gegenstandsbereich einer solchen Wissenschaft. Da unter der Kategorie ›Bild‹ sehr heterogene Phänomene (gemalte, kognitive, fotographische, digitale, kinematographische, skulpturale Bilder) subsumiert werden, kann die von der BW geforderte Berücksichtigung der Medienspezifität nur bedingt eingelöst werden. Dennoch ist es als Verdienst der BW anzusehen, daß sie Bilder erstmals konsequent innerhalb der Gesamtheit aller kulturellen Zeichensysteme verortet und das Augenmerk auf spezifische Darstellungsformen und Funktionspotentiale dieses Mediums lenkt. Damit überwindet die BW das traditionellen ↗ Medientheorien zugrunde liegende gesellschaftskritische Erkenntnisinteresse an ›wahren‹ und ›falschen‹ Repräsentationsformen zugunsten der konstruktivistisch ausgerichteten Frage, wie Bilder Realität erzeugen.

Lit.: J. Baudrillard: *L'échange symbolique et la mort*, Paris 1976. – ders.: *Simulacres et simulation*, Paris 1981. – G. Boehm (Hg.): *Was ist ein Bild?*, Mchn. 1994. – ders.: »Die Wiederkehr der Bilder.« In: ebd., S. 11-39. – W.J.T. Mitchell: *Picture Theory. Essays on Verbal and Visual Representation*, Chicago 1994. – D. Bachmann-Medick 2004 [1996]. – M. Diers: *Schlagbilder. Zur politischen Ikonologie der Gegenwart*,

FfM. 1997. – K. Sachs-Hombach/K. Rehkämper: »Aspekte und Probleme der bildwissenschaftlichen Forschung – eine Standortbestimmung.« In: diess. (Hgg.): *Bildgrammatik. Interdisziplinäre Forschungen zur Syntax bildlicher Darstellungsformen*, Magdeburg 1999. S. 9-20. – H. Belting/D. Kamper (Hgg.): *Der zweite Blick. Bildgeschichte und Bildreflexion*, Mchn. 2000. – A. Warburg: *Der Bilderatlas Mnemosyne* (Hg. M. Warnke), Bln. 2000. – H. Belting: *Bild-Anthropologie. Entwürfe für eine BW*, Mchn. 2001. – H. Bredekamp: »A Neglected Tradition. Art History as BW«. In: *Critical Inquiry* 29.3 (2003) S. 418-428. – Ch. Maar/H. Burda (Hgg.): *Iconic Turn. Die neue Macht der Bilder*, Köln 2004.   BNe

C

Cultural Materialism, der seit den frühen 1980er Jahren an brit. Universitäten entwickelte und institutionalisierte *C.M.* hat teil an einer umfassenderen Tendenz in den neueren Lit.wissenschaften, an der Bemühung um eine Erweiterung der lit.wissenschaftlichen Disziplinen zugunsten neuer kulturhistorischer und politischer Perspektiven. Somit steht der *C.M.* wie auch der in methodischer Hinsicht verwandte am. *New Historicism* im Zeichen einer kritischen Überwindung der werkimmanenten Interpretation und des *New Criticism*. Entschiedener noch als der *New Historicism* betonen die Vertreter des *C.M.* die unhintergehbare Existenz einer politischen Dimension literar. Texte, der die lit.wissenschaftliche Arbeit Rechnung zu tragen habe. Aus dieser Forderung ergibt sich folgerichtig die Notwendigkeit einer interdisziplinären Zusammenarbeit (↗ Interdisziplinarität) und wechselseitigen Verflechtung von politischer Theorie, Historiographie, Lit.- und ↗ Kulturwissenschaften. Um ihrem Anliegen gerecht zu werden, eine dem neueren Diskussionsniveau angemessene marxistische und materialistische Ästhetik zu entwickeln, sind die Vertreter des *C.M.* um eine Neukonzeption von Kulturgeschichte (↗ *New Cultural History*) bemüht, die von den Erkenntnissen der frz. ↗ Diskurstheorie und der ↗ Dekonstruktion angereichert und ergänzt wird. Im Rückgriff auf unorthodoxe, neomarxistische Theoriebildung der ↗ Frankfurter Schule (bes. W. Benjamin, Th.W. Adorno, M. Horkheimer) sowie der frz. und brit. marxistisch-materialistischen Lit. kritik (L. Althusser, R. Williams) sichern sich die Vertreter des *C.M.* ein beachtliches Theorieniveau, mittels dessen es gelingt, systematische und methodische Defizite im marxistischen Denken traditioneller Art zu korrigieren. Entgegen den Leitannahmen der orthodox-marxistischen Position werden nun das ältere Basis-Überbau-Modell und die überholungsbedürftige Widerspiegelungspoetik als erkenntnistheoretisch unzulänglich betrachtet und daher abgelehnt. Statt dessen gehen die *Cultural Materialists* von sehr viel dynamischeren Zusammenhängen zwischen literar. Texten, kulturellen Artefakten und historischen Daten aus, von einem Modell reziproker gesellschaftlicher Austauschprozesse, die eine umfassende Neubewertung sozialer Strukturen erforderlich machen. In dieser Hinsicht lassen sich bedeutende methodische Affinitäten und zunehmende Vernetzungen des *C.M.* mit dem am. *New Historicism* beobachten, die jedoch über gewisse bleiben-

de Unterschiede zwischen den beiden parallelen Strömungen nicht hinweg-
täuschen können. Hier wie dort entzündet sich die kritische Intention
zunächst an W. Shakespeare, dem wohl best-institutionalisierten Autor der
Weltlit., und, mehr noch, der traditionellen Shakespeare-Philologie. Im
Mittelpunkt der kulturmaterialistischen Analysen steht nicht zufällig die
Epoche der Renaissance, die in der Tat als entscheidendes Schlüsselstadium
im Prozeß der gesamtgesellschaftlichen ↗ Modernisierung gelten kann und
innerhalb derer, so die Annahme, die Weichen für die Verfaßtheit der
modernen europ. Gesellschaften gestellt wurden. Zwar strebt der *C.M.*
durch die produktive Einbeziehung außerfiktionaler kulturhistorischer
Zeugnisse in die Arbeit der Lit.wissenschaftler auch eine Kanonerweiterung
an und konvergiert so bis zu einem gewissen Grad mit den Bemühungen
der ↗ Mentalitätsgeschichte, aber deutlicher noch verfolgt er das Ziel einer
kritischen Re-Lektüre des etablierten Kanons. Einerseits bestehen zwischen
dem brit. *C.M.* und dem am. Neohistorismus eine Allianz und zunehmende Solidarität, die sich aus einer gemeinsamen Frontstellung gegenüber der
traditionalen, humanistisch inspirierten Lit.wissenschaft ergeben. Andererseits gehen die Meinungen und Positionen der beiden Bewegungen wiederum auseinander, wenn es um die Frage nach dem subversiven Potential der
Renaissance-Lit. geht, das von den Vertretern des *C.M.* im allg. höher
veranschlagt wird als von ihren am. KollegInnen. – Unter dem Eindruck
des frz. ↗ Poststrukturalismus, insbes. der Diskursanalyse des späten M.
Foucault, widmen sich die *Cultural Materialists* bevorzugt den unterschiedlichen gesellschaftlichen Mechanismen und Manifestationen der ↗ Macht,
der Legitimierung und Ausübung von Herrschaft, die, so die Annahme,
jenseits oder diesseits der von der traditionellen Geschichtstheorie über-
schätzten institutionellen Verankerung in den diskursiven Strukturen einer
Epoche und den Praktiken ihrer Verbreitung und Regulierung anzusiedeln
sei. So unternehmen die Autoren des *C.M.* den Versuch einer literar. Macht-
analyse und -kritik, die in den Renaissance-Tragödien einen reichhaltigen
Anschauungsfundus und geeignetes historisches Belegmaterial findet (vgl.
Dollimore 1984; Belsey 1985). C. Belseys aufschlußreiche Studie erkundet
die inneren Widersprüche frühneuzeitlicher ↗ Subjektivität, wie sie sich
beispielhaft in der elisabethanischen und jakobäischen Rachetragödie manifestieren. Das Zögern und die epistemologische Unsicherheit eines Hamlet beleuchten schlaglichtartig das prekäre Moment, das der neuzeitlichen
Subjektkonstruktion innewohnt. Nicht individuelles Scheitern kennzeichnet
die Tragödienhelden der Renaissance, sondern ihre Haltung erweist sich als
symptomatisch für eine ganze Epoche, da sich in ihr eine für die frühe
Neuzeit grundlegende gesellschaftliche Problematik kristallisiert. Indem der
moralische Konflikt des Helden von einem politischen Spannungsfeld
überlagert wird, gewinnt das individuelle Dilemma epochentypische Konturen. Die Überlappungen der beobachteten ethischen und politischen
Bezugsrahmen setzen die Handlungsfähigkeit des Subjekts schrittweise
außer Kraft, weil sie die bisher anerkannten Dichotomien zwischen falschem
und richtigem Verhalten, zwischen ›gut‹ und ›böse‹ unterwandern, die
tradierte Wertehierarchie verunsichern und die konventionellen Bedeutungs-

zuweisungen untergraben. Um ihre Lesart zu plausibilisieren, greift Belsey auf die systematischen Ergebnisse der Dekonstruktion zurück. Mit der Einsicht, daß für die Tragödienhelden der Renaissance die geläufigen Identitätsannahmen (↗ Identität, persönliche) und ihre Logik anfechtbar geworden und ins Wanken geraten sind, verbindet sich die Beobachtung einer folgenreichen Differenz und untergründigen Kluft, die sich zwischen den kulturellen Signifikanten und ihren (ehemals verbürgten) Signifikaten auftut. – Seit Ende der 1980er Jahre bahnen sich eine zunehmend fruchtbare Diskussion und Zusammenarbeit zwischen dem *C.M.* und den ↗ *Gender Studies* an, die die Aufmerksamkeit kulurpoetologischer Studien vermehrt auf das Verhältnis der Geschlechter in seinen sozialgeschichtlichen und politischen Implikationen lenken. Während namhafte feministische Autorinnen wie L. Jardine sich in ihren neueren Veröffentlichungen auf die Seite des *C.M.* geschlagen haben, beschäftigen sich einige herausragende Vertreter des *C.M.* in jüngster Zeit stärker mit der Problematik von Sexualität und literar. Geschlechterrollen. Schon die Orientierung an Foucault mußte die Autoren des *C.M.* das reziproke Verhältnis von Machtausübung und Begehren erkennen lassen, so daß die genaue Beobachtung der Mechanismen gesellschaftlicher Machtausübung mit einer gewissen Konsequenz zu der systematischen Untersuchung derjenigen Faktoren führen mußte, welche die kulturellen Konstruktionen der ↗ Geschlechterrollen bedingen und regulieren. Sowohl die *Gender Studies* als auch der *C.M.* stellen sich gegen einen essentialistischen Standpunkt (↗ Essentialismus) zugunsten der Annahme eines kulturellen ↗ Konstruktivismus. Über die soziokulturelle Geschlechterrolle entscheidet demzufolge nicht die biologische Geschlechtszugehörigkeit, die der historischen Veränderung entzogen ist, sondern die kulturspezifische Sozialisation des einzelnen und die epochentypischen Projektionen des Begehrens, wie sie sich in den charakteristischen Diskursen einer Gesellschaft oder Kulturgemeinschaft sedimentiert haben. Von diesen Voraussetzungen ausgehend, beschäftigt sich Belsey in ihrem Buch *Desire* (1994) mit einer Geschichte des Begehrens und der abendländischen Liebessemantik. Analog dazu hat J. Dollimore (1991) den nicht weniger ambitionierten Versuch vorgelegt, von Augustinus bis O. Wilde und Foucault die Möglichkeiten und literar. Ausdrucksformen eines nicht konformen sowie homosexuellen Begehrens zu erkunden, in denen sich die kulturellen Erwartungen und Ängste der okzidentalen Gesellschaften vielleicht am prägnantesten artikuliert haben. Mit den zuletzt genannten Studien hat die diskutierte Bewegung zugleich den anfänglichen Kernbereich ihrer materialistischen Textarbeit, die Renaissanceepoche, verlassen und damit die Reichweite ihres Ansatzes entschieden erweitert. Darin zeigt sich, daß sich das intellektuelle und theoretische Potential des *C.M.* noch lange nicht erschöpft hat und in Zukunft durchaus eine produktive Weiterentwicklung der methodischen Voraussetzungen und verwendeten Konzepte zu erwarten ist (vgl. Colebrook 1997).

Lit.: Belsey 1994 [1980]. – J. Dollimore: *Radical Tragedy. Religion, Ideology and Power in the Drama of Shakespeare and his Contemporaries*, Durham 1993 [1984].

– C. Belsey: *The Subject of Tragedy. Identity and Difference in Renaissance Drama*, Ldn/N.Y. 1985. – J. Dollimore/A. Sinfield: *Political Shakespeare. New Essays in C.M.*, Ithaca 1985. – J.E. Howard/M.F. O'Connor (Hgg.): *Shakespeare Reproduced. The Text in History and Ideology*, N.Y/Ldn. 1987. – C. Belsey/J. Moore (Hgg.): *The Feminist Reader. Essays in Gender and the Politics of Literary Criticism*, N.Y. 1989. – J. Dollimore: »Shakespeare, C.M., Feminism and Marxist Humanism«. In: *NLH* 21.2 (1989–90) S. 471–493. – ders.: *Sexual Dissidence. Augustine to Wilde. Freud to Foucault*, Oxford 1991. – A. Höfele: »New Historicism/C.M.«. In: *Jb. der dt. Shakespearegesellschaft West* (1992) S. 107–123. – C. Belsey. *Desire. Love Stories in Western Culture*, Oxford 1994. – S. Wilson: *C.M.: Theory and Practice*, Oxford 1995. – L. Jardine: *Reading Shakespeare Historically*, Ldn./N.Y. 1996. – Colebrook 1998 [1997]. Bes. S. 138–197. – A. Milner: *Re-Imagining Cultural Studies. The Promise of C.M.*, Ldn. et al. 2002. – S. Wilson: »Revisiting Keywords of C.M.«. In: *EJES* 6.3 (2002) S. 307–325. – M. Baßler: »New Historicism, C.M. und Cultural Studies«. In: Nünning/Nünning 2003. S. 132–155.   AS

Cultural Studies (dt. ›Kulturstudien‹, nicht ›Kulturwissenschaft‹ im Sinne einer eigenständigen Disziplin), Ober-/Sammelbegriff für die multi- bzw. interdisziplinäre Analyse kultureller Fragestellungen (↗ Interdisziplinarität). – Der Begriff wurde zuerst in Großbritannien zur Kennzeichnung der Arbeiten von R. Hoggart und v.a. R. Williams verwendet, die die aus der Lit.kritik hervorgegangene brit. Tradition der Kulturkritik (M. Arnold, T.S. Eliot, I.A. Richards, F.R. Leavis) fortsetzten, erweiterten und durch eine Demokratisierung des Kulturverständnisses (statt um die eine sog. hohe Kultur ging es ihnen um die Vielfalt der Kulturen innerhalb der brit. Gesellschaft) neu akzentuierten (vgl. Turner 1996, S. 38–77). Dieser Perspektivenwechsel war v.a. den gesellschaftlichen Umstrukturierungen in Großbritannien nach dem Zweiten Weltkrieg geschuldet, bei denen soziale (Ausbau des *welfare state*, ›Verbürgerlichung‹ der Arbeiterklasse), politische (mehrere Labour-Regierungen, ›Niedergang‹ des Empire) und kulturelle Faktoren (fortschreitende Egalisierung der Bildungschancen, Akzeptanzprobleme einer ›multikulturellen‹ Gesellschaft) interagierten. Von entscheidender Bedeutung für die Entwicklung und Institutionalisierung der *C.St.* waren zum einen sog. Gründertexte (wie Hoggarts *The Uses of Literacy* [1957], Williams' *Culture and Society 1780–1850* [1958] und *The Long Revolution* [1961] sowie E.P. Thompsons *The Making of the English Working Class* [1963]), die sich um ein Verstehen der genannten gesellschaftlichen Veränderungen bemühten, zum anderen das 1964 von Hoggart gegründete Centre for Contemporary Cultural Studies (CCCS) an der Universität Birmingham, an dem konkrete Fragestellungen theoretisch und empirisch untersucht werden sollten. Unter Hoggarts Leitung konzentrierte sich die Arbeit des CCCS zunächst auf lit.- und kultursoziologische Probleme im engeren Sinne; unter dem Direktorat von St. Hall (1968–79) kamen Arbeiten zur Medien- und Ideologietheorie, zur populären und zur Arbeiterkultur, zu jugendlichen ↗ Subkulturen und zu feministischen Fragestellungen hinzu. Diese Untersuchungen waren verschiedenen theoretischen Ansätzen verpflichtet: Neben dem von Williams entwickelten ↗ *Cultural*

Materialism war die Rezeption des ↗ Strukturalismus (F. de Saussure, Cl. Lévi-Strauss, R. Barthes), des Marxismus (G. Lukács, L. Althusser, A. Gramsci) und der ↗ Frankfurter Schule, deren Schlüsseltexte in den späten 1960er und frühen 1970er Jahren zum ersten Mal (zumeist in der *New Left Review*) in engl. Übersetzung erschienen, von entscheidendem Einfluß. Das CCCS, das bis 1979 dem English Department assoziiert war, wurde (nach Halls Wechsel an die Open University) zunächst in eine ›independent research and postgraduate unit in the Faculty of Arts‹ (CCCS, 11th Report, 1979–80) unter der Leitung von R. Johnson, ab 1.1.1988 unter Einbeziehung der Soziologie in ein ›Department of Cultural Studies [...] within the Faculty of Commerce and Social Science‹ (CCCS, 19th Report, 1987–88) umgewandelt. Obwohl in den 1960er Jahren weitere Institutionen und Gruppierungen mit verwandten Interessen, wie z.B. das Centre for Television Research in Leeds (1966), das Centre for Mass Communication Research in Leicester (1966) und die Glasgow Media Group (1974–82) gegründet wurden und kontinuierlich arbeiteten, ist es legitim, bis Ende der 1970er Jahre die Entwicklung der *C.St.* mit der Entwicklung des CCCS in etwa gleichzusetzen. Anfang der 1980er Jahre kam ›the moment of autonomy‹ (Hall), d.h. die relative geistige Unabhängigkeit der *C.St.* vom CCCS: Auf Grund steigender Nachfrage wurden (trotz grundsätzlicher Kürzungen im Bildungsbereich) vermehrt *C.St.*-Studiengänge mit unterschiedlichen Profilen und entsprechenden Stellen (zunächst an Fachhochschulen, dann an Universitäten) geschaffen; an der Open University wurde von 1982–87 ein Kurs zu dem Thema ›*Popular Culture*‹ (U203) (↗ Populärkultur) angeboten, an dem viele WissenschaftlerInnen mitarbeiteten, die, wie die AbsolventInnen des CCCS, in den kommenden Jahren zur Weiterentwicklung und Verbreitung der *C.St.* beitragen sollten. Parallel dazu setzte eine intensive Rezeption der *C.St.* in den USA (vgl. Grossberg et al. 1992), aber auch Australien und Europa (v.a. Deutschland, Italien) ein. – Der moderne Begriff von ↗ Kultur ist durch fünf Momente gekennzeichnet, die sich nacheinander herausgebildet haben, aber in unserem gegenwärtigen Verständnis des Begriffes weiterwirken (↗ Kulturbegriff). Zunächst fand sich der Begriff im Sinne von ›Kultivierung‹ im Zusammenhang mit der Land- und Viehwirtschaft, später wurde diese Vorstellung auf den menschlichen Verstand ausgedehnt. In der Folgezeit wurden ein kultivierter Geist bzw. ein kultiviertes Benehmen bestimmten sozialen Gruppen zuerkannt, die gleichzeitig die Normen für eine ganze Gesellschaft setzten. Unter dem Einfluß J.G. Herders setzte ein Prozeß der Relativierung ein, der es dann ermöglichte, von Kulturen (im Plural) als Ausdruck von verschiedenen Lebensweisen (auch innerhalb einer Gesellschaft) zu sprechen; aus diesem Verständnis entwickelte sich der anthropologische Kulturbegriff. Aus einem gezielten Interesse an der symbolischen Dimension, d.h. dem einer Gruppe gemeinsamen Vorrat an Zeichen und Bedeutungen, ging schließlich der semiotische Kulturbegriff hervor (↗ Kultursemiotik). Vor diesem Hintergrund werden die vielfältigen theoretischen Entwicklungen und praktischen Untersuchungen der *C.St.* deutlich: (a) Der idealistisch beschränkte Kulturbegriff (»a state or process of human perfection, in terms of certain absolute or universal values«) wurde um die dokumentarische (»the body of intellectual and imaginative work, in which, in a detailed way, human thought and experience are variously recorded«) und die anthropologische Dimension (»a particular way of life, which expresses certain meanings and values not only in art and learning but also in institutions and ordinary behaviour«) erweitert und eine Neubestimmung der analytischen Perspektive als »studying all the activities and their interrelations, without any concession or priority to any one of them« (Williams 1965, S. 57, 62) wurde vorgenommen. (b) Eine partielle Konvergenz des anthropologischen und semiotischen Kulturverständnisses bewirkte, daß die *signifying processes*, über und durch die eine Gesellschaft sich erkundet, erfährt und verständigt, nicht als zusätzliche (lediglich abgeleitete oder reflektierende) Momente, sondern als konstitutive Bestandteile des gesellschaftlichen Systems betrachtet wurden. (c) Das komplexe Verhältnis von Kultur und ↗ Ideologie wurde in dem Sinne neu bestimmt, daß sich Kultur eher auf die alltäglich gelebten Praxen einer Gruppe, Ideologie dagegen auf die Art und Weise, wie sie diese darstellen, bezieht. Kultur und Ideologie sind, da sie auf eine bestimmte Weise zur ↗ Repräsentation kommen müssen, materieller Natur; beide können nicht einfach ihren jeweiligen Gruppen (↗ race, ↗ Klasse, ↗ gender) zugerechnet werden, sondern sind umstrittene Größen, die ständig neu (de-, re-)konstruiert werden müssen. (d) Die Basis-Überbau-Hypothese wurde durch ein komplexeres Verständnis von Gesellschaft als einer ›structure in dominance‹ (Althusser) abgelöst, deren Elemente als autonom und in widersprüchlicher, asymmetrischer Beziehung zueinander stehend zu begreifen sind. Eines dieser Elemente dominiert, aber keineswegs permanent: Welches Element wie lange dominiert, hängt von der komplexen Konstellation aller Widersprüche auf allen gesellschaftlichen Ebenen ab. Von entscheidender Bedeutung ist hierbei das Element der ↗ Hegemonie (Gramsci): Wenn eine Gruppe (allein oder in Verbindung mit anderen) in einer Gesellschaft herrschen will, so kann sie dies durch die Ausübung physischer Gewalt tun, oder dadurch, daß sie (durch geeignete Überredungs- bzw. Überzeugungsprozesse, bei denen Intellektuelle im weiteren Sinne eine wichtige Rolle spielen) die Zustimmung der beherrschten Gruppen erlangt. Diese Zustimmung ist jedoch immer umstritten; sie kann einer Gruppierung verloren gehen und von einer anderen erobert werden. (e) Das semiotische Verständnis von Kultur durchlief verschiedene Phasen: Wo die am ↗ Strukturalismus orientierten TheoretikerInnen von einem relativ stabilen Zusammenhang zwischen Signifikanten und Signifikaten ausgingen, mußten sich die ↗ poststrukturalistischen Ansätzen verpflichteten TheoretikerInnen mit dem ›Gleiten des Signifikats unter die Signifikanten‹, d.h. der grundsätzlichen Instabilität dieser Beziehung auseinandersetzen. Diskurstheoretische Überlegungen (im Anschluß an M. Foucault) haben dann weniger den Aspekt der Bedeutung als den der Wissensproduktion und seine Verbindung zu gesellschaftlichen Machtstrukturen betont. – Wenngleich *C.St.* erst eine Disziplin *in statu nascendi* ist, so ist die wissenschaftliche Lit. bereits kaum mehr überschaubar. Herausragend sind die theoretisch reflektierten, materialreichen und didaktisch sehr gut gestalteten Veröffentlichungen zu den

Open University-Kursen ›State and Society‹, ›Understanding Modern Societies‹ und ›Culture, Media and Identities‹; Zs.en wie *Media, Culture &
Society, Theory, Culture & Society, Screen, new formations, C. St., Soundings*
und *Third Text* publizieren innovative und qualitativ sehr gute Studien (vgl.
Bassnett 1997). Nachdem in Deutschland zunächst nur die Studien zu
jugendlichen Subkulturen rezipiert wurden, hat sich die Anglistik in den
letzten Jahren zunehmend kulturwissenschaftlichen Fragestellungen, und
damit auch den *C.St.*, geöffnet, was u.a. in der Gründung des *Journal for
the Study of British Cultures* (1994ff.) zum Ausdruck kommt (vgl. Kramer
1997).

Lit.: R. Williams: *The Long Revolution*, Harmondsworth 1965 [1961]. – L. Gross-
berg et al. (Hgg.): *C.St.*, Ldn. 1992. – G. Turner: *British C.St.: An Introduction*,
Ldn. 1996. – Ausg. »Lit.wissenschaft und/oder Kulturwissenschaft« der Zs. *Anglia*
114.3 (1996). – S. Bassnett: *Studying British Cultures*, Ldn. 1997. – J. Kramer:
British C.St., Mchn. 1997. – Cohen 1998. – Ch. Lutter/M. Reisenleitner: *C.St.:
Eine Einf.*, Wien 1998. – R. Bromley et al. (Hgg.): *C.St.: Grundlagentexte zur Einf.*,
Lüneburg 1999. – J. Engelmann (Hg.): *Die kleinen Unterschiede. Der C.St.-Reader*,
FfM. 1999. – K.H. Hörning/R. Winter (Hgg.): *Widerspenstige Kulturen. C.St. als
Herausforderung*, FfM. 1999. – R. Winter: *Die Kunst des Eigensinns. C.St. als Kritik
der Macht*, Weilerswist 2001. – M. Baßler: »New Historicism, Cultural Materialism
und C.St.«. In: Nünning/Nünning 2003. S. 132–155. – R. Sommer: *Grundkurs
C.St./Kulturwissenschaft Großbritannien*, Stuttgart et al. 2003. – H. Friese: »C.St.:
Forschungsfelder und Begriffe«. In: Jaeger/Straub 2004. S. 467–485.   JKr

Culturalism, Begriff, der 1980 von St. Hall in die Debatte eingeführt
wurde und der für ihn eine erste, im wesentlichen auf die 1960er Jahre
begrenzte Phase in der Entwicklung von ↗ *Cultural Studies* in Großbritannien
markiert, eine Phase, die eng mit den Namen R. Williams, R. Hoggart,
E.P. Thompson und dem Aufbau des Centre for Contemporary Cultural
Studies (CCCS) an der Universität Birmingham verbunden ist. Im weiteren
Sinne wird *C.* auch für all jene Kulturbegriffe eingesetzt, für die ↗ Kultur
ein Gegengewicht zu den materialistischen und utilitaristischen Aspekten
der europ. Moderne ist. *C.* in diesem Sinne beginnt mit M. Arnold im 19.
Jh. – Bei Hall wird *C.* als Gegenbegriff zu *structuralism* gebraucht und steht
für einen nicht-strukturalistischen Kulturbegriff (↗ Strukturalismus), wie
ihn die genannten Autoren vertreten haben. Hall, nach Hoggart Direktor
am CCCS, formuliert den Unterschied folgendermaßen: »Whereas, ›in c.‹,
experience was the ground – the terrain of ›the lived‹ – where consciousness and conditions intersected, structuralism insisted that ›experience‹
could not, by definition, be the ground of anything, since one could only
›live‹ and experience one's conditions *in and through* the categories, clas-
sifications and frameworks of the culture. These categories, however, did
not arise from or in experience: rather, experience was their ›effect‹« (Hall
1980, S. 60). – Im *C.* wird also Kultur als Prozeß gesehen, den das ständige
Wechselspiel zwischen objektiven Gegebenheiten und subjektiven Erfahrungen und Entscheidungen prägt. Gelebte Erfahrung in gesellschaftlichen

Gruppen und gelebte Geschichte stehen im Mittelpunkt des kulturalistischen Interesses. Ein solches, im wesentlichen empirisches und zugleich humanistisches Verständnis von Kultur kommt zwar nicht ohne solch zentrale Schlüsselbegriffe wie ↗ Ideologie und kollektives Bewußtsein aus, aber sie werden nicht zur Basis einer die Kultur totalisierenden Theorie entwickelt. Obwohl die *culturalists* vom Marxismus inspiriert sind, vermeiden sie den für seine dogmatischen Versionen zentralen Basis-Überbau-Schematismus, weil dadurch den Trägern des kulturellen Prozesses jegliche eigenständige und kreative Rolle im kulturellen Geschehen abgesprochen würde. In den 1970er Jahren wurde das kulturalistische Verständnis von Kultur unter dem Einfluß des frz. Strukturalismus, insbes. der Arbeiten von Cl. Lévi-Strauss und L. Althusser, durch ein strukturalistisches abgelöst. Dieser strukturalistische Kulturbegriff geht vom Primat überindividueller Strukturen aus, demzufolge das Handeln und Denken der Einzelnen und der gesellschaftlichen Gruppen fremdbestimmt ist. Die für den *C.* zentrale Vorstellung von frei handelnden Individuen, und damit die Chance zu gesellschaftlichem Ausgleich ohne vorgängige radikale Veränderung der Verhältnisse, geht damit verloren. Im ↗ Poststrukturalismus mit seiner weitgehenden Pluralisierung des Kulturbegriffs erscheinen kulturalistische Positionen als Relikte eines konservativen bürgerlichen Bildungsbegriffs.

Lit.: St. Hall: »Cultural Studies. Two Paradigms«. In: *Media, Culture & Society* 2 (1980) S. 57–72. – R. Samuel (Hg.): *People's History and Socialist Theory*, Ldn. 1981. – G. Turner: *British Cultural Studies*, Boston 1990. – A. Milner: *Contemporary Cultural Theory*, North Sydney 1991. – Ch. Jenks: *Culture*, Ldn. 1993. – S. Bassnett (Hg.): *Studying British Cultures*, Ldn. 1997.					JS

Cyberpunk, Begriff für Computerkultur, der einerseits moderne Computertechnologie (*cyber-*), andererseits Subversivität (*-punk*) konnotiert und auf die Nutzung des dominanten, technologischen wie sozialen, Systems für individuelle oder subkulturelle Interessen verweist. – Seit den 1980ern bezeichnet *c.* einen Trend, der sich literar. und theoretisch sowie in theatralischen, künstlerischen und musikalischen *performances* ausdrückt. Im *c.* werden klassische Science-Fiction-Topoi ebenso wie postmoderne Sprachspiele (↗ Postmoderne) montiert. Technologiekritik und -euphorie wechseln einander unvermittelt ab. Als Initiator gilt der am. Autor W. Gibson, der in seinem Kultroman *Neuromancer* (1984) den Begriff ›cyberspace‹ prägte und damit dem virtuellen Raum der elektronischen Datenzirkulation einen Namen gab. Der Roman etablierte, ebenso wie die zwei Folgebände *Count Zero* (1987) und *Mona Lisa Overdrive* (1989) jene Mischung aus Metaphysik und Maschinenästhetik, die dann in der urbanen Chrom-Leder-Stahl-Ästhetik der 1980er Jahre (B. Sterling, J. Shirley, L. Shiner) ebenso wie in der spirituellen, sinnlichen Ästhetik der New Age- und Rave-Szene der 1990er (P. Cadigan, J. Noon) variiert und zitiert wurde. – Generell geht es im *c.* um die Bewältigung der ›Repräsentationskrise‹ (S. Bukatman), die auf der Erfahrung einer unsichtbar omnipräsenten Informationstechnologie gründet. Die Erkenntnis, daß das Authentische synthetisch generierbar ist, daß

Realität und Simulation, Biologie und Technologie nicht länger eindeutig unterschieden werden können, wird im *c.* aber eben nicht nur als beängstigender Kontrollverlust, sondern immer auch als Faszination und Befreiung inszeniert, was sich gerade in den Spekulationen über futuristische Mensch-Maschine-Mischformen, sog. ›*cyborgs*‹ (*CYBernetic ORGanism*), zeigt.

Lit.: B. Sterling (Hg.): *Mirrorshades. The C. Anthology*, N.Y. 1986. – L. McCaffery (Hg.): *Storming the Reality Studio*, Durham 1991. – S. Bukatman: *Terminal Identity*, Durham 1993. – M. Klepper et al. (Hgg.): *Hyperkultur. Zur Fiktion des Computerzeitalters*, Bln. 1995. – D. Bell/B.-M. Kennedy (Hgg.): *The Cybercultures Reader*, Ldn. et al. 2000. – D. Cavallaro: *C. and Cyberculture*, Ldn. 2000. – M. Flanagan/A. Booth (Hgg.): *Reload. Rethinking Women and Cyberculture*, Cambridge, MA et al. 2002. – S. Heuser: *Virtual Geographies. C. at the Intersection of the Postmodern and Science Fiction*, Amsterdam et al. 2003.   RM

D

Dekonstruktion, Theorie und Verfahren der poststrukturalistischen Lit. kritik (↗ Poststrukturalismus), das im wesentlichen auf Konzeptionen J. Derridas und P. de Mans zurückgeht (vgl. auch ↗ Dekonstruktivismus). Der Begriff entzieht sich einer eindeutigen Bestimmung, da er selbst gerade die Unmöglichkeit jeder eindeutigen Bestimmbarkeit und semantischen Begrenzbarkeit sprachlicher Zeichen beinhaltet. Indem er neben dem zunächst ins Auge springenden Moment der De-struktion auch ein Moment der Kon-struktion enthält, bezeichnet er den für die D. charakteristischen, doppelten Gestus zwischen Kritik und Affirmation, zwischen der radikalen Demontage überlieferter Begriffsgerüste und dem gleichzeitigen Bewußtsein, grundsätzlich nicht ohne diese auszukommen. Die D. ist daher keine schematisch anwendbare Methode, sondern ein gewissermaßen subversives Prinzip der Annäherung an Texte ›von innen her‹, die diese in ihren potentiell unendlichen Bedeutungsverästelungen, ihrem über die manifeste Textintention hinausgehenden Bedeutungsüberschuß und ihrer dabei unvermeidlich hervortretenden inneren Widersprüchlichkeit expliziert. Insbes. stellt sie die Art und Weise heraus, in der die je spezifische Sprache, Form und Rhetorik eines Textes der eigenen Aussage so weit entgegenlaufen, daß sie deren Hauptinhalte letztlich selbst wieder dementieren. Regulative Prinzipien des Verfahrens sind die Axiome der ›Schrift‹ und der ›Differenz‹, d.h. einerseits die Annahme der Priorität der Schrift vor dem gesprochenen Wort (dem ›Logos‹), des Signifikanten vor dem Signifikat, des intertextuell-offenen vor dem individuell-geschlossenen Charakter kultureller Zeichensysteme und andererseits der unaufhebbaren Differentialität, der irreduziblen Mehrdeutigkeit und prozeßhaften Unabschließbarkeit der kulturellen Zeichenaktivität. Die Kritik der D. an der logozentrischen (↗ Logozentrismus) ›westlichen‹ Tradition des Denkens und der Textauslegung besteht denn auch darin, daß diese die intertextuelle Offenheit und Vieldeutigkeit kultureller Erfahrung in die Zwangsmuster eines vereindeutigenden Systemdenkens preßt, in dem das

vorgebliche Interesse an Erkenntnis häufig nur ein Interesse der Machtaus-
übung und der ideologischen Realitätskontrolle verbirgt. Der Akt der D.
ist von hier aus intendiert als Selbstbefreiung des Denkens aus gewohnten
Grenzziehungen und Hierarchisierungen, insbes. aus den herkömmlichen
Dichotomien von Subjekt und Objekt, Geist und ↗ Körper, Signifikat und
Signifikant, Innerem und Äußerem, gut und böse, wahr und falsch, Ge-
gensätzen, die oft genug zur Rechtfertigung des Hegemonieanspruchs einer
Kultur, ↗ Klasse (*class*), Rasse (↗ *race*) oder eines Geschlechts (↗ *gender*) über
das andere mißbraucht wurden. – Als charakteristische Operationen der D. in
der Lit.kritik ergeben sich daraus v.a.: (a) Dezentrieren der zentral gesetzten
thematisch-strukturellen Instanzen eines Textes aus der Perspektive dessen, was
durch sie marginalisiert wird, sich aber dennoch als textkonstitutiv erweist;
(b) Auflösung binärer, hierarchischer Bedeutungsoppositionen im Text und
deren Einbeziehung in einen enthierarchisierten Prozeß von Differenzen;
(c) Auflösung ungebrochener Identitäts-, Präsenz- und Subjektkonzepte in
der fiktional dargestellten Welt und ihrer Charaktere; (d) Aufbrechen der
scheinbaren Einheit und Geschlossenheit des Textes in die Offenheit eines
intertextuellen Spannungsfelds, durch das der Einzeltext erst konstituiert
wird und das seine immanenten Bedeutungen stets bereits von außen her
affiziert; (e) Aufzeigen der Art und Weise, wie die im Text intendierten
Signifikate durch die unhintergehbare Interferenz des sprachlichen Mediums
verstellt bleiben und wie statt dessen das ↗ Spiel der Signifikanten, der Prozeß der kulturellen Semiose, selbst den Textvorgang ins Innerste bestimmt;
(f) Aufweisen der Tendenz der Texte, die eigene Bedeutungskonstruktion
durch die Art und Weise ihrer rhetorisch-semiotischen Präsentation letztlich
selbst wieder zu dekonstruieren; (g) im Zusammenhang damit Aufdecken
spezifischer rhetorisch-struktureller Konfigurationen in Texten, die solche
Prozesse der D. unmittelbar inszenieren, wie *mise en abyme*, Rekursivität,
Selbstreferentialität, Paradoxalität; (h) im Bereich der Textverfahren und
Darstellungsmodi Aufwertung der Rhetorik gegenüber der Ästhetik, insofern
letztere eine (für die D. obsolet erscheinende) Kontinuität von sinnlicher Welt
und Ideenwelt voraussetzt, sowie der Allegorie gegenüber dem Symbol, da ein
Zeichen nicht mehr (wie im Symbol) als Verkörperung eines Allg. im Bes.,
sondern nur als ein immer wieder ›anders sagen‹ (wie in der Allegorie, von
gr. *all goreín*: anders sagen) im Sinn der Differentialität von Sprache gesehen
wird. – Nach einer Phase großer Verbreitung in den 1980er Jahren hat sich
die D. als für sich bestehende Zugangsweise zu Texten eher erschöpft und
ist Verbindungen mit verschiedenen ›inhaltlich‹ geprägten Positionen wie
feministische Lit.theorie, psychoanalytische Lit.wissenschaft, marxistische
Lit.theorie und postkoloniale Lit.theorie und -kritik eingegangen, wobei
sie als kritisches Korrektiv essentialistischer Konzepte von ↗ Geschlechterdifferenz, Subjektidentität, gesellschaftlicher Wirklichkeit oder nationaler
Kultureigenschaften fungiert und erstarrte Denkmuster auf die Vielfalt
kultureller Differenzen und Interferenzen öffnet.

Lit.: s. auch ↗ Dekonstruktivismus. – Ch. Norris 2002 [1982]. – B. Menke: »D.
– Lektüre. Derrida lit.theoretisch«. In: Bogdal 1997 [1990]. S. 242–273. – dies.:

»D.: Lesen, Schrift, Figur, Performanz«. In: Pechlivanos et al. 1995. S. 116–137.
– C. Pross/G. Wildgruber: »D.«. In: Arnold/Detering 1997 [1996]. S. 409–429.
– Tholen 1999. – Ch. Norris: *Deconstruction and the »Unfinished Project of Modernity«*, Ldn. 2000. – Tonn 2000. – Jahraus 2001. – D.K. Krauss: *Die Politik der D.: Politische und ethische Konzepte im Werk von Jacques Derrida*, FfM. 2001. – E. Angehrn: *Interpretation und D.: Untersuchungen zur Hermeneutik*, Weilerswist 2003. – M. Naas: *Taking on the Tradition. Jacques Derrida and the Legacies of Deconstruction*, Stanford 2003. – P. Gehrin: »D.: Philosophie? Programm? Verfahren?«. In: Jaeger/Straub 2004. S. 377–394.   HZ

Dekonstruktivismus, Richtung des ↗ Poststrukturalismus, die sich v.a. auf den sprachlich-textuellen und ideologisch-metaphysischen Aspekt von Kultur und Lit. bezieht und deren Begründer und philosophischer Hauptvertreter J. Derrida ist. In den USA wurde der D. von den sog. *Yale Critics* H. Bloom, G. Hartman, J.H. Miller und P. de Man als innovatives Paradigma der Lit.kritik eingeführt, das v.a. in den 1980er Jahren große Bedeutung erlangte. – Der D. wurde von Derrida zunächst in primär philosophischem Kontext aus einer grundlegenden Auseinandersetzung mit der Tradition der westlichen Metaphysik entwickelt. Er ist darin beeinflußt von F.W. Nietzsches Kritik humanistischer Ideologie und seiner Annahme eines allen Kulturäußerungen zugrundeliegenden Willens zur Macht, von M. Heideggers Analytik der Temporalität und begriffshermeneutischen Reflexion (v.a. *Identität und Differenz*, 1957), von F. de Saussures Loslösung sprachlicher Zeichen aus der Beziehung zur außersprachlichen Welt und deren Ersetzung durch ein innersprachliches System von Differenzen und vom größeren Theoriediskurs des Poststrukturalismus (J. Lacan, M. Blanchot, R. Barthes, M. Foucault), den er zugleich entscheidend mitprägte. Letzterer ist wiederum erst aus seiner Auseinandersetzung mit dem ↗ Strukturalismus verstehbar, aus dem er hervorging und dessen Spuren er trägt. Der entscheidende Bruchpunkt zwischen beiden Epistemen liegt dort, wo dem quasi-naturwissenschaftlichen Systemdenken des Strukturalismus mit seiner Annahme allgemeingültiger Grundgesetze der symbolischen Tätigkeit des menschlichen Geistes, die er allen Ausprägungen kultureller Aktivitäten zugrundeliegen sah (vgl. Cl. Levi-Strauss), seine Basis entzogen wurde. In dem bahnbrechenden Aufsatz »La structure, le signe et le jeu dans le discours des sciences humaines« (in *L'écriture et la différence*, 1967) zeigt Derrida, wie die unhinterfragte Prämisse eines festen Zentrums kultureller Strukturen und Zeichensysteme zu unauflöslichen Paradoxien führt und wie der Versuch einer ontologischen Fundierung der sprachlichen Zeichenaktivität durch ein ↗ ›transzendentales Signifikat‹, d.h. eine letzte bedeutungsgebende Instanz, immer wieder durch den niemals stillzustellenden Prozeß der Signifikanten subvertiert wird, die sich in ständiger wechselseitiger Verschiebung, Substitution und ↗ *dissémination* befinden. Der Signifikant als der materielle Zeichenträger, also der konkret-mediale Aspekt der kulturellen Zeichenvorgänge, rückt damit in den Mittelpunkt der Aufmerksamkeit, während gleichzeitig die Seite des Signifikats, des Bedeuteten und Bezeichneten, in höchstem Maße problematisiert wird. Die Suche nach einem transzendentalen Signifikat wirkt nur noch als ein niemals erfüllbares Begehren fort, das durch die ›Unruhe der Sprache‹, das über alle fixierenden Text- und Bedeutungsgrenzen hinausschießende ↗ Spiel der Signifikanten, immer wieder aufgeschoben und weitergetrieben wird. Es gibt kein Inneres mehr ohne ein Äußeres, kein Immaterielles ohne materielle Manifestation, keine Bedeutung jenseits der konkreten Zeichengestalt. Dieses Äußere der Zeichen, ihre sinnlich-materielle Gestalt, wird aufgefaßt in Analogie zum ↗ ›Körper‹, der aus seiner langen Zwangsherrschaft durch den ›Geist‹ befreit werden muß. Für die Lit.kritik folgt daraus, daß der Text von den logozentrischen Bedeutungsansprüchen befreit werden muß, denen er durch das traditionelle Verfahren der Interpretation unterworfen wird. Es gilt, die materielle Seite der Texte ernstzunehmen, ja diese als konventionelle Bedeutungsstrukturen ›unlesbar‹ zu machen und in ihrer reinen, jede eingrenzbare Bedeutungszuschreibung sprengenden Textualität zum Vorschein zu bringen. – Schlüsselkonzepte Derridas sind die der ›Schrift‹ und der ›Differenz‹, der *écriture* und der *différance/différence*. Diese sind gegen die, wie Derrida es sieht, tragenden logozentrischen Illusionen des abendländischen Denkens gewendet, nämlich gegen die Illusion der ›Präsenz‹ einer unmittelbar gegebenen und in Sprache vergegenwärtigten Wirklichkeit, und gegen die Illusion der ›Identität‹ des Zeichens mit seiner Bedeutung, des Subjekts mit sich selbst. Gegen den ›Phonozentrismus‹ des westlichen Denkens und die Priorität des Logos und der gesprochenen Sprache setzt Derrida die Priorität der Schrift. Die Schrift wird dabei nicht verstanden in einem empirischen oder historischen Sinn, etwa als konkrete historische Entstehung bestimmter Schriftsysteme, sondern als diesen vorausgehende ›Ur-Schrift‹, als universales Apriori menschlicher Kultur (*Grammatologie*, 1974). Mit dem Axiom der Unhintergehbarkeit der Schrift hängt das zweite Axiom des D. zusammen, das der *différance*: Es gibt keine Identität, sondern nur Differenz, keine Kernpunkte des Denkens, sondern nur ein Netzwerk aufeinander bezogener Zeichen, eine unendliche Kette immer weiterverweisender Signifikanten. ›Bedeutung‹ ergibt sich nur aus dieser Beziehung und Differenz zwischen den Zeichen, sie ist damit prinzipiell entlang der gesamten Signifikantenkette verstreut und niemals in einem Zeichen vollständig gegeben. Umgekehrt impliziert jedes Zeichen die Wiederholung seines früheren Gebrauchs und ist damit niemals urspr. gesetzt. Gleichzeitig ist es durch seine differentielle Beziehung zu anderen Zeichen seinerseits in seiner Bedeutung nicht eindeutig eingrenzbar oder ›identifizierbar‹. Jedes Zeichen und jeder Text gehen über die ihnen subjektiv zugeschriebenen Bedeutungen hinaus, da diese immer schon unterschwellig auf andere, nichtintendierte Bedeutungen bezogen sind, die die beabsichtigte Eindeutigkeit und Abgeschlossenheit jedes Diskurses sprengen. Der eigentümlich umwegige, das Nichtgesagte einbeziehende und eigene Festlegungen vermeidende Denkmodus des D. begründet sich aus der grundsätzlichen Paradoxalität und vorgängigen Spaltung der Schrift selbst, die in ihrer Bestimmung als ›urspr. Spur‹ von Differenzen zugleich als Ursprung und als Nachträgliches, als Anwesenheit und zugleich als Abwesenheit markiert ist, ohne je eines von beiden allein zu sein. Diese Zwischenposition seines

Denkens hat Derrida u.a. mit einer Grammatik des Schleiers, des Vorhangs und des ›Hymen‹ umschrieben, die ebenso Präsenz wie Absenz, ebenso Verheißung wie Verweigerung erfüllter Bedeutung impliziert (*La dissémination*, 1972). – Die Auflösung herkömmlicher binärer Oppositionsmuster resultiert also nicht in einem einfachen Umkehrungsverfahren, sondern im Versuch, das Denken in Identitäten und Oppositionen von innen her zu überwinden. Der D. ist in wesentlichen Aspekten ein Neuschreiben der zentralen westlichen Konzepte und Positionen von deren Rändern her, von dem ›Supplement‹, das jene Konzepte zugunsten ihrer vermeintlichen Eindeutigkeit unterdrückt, das aber bestimmend in sie als Bedingung ihrer Möglichkeit hineinwirkt und sie so a priori unterminiert (die Schrift als das unterdrückte Supplement des Logos, die Kultur als Supplement der Natur usw.). An Begriffen wie dem ›Hymen‹ zeigt sich darüber hinaus der im D. implizit mitgedachte Zusammenhang von Text- und Lebensvorgängen, der etwa auch in der im Anschluß an Platon vorgenommenen Bezeichnung der Schrift als ›Pharmakon‹ deutlich wird, die sowohl als Heilmittel wie als Giftmittel wirksam sei und so nicht nur konzeptuelle, sondern sozusagen kulturbiologische Funktion erhält. – Die Geschichte logozentrischen Denkens erscheint von hier aus als Domestizierung der Offenheit und abgründigen Mehrdeutigkeit der Sprache durch die Zwangsstrukturen eines vereindeutigenden Systemdenkens, das seine Definitionsmacht über die Realität durch hierarchisch-wertende Begriffsoppositionen wie die zwischen Subjekt und Objekt, Geist und Materie, Seele und Körper, ↗ Natur und ↗ Kultur, wahr und falsch zu stabilisieren suchte. An die Stelle von System, Zentrum und Struktur tritt im D. der Begriff des ›Spiels‹, das Derrida als ›Abwesenheit eines Zentrums‹ bestimmt. Hieraus ergibt sich eine typische Ambivalenz des D. zwischen Desillusionierung und avantgardistischer Aufbruchsrhetorik. Negation und Affirmation greifen eigentümlich ineinander, da die Zerstörung bisheriger Scheingewißheiten und harmonisierender Sinnkonstruktionen des Denkens gleichzeitig als eine bisher nicht dagewesene Befreiung ungebundener Denk- und Lebensenergien aufgefaßt wird, die gegen die Systemzwänge traditioneller Wissenschaft, die Machtstrukturen der Gesellschaft, die Rollenmuster der Geschlechter oder die Interpretation von literar. Texten gleichermaßen mobilisierbar sind. – Der D. wirkt sich auch auf die Sicht des menschlichen Subjekts aus, dem nicht mehr eine einheitliche ↗ Identität zukommt, sondern das bereits bei S. Freud ein *mixtum compositum* verschiedener Antriebskräfte und Selbstbilder ist, die oft im Konflikt zueinander stehen. Unsere ›Identität‹ ist so eine plurale Identität; sie ist keine zentrierte Struktur, sondern ein Ort des Spiels verschiedener Bilder des Selbst ohne festen Grund und ohne festes Zentrum. Ja, sie ist nicht bloß durch das Spiel verschiedener Selbstbilder, sondern bis in ihr Innerstes hinein durch das Spiel von Texten bestimmt. Dies hat für die Kommunikation zur Folge, daß die Subjekte sich auch gegenseitig opak sind und Verstehen zur Fiktion wird, die einen unaufhebbaren Bruch zwischen den einzelnen überdeckt. Hierin liegt eine unmittelbare Antithese zur Hermeneutik, die ja das intersubjektive Verstehen, in welcher Begrenztheit auch immer, zur zentralen Kategorie ihres Kultur- und Lit.begriffs hat. Aus

der ›Macht des guten Willens‹, die H.-G. Gadamer als unabdingbare Voraussetzung aller sinnvollen Kommunikation, also auch aller lit.- und kulturtheoretischen Debatten, sieht, wird bei Derrida in charakteristisch de-
konstruktiver Umkehrung der ›gute Wille zur Macht‹. Die Vorstellung
gelingender Kommunikation ist eine Spätform des humanistischen Idealismus; für das Verhältnis der Subjekte zueinander gilt: Der Bruch ist der
Bezug. – Für die Lit.kritik ergeben sich aus all dem verschiedene Konsequenzen: (a) Der Text bildet kein in sich geschlossenes, integriertes Ganzes
mehr, sondern ist ein Ort intertextueller Einflüsse und Interferenzen. (b)
Der Text bildet daher auch keine kohärente Struktur, sondern ein heterogenes Kraftfeld von Spannungen und Widersprüchen, die sich zu keiner
inneren Einheit zusammenfügen. (c) Der Text geht einerseits immer schon
über die ihm zugeschriebenen Bedeutungen hinaus, andererseits liegt in
seiner Form und Rhetorik zugleich die Tendenz begründet, den eigenen
Bedeutungsanspruch schließlich wieder selbst zu dekonstruieren. (d) Die
herkömmliche Trennung von Autor, Text und Leser wird damit ebenfalls
unhaltbar, da weder Autor noch Leser die Kontrolle über den Prozeß der
Zeichenaktivität beanspruchen können, den die Schrift selbst als ständige
Produktion von Differenzen trägt. (e) Für den Interpreten kann es kein
adäquates Verstehen von Texten mehr geben, da sich deren Bedeutung jeder
eindeutigen Festlegung entzieht und überdies auch hier das Diktum vom
›Bruch als Bezug‹ gilt. ›Every reading is a misreading‹, sagt J. Culler, und
statt der Unterscheidung von ›wahren‹ und ›falschen‹ Interpretationen gibt
es nur noch die zwischen ›*weak readings*‹ und ›*strong readings*‹ von Texten.
(f) Die Lit.kritik ist nicht mehr eine Metasprache, die der Lit. als Objekt-
sprache gegenübergestellt wird; vielmehr muß sich der lit.kritische Diskurs
seiner eigenen Zugehörigkeit zu jener allg. Textualität bewußt werden, d.h.
seiner inneren Verwandtschaft zur Mehrdeutigkeit und Selbstreferentialität
der Lit. selbst. Die Lit.kritik darf sich der Lit. nicht mehr hierarchisch
über- oder unterordnen, sondern muß ihr ähnlich werden und so ihre durch
Institutionalisierung und Überformalisierung verlorengegangene Vitalität
zurückgewinnen. Auch hier ist die genannte Ambivalenz des Ansatzes zu
konstatieren, denn je nach Präferenz des Kritikers kann dabei entweder die
Bedeutungspluralisierung an einem Text betont werden, die den Verlust des
Zentrums affirmiert und sich als Möglichkeit produktiven Spiels herausstellt
(vgl. G. Hartman), oder die letztliche Bedeutungsleere, die durch den
selbstdekonstruktiven Charakter des Textes am Ende notwendigerweise
herauskommt (vgl. de Man 1979). – Der D. hat sich innerhalb der anglo-
am. Lit.kritik zunächst hauptsächlich auf die Periode der Romantik konzentriert, in der nicht zuletzt Versuche, Lit. und Kritik aneinander anzunä-
hern, ihre Wurzeln haben. Er ist aber inzwischen längst auf alle möglichen
Epochen und Texte der Lit.geschichte angewendet worden, wobei nach
einer Phase intensiver Produktivität eine gewisse Monotonie der Ergebnisse unverkennbar war. Inzwischen hat sich der D. als eigenständiger Ansatz
eher erschöpft und zunehmend mit anderen, mehr inhaltlich orientierten
Ansätzen der Lit.- und Kulturtheorie verbunden (psychoanalytische Lit.
wissenschaft, feministische Lit.theorien, marxistische Lit.theorie, postkolo-

niale Lit.theorie und -kritik, *Cultural Studies*). Er hat sich dabei als Prinzip
des Abbaus von Denk- und Machthierarchien einerseits politisiert, andererseits wirkt er als erkenntnistheoretisches Korrektiv für ungebrochene
Wahrheitsansprüche kulturellen Wissens, indem er auch im Bereich kulturkritischer Gegendiskurse alle essentialistischen Konzepte (wie der von
Marginalität, ↗ Geschlechtsidentität, gesellschaftlicher Wahrheit oder kultureller Nationalität) hinterfragt. – Die Grenzen des D. liegen nicht nur in
seiner mangelnden pragmatischen Komponente, insofern er sich auf kulturelle ›Inhalte‹ stets nur parasitär beziehen kann; sie liegen auch in den eigenen epistemologischen und texttheoretischen Voraussetzungen. So führt
der Versuch der Abschaffung einer zentrierten und hierarchisierten Begrifflichkeit in einen Selbstwiderspruch, der durch keine noch so ausgeklügelte
terminologische Vermeidungsstrategie entschärft werden kann, vielmehr auf
einer Metaebene unvermeidlich neue Begriffszentren und -hierarchien
hervorbringt (›Schrift‹, ›Differenz‹ usw.). Auch die Texte des D. müssen,
wenn sie überhaupt einen Erkenntnisanspruch erheben wollen, abstrahieren
und generalisieren. Und sie müssen darüber hinaus so geschrieben sein, daß
sie, was überwiegend auch zutrifft, von ihren intendierten Lesern ›verstanden‹ werden können. Dies setzt voraus, daß ihre Begriffe einen (wie auch
immer umwegig bestimmten) Bedeutungskern besitzen, womit aber der
Prozeß der *différance* gerade suspendiert ist. Darin bestätigt sich der auch
für den D. geltende hermeneutische Grundsatz, daß die Beteiligten ›allein
unter der Voraussetzung intersubjektiv identischer Bedeutungszuschreibun-
gen überhaupt kommunikativ handeln können‹ (J. Habermas).

Lit.: M. Heidegger: *Identität und Differenz*, Pfullingen 1957. – Derrida 1997b
[1967]. – ders.: *La dissémination*, Paris 1972 (dt. *Dissemination*, Wien 1995).
– de Man 1979. – Lentricchia 1980. – B. Johnson: *The Critical Difference. Essays
in the Contemporary Rhetoric of Reading*, Baltimore 1981. – Culler 1994 [1982].
– Horstmann 1983. – R. Rorty: »Deconstruction«. In: Selden 1995 [1989].
S. 166–196. – Zapf 1996 [1991]. S. 189–219. – Zima 1994. – G. Neumann
(Hg.): *Poststrukturalismus. Herausforderung an die Lit.wissenschaft*, Stgt./Weimar
1997. – Brenner 1998. S. 133– 166. – Jahraus/Scheffer 1999.   HZ

Dialogizität (dt. auch Redevielfalt, Polyphonie [Mehrstimmigkeit]), in
Abwendung von einer synchronen oder rein immanenten Sprachbetrachtung im Sinne F. de Saussures und der russ. Formalisten entwickelte der
russ. Lit.wissenschaftler und Philosoph M.M. Bachtin die Grundgedanken
der D. bzw. des Dialogismus. Insbes. Bachtins Übersetzer (seit den 1970er
und 1980er Jahren, zunächst v.a. ins Engl.) und Interpreten (T. Todorov,
J. Kristeva, C. Emerson, M. Holquist sowie R. Lachmann und R. Grübel)
haben den Begriff eingeführt und als theoretisches Konzept etabliert, das
der Lit.wissenschaft, v.a. der Romantheorie, neue Impulse gegeben hat in
seiner Betonung der intertextuellen und kontextorientierten Aspekte von
Lit. – Nach Bachtin ist jegliche sprachliche Äußerung immer ein kommunikativer, dynamischer Prozeß, der als Sprechakt auf den anderen oder
andere gerichtet ist und zur Gegenrede auffordert. Worte, Äußerungen und

Texte spiegeln den epistemologischen Modus der Welt der Heteroglossie, sind Konfliktfelder sich teils bündelnder, teils konkurrierender Stimmen (Sprach- und Registerebenen, aber auch Werte und Normen). In der Lit. zeigt sich die D. paradigmatisch im polyphonen, mehrstimmigen Roman als »Mikrokosmos der Redevielfalt«, der die »sozioideologischen Stimmen der Epoche« (Bachtin 1979, S. 290) auffächert. In einem polyphonen Kunstwerk ergänzen und brechen sich eine Vielzahl von divergenten Stimmen, Perspektiven und Weltanschauungen in der Orchestrierung des Autors, der wiederum als eine Stimme an dem dynamischen Sinnkonstituierungsprozeß teilnimmt. Im Gegensatz zu einem monologischen Werk läßt der dialogische Roman nicht durch das Hervortreten nur einer dominanten Stimme andere verstummen, er tendiert vielmehr zur subversiven Kraft des Karnevalismus und reflektiert im narrativen Rahmen demokratische und anti-hierarchische Werte. Im Gegensatz dazu, so Bachtin, bestimmt Monologizität, d.h. die Dominanz nur einer Stimme, traditionelle, hierarchisch aufgebaute Gesellschaften und deren epische und lyrische Texte. Als monologisch sind auch Interpretationen zu verstehen, die autoritativ Deutungsvielfalt leugnen und einen Königsweg suggerieren. Hingegen ist eine dialogische Interpretation nie abgeschlossen und kann nie, wie im Sinne H.-G. Gadamers, in einer abschließenden ›Horizontverschmelzung‹ enden, sondern stellt sich als dynamische, dialogische Hermeneutik dar, zumal der Leser selber als ›polyphones Ich‹ offen ist und keine abgeschlossene Einheit darstellt. – Bachtins zunächst auf den Roman beschränkte D.-Forschung wird inzwischen immer mehr auch auf andere Gattungen (Lyrik und Drama) ausgeweitet, in denen inhärente Multiperspektivität, etwa in der Komplementärlektüre durch den Leser, auszumachen ist. D.-Forschung ermöglicht nicht nur Einblicke in das dynamische Beziehungsgeflecht innerhalb des literar. Produktions- und Rezeptionsprozesses, verlangt nicht nur ein hohes Maß an Selbstreflexion, sondern mahnt darüber hinaus interpretatorische Offenheit und die Fähigkeit an, mit Widersprüchen und ungelösten Problemen zu leben. Eine dialogische Auseinandersetzung mit Lit. darf niemals mit der Fixierung des Textes auf eine Bedeutung enden: »To be means to communicate dialogically. When dialogue ends, everything ends« (Bachtin, zit. n. Gardiner 1992, S. 25).

Lit.: J. Kristeva: »Bachtin, das Wort, der Dialog und der Roman«. In: J. Ihwe (Hg.): *Lit.wissenschaft und Linguistik*, FfM. 1972. Bd. 3, S. 345–375. – M.M. Bachtin: *Die Ästhetik des Wortes* (Hg. R. Grübel), FfM. 1993 [1979]. – ders.: *The Dialogic Imagination* (Hg. M. Holquist), Austin 1981. – R. Lachmann (Hg.): *D.*, Mchn. 1982. – T. Todorov: *M. Bakhtin. The Dialogical Principle*, Minneapolis 1995 [1984]. – M. Pfister: »Konzepte der Intertextualität«. In: U. Broich/ders. (Hgg.): *Intertextualität*, Tüb. 1985. S. 1–30. – D.M. Bauer: *Feminist Dialogics. A Theory of Failed Community*, Albany 1988. – D. Bialostosky: »Dialogic Criticism«. In: Atkins/Morrow 1989. S. 214–228. – M. Holquist: *Dialogism. Bakhtin and the Theory of Ideology*, Ldn./N.Y. 1990. – M. Gardiner: *The Dialogics of Critique. M.M. Bakhtin and the Theory of Ideology*, Ldn./N.Y. 1992. – M. Martinez: »D., Intertextualität, Gedächtnis«. In: Arnold/Detering 1997 [1996]. S. 430–445. – R. Lachmann: »Dialogisches Denken und Rhetorik bei Michail Bachtin«. In:

Erhart/Jaumann 2000. S. 224–244. – G. Helms: *Challenging Canada. Dialogism and Narrative Techniques in Canadian Novels,* Montreal/Ldn. 2003. – G. Vickermann-Ribémont/ D. Rieger (Hgg.): *Dialog und D. im Zeichen der Aufklärung,* Tüb. 2003.   LV

Dichte Beschreibung (engl. *thick description*), Begriff, den C. Geertz von G. Ryle entlehnte, um ihm im Rahmen seiner semiotischen (↗ Semiotik) Kulturkonzeption eine neue Akzentuierung und ein systematisches Profil zu verleihen. D.B. versteht sich als detaillierte Beobachtung und Aufzeichnung kultureller ›Daten‹, die (so die Annahme) ihre Deutung immer schon implizieren soll. Insofern ↗ Kultur sich als komplexes Bedeutungsgewebe (M. Weber) und Ensemble ↗ symbolischer Formen (E. Cassirer) begreifen läßt, sieht Geertz in der d.B. und ihrem interpretierenden Zugriff auf die empirischen Beobachtungen das geeignete Medium der Ethnologie. Zugleich bekennt er sich zu einer mikroskopischen Einzelbeobachtung und Verpflichtung zu größtmöglicher Präzision, die wohl ein Gegengewicht zu einer andernfalls leicht allzu spekulativen hermeneutischen Konstruktion bilden sollen. Polemische Bezugspunkte von Geertz' Konzept der d.B. sind (a) die positivistische Kulturbetrachtung, die sich mit der bloßen Addition von ›Fakten‹ und Merkmalen begnügt, (b) ein kultureller Materialismus, der die konstruktive Komponente und die Rolle soziokultureller Konventionen übersieht, sowie (c) ein Formalismus der Kulturbetrachtung, der sich gewissermaßen ins rein Ästhetische zu verflüchtigen droht. Dem hält Geertz die soziologische Dimension der Kultur entgegen; kulturelle Bedeutungen erschließen sich demzufolge nur dann, wenn sie als menschliche Handlungsformen oder gesellschaftsspezifische diskursive (↗ Diskurs und Diskurstheorien) Muster begriffen werden. Eine über die ethnologische Disziplin weit hinausgehende Adaption der d.B. in den allg. ↗ Kulturwissenschaften wurde v.a. durch zwei Gesichtspunkte erleichtert: (a) durch Geertz' Orientierung an den vertrauten ›Klassikern‹ der Kulturtheorie wie Cassirer, Weber und S.K. Langer; (b) durch eine ausgeprägte Geertz-Rezeption in den kulturtheoretisch verfahrenden Neuansätzen innerhalb der Lit.wissenschaften wie z.B. im am. *New Historicism* und in den neueren Studien zur ↗ Interkulturalität.

Lit.: C. Geertz: »Thick Description. Toward an Interpretive Theory of Culture«. In: ders. 1973. S. 3–30. – V.P. Pecora: »The Limits of Local Knowledge«. In: Veeser 1989. S. 243–276. – E.K. Silverman: »C. Geertz. Towards a More ›Thick‹ Understanding?«. In: C.Y. Tilley: *Reading Material Culture. Structuralism, Hermeneutics and Post-Structuralism,* Oxford 1990. S. 121–159. – G.A. Olson: »The Social Scientist as Author. C. Geertz on Ethnography and Social Construction«. In: *JAC: A Journal of Composition Theory* 11.2 (1991) S. 245–268. – A. Dundes (Hg.): *The Cockfight. A Casebook,* Madison 1994. S. 94–132. – E.V. Daniel/J.M. Peck (Hgg.): *Culture/ Contexture. Explorations in Anthropology and Literary Studies,* Berkeley 1996. – D. Schwanitz: »D.B.«. In: Fohrmann/Müller 1996. S. 276–291. – V. Gottowik: *Konstruktionen des Anderen. C. Geertz und die Krise der ethnographischen Repräsentation,* Bln. 1997. – T. Jones: »Thick Description, Fat Syntax, and Alternative Conceptual Systems«. In: *Pragmatics and Cognition* 5.1 (1997) S. 131–162. – Th. Fechner-Smarsly: »C. Geertz' ›D.B.‹. Ein Modell für die Lit.wissenschaft als Kulturwissenschaft?«. In: Glauser/Heitmann 1999. S. 81–101.   AS

Diskurs und Diskurstheorien (lat. *discursus*: das Auseinanderlaufen, Hin- und Herlaufen), der Begriff des D.es wird verstärkt seit Beginn der 1970er Jahre von ganz verschieden fundierten Ansätzen in Anspruch genommen, so daß es zur Vermeidung terminologischer Verwirrung unabdingbar ist, jeweils deutlich zu machen, aus welcher theoretischen Perspektive von D. die Rede ist. Wollte man die divergierenden DT. auf einen kleinsten gemeinsamen Nenner bringen, so verbliebe als Schnittmenge eine vage Charakteristik als »Theorien, die in der Untersuchung von Äußerungszusammenhängen«, von Äußerungsfolgen, Kohärenzen bzw. von »regelbestimmten Sprachspielen« im weitesten Sinne angewandt werden (Fohrmann 1997, S. 372). Eine solche Definition ließe das ohnehin weite Spektrum der DT. zusätzlich expandieren. Dessen ungeachtet lassen sich vier wichtigere DT. konturieren, die in Deutschland vermehrt seit Beginn der 1970er Jahre eine Rolle spielen: (a) DT. im Sinne der ›Gesprächs-‹, oder ›Konversationsanalyse‹ bzw. *›discourse analysis‹* angeloam. Prägung einschließlich der Sprechakttheorie ist einer, teils stärker psychologisch, teils stärker linguistisch orientierten Pragmatik verpflichtet, wobei das Augenmerk zum einen auf den pragmatischen Rahmen von D.en, zum anderen auf über die Satzgrenze hinausgehende Redezusammenhänge gerichtet ist (vgl. Ehlich 1994). (b) Bei J. Habermas bezeichnet D. eine spezifische Form der Interaktion, nämlich die Orientierung an einem Idealtyp ›herrschaftsfreier Kommunikation‹ mit dominant rationalem Austausch von Argumenten unter Ausblendung aller empirischen Bedingungsfaktoren (vgl. Habermas 1971, 1976 und 1985). Mag es auch sinnvoller erscheinen, hier von einer Kommunikationstheorie zu sprechen, so benutzen die Vertreter dieser Transzendentalpragmatik doch die Bezeichnung DT., und zwar insbes. dann, wenn es gilt, ›Brücken‹ zu den frz. DT. (M. Foucault, M. Pêcheux, L. Althusser) zu schlagen. So wird etwa von ›D.ethik‹ oder auch ›Spezialdiskursen‹ gesprochen. (c) Schließlich sprechen von D. all jene seit den 1960er Jahren aufgetretenen Denkrichtungen, die die ↗ Materialität sowie die Macht- und Subjekteffekte von historisch je spezifischen Aussageformationen behandeln. Diese DT. fassen D.e im strikten Sinne als materielle Produktionsinstrumente auf, mit denen auf geregelte Weise soziale Gegenstände wie ›Wahnsinn‹ (vgl. Foucault 1961), ›Sexualität‹ (vgl. Foucault, 1976–84), ›Normalität‹ (vgl. Link 1996) und die ihnen entsprechenden Subjektivitäten produziert werden. Geht man von den Analysen M. Foucaults aus, dann lassen sich in modernen Gesellschaften hochgradig spezialisierte Wissensbereiche voneinander abgrenzen, die jeweils relativ geschlossene Spezialdiskurse ausgebildet haben. Sie können ihrerseits, je nach Theorieoption, als Resultat zunehmender gesellschaftlicher Ausdifferenzierung (N. Luhmann) bzw. Arbeitsteilung (K. Marx) angesehen werden. Die institutionalisierte Rede innerhalb solcher differenzierter Wissensbereiche läßt sich als je spezifischer D. verstehen, wobei ›D.‹ immer nur die sprachliche Seite einer weiterreichenden ›diskursiven Praxis‹ meint, die das gesamte Ensemble von Verfahren der Wissensproduktion wie Institutionen, Sammlung, Kanalisierung, Verarbeitung, autoritative Sprecher, Regelungen der Versprachlichung, der Verschriftlichung und der Medialisierung umfaßt. D.e im Sinne der an die Arbeiten Foucaults anschließenden Theorien sind demnach dadurch bestimmt, daß sie sich auf je spezielle Wissensausschnitte (Spezialdiskurse) beziehen, deren Grenzen durch Regulierungen dessen, was sagbar ist, was gesagt werden muß und was nicht gesagt werden kann, gebildet sind, sowie durch ihre je spezifische Operativität. ›D.analyse‹ bezeichnet dann die Methodik der Untersuchung dieser komplexen diskursiven Praxis, ›DT.‹ ihre Reflexion. Auch (literar.) Texte müssen im Anschluß an Foucault dann als Bestandteile übergreifender historischer D.formationen bzw. mit Link (1988) re-integrierender ↗ Interdiskurse verstanden und analysiert werden. Da Foucault selbst jedoch keine explizite Theorie des literar. D.es entwickelt hat (vgl. *Schriften zur Lit.*, 1974 [1969]), ging die Rezeption seiner Arbeiten in den Lit.wissenschaften, ganz im Gegensatz zu den heute aktuellen Trends, zunächst nicht in Richtung einer möglichst umfassenden Bestimmung der Spezifik des literar. D.es, sondern knüpfte einerseits an die von Foucault begonnene Problematisierung der Autorfunktion an (vgl. »Was ist ein Autor?«, in: *Schriften zur Lit.*), verfolgte andererseits die von ihm herauspräparierten Spezialdiskurse als Themen von Lit., etwa ›Lit. und Wahnsinn‹. (d) Innerhalb der an Foucault anschließenden DT. haben sich in den beiden letzten Jahrzehnten unterschiedliche Akzentuierungen einzelner Aspekte seiner DT. bzw. Kombinationen mit weiteren Theorieelementen entwickelt: Eine stärker medientheoretisch orientierte Richtung (↗ Medientheorien) fragt, in konsequenter Verlängerung Foucaults, nach den Medien als diskurskonstituierenden, -bedingenden und -regulierenden ↗ Aufschreibesystemen (vgl. Kittler 1985 und Kittler et al. 1987); feministische Ansätze untersuchen insbes. geschlechtsspezifische diskursive Kodierungen und Ordnungen (vgl. Runte 1996); stärker an J. Lacan als an Foucault lehnen sich psychoanalytisch orientierte DT. an, wobei v.a. die Faszinationskomplexe unbewußter Wunschenergien in den Mittelpunkt des Interesses rücken (vgl. Gallas 1981). Eine Weiterentwicklung der eigentlichen D.analyse für den Spezialfall der Lit. erfährt die DT. Foucaults bei J. Link und U. Link-Heer, die literar. D.e als Orte der Häufung solcher D.elemente und diskursiver Verfahren verstehen, die der Re-Integration des in den Spezialdiskursen arbeitsteilig organisierten Wissens dienen (vgl. Link 1983 und 1988 sowie Link/Link-Heer 1990). Dabei wird insbes. auch die Funktion solcher Re-Integration für die jeweilige Konstitution historisch-spezifischer Subjektivitäten betont. Für die Textwissenschaften von bes. Interesse ist hier das gesamte Ensemble diskursübergreifender elementar-literar. Elemente. Dazu gehören die verschiedenen Modelle von Analogien, Metaphern, Symbolen, ↗ Mythen, insbes. auch von ↗ Kollektivsymbolen. Sie bilden den allg. interdiskursiven Rahmen eines D.systems. Der Lit. insgesamt kommt aus dieser interdiskurstheoretischen Sicht ein quasi paradoxer Status zu: Einerseits ist sie Spezialdiskurs mit eigenen Formationsregeln; andererseits greift sie in bes. hohem Maße auf diskursübergreifende Elemente zurück, und zwar in zweierlei Hinsicht: extensiv durch enzyklopädische Akkumulation von Wissen, intensiv dadurch, daß polyisotopes (mehrstimmiges) D.material so verwendet wird, daß die Ambivalenzen und semantischen Anschlußmöglichkeiten noch gesteigert werden und im Extremfall die gesamte Struktur der Spezial- und Interdiskurse einer ↗ Kultur ins Spiel gebracht wird. Nimmt man als Beispiel das zwischen 1807 und 1837 erschienene *Morgenblatt für gebildete Stände*, so zielt J.F. Cottas ›Instruction für die Redaction‹ zugleich auf akkumulierende Integration der Spezialdiskurse wie des ausdifferenzierten Publikums (»Es ist der Plan des Mbl. u. die Erwartung des Publikums durch dises Institut alles zu erhalten, was es von den Ereignissen, Erscheinungen im literar., Kunstfach p. interessiren kann [...]. *Allen Etwas* ist das Hauptgesez das jeder Numer zur Norm dienen muß, man darf also annehmen, daß in jeder derselbigen der Gelehrte, der Kaufmann, halb oder ganz gebildet, der geschäftige Müssiggänger, der Mann von Welt, die Dame von Geist, der Künstler etwas finde« [Cotta, zit. n. Kuhn 1980, S. 47]), während Jean Paul sich in der Vorstellung des Programms in Nr. 1 vom 1. Januar 1807 der intensiven, polyisotope Kollektivsymbole nutzenden Form von Re-Integration bedient, indem er die verbreitete ›Uhr‹-Symbolik katachretisch in ein ›Ballon‹-Symbol münden läßt (»Eine Zs., diese Dutzend- und Terzinen-Uhr der Zeit, muß mit der Zeit fortgehen wie jede Uhr und sogar fortfliegen [...]« [Jean Paul, zit. n. Kuhn 1980, S. 47]). Für die sog. ›hohe Kunstlit.‹ stellen solche interdiskursiven Elemente ›Halbfertigfabrikate‹ dar, die sie weiter elaboriert (vgl. etwa die ›Ballon‹-Symbolik in Jean Pauls Romanen). Lit. ist daher neben Religion, Philosophie, den ›Weltanschauungen‹ der zweiten Hälfte des 19. Jh.s und den modernen Mediendiskursen als ein auf interdiskursive Integration hin angelegter Spezialdiskurs zu beschreiben, der sich aus je schon spontan gebildetem interdiskursivem Material ›nährt‹. Sie kann dabei die kollektiv parat gehaltenen diskursiven Positionen sowohl verstärken wie ambivalent auflösen oder kulturrevolutionär subvertieren. Dabei bildet die gewohnte Institutionalisierung einen Spiel-Rahmen nicht nur für Experimente, sondern gerade auch für ›unerhörte‹ Positionen. Die Interdiskurstheorie gibt damit nicht nur eine Antwort auf die Frage nach dem Funktionszusammenhang von Lit., Kultur und Spezialdiskursen und erlaubt es, den lit.wissenschaftlichen Blick stets schon auf das gesamte Feld der Kultur hin auszudehnen, sondern macht auch die Schnittstelle zu den Intertextualitätstheorien deutlich, insofern Intertextualität dann Interdiskursivität immer schon zur Voraussetzung hätte. – Insgesamt haben die DT., v.a. die unter (c) und (d) genannten, zu einer Reihe von Debatten innerhalb der Lit.- und Textwissenschaften geführt: Die Orientierung der DT. an der Streuung von Aussagen quer durch ganze Bündel von Texten stellte den Werkbegriff ebenso in Frage wie den des individuellen Autors und darüber hinaus die Instanz des in sich geschlossenen, intentional handelnden Subjekts als Ort des Ursprungs von DT. überhaupt, was von seiten hermeneutischer Theorien, die sich bes. herausgefordert fühlen mußten, als ›Verlust des Subjekts, des Autors, des Werkes‹ beklagt wurde. Weiter verschob sich die alte Mimesis-Frage nach der Abbildung von ›Realität‹ im Text hin auf die nach der Konturierung der diskursiven Elemente, Regulierungen

und Praktiken als eigener Form von Materialität. Dies brachte den DT.
Foucaults gelegentlich den Vorwurf einer idealistischen Konstruktion ein.
Dem steht jedoch entgegen, daß diese DT. keineswegs behaupten, die
ganze Welt sei lediglich das Produkt von DT., sondern mit Foucault (und
zuvor schon J. Kristeva) zwischen diskursiven und nicht diskursiven Praktiken (z.b. Ökonomie) unterscheiden, wobei beide als materiell und im
Zustand wechselseitiger funktionaler Verzahnung begriffen angesehen
werden (vgl. die Beiträge in Demirovic/ Prigge 1988).

Lit.: M. Foucault: *Wahnsinn und Gesellschaft*, FfM. 1973 [1961]. – ders. 1966.
– ders. 1969. – ders.: *Die Ordnung des D.es*, FfM. 1977 [1971]. – J. Habermas:
»Vorbereitende Bemerkungen zu einer Theorie der kommunikativen Kompetenz«.
In: ders./N. Luhmann (Hgg.): *Theorie der Gesellschaft oder Sozialtechnologie*, FfM.
1971. S. 101–142. – M. Foucault: *Sexualität und Wahrheit*, Bd. 1–3, FfM. 1977–86
[1976–84]. – J. Habermas: »Zwei Bemerkungen zum praktischen D.«. In: ders.:
Zur Rekonstruktion des Historischen Materialismus, FfM. 1976. S. 338–346. – F.A.
Kittler/H. Turk (Hgg.): *Urszenen. Lit.wissenschaft als D.analyse und D.kritik*, FfM.
1977. – M. Foucault: *Schriften zur Lit.*, FfM. 1988 [1979]. – J.F. Cotta: »Instruction
für die Redaction«. In: D. Kuhn (Hg.): *Cotta und das 19. Jh.: Aus der literar. Arbeit
eines Verlages. Ständige Ausstellung des Schiller-Nationalmuseums und des Dt. Lit.
archivs Marbach am Neckar*, Stgt. 1980. S. 47. – Jean Paul: »Abschieds-Rede bey
dem künftigen Schlusse des Morgenblatts«. In: Kuhn 1980. S. 47f. – H. Gallas:
*Das Textbegehren des Michael Kohlhaas. Die Sprache des Unbewußten und der Sinn
der Lit.*, Hbg. 1981. – *Kulturrevolution. Zs. für angewandte DT.*, 1982ff. – Link
1983. – J. Habermas: *Der philosophische D. der Moderne*, FfM. 1985. – Kittler 1995
[1985]. – ders. et al. (Hgg.): *D.analysen. Medien*, Wiesbaden 1987. – Ausg. »D.
– Macht – Hegemonie« (Hgg. A. Demirovic/W. Prigge) der Zs. *Kulturrevolution*
17/18 (1988). – J. Link: »Lit.analyse als Interdiskursanalyse«. In: Fohrmann/Müller
1992 [1988]. S. 284–307. – M. Titzmann: »Kulturelles Wissen – D. – Denksy-
stem. Zu einigen Grundbegriffen der Lit.geschichtsschreibung«. In: *Zs. für frz.
Sprache und Lit.* 99 (1989) S. 47–61. – J. Link/U. Link-Heer: »D./Interdiskurs
und Lit.analyse«. In: *LiLi* 20.77 (1990) S. 88–99. – C. Kammler: »Historische
D.analyse (M. Foucault)«. In: Bogdal 1997 [1990]. S. 32–56. – R.G. Renner:
»D.«. In: W. Killy (Hg.): *Lit.-Lexikon*, Bd. 13, Gütersloh 1992. S. 180– 183.
– K. Ehlich (Hg.): *D.analyse in Europa*, FfM. 1994. – P.A. Bové: »Discourse«.
In: Lentricchia/ McLaughlin 1995 [1990]. S. 50–64. – J. Link: *Versuch über den
Normalismus. Wie Normalität produziert wird*, Opladen 1996. – A. Runte: *Biogra-
phische Operationen. D.e der Transsexualität*, Mchn. 1996. – S. Winko: »D.analyse«.
In: Arnold/Detering 1997 [1996]. S. 463–478. – J. Fohrmann: »D.«. In: Weimar
1997. S. 372–374. – H.-U. Nennen (Hg.): *D.: Begriff und Realisierung*, Würzburg
2000. – H.E. Bödeker (Hg.): *Begriffsgeschichte, D.geschichte, Metapherngeschich-
te*, Göttingen 2002. – M. Torres Morales: *Systemtheorie, DT. und das Recht der
Transzendentalphilosophie. Kant – Luhmann – Habermas*, Würzburg 2002. –
Schmidt 2003.   UG/JL/RP

Dissémination, Begriff J. Derridas, der mit dessen spezifischem Zeichenbegriff zusammenhängt. Die sprachlichen Signifikanten sind nicht festen Signifikaten zugeordnet, sondern in einem ständigen Prozeß der Differenzierung, der inneren Entzweiung und gegenseitigen Ersetzung begriffen. Das Spiel der Zeichen, das ein Spiel von Bedeutungssetzung und zugleich Bedeutungsauslöschung ist, ist niemals stillzustellen oder auf einen überschaubaren, in sich abgeschlossenen Text- und Aussagezusammenhang eingrenzbar. Sprachliche und textuelle Bedeutung entsteht stets erst im Wechselbezug mit dem allgemeineren Prozeß von Sprache und Schrift und ist somit potentiell über die gesamte Signifikantenkette einer Sprach- und Kulturwelt verstreut. Die *D.* ist ein sowohl die ›äußeren‹, formalistischen wie die ›inneren‹, thematischen Ordnungsgrenzen des Textes sprengendes Prinzip, das die binär-hierarchischen Oppositionsmuster logozentrischen Denkens subvertiert und übersteigt (↗ Logozentrismus). In Fortführung des Begriffs der *différance* als der Differentialität der Schrift im doppelten Spannungsfeld zwischen (zeitlichem) Aufschub und (räumlicher) Verschiebung intendierter Bedeutung besagt die *D.,* daß erst die Zwischenräume zwischen den sprachlichen Elementen deren Bedeutung hervorbringen, womit sie diese zugleich immer wieder in irreduzible Polysemie ›zerstreuen‹. Wie insgesamt für die ↗ Dekonstruktion charakteristisch, schwingt in dem Ausdruck *D.* durch den negativen Aspekt der Auflösung und Zerstreuung hindurch in der Konnotation der ›Saat‹ ein gewissermaßen kulturbiologischer Aspekt von semiologischer Produktivität mit, die allerdings niemals an einen bestimmten Text oder Autor gekoppelt, sondern der Sprache und Schrift generell zu eigen ist.

Lit.: J. Derrida: *La dissémination*, Paris 1972 (dt. *Dissemination*, Wien 1995).

HZ

E

Ecocriticism/Ökokritik, eine interdisziplinäre Forschungsrichtung (↗ Interdisziplinarität), die seit den frühen 1990er Jahren v.a. in der Amerikanistik entstanden ist. Die ökologisch orientierte Lit.- und ↗ Kulturkritik analysiert Konzepte und ↗ Repräsentationen der ↗ Natur, wie sie sich in verschiedenen historischen Momenten in bestimmten Kulturgemeinschaften entwickelt haben. Sie untersucht, wie das Natürliche definiert und der Zusammenhang zwischen Menschen und Umwelt charakterisiert wird und welche Wertvorstellungen und kulturellen Funktionen der Natur zugeordnet werden. Zu den Forschungsschwerpunkten der Ö. zählen die Rolle der menschlichen Sprache in der Begegnung mit der Natur, der Zusammenhang zwischen Natur und bestimmten literar. Gattungen (z.B. Pastorale, Western, Naturlyrik, Science Fiction), die Assoziation von Naturbegriffen mit bestimmten ethnischen Gruppen oder ›primitiven‹ Kulturen sowie mit patriarchalischen (↗ Patriarchat) oder feministischen Geschlechtsvorstellungen (typischerweise in der Verbindung Frau-Natur und deren Kritik; ↗ *Gender Studies*), der Status von naturbeschreibenden Texten innerhalb des literar. Kanons und der historische Wandel von Natur- und Natürlichkeitsbegriffen. – Ihre Kohärenz als Forschungsgebiet bezieht die Ö. von solchen thematischen Fragestellungen, während sie sich theoretisch und methodologisch bewußt einer Vielzahl von Ansätzen (von Phänomenologie und ↗ Dekonstruktion bis zu Feminismus und ↗ *Cultural Studies*) offengehalten hat. Im Rahmen dieses theoretischen Pluralismus haben sich aber dennoch einige Schwerpunkte herausgebildet, die in der ökokritischen Praxis und deren Kontroversen immer wieder auftauchen. Der erste dieser Schwerpunkte ist die Frage des Raumverständnisses, d.h. der Methoden, mittels derer Menschen sich über natürliche und künstlich entstandene Räume Wissen verschaffen, es weitergeben und sich zu Räumen in Beziehung setzen. In der Ö. spielt dabei das Verhältnis der lokalen, konkret erfahrbaren und durch ökologische Strukturen bestimmten Örtlichkeit zu abstrakteren Raumkategorien (wie z.B. dem Staat oder der Nation) eine bes. Rolle, wie auch die Interdependenz von Raumerfahrung mit anderen Dimensionen kultureller Identitätsbestimmung (↗ Identität), z.B. Geschlecht (↗ *gender*), Rasse (↗ *race*), Alter oder soziale Schicht (↗ Klasse). Zweitens steht der Begriff des Anthropozentrismus im Zentrum vieler ökokritischer Ansätze, d.h. die Frage, wie das Menschliche in der Lit. und Kultur im Verhältnis zu anderen Lebensformen und Seinsweisen definiert und dargestellt wird. Hier ergibt sich zum einen das Problem, ob die Lit. durch ihre sprachliche Konstitution unvermeidbar anthropozentrisch ist, oder ob sich mehr oder weniger anthropozentrische Darstellungsarten unterscheiden lassen; zum anderen stellt sich die Frage, welche Umdefinitionen menschlicher Identität zu ökozentrischem Denken und Darstellen beitragen könnten. Die dritte theoretische Problemstellung entsteht durch den Konflikt zwischen realistischem und konstruktivistischem Naturverständnis. Viele Ökokritiker sehen den Grad der Naturzerstörung und der Verdrängung nichtmenschlicher Lebensformen im frühen 21. Jh. als so bedrohlich an, daß die Darstellung dieser Realitäten in der Lit. und ihre interpretative Verarbeitung weitaus mehr im Vordergrund stehen als kritische Reflexionen über das Wesen der literar. Sprache oder die Strukturen ökologischer Forschung in den Naturwissenschaften (wobei letztere häufig als Grundlage des Realitätsanspruches ›grüner‹ Kulturkritik dienen). Andere Ökokritiker haben sich gegen solche Ansätze gewandt, die sie als in einem naiven Realismus sowohl literar. als auch naturwissenschaftlicher Art befangen sehen; sie weisen darauf hin, daß alle ↗ Diskurse über die Natur letztlich in der Kultur ihren Ursprung haben, daß gerade globale ökologische Zusammenhänge oft nicht adäquat mit Hilfe eines konventionellen Realismus erfaßt werden können und daß manche ökologischen Grundbegriffe (wie z.B. der des ›Ökosystems‹) in den Naturwissenschaften weit umstrittener sind, als dies in den literar. Interpretationen sichtbar wird. Hier entfaltet sich die ökokritische Debatte im Spannungsfeld einer Lit.kritik, die sich sowohl naturwissenschaftlichem Denken als auch den Sprach- und Kulturtheorien der letzten vier Jahrzehnte (insbes. dem ↗ Poststrukturalismus) verpflichtet fühlt. Eine vierte Problemstellung ergibt sich aus der Position grüner Kulturanalysen zwischen akademischer Theorie und politischem Umweltengagement und der Frage, bis zu welchem Grade solche Forschung den theoretischen Flügel einer breiteren Sozialbewegung darstellt oder gerade auch die sprachlichen und symbolischen Handlungen dieser Bewegung kritischer Analyse unterziehen muß. – Institutionell entwickelte sich die Ö. in den USA aus der Western Literature Association und führte 1992 zur Gründung der Association for the Study of Literature and the Environment (ASLE), die seitdem auch ihre eigene Zs., *ISLE. Interdisciplinary Studies in Literature and the Environment*, publiziert. Die Veröffentlichung von L. Buells *The Environmental Imagination* (1995) sowie von C. Glotfeltys und H. Fromms Sammelband *The E. Reader* (1996) markierten die Etablierung der Ö. als eigenständiges Forschungsgebiet in der Lit.- und Kulturtheorie. Jedoch reichen die Anfänge ökologischen Denkens in der Lit.kritik weiter zurück: Als Vorgänger der heutigen Ö. wären H.N. Smiths *Virgin Land* (1950), L. Marx' *The Machine in the Garden* (1964), R. Nashs *Wilderness and the American Mind* (1967), R. Williams' *The Country and the City* (1973), J.W. Meekers *The Comedy of Survival* (1974), A. Kolodnys *The Lay of the Land* (1975), C. Merchants *The Death of Nature* (1980) und R.P. Harrisons *Forests* (1992) zu nennen. Während sich die Ö. in ihrer ersten Phase stark auf am. Lit. und die brit. Romantik konzentrierte, nimmt sie gegenwärtig eine internationalere und komparatistischere Gestalt an, mit Ansätzen in der kanad., austral., dt., lateinam. und japan. Lit.kritik.

Lit.: s. auch ↗ Kulturökologie. – M. Oelschlaeger: *The Idea of Wilderness. From Prehistory to the Age of Ecology*, New Haven 1991. – K. Kroeber: *Ecological Literary Criticism. Romantic Imagining and the Biology of Mind*, N.Y. 1994. – L. Buell: *The Environmental Imagination. Thoreau, Nature Writing, and the Formation of American Culture*, Cambridge 1995. – Ch. Glotfelty/H. Fromm (Hgg.): *The E. Reader. Landmarks in Literary Ecology*, Athens 1996. – U. Heise: »Science and E.«. In: *American Book Review* 18.5 (1997) S. 4f. – G. Gaard/P.D. Murphy (Hgg.): *Ecofeminist Literary Criticism. Theory, Interpretation, Pedagogy*, Urbana 1998. – A. Goodbody (Hg.): *Lit. und Ökologie*, Amsterdam 1998. – D. Phillips: »E., Literary Theory, and the Truth of Ecology«. In: *NLH* 30 (1999) S. 577–602. – Ausg. »E.« (Hg. W. Howarth) der Zs. *NLH* 30.3 (1999). – Ausg. »Literary E.« (Hg. I. Marshall) der Zs. *Interdisciplinary Literary Studies* 3.1 (2001). – K. Rigby: »E.«. In: Wolfreys 2002. S. 151–178. – M.P. Branch/S. Slovic (Hgg.): *The ISLE Reader. E., 1993– 2003*, Athens, GA 2003. – G.A. Love: *Practical E.: Literature, Biology, and the Environment*, Charlottesville 2003.   UHei

Emergenz (lat. *emergere*: auftauchen, zum Vorschein kommen), mit E. bezeichnet man das Auftauchen einer neuen Stufe in der Evolution oder das Erscheinen neuer Qualitäten, die sich nicht aus den Gesetzmäßigkeiten einer bestimmten Ebene der Evolution erklären lassen. Damit widerspricht die Theorie der E. dem Programm eines extremen Reduktionismus, der glaubt, alle Phänomene auf eine unterste Stufe der Realität zurückführen zu können. – Der Begriff E. wurde von G.H. Lewes (1817–1878) in die Philosophie eingeführt. Lewes unterscheidet zwischen emergenten und resultierenden Wirkungen. Während letztere eine Überlagerung von Einzelursachen sind,

sind emergente Wirkungen auf der Ebene, aus der sie emergieren, kausal
nicht vollständig erklärbar. Populär wurde der Begriff in den 1920er Jahren
innerhalb der E.philosophie (S. Alexander, C.L. Morgan, R.W. Sellars), die
als eine Gegenbewegung zum Mechanizismus, eine eher holistische (J.C.
Smuts) bzw. organizistische (A.N. Whitehead) Perspektive vertrat. Während
der Mechanizismus die Welt als vollständig determiniert sieht und die
Entstehung des Neuen auf eine Umgruppierung des bereits Existierenden
zurückführt, versucht die E.philosophie die plötzliche Entstehung von etwas
Neuem auf die Wirkung einer schöpferischen Kraft zurückzuführen. Diese
Vorstellung ist eng verknüpft mit H. Bergsons Begriff der schöpferischen
Kraft (»*élan vital*«) oder J.F. Blumenbachs Begriff des der Materie innewohnenden »Bildungstriebs«. Erst in neuerer Zeit gelang es, das Phänomen der
E. innerhalb der Theorie der Selbstorganisation zu erklären (vgl. Krohn/
Küppers 1992; Küppers 1996). Hier wird die Entstehung von Ordnung,
Organisation und Bedeutung in ↗ Natur und Gesellschaft zurückgeführt auf
die zirkuläre Verknüpfung von Ursache und Wirkung. Im Gegensatz zur
konservativen Ordnung von Gleichgewichten, in denen die Ordnung auf
die Eigenschaften der beteiligten Elemente reduziert werden kann, entsteht
die Ordnung im Ungleichgewicht als emergentes Phänomen durch eine
gegenseitige Reproduktion von Ursache und Wirkung.

Lit.: G.H. Lewes: *Problems of Life and Mind*, Bd. 2, Boston 1875. – S. Alexander:
Space, Time, Deity, Ldn. 1920. – C.L. Morgan: *Emergent Evolution*, Ldn. 1923.
– R.W. Sellars: *The Principles and Problems of Philosophy*, N.Y. 1926. – W. Krohn/G.
Küppers (Hgg.): *E.*, FfM. 1992. – G. Küppers (Hg.*): Chaos und Ordnung. Formen
der Selbstorganisation in Natur und Gesellschaft*, Stgt. 1996. – Th. Wägenbaur (Hg.):
Blinde E.? Interdisziplinäre Beiträge zu Fragen kultureller Evolution, Heidelberg 2000.
– G. Minati (Hg.): *Emergence in Complex, Cognitive, Social and Biological Systems*,
N.Y. et al. 2002. – M. Slors (Hg.): *Mutual Causation, Multiple Realization, and
Emergence*, Amsterdam et al. 2002.   GK

Emotion (lat. *emovere*: herausbewegen, emporwühlen). E.en zählen zum
kulturellen Wissen einer Zeit und manifestieren sich in verschiedenen Zei-
chen- und Handlungszusammenhängen einer Kultur, u.a. in Lit. Für diese
sind E.en unter drei Aspekten von Bedeutung: Unter dem (am häufigsten
thematisierten) Rezeptionsaspekt betrachtet, stellt E. neben Kognition
(↗ Kognitionstheorien) und Handlungsorientierung eine Kategorie dar,
mit der die Wirkung von Lit. beschrieben wird; bei der Produktion von
Texten zählen die E.en des Verfassers zu den Faktoren, die (in noch nicht
ausreichend geklärter Weise) die Textgestalt mitbestimmen; und die Texte
selbst enthalten emotionale Kodierungen, d.h. sprachliche Zeichen, Bilder
und Handlungselemente, die, historisch und kulturell variabel, mit E.en
verbunden sind. – Von den antiken bis zu den Aufklärungspoetiken galt
das Hervorrufen von E.en oder spezieller bestimmten E.en, wie Rührung,
Mitleid oder Befreiung aufgestauter Affekte, als ein Ziel der Dichtung. Die
Rhetorik lieferte das Wissen, welche Elemente einer Rede bzw. eines Textes
bestimmte Gefühle im Hörer bzw. Leser hervorbringen können. Unter auto-

nomieästhetischen Postulaten geriet das ›*movere*‹ bis heute in theoretischen Mißkredit. Das Erzeugen von E.en wurde der ↗ Triviallit. zugeordnet und in ›anspruchsvoller‹ Lit. nur als Mittel zu höheren Zwecken akzeptiert. In der v.a. an kognitiven Gehalten interessierten Lit.wissenschaft wurden E.en bis in die 1960er Jahre unsystematisch, erst ab den 1980er Jahren z.B. unter diskurs- und ↗ mentalitätsgeschichtlicher Perspektive sowie im Kontext der literar. Anthropologie systematischer untersucht. Vielversprechend v.a. zur Analyse der Rezeptionsseite sind neueste empirische Arbeiten; die Mechanismen textueller Kodierung von E.en sind noch nicht erforscht.

Lit.: H. Alfes: *Lit. und Gefühl*, Opladen 1995. – E. Keitel: *Von den Gefühlen beim Lesen*, Mchn. 1996. – M. Hjort/S. Laver (Hgg.): *Emotion and the Arts*, N.Y./ Oxford 1997. – Ausg. »Representations of Emotional Excess« (Hg. J. Schlaeger) des Jb.s *REAL* 16 (2000). – J. Schlaeger/G. Stedman (Hgg.): *Representations of Emotions*, Tüb. 1999. – C. Benthien et al. (Hgg.): *Emotionalität. Zur Geschichte der Gefühle*, Köln et al. 2000. – D. Evans: *Emotion. A Very Short Introduction*, Oxford 2003. – E. Labouvie: »Leiblichkeit und Emotionalität. Zur Kulturwissenschaft des Körpers und der Gefühle«. In: Jaeger/Rüsen 2004. S. 79–91.   SW

Emplotment (engl. wörtlich: Einbettung der historischen Fakten in einen Handlungs- und Sinnzusammenhang), ist als Begriff durch den am. Geschichtstheoretiker H. White in die Debatte um die ›Fiktion des Faktischen‹ in der Geschichtsschreibung eingeführt worden, um Strategien des Historikers zu umschreiben, die Kontingenz historischer Ereignisse und Geschehen erzählerisch zu strukturieren und zu einer Geschichte zu machen. »E. is the way by which a sequence of events fashioned into a story is gradually revealed to be a story of a particular kind« (White 1973, S. 7). White entwickelt dazu schematisch eine an N. Frye orientierte Typologie narrativer Figuren, wie Stile (Romanze, Komödie, Satire, Tragödie) und Tropen (Metapher, Metonymie, Synekdoche und Ironie), die als tiefenstrukturelle Prägeformen die Wahrnehmung, Darstellung und Konstruktion des jeweiligen historischen Diskursgegenstands unhintergehbar präfigurieren. Damit demontiert White den epistemologischen Status der Geschichtsschreibung im Unterschied zur Belletristik und den Glauben an die Möglichkeit objektiver historischer Darstellung. Die Historiographie wird von White (1978, S. 85) sogar als »essentially a literary, that is to say fiction-making, operation« bezeichnet. – Die von poststrukturalistischen Theorien wie dem *New Historicism* aufgenommenen Thesen Whites sind kürzlich in zweierlei Hinsicht modifiziert worden. So hat A. Nünning (1995, S. 142) darauf hingewiesen, daß das bei White als spezifisch literar. eingeengte Verfahren des *e.* nicht unbedingt per se die Geschichtsschreibung zur Fiktion werden läßt. Weiterhin deutet H. Antor (1996, S. 68) das *e.* als Ausdruck einer anthropologisch bedingten Grunddisposition des Menschen als ›*pattern-building animal*‹, fiktive wie nicht-fiktive Texte in einen kohärenten Sinnzusammenhang zu bringen.

Lit.: White 1997 [1973] – ders. 1994 [1978]. – Nünning 1995. Bes. S. 129–144. – H. Antor: »The Ethics of Criticism in the Age After Value«. In: Ahrens/Volkmann

1996. S. 65–85. – J.A. Carter: »Telling Times. History, E., and Truth«. In: *History and Theory* 42 (2003) S. 1-27.   LV

Episteme (gr. *epistếmē*: Wissen, Verstehen), aufgrund von Materialstudien zur Geschichte des Wahnsinns entwickelt M. Foucault in verschiedenen Studien eine Geschichte der E., d.h. von historisch variablen Wissensformationen, mit dem impliziten Ziel der Historisierung und Depotenzierung des Vernunftbegriffes und damit der Kritik der historischen Moderne. Gemäß der Analyse von *Les mots et les choses* (1966) bestimmen epistemische Konfigurationen (Wissensformationen) die Anordnung der Dinge und sind die Ermöglichungsbedingung für die Organisation von sprachlichen Äußerungen. Die epistemischen Konfigurationen sind zwar diachron verschieden und durch Brüche voneinander getrennt, synchron verbinden sie jedoch unterschiedliche Wissensgebiete miteinander, und zwar entsprechend einer allg. Disposition. Trotz aller Streuung des Wissens sind E. grundsätzlich aneinander gekoppelt; in ihren Strukturen verweisen sie aufeinander. Die E. der Ähnlichkeit organisiert das Wissen der Renaissance und die Interpretation des Zusammenhangs zwischen Zeichen und Dingen. In vier grundsätzliche Formen (›convenentia‹, ›aemulatio‹, Analogie, Sympathie) gruppiert Foucault eine Vielzahl semantischer Möglichkeiten des Ähnlichkeitsdenkens. Die auf Identität und Differenz gründenden mathematischen, taxonomischen und genetischen E. der Klassik strukturieren das Wissen nach einer binären Logik. Mit der Auflösung der klassischen E. und damit der universalen Analysemethode ergibt sich eine Ausdifferenzierung des Wissens, die im 19. Jh. zu den Einzelwissenschaften führt. Diese ruhen auf gemeinsamen anthropozentrischen E.n, die eine metaepistemologische Analyse verlangen. Die epistemologischen Wissensformationen manifestieren sich, so Foucault, als diskursive Praktiken (*L'archéologie du savoir*, 1969). ⟩ Diskurse werden von Regeln und institutionellen Zwängen, d.h. von materiell faßbaren historischen Bedingungen und Folgerungen (historische Aprioris) begleitet, die dem ⟩ Subjekt einen spezifischen Platz zuweisen und eine reglementierte Praxis durchsetzen. Die wiederkehrenden Serien von Diskursen bilden die Wirklichkeit nicht ab, sondern konstituieren sie und haben aus diesem Grunde Ereignischarakter. Jedem Diskurs wohnt eine ihn erst fundierende Wirkkraft inne, die Foucault in Anlehnung an F.W. Nietzsche den ›Willen zur Wahrheit‹ nennt. Die Wahrheit einer Rede ist nicht metaphysisch als Abglanz vom Sein eines auswärtigen Anderen, als Angleichung des Diskurses an seinen Gegenstand zu verstehen, sondern tritt als Effekt vorausgegangener diskursiver Ereignisse hervor. Die Ereignisse des Gesagten und die Wirkungen der Sprechakte werden in ihrer Positivität und Äußerlichkeit analysiert, wo es keine ›inneren Geheimnisse‹, keinen ›sammelnden Logos‹ und keine ›Teleologie der Vernunft‹ gibt (Waldenfels). Die Diskursanalyse hat damit weder mit dem Ungesagten noch mit den Regeln der Sagbarkeit zu tun. Foucault schließt also ein ›Anderswo‹ aus, in dem sich das entscheidet, was sich in den Diskursen ereignet. Die Entstehungsbedingungen dieses Ereignisses zeigen auch die Bedingungen für ihr ausgrenzendes Tun, so daß mit der Positivität des Diskursereignisses auch die ausgrenzende Tätigkeit der Diskurse in den

Blick einer Archäologie des Wissens kommt. – Im Spätwerk seit *L'ordre du discours* (1971) wird der Akzent auf die ↗ Macht gelegt. Institutionelle Diskurspraktiken werden als Machtdispositive, einem unzertrennlichen Aggregat aus Können und Wissen, begriffen. Die Macht gilt als absolut und unhintergehbar im Verhältnis zum Subjekt, das als unterlegen angesehen wird. Die Depotenzierung des Vernunfts- und Subjektbegriffs hat die Kritik von J. Habermas und M. Frank bezüglich der Aporie der Diskursanalyse hervorgerufen. Doch greifen diese Autoren den metaepistemologischen Anspruch Foucaults nicht auf. In *La bibliothèque fantastique* (1995) bzw. in anderen in *Schriften zur Lit.* (1974) versammelten Essays entwickelt Foucault die Konzeption eines Gegendiskurses, der der Lit. zugeschrieben wird. Nach der Dissolution des homogenen Gebiets geregelter ↗ Repräsentationen gilt Lit. als eine ausgesprochene kulturelle ↗ Heterotopie, d.h. als ein heterogener Raum und ein Nicht-Ort der Sprache, der im Widerstreit zu den Kohärenzregeln der Diskurse steht. Analog dazu wird in *L'archéologie du savoir* die Geschichte der E., die in *Les mots et les choses* noch fortschreitend erscheint, als paradoxale Aufeinanderfolge von Diskontinuitäten und als Palimpsest von Diskursen denkbar. Die postklassische Lit. habe die Funktion eines nicht diskursiven Denkens, das das rohe Sein der Sprache manifestiert, die Macht der Sprache offenlegt und die Ereignisse der Diskurse darstellt. Lit.kritik verlangt mithin eine metaepistemologische Kritik realistischer bzw. positivistischer und anthropomorpher E.

Lit.: Foucault 1966. – ders. 1969. – ders.: *L'ordre du discours*, Paris 1971 (dt. *Die Ordnung des Diskurses*, Mchn. 1974). – ders.: *Schriften zur Lit.*, FfM. 1993 [1974]. – H.-G. Ruprecht: »Savoir et littérature; doxa historique/épistème sémiotique«. In: *Degrès* 12.39/40 (1984) S. m1-m12. – C. Kammler: »Historische Diskursanalyse (M. Foucault)«. In: Bogdal 1997 [1990]. S. 31–55. – P. Veyne: *Foucault. Die Revolutionierung der Geschichte*, FfM. 1992. – M. Foucault: *La bibliothèque fantastique*, Brüssel 1995. – W. Seitter: *Das Spektrum der Genealogie. M. Foucault*, Bodenheim 1996.   VB

Ereignis, anknüpfend an die alltagssprachliche Bedeutung von ›Begebenheit, (bedeutsames) Geschehen‹ und eine auf den Russ. Formalismus (B.V. Tomaševskij, A.N. Veselovskij) zurückgehende Definition bezeichnet der Begriff E. im ↗ Strukturalismus und in strukturalistischen Erzähl- und Dramentheorien »die kleinste unzerlegbare Einheit des Sujetaufbaus« (Lotman 1972, S. 330). Ein E. treibt den Plot voran und führt zu einer Zustands- bzw. Situationsveränderung auf der Ebene der Figuren. Im Rahmen seines semiotischen Ansatzes (↗ Semiotik) definiert Ju. Lotman (1972, S. 332) ein E. als »*die Versetzung einer Figur über die Grenze eines semantischen Feldes*«. R. Barthes (1966, S. 9f.) etablierte die Unterscheidung zwischen ›Kernen‹ bzw. ›Kardinalfunktionen‹ (d.h. für den Handlungsverlauf konstitutive bzw. handlungsvorantreibende E.se, die Optionen eröffnen; frz. *noyaux*; engl. *kernels* bzw. *nuclei*) und ›Katalysen‹ bzw. ›Satellitenereignissen‹ (d.h. nichtnotwendige E.se, die die zentrale Handlungssequenz bloß ausschmücken und deren Wegfall den logischen Zusammenhang einer Erzählung nicht stören würde; frz. *catalyses*; engl. *catalysts* bzw. *satellites*), die von vielen Narrato-logen (z.B. M. Bal, S. Chatman) aufgegriffen und modifiziert worden ist. E.se können entweder ›verkettet‹ sein, d.h. auf derselben Erzählebene direkt aufeinander folgen, oder ein E. kann in ein anderes ›eingebettet‹ sein (vgl. Cohan/Shires 1988, S. 57). Mit den Kategorien der Faktizität, Resultativität und Relevanz der jeweiligen Veränderung, der Imprädikabilität bzw. Nicht-Vorhersagbarkeit, der Konsekutivität bzw. ›Folgelastigkeit‹ der Veränderung, der Irreversibilität bzw. Unumkehrbarkeit und der Non-Iterativität bzw. Nicht-Wiederholbarkeit hat W. Schmid (2003) erstmals systematische Kriterien für die Bestimmung und Gradierung von E.haftigkeit formuliert. Problematisiert wird die Vorstellung von E.haftigkeit, die im Realismus ihre modellhafte Verwirklichung fand, in den postrealistischen Erzählungen A. echovs (vgl. Schmid 1993), in vielen handlungsarmen Werken des Moder-nismus, z.B. bei M. Proust und V. Woolf, die die Repräsentation mentaler E.se aufwerten, und in der ↗ Postmoderne, in der die ↗ Konstruktivität von E.sen betont wird. – Für ↗ Kultur- und ↗ Medientheorien erweist sich v.a. Lotmans (1972, S. 334) Einsicht als wegweisend, daß »die Qualifizierung eines Faktums als E. abhängig ist vom System [...] der Begriffe« sowie von der jeweiligen Gattung und stets »nach Maßgabe des allg. Weltbildes« er-folgt. Daß dies auch für die Historiographie gilt, hat v.a. H. White gezeigt (*emplotment*). Konstruktivistische Ansätze (↗ Konstruktivismus, radikaler) der ↗ Medienkulturwissenschaft haben das Bewußtsein dafür geschärft, daß die ↗ Massenmedien eine konstitutive Rolle bei der ↗ Repräsentation von ↗ Medienereignissen spielen.

Lit.: R. Barthes: »Introduction à l'analyse structurale des récits«. In: *Communications* 8 (1966) S. 1–27. – Lotman 1993 [1972]. Bes. S. 329ff. – Chatman 1993 [1978]. – Sh. Rimmon-Kenan: »Story. Events«. In: dies. 1996 [1983]. S. 6–28. – St. Cohan/L.M. Shires: *Telling Stories. A Theoretical Analysis of Narrative Fiction*, Ldn. 2003 [1988]. – W. Schmid: »Problematisierung der E.haftigkeit in echovs Erzählungen«. In: R. Grübel (Hg.): *Russ. Lit. an der Wende vom 19. zum 20. Jh.*, Amsterdam/Atlanta 1993. S. 41-69. – A. Suter/M. Hettling (Hgg.): *Struktur und E.*, Göttingen 2001. – Herman 2002. – D. Mersch: *Was sich zeigt. Materialität, Präsenz, E.*, Mchn. 2002. – Th. Rathmann (Hg.): *E.: Konzeption eines Begriffs in Geschichte, Kunst und Lit.*, Köln et al. 2003. – W. Schmid: »Narrativity and Eventfulness«. In: T. Kindt/H.-H. Müller (Hgg.): *What is Narratology? Questions and Answers Regarding the Status of a Theory*, Bln./N.Y. 2003. S. 17–33.   AN

Erinnerung, kulturelle, die gegenwärtige Konjunktur der Forschung zu E. und ↗ Gedächtnis dürfte sich einerseits aus der Tatsache begründen, daß wir uns an einer Epochenschwelle befinden, wo die lebendige E. von Zeitzeugen an die großen Katastrophen des 20. Jh.s schwindet und dafür die Geschichtsschreibung und ihre unterschiedlichen E.sformen, z.B. das Gedächtnis der Beklagten und das Gedächtnis der Kläger (vgl. Diner 1991), in den Vordergrund treten. Dabei wird zunehmend bewußt, daß Erfahrungen nur durch sozial produzierte Wahrnehmungsrahmen (*cadres sociaux*, M. Halbwachs) in den individuellen und kollektiven E.sbestand aufgenommen werden (vgl. Halbwachs 1966). Die auf diese Weise in den Blick geratenen E.smodi und ihre Referenzhorizonte konzentrieren das gegenwärtige Interesse auf das Verhältnis von Sprache und Gedächtnis, auf ↗ Mündlichkeit bzw. Schriftlichkeit und Gedächtnis, auf Erzählstruktur und Gedächtnis sowie auf ↗ Identität und Gedächtnis. Dabei sind nicht nur die begriffliche Ausdifferenzierung von Gedächtnis und E. einerseits, ›Andenken‹, ›Eingedenken‹ andererseits (W. Benjamin), sondern auch ›Leib‹- und ›Kontext-Gedächtnis‹ (vgl. Weinrich 1988) von Bedeutung. Diese Überlegungen reichen von einem psycholinguistisch ausgerichteten Forschungsinteresse am Kurz- und Langzeitgedächtnis (vgl. Rohrer 1978), von einer soziologischen Fragestellung nach Alltagsformen des kollektiven Gedächtnisses (vgl. Halbwachs 1966) bis hin zu den vielfältigen Möglichkeiten eines schriftlich oder bildlich codierten kulturellen Gedächtnisses (vgl. Warburg 2000; Assmann 1992). Sie werden ergänzt durch die Reflexion auf die Vorzüge und Grenzen einer die Raum-Struktur des Gedächtnisses betonenden ›memorialen Topologie‹ (vgl. Noras ↗ *lieux de mémoire*, 1995). Derartige Ansätze problematisieren die bislang gezogenen Fachgrenzen, vornehmlich der Geschichts-, Kunst- und Lit.wissenschaft, so daß gesagt werden konnte, es baue sich »um den Begriff der E. ein neues Paradigma der Kulturwissenschaften« auf (Assmann 1992, S. 11). Diese These gewinnt zusätzlich an Plausibilität durch den offensichtlichen Dynamisierungsschub des globalen Wissenszuwachses sowie seiner beschleunigten Zirkulation durch die zweite Medienrevolution. Es geht nicht mehr nur um das von Vergessen bedrohte Gedächtnis (vgl. Freudenfeld 1996), um Fragen der Mnemotechnik, sondern grundsätzlich um die kulturellen Formen von Aufzeichnungs-, Speicherungs- und Übertragungstechnologien (H.M. McLuhan, F.A. Kittler; vgl. Rieger 1997). – Diese aktuellen theoretisch diskutierten Fragen zu E. und Gedächtnis werfen ein neues Licht auf der Geschichte der Gedächtniskunst, insbes. die Epochengrenzen der *Mnemonik*, Gedächtnislehre und Gedächtnistheorie. Hier lassen sich einige Schwerpunkte exemplarisch nennen, z.B. (a) die Rekonstruktion eines Gedächtniskonzepts in Ägypten, das mit seiner monumentalen, rituellen (↗ Ritual) und archivalisch (↗ Archiv) ausgerichteten *Memoria* zur Ausbildung einer Klassik führte, die auf Dauer und Kontinuität abgestellt war und daher ohne Geschichtsschreibung auskam (vgl. Assmann 1992); (b) die Erstellung einer Gattungstypologie der *Mnemonik* aus dem jeweiligen funktionalen Bedarf an spezifischen Wissensformen (vgl. Berns/Neuber 1993), speziell die Restitution und Transformation der rhetorisch-technischen Gedächtniskunst durch den Neuplatonismus (vgl. die Kontroverse um die Aneignung in hermetischer oder philosophisch-erkenntniskritischer Tradition; Yates 1966 bzw. Carruthers 1990); (c) des weiteren eine in der frühen Neuzeit einsetzende, sich von der Antike unterscheidende Rückbindung der individuell gewählten *imagines* der Mnemotechnik an ein kollektives Gedächtnis (vgl. Berns/Neuber 1993); sowie (d) die neuzeitliche Umrüstung der *Memoria* von einer retrospektiven Speicherkapazität (vgl. Weinrich 1988) zu einer futuristisch orientierten E. (vgl. Assmann et al. 1983); schließlich sind (e) die im Umfeld von Reformation und Gegenreformation sich abzeichnenden konkurrierenden E.skonzepte mit ihrer unterschiedlichen Wort- bzw. Bildzentrierung zu nennen. – Für Lit. und Philosophie ist die im antiken Griechenland vollzogene Ausdifferenzierung in die epische *Mnemosyne* mit ihrer plastischen Darstellung der Details und in die körperlose philosophische *Anamnesis* als Wieder-E. von Bedeutung gewesen. Augustins Erweiterung des Begriffs der *Memoria* um das ›Selbst-Eingedenken‹ führt in der nach-reformatorischen Rezeption zu selbstbeobachtenden E.sprotokollen über die religiöse Erweckung und Lebensführung und damit zur Konjunktur der literar. Gattungen Tagebuch, Autobiographie und psychologischer Roman. H. Bergsons Analyse des Versagens von E. und S. Freuds Studien zur E.sform des Traumes, einschließlich seiner Entdeckung der ›Zensur der E.‹, haben bedeutsame Folgen für die Lit. gehabt, z.b. für die Beziehung von Zufall und E. in M. Prousts *A la recherche du temps perdu* (1913–27) und im *Manifeste du Surrealisme* (1924).

Lit.: M. Halbwachs: *Das Gedächtnis und seine sozialen Bedingungen*, FfM. 1985 [1966]. – F.A. Yates: *Gedächtnis und Erinnern*, Bln. 1996 [1966]. – J. Rohrer: *Zur Rolle des Gedächtnisses beim Sprachenlernen*, Bochum 1984 [1978]. – H. Bergson: *Materie und Gedächtnis*, FfM. 1982. – A. Assmann et al. (Hgg.): *Schrift und Gedächtnis*, Mchn. 1983. – J. Assmann/T. Hölscher (Hgg.): *Kultur und Gedächtnis*, FfM. 1988. – M. Koch: *Mnemotechnik des Schönen*, Tüb. 1988. – H. Weinrich: »Über Sprache, Leib und Gedächtnis«. In: H.U. Gumbrecht/K.L. Pfeiffer (Hgg.): *Materialität der Kommunikation*, FfM. 1988. S. 80–93. – M. Carruthers: *The Book of Memory*, Cambridge 1990. – D. Diner: *Der Krieg der E.en und die Ordnung der Welt*, Bln. 1991. – J. Assmann: *Das kulturelle Gedächtnis*, Mchn. 2002 [1992]. – J. J. Berns/W. Neuber (Hgg.): *Ars memorativa*, Tüb. 1993. – A. Haverkamp/R. Lachmann (Hgg.): *Memoria. Vergessen und Erinnern*, Mchn. 1993. – P. Nora: »Das Abenteuer der *Lieux de mémoire*«. In: E. François (Hg.): *Nation und Emotion. Deutschland und Frankreich im Vergleich*, Göttingen 1995. S. 83–92. – N. Berg et al. (Hgg.): *Shoa. Formen der E.*, Mchn. 1996. – R. Freudenfeld: *Gedächtnis-Zeichen*, Tüb. 1996. – S. Rieger: *Speichern/Merken*, Mchn. 1997. – G. Oesterle et al. (Hgg.): *Formen der Erinnerung. Schriftenreihe des Sonderforschungsbereiches Erinnerungskulturen*, Göttingen 2000ff. – A. Warburg: *Der Bilderatlas Mnemosyne* (Hg. M. Warnke), Bln. 2003 [2000]. – Pethes/Ruchatz 2001. – Echterhoff/Saar 2002. – H. Welzer: *Das kommunikative Gedächtnis. Eine Theorie der E.*, Mchn. 2002. – ders.: »Gedächtnis und E.«. In: Jaeger/Rüsen 2004. S. 155–174.   GOe

Erinnerungsorte ↗ *Lieux de mémoire*/Erinnerungsorte

Essentialismus (lat. *essentia*: Wesen), philosophischer Begriff für Lehre, die dem Wesen, d.h. der Essenz, das Primat gegenüber dem Dasein, d.h. der Existenz, attestiert. – In Nachfolge platonischen Denkens (z.B. Thomas von Aquin, B. Spinoza) postuliert der E., daß jedes wissenschaftliche Untersuchungsobjekt, auch der Mensch, so und nur so erscheint, wie es essentiell, d.h. seinem Wesen nach realiter ist und über eine Reihe inhärenter und unveränderbarer Eigenschaften verfügt, die jedweden ↗ Kontext des Objektes prinzipiell irrelevant für seine wissenschaftliche Untersuchung erscheinen lassen. Mitte des 20. Jh.s entwickelt sich mit dem frz. Existentialismus unter Federführung von A. Camus und J.-P. Sartre ein Kontrastentwurf, der im E. die Gefahren sieht, den Menschen der Verantwortlichkeit für sein Handeln zu entbinden und ein generell fatalistisches Weltbild zu transportieren. Der kritische Rationalismus K. Poppers kritisiert den E. als verantwortlich für den erkenntnistheoretischen Rückstand der traditionell betriebenen Geistes- und Sozialwissenschaften im Vergleich zu den Naturwissenschaften: Während diese in nominalistischer Manier Aussagen und Theorien sowie deren Ableitungen auf ihren Wahrheitsgehalt überprüfen, d.h. der Möglichkeit einer Falsifizierung unterziehen, tendierten jene zur Behandlung von (geschaffenen) Begriffen, die sich nicht durch empirische und experimentelle Beobachtung, sondern nur durch (gesetzte) Definition erschlössen. – In der Lit.wissenschaft nehmen v.a. der ↗ Poststrukturalismus, der *New Historicism*, die feministische Lit.theorie und die postkoloniale Lit.theorie eine den E. des *New Criticism* (und jeglicher textimmanenter Kritik) zurückweisende Haltung ein. Kritisiert und zurückgewiesen werden v.a. essentialistische Bestimmungen von ↗ Weiblichkeit und ↗ Männlichkeit (↗ *gender*) und von Rasse (↗ *race*). Da jedoch der Gegenpol eines absoluten Relativismus jede textanalysierende und -evaluierende Argumentation nivellieren würde, basieren auch neuere Arbeiten oft auf einem an den Untersuchungszwecken ausgerichteten, d.h. strategisch limitierten E.

Lit.: D. Fuss: *Essentially Speaking*, N.Y. 1989. – N. Shor/E. Weed (Hgg.): *The Essential Difference*, Bloomington 1994. – G.R. Jang: »Beyond Essentialism«. In: *Studies in the Humanities* 29.1 (2002) S. 40–51. GN

Ethnizität (gr. *éthnos*: Volk, Schar), zentrales Konzept ↗ postkolonialer Lit.- und Kulturtheorie, das die Zugehörigkeit zu einer bestimmten Rasse (↗ *race*), einem Volk oder einer Nation beschreibt. E. bezeichnet auch die bewußte Betonung solcher Situiertheit in einem politischen und kulturellen Rahmen. E. spielt eine entscheidende Rolle bei der Identitätskonstitution von ↗ Subjekten (↗ Identität), da die Zugehörigkeit zu und Identifikation mit einer bestimmten ethnischen Gruppe gleichzeitig eine Plazierung in einem kulturellen, historischen und sprachlichen Raum bedeutet und somit eine Situierung in der Welt im Sinne einer Selbstdefinition darstellt. Gleichzeitig ist E. eine unvermeidbare Kondition jeglicher menschlichen Existenz, da sich jedes Individuum immer schon in einem ethnisch bestimmten kulturellen Kontext befindet. In modernen pluralistischen Gesellschaften mit ihrer oft multikulturellen Bevölkerung stellt sich die Frage nach der Verwirklichung des Gleichheitsanspruches, nach dem E. kein negatives Auslesekriterium sein kann. Die Diskriminierung von Menschen aufgrund ihrer ethnischen Zugehörigkeit erfüllt den Tatbestand des Rassismus und ist oft das Resultat bes. intensiver Betonung der eigenen E. durch den Rassisten, der dadurch seine Identität zu stärken sucht und der negativ konstruierten ↗ Alterität des solchermaßen Diskriminierten mit einem hierarchischen Machtanspruch begegnet. Die negative Form der E. geht also auch mit Nationalismus, Hegemonialansprüchen und Imperialismus einher, wenngleich sie nicht mit diesen Begriffen gleichgesetzt werden kann. Gleichzeitig fungiert E. im postkolonialen Kontext oft als Instrument der Selbstbehauptung oder der Rekonstitution einer nach der kolonialen Erfahrung beschädigten oder zerstörten kulturellen ↗ Identität. Dies gilt sowohl im Rahmen aus der kolonialen Abhängigkeit entlassener Nationen als auch im Kontext multi-kultureller postkolonialer Nationen wie z.B. Kanadas, Südafrikas, Australiens oder der karib. Staaten, wo etwa ethnische Lit. als Ausdruck einer eigenen kulturellen Identität einen wichtigen Beitrag zur Positionierung der Ange-hörigen verschiedener ethnischer Gruppen innerhalb der Gesamtgesellschaft leisten. Den potentiell zentrifugalen Kräften des ↗ Multikulturalismus kann die E. eine psychologisch eher zentripetale Kraft hinzufügen. E. erweist sich daher als Instrument der Rezentrierung für marginalisierte Gruppen. Als Prinzip bei der Definition einer Nation wurde E. allerdings aufgrund der einem solchen Verfahren innewohnenden Gefahren schon im 19. Jh. von E. Renan abgelehnt. Der Begriff der E. erschließt lediglich eines von verschiedenen Paradigmen innerhalb der postkolonialen Studien und steht diesbezüglich gleichrangig neben anderen Fragehorizonten, die durch Konzepte wie Multikulturalität, soziale ↗ Klasse, ↗ Geschlechterdifferenz, historische Erfahrung usw. definiert sind.

Lit.: W. Sollors: »Theory and Ethnic Message«. In: *MELUS* 8.3 (1981) S. 15–17. – E. Renan: »What Is a Nation?«. In: H: Bhabha (Hg.): *Nation and Narration*, Ldn./N.Y. 1990. S. 8–22. – W. Sollors: »Ethnicity«. In: Lentricchia/McLaughlin 1995 [1990]. S. 288–305. – Williams/Chrisman 1996 [1993]. S. 27–123. – A. Arteaga (Hg.): *An Other Tongue. Nation and Ethnicity in the Linguistic Borderlands*, Durham 1994. – St. Hall: »New Ethnicities«. In: B. Ashcroft et al. (Hgg.): *The Post-Colonial Studies Reader*, Ldn./N.Y. 1995. S. 223– 227. – W. Sollors: »Who is Ethnic?« In: B. Ashcroft et al. (Hgg.): *The Post-Colonial Studies Reader*, Ldn./ N.Y. 1995. S. 219–222. – D.M. Guss: *The Festive State. Race, Ethnicity, and Nationalism as Cultural Performance*, Berkeley et al. 2000. – C. Rademacher/P. Wiechens (Hgg.): *Geschlecht, E., Klasse. Zur sozialen Konstruktion von Hierarchie und Differenz*, Opladen 2001. – S. Reichl: *Cultures in the Contact Zone. Ethnic Semiosis in Black British Literature*, Trier 2002.   HA

Eurozentrismus, E. bezeichnet Prozesse und Verhältnisse politischer wie kultureller Hegemonisierung in einem kolonialen und post-kolonialen Kon-text, bei denen die Macht- und Wertestrukturen der (ehemaligen) europ. Kolonialherren gegenüber denjenigen der (post-)kolonialen Staaten und Kulturen im Sinne einer vorausgesetzten Überlegenheit einseitig dominant sind. So fungieren oft europ. Texte auch in der Lit. der ehemaligen Kolonien nach wie vor als Vorbilder oder Beziehungspunkte, wenn-gleich dies von zahlreichen post-kolonialen Theoretikern einer scharfen Kritik unterzogen wird. Vorgänge literar. Kanonbildung erweisen sich als eurozentrisch, wenn sie von ästhetischen und anderen Standards europ. Provenienz geleitet werden. Eurozentrische Paradigmen ergeben sich, wenn Interessen und Sichtweise europ. Kritiker die Konzeptualisierung außereurop. Phänomene einseitig prägen. Dies ist z.B. nach E. Said bei der Konstruktion stereotyper Bilder

(↗ Stereotyp) des Orients als eines Aktes, bei dem der Orient erst im europ. Bewußtsein konstituiert wird, der Fall. Eurozentrische Konzepte basieren aber auch auf einer Methode der Negativität im Sinne einer Konstruktion einer nichteurop. ↗ Alterität als instrumentelle Folie bei der eigenen Identitätskonstitution (↗ Identität). Entwicklungen bei der Entstehung indigener Lit.- und Kulturtheorien in den postkolonialen Ländern und Sprachbereichen (↗ Postkolonialismus/Postkolonialität), so z.B. die ↗ négritude-Bewegung, die Position der afr. bolekaja-Kritiker oder die aus einer bes. heterogenen Gesellschaft hervorgegangene karib. Kulturtheorie, haben in den letzten Jahren zur Schaffung von Alternativen zu eurozentrischen Konzepten beigetragen. Solche Reaktionen auf die durch den E. geschaffenen Abhängigkeiten betonen die Unabhängigkeit und Gleichwertigkeit, mitunter sogar die Überlegenheit, der jeweiligen indigenen Kulturen und lehnen auch universalistische Ansätze als eine Form eines kaschierten E. ab.

Lit.: Said 1995 [1978]. – B. Ashcroft et al. (Hgg.): *The Empire Writes Back. Theory and Practice in Post-Colonial Literatures*, Ldn./N.Y. 1993 [1989]. – V. Lambropoulos: *The Rise of Eurocentrism. Anatomy of Interpretation*, Princeton 1993. – O. Kozlarek: *Universalien, E., Logozentrismus. Kritik am disjunktiven Denken der Moderne*, FfM. 2000 [1997]. – S. Conrad/Sh. Randeria (Hgg.): *Jenseits des E.: Postkoloniale Perspektiven in den Geschichts- und Kulturwissenschaften*, FfM. et al. 2002.   HA

Exotismus (lat. *exoticus*; gr. *exotikós*: ausländisch), eurozentrische Sonderform des von Europa ausgehenden epistemologischen Imperialismus, der sich v.a. auf Kulturen in Afrika, Asien und Südamerika bezieht und als Wegbereiter oder ideologische Legitimationsinstanz von politisch-ökonomischen Dominanzansprüchen fungiert (↗ Eurozentrismus). Im engeren Sinn ein zumindest oberflächlich positiv besetztes Heterostereotyp (↗ Stereotyp) als normatives Korrektiv von Fehlentwicklungen in der zumeist europ. Ausgangskultur, im weiteren Sinn jede imaginäre Überschreibung einer fremden Kultur (↗ Imaginäre, das). Im E. spielt Rasse (↗ race) als Konstrukt zur Pseudolegitimation für die Behauptung einer naturgegebenen Differenz eine zentrale Rolle (vgl. Appiah 1985), wobei die ›funktionellen Korrelationen‹ (M. Foucault 1977) der rassistischen und sexistischen diskursiven Stigmatisierung auffällig sind. – Mit Bezug auf Asien, Afrika und Lateinamerika bildeten sich seit dem 16. Jh. ganze Diskurse des E. wie Afrika als der ›dunkle Kontinent‹ oder der pseudowissenschaftliche ↗ Orientalismus (E. Said) heraus, die den allg. Mechanismen der Konstruktion kultureller Identität bzw. ↗ Alterität gehorchen. Je nach dem Interesse des europ. Beobachters konsolidieren sich die Wahrnehmungen zum Negativ-Heterostereotyp, vor dem die Herrschaftskultur ihre Überlegenheit in zivilisatorischer, moralischer, religiöser, intellektueller, technischer oder ökonomischer Hinsicht begründet und implizit oder explizit ein Eingreifen in die Autonomie des meist mit primitivistischer Naturnähe assoziierten fremden Kulturkreises legitimiert; historisch seltener wird die kulturelle Alterität als positives Gegenbild konstruiert, wie in Rousseaus ›Edlem Wilden‹ oder *New-Age*-Aneignungen asiat. Religionen und Philosophien, in welchem sich nicht die tiefenstrukturell-oppositionellen Zuschreibungen,

sondern die Bewertung ihrer Pole ändert: Naturnähe und Spiritualität gelten
als Vorzug gegenüber den rationalistisch-empiristisch-utilitaristischen Denk-
paradigmen der europ. Ausgangskultur (T. Todorov 1985, bes. »Gleichheit
oder Ungleichheit«). Das ambivalente Heterostereotyp, daß dunkelhäutige
Völker ein ›spontaneres‹ bzw. ›primitiveres‹ Verhältnis zu ihrer Sexualität
besitzen als die Weißen, taucht bereits in den ersten Reiseberichten des
MA. in diesem Zusammenhang auf. – Die Übergänge zwischen E. und
Xenophobie sind fließend, da sich im E. angstbesetzte, aus dem kulturellen
Autostereotyp verdrängte Wünsche konzentrieren, welche Begehren, aber
zugleich Haßgefühle auf die fetischisierten Opfer der Projektionen als
Repräsentanten des verbotenen Eigenen wecken.

Lit.: T. Todorov: *La conquête de l'Amérique*, Paris 1982 (dt. *Die Eroberung Amerikas*,
FfM. 1985). – A. Appiah: »The Uncompleted Argument. Du Bois and the Illusion
of Race«. In: *Critical Inquiry* 12.1 (1985) S. 21–37. – S.L. Gilman: *Difference and
Pathology. Stereotypes of Sexuality, Race, and Madness*, Ithaca 1985. – D. Harth: »E.«.
In: Borchmeyer/Žmegač 1994 [1987]. S. 135– 138. – S. Weigel: »Die nahe Fremde
– das Territorium des ›Weiblichen‹. Zum Verhältnis von ›Wilden‹ und ›Frauen‹
im Diskurs der Aufklärung«. In: Th. Koebner/ G. Pickerodt (Hgg.): *Die andere
Welt. Studien zum E.*, FfM. 1987. S. 171–199. – M. Torgovnick: *Gone Primitive*,
Chicago 1990. – S. Schülting: *Wilde Frauen, fremde Welten. Kolonisierungsgeschichten
aus Amerika*, Reinbek 1997. – G. Huggan: *The Postcolonial Exotic. Marketing the
Margins*, Ldn./N.Y. 2001. – M. Fludernik et al. (Hgg.): *Der Alteritätsdiskurs des
Edlen Wilden. E., Anthropologie und Zivilisationskritik am Beispiel eines europ. Topos*,
Würzburg 2002.   AHo

F

Frankfurter Schule, erst seit den 1950er Jahren gebräuchliche Bezeichnung
für die philosophisch-soziologisch ausgerichtete Forschergruppe um M.
Horkheimer, die sich in den frühen 1930er Jahren am Frankfurter Institut
für Sozialforschung konstituierte und aus der die ↗ Kritische Theorie hervorging; eine im wesentlichen auf K. Marx und S. Freud zurückgreifende
Gesellschaftsphilosophie mit einem starken interdisziplinären Anfangsimpuls
(↗ Interdisziplinarität), einer zumindest bis in die 1950er Jahre andauernden empirischen Ausrichtung, geprägt von der erzwungenen Emigration der jüd.
Forschergruppe, einer in jüd. Tradition stehenden Erlösungshoffnung und
einer sehr starken Betonung ästhetischer Reflexion. Nach R. Wiggershaus
(1988, S. 10) macht die Bezeichnung des Horkheimer-Kreises als ›Schule‹
Sinn: Man verfügte von Anfang an über einen eigenen ›institutionellen
Rahmen‹ der Forschungsarbeit; Horkheimer war die ›charismatische Persön-
lichkeit‹, die über die Extremsituation der Emigration und die Neugründung
in der jungen Bundesrepublik hinweg bis in die späten 1960er Jahre die
Integration gewährleistete; seine Antrittsrede als Institutsdirektor stellte das
›Manifest‹, das sozialphilosophische Programm dar, wie sein Aufsatz über
»Traditionelle und kritische Theorie« (1970) das neue theoretische Paradigma

umriß; schließlich waren die *Zs. für Sozialforschung* (1932–1939) und ihre Nachfolgezeitschriften die Publikationsorgane, die die Außendarstellung der F.Sch. leisteten. – Das Institut für Sozialforschung war 1923 von dem jüd. Unternehmersohn F. Weil begründet worden; dieser hatte begeistert den Marxismus rezipiert und schaffte mit seiner umfänglichen Stiftung die Möglichkeit einer programmatisch von Moskau, der Komintern und der KPD unabhängigen marxistischen Gesellschaftsforschung. Erster Leiter des Instituts war der Soziologe C. Grünberg, dem schon 1930 Horkheimer folgte. Die Forschung in der Grünberg-Ära konzentrierte sich auf marxistisch inspirierte, ökonomiegeschichtliche Projekte, zeitgleich mit dem Wechsel im Direktorium kam mit der Verpflichtung E. Fromms ein psychoanalytischer Forschungsaspekt hinzu. Mitarbeiter des Instituts waren darüber hinaus der Soziologe und ›Ur-Freund‹ Horkheimers F. Pollock, der eher lit.- bzw. kulturhistorisch arbeitende L. Löwenthal, der 1932 H. Marcuse als Mitarbeiter gewann; Th.W. Adorno publizierte in der *Zs. für Sozialforschung*, Kontakt zum Institut aus je unterschiedlicher Entfernung hatten u.a. auch G. Lukács, S. Kracauer, E. Bloch und W. Benjamin. – Horkheimer gelang es aufgrund der weitsichtigen Vorbereitung der Emigration, das Institut über Genf nach New York zu retten. Auch angeregt durch die avancierten Methoden empirischer Sozialforschung in den USA führte das Institut von 1933 an verschiedenste Projekte durch: empirische Studien zu spezifischen Fragen von Autoritätseinstellungen bei Studenten bzw. Arbeitslosen; die beispielhaften *Studien über Autorität und Familie* (1936), die die kritische Gesellschaftstheorie mit sozialpsychologischen Erkenntnissen vermittelten und damit zu einem Erklärungsmodell für die Entstehung faschistischer Strukturen beitrugen. Horkheimer praktizierte in der Emigration eine geschickte, wenn auch nicht unproblematische Außen- und Personalpolitik: Den beginnenden antikommunistischen Tendenzen in den USA wollte man sich nicht durch zu starke Betonung marxistischer Standpunkte ausliefern; die Beginn der 1940er Jahre zunehmend prekär werdende finanzielle Situation des Instituts führte zur Trennung von fast allen Mitarbeitern, der interdisziplinäre Aspekt des Forschungskonzeptes trat damit weit in den Hintergrund. Horkheimer sah v.a. in Adorno, seit 1938 in New York, den geeigneten Mitarbeiter für sein großes Dialektik-Projekt und der ins Zentrum rückenden Antisemitismusforschung (aus denen schließlich die *Dialektik der Aufklärung* [1944/1947] hervorging). Die Wiedereinrichtung des Instituts in Frankfurt bedeutete die Rückkehr eines marxistischen und jüd. Instituts ins nachfaschistische Deutschland. Horkheimer (von 1951–53 war er Rektor der Frankfurter Universität) erwies sich aber auch hier als politischer Taktiker. Einerseits betätigte sich das IfS an nachgerade ›kapitalfreundlichen‹ empirischen Untersuchungen (etwa die ›Mannesmann-Studie‹ *Betriebsklima* von 1955), andererseits waren es gerade die thematisch breit gestreuten publizistischen Arbeiten Adornos, Marcuses und später auch J. Habermas', die, neben der charismatischen Integrationsfigur Horkheimer, mit ihrem pessimistisch-kritischen Blick auf die nachfaschistische Bundesrepublik der F.Sch. zu ihrem Profil verhalfen. Die Auseinandersetzung Adornos und Habermas' mit dem soziologischen

Positivismus, mit M. Heidegger und H.-G. Gadamer markierten ebendiesen Fortbestand der Grundlagen kritischer Gesellschaftstheorie, der dem Horkheimerkreis um das Institut erst die Bezeichnung als ›Schule‹ eintrug. Gegenüber der aufkommenden Studentenbewegung verhielten sich Horkheimer, Adorno und auch Marcuse weitgehend distanziert, sie wehrten die vermeintliche praktische Einlösung einer gesellschaftlichen Hoffnung, zudem durch ein ›falsches‹ gesellschaftliches Subjekt, die Studentenschaft, ab. – Aus dem Umkreis der F.Sch. ging schon seit den späten 1920er Jahren ein breites Spektrum lit.-ästhetischer Publikationen hervor: Löwenthals inhaltlich-ideologiekritisch bzw. sozialgeschichtlich argumentierende Studien; Benjamins Aufsätze u.a. zum Erzähler, die ›Wahlverwandtschaften‹-Studie oder seine abgelehnte Habilitationsschrift zum *Ursprung des dt. Trauerspiels* (1925); die Vielzahl der musiktheoretischen und -soziologischen, lit.wissenschaftlichen und ästhetisch-theoretischen Aufsätze Adornos (von den frühen Musikkritiken, der »Philosophie der neuen Musik« über die *Noten zur Lit.* bis hin zur *Ästhetischen Theorie*), die ganz anders als die Schriften Löwenthals den konstruktiven Umgang des Kunstwerks mit dem ›Material‹ in den Vordergrund stellen und, im Rückgriff auf Benjamin, auf die Spuren von Hoffnung und Erlösung setzen, die im Kunstwerk aufscheinen. Insgesamt erscheint damit die lit.theoretisch-ästhetische Produktion der F.Sch. als zu inhomogen, um sie auf einen Begriff, auf ein Konzept zu bringen; vielmehr repräsentiert sie ein breites Spektrum historisch und konzeptionell sehr unterschiedlicher Zugänge zu kunsttheoretischer Reflexion: Die kritische Theorie der F.Sch. hat auch international große Resonanz gefunden; ihre Rezeption hat maßgeblich zur Entwicklung des ↗ *Cultural Materialism* und der ↗ *Cultural Studies* in Großbritannien beigetragen.

Lit.: s. ↗ Kritische Theorie. – W. Schirmacher (Hg.): *German 20th Century Philosophy. The Frankfurt School*, N.Y. 2000. – J.T. Nealon/C. Irr (Hgg.): *Rethinking the Frankfurt School. Alternative Legacies of Cultural Critique*, Albany 2002.   BJ

Frauenbilder, die Untersuchung von F.n, im anglo-am. Bereich als ›*Images of Women*‹ *criticism* bekannt, gehört zu den frühesten Interpretationsansätzen innerhalb der feministischen Lit.wissenschaft. Hier decken Kritikerinnen die männlichen Sichtweisen in literar. Werken von Autoren auf, indem sie diese Texte auf die darin enthaltenen Weiblichkeitsentwürfe hin untersuchen. Dabei zeigt sich, daß bestimmte F. wie das der *femme fatale*, der Heiligen, der Kindsfrau oder Hure, des Engels im trauten Heim usw. die westliche Lit. und Kultur durchziehen. Die Analyse solcher F. macht deutlich, wie sehr ↗ Weiblichkeit in der Lit. nach männlichen Bedürfnissen gestaltet bzw. nach patriarchalischen Vorstellungen verfügbar gemacht wird. – Zwei feministische Klassiker, nämlich M. Ellmanns *Thinking about Women* (1968) und K. Milletts *Sexual Politics* (1969), bildeten die Grundlage für die explosionsartige Entwicklung dieser von E. Showalter als *feminist critique* bezeichneten Forschungsrichtung. Ein Hauptanliegen in dieser ersten Phase der feministischen Lit.wissenschaft war es, die Forderungen nach politischen und sozialen Veränderungen auch auf kulturelle und akademische Bereiche auszudehnen. In ihrer bahnbrechenden Dissertation *Sexual Politics*, die zum internationalen Bestseller wurde, gelingt Millett die Verbindung von politisch orientierter Patriarchatskritik (↗ Patriarchat) und institutionalisierter lit.wissenschaftlicher Forschung. Durch ein subversives ›Gegen-den-Strich‹-Lesen entdeckt sie in von Männern verfaßten literar.-kulturellen Standardwerken all jene F., welche durch ↗ Misogynie gekennzeichnet sind und welche die hierarchischen Machtverhältnisse zwischen den Geschlechtern fortschreiben. Ellmanns Buch widmet sich den ↗ Geschlechterstereotypen in literar. Texten von Männern und Frauen sowie den Geschlechterklischees in Rezensionen und kritischen Studien zur Lit. Dabei zeigt sie insbes. die subtilen Strategien eines autoritären und manipulativ verzerrenden Diskurses bei der literar. Darstellung von Frauen und bei der lit.kritischen Bewertung von Autorinnen auf. – In den 1970er Jahren wurde der ›*Images of Women*‹ *criticism* zu einem zentralen Forschungsschwerpunkt der anglo-am. feministischen Lit.wissenschaft; dies belegt schon die enorm hohe Anzahl entsprechender Publikationen in diesem Bereich. Hier wurde v.a. der Wirklichkeitsbezug von Lit. hervorgehoben und literar. Rezeption als eine Art Kommunikation zwischen AutorInnen- und LeserInnenerfahrung begriffen, was bisweilen zu einer ›ultra-realistischen‹ Position (vgl. Moi 1985, S. 45) führte. Erst seit der stärker autorinnen-zentrierten zweiten Phase der feministischen Lit.wissenschaft wenden sich Wissenschaftlerinnen bei der Analyse von F.n auch solchen Texten zu, die endgültige Festlegungen und Begrenzungen in bezug auf das Bild der Frau vermeiden und deren palimpsestartige oder nichtrealistische Darstellungs-formen einer unbestimmten, vieldeutigen Weiblichkeit Raum geben. Der konsequente kulturhistorische Ansatz bei der Untersuchung von F.n wird in den ↗ *Gender Studies* weiter fortgeführt, indem die zeitgenössischen *sex-gender*-Systeme, in welche die jeweiligen F. eingebettet sind, erforscht werden.

Lit.: K. Millett: *Sexual Politics*, N.Y. 1969 (dt. *Sexus und Herrschaft. Die Tyrannei des Mannes in unserer Gesellschaft*, Mchn. 1977 [1971]). – S.K. Cornillon (Hg.): *Images of Women in Fiction. Feminist Perspectives*, Bowling Green, 1972. – I. Stephan: »›Bilder und immer wieder Bilder ...‹. Überlegungen zur Untersuchung von F.n in männlicher Lit.«. In: dies./S. Weigel (Hgg.): *Die verborgene Frau. Sechs Beiträge zu einer feministischen Lit.wissenschaft*, Bln. 1983. S. 15–35. – Moi 1995 [1985]. – Th. Fischer-Seidel (Hg.): *Frauen und Frauendarstellung in der engl. und am. Lit.*, Tüb. 1991. DF/SSch

Fremdheit ↗ Alterität; ↗ Xenologie

Fremdverstehen, der Begriff F. ist eng verwandt mit dem Konzept des Verstehens, betont jedoch explizit Aspekte interkultureller Verständigung (die Begriffe ›interkulturelle Verständigung‹ bzw. ›interkulturelles Verstehen‹ werden daher häufig synonym zu F. gebraucht; ↗ Interkulturalität). Während die Auseinandersetzung mit dem Verstehen der von W. Dilthey in Abgren-zung zum logisch-kausalen Erklären der Naturwissenschaften konzipierten geisteswissenschaftlichen Methode der Hermeneutik zugrundeliegt und darüber hinaus auf eine bis in die Antike zurückreichende wissenschaftsgeschichtliche Tradition zurückblickt, hat sich F. erst in jüngerer Zeit als Forschungsbereich etabliert. – Die Beschäftigung mit der Vermittlung, den Voraussetzungen, Grenzen und Möglichkeiten von F. erfolgt mit unterschiedlichen Zielsetzungen und Methoden u.a. in der Ethnologie, Psychologie, Kommunikationsforschung, Philosophie, Theologie sowie der Fremdsprachen- und Lit.didaktik. Im Zuge der postkolonialen Debatte (↗ Postkolonialismus) wird F. kontrovers diskutiert: Kritische Positionen lehnen F. teilweise als Vereinnahmung des Fremden durch Reduzierung auf vertraute ↗ Schemata ab bzw. stellen F. als eigenständiges Konzept in Frage, da jedes Verstehen, auch im Kontext des Eigenen, aufgrund der Heterogenität von Kulturen im Prinzip F. sei; dagegen heben Befürworter den Dialogcharakter und die Prozeßhaftigkeit des F.s hervor, deren detaillierte Analyse es ermöglicht, »das F. in seiner Besonderheit zu erfassen, ohne es als unmöglich anzusehen oder es zu trivialisieren« (Bredella/Christ 1995, S. 10). Davon ausgehend versucht die Lit.didaktik, durch bewußte Unterscheidung zwischen Innen- und Außenperspektive und Anleitung zur Perspektivenübernahme die eigene ↗ Identität zu hinterfragen und zugleich eine Annäherung an das Fremde zu erreichen. Während dabei meist Gemeinsamkeiten zwischen eigener und fremder Kultur betont werden, setzen andere Ansätze, etwa aus dem Bereich interkultureller Wirtschaftskommunikation, den Schwerpunkt auf kulturspezifische Unterschiede, wenn sie, z.B. im Rahmen auslandsorientierter Aus- und Weiterbildung, durch Gegenüberstellung konfliktträchtiger Episoden (sog. *critical incidents*) aus Herkunfts- und Zielsprache interkulturelle Kompetenz zu vermitteln versuchen. – Die große Relevanz der Debatte um F. in einer zunehmend multikulturellen Gesellschaft (↗ Multikulturalismus) und vor dem Hintergrund der fortschreitenden Internationalisierung kultureller und ökonomischer Beziehungen zeigt sich an der Vielzahl von Seminaren, Tagungen und Schriftenreihen zum Thema, der Einführung neuer fremdkulturorientierter Studiengänge, wie etwa der Fächer Interkulturelle Germanistik oder ↗ interkulturelle (Wirtschafts)Kommunikation, sowie der Entwicklung einer ↗ Xenologie.

Lit.: Th. Sundermeier (Hg.): *Die Begegnung mit dem Anderen. Plädoyers für eine interkulturelle Hermeneutik*, Gütersloh 1991. – B. Thum/G.-L. Fink (Hgg.): *Praxis interkultureller Germanistik. Forschung – Bildung – Politik*, Mchn. 1993. – L. Bredella/H. Christ: »Didaktik des F.s im Rahmen einer Theorie des Lehrens und Lernens fremder Sprachen«. In: diess. (Hgg.): *Didaktik des F.s*, Tüb. 1995. S. 8–19. – B.-D. Müller: »Sekundärerfahrung und F.«. In: J. Bolten (Hg.): *Cross-Culture. Interkulturelles Handeln in der Wirtschaft*, Sternenfels/Bln. 1995. S. 43–58. – A. Wierlacher/G. Stötzel (Hgg.): *Blickwinkel. Kulturelle Optik und interkulturelle Gegenstandskonstitution*, Mchn. 1996. – L. Bredella et al. (Hgg.): *Thema F.: Arbeiten aus dem Graduiertenkolleg »Didaktik des F.s«*, Tüb. 1997. – L. Bredella/W. Delanoy (Hgg.): *Interkultureller Fremdsprachenunterricht*, Tüb. 1999. – Lenz/Lüsebrink 1999. – L. Bredella et al. (Hgg.): *Wie ist F. lehr- und lernbar?*, Tüb. 2000. – Th. Göller: *Kulturverstehen. Grundprobleme einer epistemologischen Theorie der Kulturalität und kulturellen Erkenntnis*, Würzburg 2000. – L. Bredella: *Literar. und interkulturelles Verstehen*, Tüb. 2002.   RS

G

Gedächtnis und Gedächtnistheorien, seit der Antike gibt es Bemühungen, prägnante Metaphern für das Faszinosum G. zu finden. Dabei sind v.a. vier Metaphernbereiche wichtig geworden: Magazin (Bibliothek, ↗ Archiv, Buch), Wachstafel (Schrift, Spur, Engramm), Erwachen und Erwecken. Noch heute wird G. oft nach dem Modell von ›*storage and retrieval*‹, von Engramm und Repräsentation konzipiert, aber in der neueren Forschung setzen sich im Anschluß an Arbeiten von G.E. Müller (1911–17) und F.C. Bartlett (1932) Vorstellungen über die kreative Rolle des G.ses durch. Demzufolge wird G. eher als eine im gesamten Gehirn verteilte neuronale Funktion denn als ein genau lokalisierbarer Speicher konzipiert, v.a. da es bis heute nicht gelungen ist, das G. an einem bestimmten Ort im Gehirn zu lokalisieren. Das G. repräsentiert nach dieser Auffassung in seiner neuronalen Architektur und den dadurch ermöglichten Funktionsabläufen den jeweiligen Stand der Wahrnehmungs- und Erlebnisgeschichte eines kognitiven Systems (↗ Kognitionstheorie) und steuert die Bedeutungszuweisungen an aktuelle Wahrnehmungen durch Schemata (↗ Schema und Schematheorie) bzw. Attraktoren (*sensu* H. Haken), wobei Sprache, Affekte und Normen eine bedeutende Rolle spielen. Damit erfüllt das G. eine zentrale Funktion bei der Wahrnehmungs- und Verhaltenssynthese und bildet die Grundlage der selbstorganisierenden Autonomie wie der Lernfähigkeit des kognitiven Systems. Das G. wird offenbar gesteuert von Wachheit und Aufmerksamkeit. ›Gespeichert‹ wird nur das, was für das System neu und relevant ist, wobei das G. die Vergleichsparameter für Neuheit und Relevanz aus sich selbst heraus entwickeln muß. Da G. nicht in allen Bereichen bewußtseinsfähig oder gar bewußtseinspflichtig ist, dürfte G. als neuronale Funktion umfangreicher sein als bewußte ↗ Erinnerung. G. und Erinnerung müssen deutlich voneinander unterschieden werden. G. ist eine neuronale Funktion, Erinnerung eine kognitiv-psychische Konstruktion, die bewußt werden muß und dann sprachlich formuliert werden kann. Da Gegenwart an das Konzept ›Bewußtheit‹ und Vergangenheit an das Konzept ›Bekanntheit‹ gekoppelt ist, steht für Erinnern ein Kriterium bereit, das unabhängig von Vergangenheit ist. Erinnerung hängt nicht von Vergangenheit ab, sondern Vergangenheit gewinnt erst durch die Modalitäten des Erinnerns Identität: Erinnern konstruiert Vergangenheit, und zwar auch wissenschaftliches historiographisches Erinnern, das nicht etwa ›die Vergangenheit‹ darstellt, sondern eine Vergangenheit durch Rekurs auf Zeugnisse in erzählenden Sinnzusammenhängen herstellt. Erinnern als aktuelle Sinnproduktion wird erheblich beeinflußt von gestaltendem Erzählen. Beide scheinen denselben Mustern kohärenter Konstruktion von Zusammenhängen zu folgen. Beide stellen einen (wie auch immer fiktiven) Zusammenhang her zwischen einem Ereignis, seinem scheinbaren Wiedererkennen durch G. und seiner Repräsentation in der erzählten Erinnerung, deren Erzähl-Schemata den Kohärenz- und Konsistenzerwartungen der Erzählgemeinschaft oder Gesellschaft sowie der verwendeten Medien folgen, nicht der intrinsischen ›Wahrheit des Ereignisses‹. Unser G. arbeitet offenbar im Dienst des menschlichen

Bedürfnisses, dem Leben des Einzelnen wie der Gesellschaft einen erzählbaren und erzählenswerten Sinn zu geben. Im Erinnern wird Erlebtes so mit Erzähltem verbunden, daß endgültig verloren geht, was man als ›wirkliche Quelle‹ oder ›reales Erlebnis‹ bezeichnen könnte. – G. und Erinnern spielen eine entscheidende Rolle beim Aufbau und dem Erhalt individueller wie gesellschaftlicher ↗ Identität. Ohne individuelle und soziale Selbstkonzepte und Geschichtsentwürfe können die ständig ablaufenden Prozesse der Selbstvergewisserung keine Stabilität bekommen. Deshalb operiert der Aufbau sozialer bzw. kollektiver Identität in der Kultur weitgehend mit gedächtnisbasierten Erzählungen, die auch im Wettstreit der Kulturen eine unersetzliche Rolle spielen; denn Erzählen ermöglicht Kollektiverfahrungen im Sinne übertragbarer Fremderfahrungen (↗ Gedächtnis, kulturelles). Kultur, G. und Erinnerung sind daher autokonstitutiv und in diesem Sinne abgekoppelt von der sog. ↗ Objektivität der geschichtlichen Ereignisse. Erinnern und Vergessen sind komplementär. Was erinnert und was vergessen wird, das hängt ab vom subjektiven wie vom sozialen Identitätsmanagement, welches wiederum von Affekten, Bedürfnissen, Normen und Zielen gesteuert wird. – Die Dialektik von Erinnern und Vergessen ist in den letzten beiden Jh.en durch soziale Differenzierung und die Entstehung eines reflexiven Systems von ↗ Massenmedien radikal verschärft worden. Nicht nur die Zahl der aktuell nutzbaren Medienangebote; auch die Zahl und Kapazität der Archive wuchs unaufhörlich. Damit wurde die Selektivität der Nutzung von Erinnerungsanlässen wie die Abhängigkeit der Nutzung von Interessen und Motiven so offenkundig, daß jede Nutzung unter Motivverdacht gestellt werden konnte oder im Orkus kollektiver Indifferenz verschwand. Das Erinnern wurde zu einer biographie- wie zu einer gesellschaftspolitischen Angelegenheit. Die sich ausdifferenzierenden gesellschaftlichen Teilsysteme betrieben zunehmend eine eigenständige G.politik; sie schafften sich zunehmend ihre systemspezifischen Kategorien und Strategien des Erinnerns und Nicht-Erinnerns am Leitfaden systemspezifischer Kompetenzen, Interessen, Werte und Intentionen, wobei immer neue Medientechnologien in Dienst gestellt werden konnten, die aber auch den Vollzug gedächtnispolitischer Operationen bestimmten und bestimmen. Erzählen ist in Medienkulturgesellschaften unlösbar verbunden mit ↗ Macht. Wer in den Medien für seine Erzählungen Aufmerksamkeit erringt oder erzwingt, erringt oder erzwingt nationale bis globale Aufmerksamkeit, muß aber berücksichtigen, daß das G. von Medienkulturgesellschaften immer kürzer wird.

Lit.: G.E. Müller: *Zur Analyse der G.tätigkeit und des Vorstellungsverlaufes*, 3 Bde., Lpz. 1970 [1911–17]. – F.C. Bartlett: *Remembering*, Cambridge 1997 [1932]. – Rusch 1987. – J. Assmann/T. Hölscher (Hgg.): *Kultur und G.*, FfM. 1988. – Assmann/Harth 1993 [1991]. – D. Harth (Hg.): *Die Erfindung des G.ses*, FfM. 1991. – S.J. Schmidt (Hg.): *G.: Probleme und Perspektiven der interdisziplinären Forschung*, FfM. 1996 [1991]. – G. Roth: *Das Gehirn und seine Wirklichkeit*, FfM. 1999 [1994]. – D.L. Schacter: *Searching for Memory. The Brain, the Mind, and the Past*, N.Y. 1996 (dt. *Wir sind Erinnerung. G. und Persönlichkeit*, Reinbek 1999). – Ausg. »Geschichte beobachtet« der *Österreich. Zs. für Geschichtswissenschaften* 8.1

(1997). – Pethes/Ruchatz 2001. – H. Welzer: *Das soziale G.: Geschichte, Erinnerung, Tradierung*, Hbg. 2001. – Echterhoff/Saar 2002. – H. Welzer: *Das kommunikative G.: Eine Theorie der Erinnerung*, Mchn. 2002. – Erll 2003. – Holl 2003. – Ausg. »Gedächtnisforschung disziplinär« der Zs. *Handlung Kultur Interpretation. Zs. für Sozial- und Kulturwissenschaften* 12.1 (2003).   SJS

Gedächtnis, kulturelles, Sammelbegriff für »den jeder Gesellschaft und jeder Epoche eigentümlichen Bestand an Wiedergebrauchs-Texten, -Bildern und -Riten [...], in deren ›Pflege‹ sie ihr Selbstbild stabilisiert und vermittelt, ein kollektiv geteiltes Wissen vorzugsweise (aber nicht ausschließlich) über die Vergangenheit, auf das eine Gruppe ihr Bewußtsein von Einheit und Eigenart stützt« (J. Assmann 1988, S. 15). – Das auf den frz. Soziologen M. Halbwachs und den Mentalitätshistoriker J. Le Goff zurückgehende und v.a. von A. und J. Assmann im Rahmen der historischen ↗ Kulturwissenschaften systematisch ausgearbeitete Konzept umfaßt die Inhalte, kulturellen Rahmenbedingungen und gesellschaftlichen Überlieferungsformen der kollektiven ↗ Erinnerung. Das k.G. hat neben einer zeitlichen auch eine räumliche und soziale Dimension (vgl. Rothe 1988, S. 275ff.). Das Konzept betont, daß G. selbst eine Geschichte hat und daß den Medien der kulturellen Erinnerung eine produktive, generative und konstruktive Rolle als Medium kollektiver Identitätsbildung zukommt (↗ Identität, kollektive). – Im Gegensatz zum individuellen ↗ G. von Personen und zum kommunikativen G. einer Gesellschaft ist das k.G. durch seine ›Alltagsferne‹, seinen übergreifenden Zeithorizont, sowie durch sechs Merkmale gekennzeichnet, die J. Assmann (1988, S. 13ff.) als »›Identitätskonkretheit‹ oder Gruppenbezogenheit«, »Rekonstruktivität«, »Geformtheit«, »Organisiertheit«, »Verbindlichkeit« und »Reflexivität« bezeichnet. Das Merkmal der Gruppenbezogenheit betont, daß das k.G. nie den Wissensvorrat aller Mitglieder einer Gesellschaft konserviert, sondern den einer bestimmten Gruppe oder Schicht, die durch die kulturelle Überlieferung ihre Identität festigt. Das Konzept der Rekonstruktivität trägt der Einsicht der konstruktivistischen G.forschung Rechnung, daß das G. kein Speicher ist, der die Vergangenheit selbst bewahrt, sondern daß die Gesellschaft von ihrer jeweils gegenwärtigen Situation aus ihre Geschichte(n) unter wechselnden Bezugsrahmen neu konstruiert (vgl. die Beiträge in Schmidt 1991). Das Merkmal der Geformtheit bezeichnet den Umstand, daß sich kollektiv geteiltes Wissen in einem Medium objektivieren und kristallisieren muß, dann kulturell überliefert zu werden. Das Kennzeichen der Organisiertheit bezieht sich auf die »institutionelle Absicherung von Kommunikation« sowie die »Spezialisierung der Träger des k.G.ses« (J. Assmann 1988, S. 14). Verbindlich ist das k.G. insofern, als sich durch den Bezug auf ein normatives Selbstbild der jeweiligen Gruppen »eine klare *Wertperspektive* und ein *Relevanzgefälle*« ergibt, »das den kulturellen Wissensvorrat und Symbolhaushalt strukturiert« (ebd.). Reflexiv ist das k.G., weil es deutend, kritisierend und kontrollierend auf sich selbst, verbreitete Konventionen und das Selbstbild der jeweiligen Gruppe Bezug nimmt. – Die in verschiedenen geisteswissenschaftlichen Disziplinen (v.a. Ägyptologie, *New Cultural History*/Kulturgeschichte, ↗ Mentalitätsgeschichte,

Soziologie) betriebenen und von unterschiedlichen Ansätzen (z.B. Imagologie, ↗ Kultursemiotik, literar. Anthropologie, ↗ Medientheorie, ↗ Xenologie)
ausgehenden Forschungen zum k.G. beschäftigen sich v.a. mit den Formen,
Optionen und Funktionen kollektiver Erinnerung, dem Wandel seiner
Organisationsformen, Medien und Institutionen (Mnemotechnik), dem
›G. der Orte‹ (*lieux de mémoire*, vgl. Nora et al. 1984–1992; A. Assmann
1994; Raulff 1989; Matsuda 1996) der Bedeutung von Kanon und Zensur
sowie mit dem Zusammenhang zwischen k.G., der öffentlichen Konstruktion
von Vergangenheit und kollektiver Identitätsbildung. – In jüngster Zeit sind
neben der Begriffs- und Forschungsgeschichte auch die Relevanz und das
Leistungsvermögen, das das Konzept für die Lit.wissenschaft hat (vgl. Erll
2002), die Rolle der Lit. als Medium von Erinnerungskulturen (vgl. Erll
2003), die literar. Inszenierung von ↗ *lieux de mémoire* bzw. Erinnerungsorten,
die Zusammenhänge zwischen G. und Gattungen bzw. ↗ Trauma und Lit.
sowie die Medien des kollektiven G.ses (vgl. Erll/Nünning 2004) in das
Zentrum des Interesses gerückt. Im Zuge ihrer breiten interdisziplinären
Rezeption und Weiterentwicklung haben sich die Konzepte der ↗ Erinnerung, des k.G.ses und des kollektiven G.ses als ein »neues Paradigma
der Kulturwissenschaften« (J. Assmann 1992, S. 11; vgl. auch Kansteiner
2004) etabliert.

Lit.: P. Nora et al.: *Les lieux de mémoire*, 7 Bde., Paris 1984–92. – J. Assmann:
»Kollektives G. und kulturelle Identität«. In: ders./T. Hölscher (Hgg.): *Kultur und
G.*, FfM. 1988. S. 9–19. – A. Rothe: »Kulturwissenschaften und k.G.«. In: Assmann/
Hölscher 1988. S. 265– 290. – U. Raulff: »Ortstermine. Lit. über kollektives G.
und Geschichte«. In: *Merkur* 43.2 (1989) S. 1012– 1018. – Assmann/Harth 1993
[1991]. – S. J. Schmidt (Hg.): *G.: Probleme und Perspektiven der interdisziplinären
G.forschung*, FfM. 1996 [1991]. – J. Assmann: *Das k.G.*, Mchn. 1997 [1992]. – A.
Assmann: »Das G. der Orte«. In: Ausg. »Stimme, Figur« der Zs. *DVjs* (Sonderheft,
1994) S. 17–35. – A. Nünning: »Lit., Mentalitäten und k.G.: Grundriß, Leitbegriffe und Perspektiven einer anglistischen Kulturwissenschaft«. In: Nünning 1998
[1995]. S. 173–197. – M.K. Matsuda: *The Memory of the Modern*, Oxford 1996.
– A. Confino: »Collective Memory and Cultural History«. In: *The American His-
torical Review* 102.5 (1997) S. 1386– 1403. – S.A. Crane: »Writing the Individual
Back into Collective Memory«. In: *The American Historical Review* 102.5 (1997)
S. 1372–1385. – Sonderheft »Medien des G.ses« (Hg. A. Assmann) der Zs. *DVjs* 72
(1998). – A. Assmann 1999. – R. Vervliet/A. Estor (Hgg.): *Methods for the Study of
Literature as Cultural Memory*, Amsterdam/Atlanta 2000. – H. Welzer: *Das soziale
G.: Geschichte, Erinnerung, Tradierung*, Hbg. 2001. – A. Assmann: »Vier Formen
des G.ses«. In: *Erwägen, Wissen, Ethik* 13.2 (2002) S. 183–190. – J. Assmann: »Das
k.G.«. In: *Erwägen, Wissen, Ethik* 13.2 (2002) S. 239–247. – A. Erll: »Lit. und
k.G.: Zur Begriffs- und Forschungsgeschichte, zum Leistungsvermögen und zur lit.
wissenschaftlichen Relevanz eines neuen Paradigmas der Kulturwissenschaft«. In:
Lit.wissenschaftliches Jb. 43 (2002) S. 249–276. – dies. 2003. – dies.: »Kollektives
G. und Erinnerungskulturen«. In: Nünning/Nünning 2003. S. 156–185. – Holl
2003. – E. Angehrn: »Kultur und Geschichte. Historizität der Kultur und k.G.«.
In: Jaeger/Liebsch 2004. S. 385–400. – A. Erll/A. Nünning (Hgg.): *Medien des*

kollektiven G.ses. Konstruktivität – Historizität – Kulturspezifität, Bln./N.Y. 2004. – A. Erll/K. Seibel: »Gattungen, Formtraditionen und k.G.«. In: Nünning/ Nünning 2004. S. 180–208. – W. Kansteiner: »Postmoderner Historismus. Das kollektive G. als neues Paradigma der Kulturwissenschaften«. In: Jaeger/ Straub 2004. S. 119–139. AN

Geistesgeschichte, der Begriff G. ist in dieser Form erstmals in F.v. Schlegels Vorlesungen *Geschichte der alten und neuen Lit.* (1812) belegt. Mindestens drei verschiedene Bedeutungsdimensionen des Begriffs sind zu unterscheiden: (a) In einem weiteren Sinne steht G. für einen Teilaspekt der allg. Kulturgeschichte (↑ *New Cultural History*/Kulturgeschichte), als Bezeichnung für die Entwicklung der gedanklich-ideellen bzw. bewußt- seinsgeschichtlichen Kulturmomente im Unterschied zur Geschichte der materiellen oder politischen Kultur. In diesem Sinne überschneidet sich der Begriff G. mit den verwandten Termini Ideengeschichte (auch *History of Ideas*), ↑ Mentalitätsgeschichte (auch *Histoire des Mentalités*). (b) Der Begriff G. wird zudem im Sinne von ›Geschichte des Geistes‹ gebraucht, als Kollektivsingular und gleichsam subjekthaft gedachter Synthesebegriff. Das Konzept ›Geist‹, gedacht als menschheitsgeschichtliche, universalgeschichtliche oder metaphysische Instanz (›das Absolute‹), erscheint dabei meist als das zugrundeliegende, im Ablauf der Zeit zu sich selbst kommende Substrat des Geschichtsprozesses (dt. Idealismus; G.W.F. Hegel). (c) In einem engeren, spezielleren Sinne bezeichnet G. eine bestimmte Richtung der Lit.wissen- schaft, die v.a. in den 1910er und 1920er Jahren die Theorie und Praxis lit.wissenschaftlichen Arbeitens dominiert hat. – Wichtige begriffs- und philosophiegeschichtliche Voraussetzungen der Entstehung des Terminus G. im heutigen Sinne sind (a) die polare Entgegensetzung der Begriffe ↑ ›Natur‹ und ›Geist‹ im Zuge der neuzeitlichen Semantikevolution, (b) die Singularisierung (vgl. R. Koselleck) des Geistbegriffs im Laufe des 18. Jh.s, d.h. die Zusammenfassung vormoderner Vorstellungen von Geistwesen, *noumena* und *esprits* im Kollektivsingular des einen Geistes und (c) die wis- sens- bzw. wissenschaftsgeschichtliche Karriere des Geistbegriffs, d.h. seine Herausbildung zum zentralen Träger- und Referenzbegriff kulturgeschicht- licher Prozesse. Begriffsgeschichtlich findet sich die genannte singularische Fassung des Geistbegriffs erstmals in J. Barclays *Icon Animorum* (1614), wo es heißt, daß jedem Zeitalter ein ihm eigentümlicher Geist (›*proprium spiritum*‹) zukomme. Ein vergleichbares Einheitskonzept ist gemeint, wenn Montesquieu vom ›esprit des lois‹, J.G. Herder vom ›Geist der Zeiten‹, ›Geist einer Nation‹ oder vom ›Genius eines Volkes‹ spricht. In der Philosophie des dt. Idealismus wird dann der großangelegte Versuch ins Werk gesetzt, den Entwicklungsgang bzw. die Geschichte des auf diese Weise singularisierten, als Kollektivsubjekt verstandenen Geistes nachzuzeichnen. Avanciert der Geistbegriff schon beim frühen F.W. J. Schelling zu einem bestimmenden Fundamentalbegriff, so unternimmt es Hegel insbes. in der *Phänomenologie des Geistes* (1807), den emphatisch als Selbstentfaltung und Selbsterkenntnis aufgefaßten Entwicklungsgang jenes Geistes en detail vorzuführen. Eine weitere wichtige Station in der Entwicklung der Semantik von Geist und G.

wird im Umkreis der Bemühungen um eine Grundlegung der Geistes- und
ↆ Kulturwissenschaften im späten 19. Jh. erreicht. Für dieses Projekt, das in
erster Linie von W. Dilthey und den Philosophen des Neukantianismus (vgl.
W. Windelband, H. Rickert) vorangetrieben wurde, wurde die Unterscheidung von Naturwissenschaften auf der einen, und Kultur- bzw. Geisteswissenschaften auf der anderen Seite zur entscheidenden, erkenntnisleitenden
Differenz. So postulierte Dilthey für die Geisteswissenschaften ein eigenes,
von dem der Naturwissenschaften verschiedenes Methodenkonzept, das sich
durch die Trias Ausdruck, Erlebnis, Verstehen umschreiben lasse. Ähnlich
formulieren dann auch Windelband und Rickert: Den Naturwissenschaften
als nomothetischen Wissenschaften sei ein erklärendes, aus allg. Gesetzen
herleitendes Verfahren angemessen, während den Geisteswissenschaften eine
Methode des historisierenden, intuitiven Verstehens zukomme. Im Rahmen
des genannten, Diltheyschen Begründungsversuchs wird zugleich der Bereich
der Kultur, des ›objektiven‹ Geistes, entschieden als historischer begriffen, d.h.
schon hier geht es um Geistes›geschichte‹, auch dort, wo der Begriff nicht
explizit fällt. Als einschlägige Arbeiten Diltheys zu diesem Problemfeld sind
insbes. die *Einleitung in die Geisteswissenschaften* (1883) und *Der Aufbau der
geschichtlichen Welt in den Geisteswissenschaften* (1910) zu nennen. Bei einem
lit.wissenschaftlichen Publikum wurde Dilthey v.a. durch sein lit.geschichtli-
ches und dichtungstheoretisches Buch *Das Erlebnis und die Dichtung* (1906)
bekannt. – Damit waren die methodischen Grundlagen gelegt, von denen
aus die Karriere der G. als führendes Paradigma der (dt.) Lit.wissenschaft
der 1910er und 1920er Jahre ihren Ausgang nahm. Angeführt durch R.
Ungers programmatischen Aufsatz »Philosophische Probleme in der neueren
Lit.wissenschaft« (1908) begann seit 1910 die Reihe der großen geistesgeschichtlichen Monographien und Überblicksdarstellungen. Als einschlägige
Publikationen sind v.a. zu nennen: Ungers *Hamann und die dt. Aufklärung*
(1911), F. Gundolfs *Shakespeare und der dt. Geist* (1911), M. Kommerells
Der Dichter als Führer in der dt. Klassik (1928) und H.A. Korffs *Geist der
Goethezeit* (1923–53). Erfolg und fachinterne Dominanz des Paradigmas
G. schlagen sich nicht zuletzt auch im Titel der zu Beginn der 1920er Jahre
von P. Kluckhohn und E. Rothacker begründeten *Dt. Vierteljahrsschrift für
Lit.wissenschaft und G.* nieder. – Die G. der ersten Jahrzehnte des 20. Jh.s
tritt auf als eine methodische Richtung, die literar. Texte als Ausdruck und
Zeugnis einer übergeordneten Instanz auffaßt, die als ›Geist‹ oder ›Zeitgeist‹
bezeichnet wird. Zu beachten ist, daß der für jene Richtung typische Begriff
der G. eine im Vergleich zu den menschheits- und universalhistorischen
Konzepten des 19. Jh.s geringere Extension aufweist (vgl. K. Weimar) und
jeweils auf eine spezifische, repräsentative Teilströmung des Gesamtprozesses
›Geschichte‹ zielt. Dabei ist es wichtig zu sehen, daß die geistesgeschichtlichen Ansätze trotz ihrer gemeinsamen Referenz auf den Geistbegriff keine
in sich homogene, geschlossene Forschungsrichtung darstellen. Eher als
in einem einheitlichen zugrunde liegenden Konzept ist das verbindende
Moment geistesgeschichtlicher Zugehensweisen wohl in der Abgrenzung
von einem gemeinsamen Gegner zu sehen: Die G. erscheint als Reaktion
auf eine Phase vorwiegend positivistisch, werkgeschichtlich-biographisch

orientierter Forschung (Positivismus; Biographismus) unter Führung der Schererschule, ist es doch ihre Absicht, den Horizont der Fachwissenschaft für weitere, über ein rein philologisches Interesse hinausgehende Fragestellungen zu öffnen. So verdienstvoll der interdisziplinäre Ansatz der G. ist, so liegen doch die Schwierigkeiten und Grenzen des Vorgehens auf der Hand: Die Ausrichtung am disziplinären Vorbild der Philosophie und der Hang zu großangelegten Synthesen bewirkten einen ausgeprägt spekulativen Einschlag, so daß schon bald die Notwendigkeit deutlich wurde, die weit ausgreifenden philosophischen Deutungsangebote wieder durch genauere Textbeobachtungen einzuschränken und zu kontrollieren. Der durchschlagende, auch institutionell sich äußernde Erfolg der G. ist wohl nicht allein auf das kognitive Potential der Richtung als Fundierungskonzept für die Geisteswissenschaften zurückzuführen, sondern verdankt sich nicht zuletzt ihrem Anspruch, in einer Zeit allg. Unsicherheit und Krise neue Orientierungen und Wertmaßstäbe zu bieten, eine Art Ethik (vgl. R. Kolk) des angemessenen Schreibens und Handelns. Dieser deutlich normative Akzent dürfte indessen gerade dasjenige Moment bezeichnen, das die G., gemessen am heutigen deskriptiven Wissenschaftsbegriff, problematisch und kaum mehr zeitgemäß erscheinen läßt.

Lit.: K. Viëtor: »Dt. Lit.geschichte als G.«. In: *PMLA* 60.1 (1945) S. 899–916. – F. Fulda et al.: »Geist«. In: *Historisches Wörterbuch der Philosophie*, Bd. 3 (Hg. J. Ritter), Darmstadt 1974. S. 154–204. – K. Weimar: »Zur Geschichte der Lit. wissenschaft. Forschungsbericht«. In: *DVjs* 50.1–2 (1976) S. 298–364. – E. Schulin: »G., ›*Intellectual History*‹ und ›*Histoire des Mentalités*‹ seit der Jh.wende«. In: ders.: *Traditionskritik und Rekonstruktionsversuch*, Göttingen 1979. S. 144– 162. – P. King (Hg.): *The History of Ideas*, Ldn. 1983. – H. Dainat: »Dt. Lit.wissenschaft zwischen den Weltkriegen«. In: *Zs. für Germanistik* NF 1 (1991) S. 600– 608. – Ch. König/E. Lämmert (Hgg.): *Lit.wissenschaft und G: 1910–1925*, FfM. 1993. – H. Dainat/R. Kolk: »Das Forum der G.«. In: R. Harsch-Niemeyer (Hg.): *Beiträge zur Methodengeschichte der neueren Philologien*, Tüb. 1995. S. 111–134. – K. Weimar: »G.«. In: ders. 1997. S. 678–681. LS

Gender Studies (Geschlechterforschung; engl. *gender*: Geschlecht; *study*, Pl. *studies*: Studien, Untersuchungen), *G.St.* analysieren das hierarchische Verhältnis der Geschlechter (↗ Geschlechterdifferenz; ↗ Geschlechtsidentität und Geschlechtsrolle; ↗ Maskerade), wie es sich in den verschiedenen Bereichen einer Kultur manifestiert. Grundannahme dabei ist, daß sich Funktionen, Rollen und Eigenschaften, die ↗ Männlichkeit bzw. ↗ Weiblichkeit konstituieren, nicht kausal aus biologischen Unterschieden zwischen Mann und Frau ergeben, sondern gesellschaftliche Konstrukte und damit veränderbar sind. Die Gegenstände und Methoden der *G.St.* sind von denen der feministischen Theorie nicht immer eindeutig zu trennen. Ein entscheidender Unterschied ist gleichwohl die Perspektive: Anders als die *Women's Studies* postulieren die *G.St.* keine Gemeinsamkeiten von Frauen, die auf ihre spezifische Körperlichkeit bzw. die männliche Reaktion auf diese Körperlichkeit (↗ Misogynie) zurückzuführen wären. So ist die zentrale Analy-

sekategorie der *G.St.* nicht ›die Frau‹ oder ›Weiblichkeit‹, sondern Geschlechtlichkeit als Genus (↗ *gender*), d.h. als historisch wandelbares,
gesellschaftlich-kulturelles Phänomen. Die *G.St.* diskutieren kulturelle
↗ Repräsentationen und Interpretationen des ↗ Körpers und fragen danach,
wie die gesellschaftliche Geschlechterdifferenz über den Rückgriff auf die
Biologie naturalisiert wird. Vielfach steht auch die Unterscheidung zwischen
männlich und weiblich selbst zur Disposition. Unter Bezugnahme auf die
↗ Dekonstruktion wird die Geschlechtsidentität dabei als Effekt sprachlich-
differentieller Prozesse verstanden, die jeder Essentialität entbehrt (↗ Essentialismus). Ziel ist folglich weniger die Kritik an männlicher Herrschaft und
die Forderung nach Gleichberechtigung von Frauen. Zwar setzen sich die
G.St. auch mit der Asymmetrie zwischen den Geschlechtern auseinander,
sie fragen darüber hinaus aber auch nach der Konstitution, der Funktion
und der spezifischen Ausformung der Geschlechterdifferenz in der jeweiligen Gesellschaft. Entsprechend wird *gender* auch im Zusammenspiel mit
anderen hierarchisierenden Kategorien wie etwa *class* (↗ Klasse) und ↗ *race*
diskutiert. Die *G.St.* stellen insofern einen neuen wissenschaftlichen Ansatz
dar, als hier angenommen wird, daß kulturelle Bedeutungsstiftung grundsätzlich über die Geschlechterdifferenz organisiert wird. *Gender* wird folglich
nicht als ein weiterer Forschungsaspekt neben vielen anderen erachtet, wie
dies im Bereich der *Women's Studies* möglich ist, sondern kann oder sollte
jeder Forschung zugrunde liegen. – Die *G.St.*, die sich v.a. in den 1980er
Jahren etablierten, trugen zunächst v.a. jenen Einwänden Rechnung, die
dem frühen Feminismus eine Universalisierung der Erfahrungen weißer
Frauen der Mittelklasse und Ignoranz gegenüber Differenzen zwischen
Frauen vorgeworfen haben. Die von poststrukturalistischen Theorien
(↗ Poststrukturalismus) inspirierte Dekonstruktion der Kategorie ›Frau‹, für
den frühen Feminismus gleichermaßen Forschungsobjekt wie Erkenntnissubjekt, ist daher als ein entscheidender Aspekt in der Entwicklung der
G.St. zu erachten. Die weitgehende Verdrängung der *Women's Studies* durch
die *G.St.* mit ihrer veränderten Schwerpunktsetzung hat dazu geführt, daß
die vorwiegend soziohistorische Ausrichtung feministischer Studien der
1970er Jahre durch Ansätze ergänzt oder ersetzt wurde, die aus der Lit.
wissenschaft, der (Sprach-)Philosophie und der Anthropologie stammen.
Letztere hat auf die Vielfalt von *gender*-Systemen in den verschiedenen
Kulturen verwiesen (vgl. Sh. Ortner und H. Whitehead). Ein entscheidender theoretischer Impuls ging von der Anthropologin G. Rubin aus, die die
Freudsche Psychoanalyse (S. Freud) und den ↗ Strukturalismus von Cl.
Lévi-Strauss verknüpfte und die Differenzierung zwischen *sex* und *gender*
für die Gesellschaftsanalyse nutzbar machte. Von Rubin stammt der Begriff
des ›*sex/gender*-Systems‹, womit sie die Strukturen bezeichnet, durch die in
einer spezifischen Kultur aus dem ›biologischen Rohmaterial‹ (*sex*) gesellschaftliche Subjekte (*gender*) produziert werden. Innerhalb dieses Systems
geht nach Rubin die Naturalisierung der Geschlechterdifferenz mit dem
Inzesttabu sowie mit der Tabuisierung aller Formen von Sexualität einher,
die nicht der normativen heterosexuellen Paarbeziehung entsprechen. Rubins
sex-gender-System galt über lange Zeit als grundlegendes Modell der *G.St.*

Ihre These vom Zusammenhang zwischen Geschlechterdifferenz und gesellschaftlicher ›Zwangsheterosexualität‹ ist von den *Gay and Lesbian* bzw. *Queer Studies* aufgenommen und weiterentwickelt worden. Insbes. deren neuere Strömungen, die sich dem Konnex *sex-gender*-Sexualität zuwenden, haben wiederum für die *G.St.* wichtige Impulse geliefert (vgl. z.B. J. Butler, J. Dollimore, E.K. Sedgwick). Neben den Parallelen und Überschneidungen zwischen *G.St.* und *Gay and Lesbian Studies* sind *G.St.* auch ein wichtiger Aspekt der postkolonialen Lit.theorie, wie sie u.a. in den Arbeiten von G.Ch. Spivak entwickelt wird. Gemeinsamer Ansatzpunkt ist die Frage nach dem Zusammenwirken von Geschlechterdifferenz und ethnischer Differenz bzw. Rassismus. *G.St.* stellen folglich nicht so sehr eine eigenständige Forschungsrichtung dar als vielmehr eine spezifische Art der Herangehensweise an kulturelle Phänomene, die sich in den verschiedenen Disziplinen mit unterschiedlichen Methoden etabliert hat. So ist der Einbezug der Kategorie *gender* nicht nur für die Lit.- und Sozialwissenschaften, sondern auch für die naturwissenschaftliche (E. Fox Keller) und die historische Forschung (N.Z. Davis, J. Kelly-Gadol) eingefordert worden. Dabei ist jedoch fast immer eine deutliche interdisziplinäre, vielfach kulturwissenschaftliche oder kulturanthropologische Anlage der Forschung festzustellen, die sich gerade aus der Zielstellung der *G.St.* ergibt (↗ Interdisziplinarität; ↗ Kulturwissenschaft; ↗ Kulturanthropologie). Charakteristisch ist zudem eine historische Perspektivierung, die nach Brüchen und Neudefinitionen der Geschlechterordnungen fragt. Daß sich solche Studien insbes. auf das Europa der Frühen Neuzeit und die Zeit um 1800 konzentriert haben (vgl. A. Corbin, C. Gallagher, K. Hausen, C. Honegger, Th. Laqueur, L. Steinbrügge), erklärt sich dadurch, daß bis ins 18. Jh. ein grundsätzlich anderes Modell der Geschlechterdifferenz gültig war. Mann und Frau waren graduell voneinander unterschieden, wurden aber nicht in fundamentaler Opposition zueinander gesehen. – Geht man davon aus, daß die Geschlechterdifferenz ein Effekt gesellschaftlicher ↗ Diskurse ist, verlangt der Konnex von Text und *gender* bzw. Textualität und Sexualität bes. Berücksichtigung. *G.St.* in der Lit.wissenschaft analysieren, wie kulturelle Entwürfe von Weiblichkeit oder Männlichkeit in der Lit. und ihrer Lektüre konstituiert, stabilisiert und revidiert werden. Dies impliziert u.a., daß der literar. Text in seiner historischen und kulturellen Spezifität, in seinen intertextuellen Bezügen z.B. zu religiösen, politischen, medizinischen oder juristischen Diskursen gelesen wird (vgl. u.a. C. Belsey, St. Greenblatt, S. Weigel). Dabei wird auch der Zusammenhang zwischen *gender* und Genre sowie geschlechtsspezifisches Lesen (Sh. Felman, P. Schweickart) problematisiert und gefragt, inwieweit Autorschaft und das Schreiben bzw. die Repräsentation an sich über die Geschlechterdifferenz organisiert sind (E. Bronfen, B. Johnson, T. de Lauretis, B. Vinken). Schließlich stehen auch die Paradigmen der Lit.wissenschaft selbst zur Disposition, so daß z.B. die traditionelle Lit.geschichtsschreibung einer kritischen Lektüre und Neuschrift unterzogen wird (vgl. Schabert 1997). – War bei aller methodologischen und theoretischen Vielfalt innerhalb der *G.St.* die Unterscheidung zwischen biologischem und sozialem Geschlecht weitgehender Konsens, hat in den späten 1980er Jahren und verstärkt im Zuge der Diskussion um Butlers Buch *Gender Trouble* (1990) zu Beginn der 1990er Jahre eine intensive Debatte um die Gültigkeit dieses *sex/gender*-Modells eingesetzt, in der verschiedene Aspekte zum Tragen kommen: (a) die Rezeption und radikale Weiterentwicklung theoretischer Ansätze des Poststrukturalismus (der Diskursanalyse M. Foucaults, der Psychoanalyse J. Lacans und ihrer Lektüre durch frz. Feministinnen); (b) die Aufnahme neuerer Erkenntnisse der Medizingeschichte (Th. Laqueur, L. Jordanova), die zeigen, daß sich Vorstellungen von einem fundamentalen Unterschied zwischen männlichem und weiblichem Körper (*two-sex-model*) erst seit dem 18. Jh. entwickelt haben; (c) Auseinandersetzungen in der Biologie um die Kriterien zur Bestimmung der Geschlechtszugehörigkeit; (d) die durch die neuen Kommunikationstechnologien ausgelöste Revolutionierung des Verhältnisses von Mensch, Maschine und Wirklichkeit (D. Haraway); (e) Phänomene der ↗ Populärkultur wie z.B. Transvestismus (M. Garber). Mit dem Argument, daß erst die Gesellschaft bestimmten Körpermerkmalen Bedeutung zuweist und als Geschlechtsmerkmale identifiziert, wird der Glaube an eine jeder Kultur vorgängige Existenz von zwei biologischen Geschlechtern bestritten. Der ↗ Poststrukturalismus wirft Fragen auf, die das Grundverständnis der *G.St.* berühren: Die aktuellen Debatten konzentrieren sich v.a. auf das Verhältnis zwischen gesellschaftlicher ↗ Macht und dem individuellen Handlungsspielraum des Subjekts, auf historische Körper- und Geschlechter(de)konstruktionen, auf die Diskursivität und Performativität (↗ *Performance*/Performativität) von *engendering*, auf Transgressionen binärer ↗ Geschlechtsidentitäten sowie die Spannungen zwischen (unterschiedlichen fach)wissenschaftlichen *G.St.* und Frauenpolitik und -förderung.

Lit.: s. auch ↗ Geschlechterdifferenz. – I. Schabert: *Engl. Lit.geschichte. Eine neue Darstellung aus der Sicht der Geschlechterforschung*, Stgt. 1997. – Themenheft zu *G.St.* (Hgg. P.U. Hohendahl et al.) der *Zs. für Germanistik* N.F. 9.1 (1999). – C. Kaplan/D. Glover (Hgg.): *Genders*, Ldn./N.Y. 2000. – von Braun/Stephan 2000. – K. Baisch et al. (Hgg.): *Gender Revisited. Subjekt- und Politikbegriffe in Kultur und Medien*, Stgt./Weimar 2002. – S. Gamble: »Gender and Transgender Criticism«. In: Wolfreys 2002. S. 37–56. – Kroll 2002. – D. Feldmann: »›Der andere Blick‹. Engl. Lit. aus der Sicht der *g.st.*«. In: Geppert/Zapf 2003. S. 191–206. – R. Hof: »Kulturwissenschaften und Geschlechterforschung«. In: Nünning 2003. S. 329–350. – Braun, Christina von/Stephan, Inge (Hgg.): *Gender@Wissen. Ein Handbuch der Gender-Theorien*, Köln 2004. – S. Kampmann et al. (Hgg.): *G.St. und Systemtheorie. Studien zu einem Theorietransfer*, Bielefeld 2004. – Nünning/Nünning 2004.   DF/SSch

Geschlechterdifferenz, G. bezeichnet das hierarchische Verhältnis zwischen Männern und Frauen, wie es in verschiedenen Aspekten einer Gesellschaft zum Tragen kommt. Dies überkreuzt sich mit anderen Hierarchisierungen, v.a. über die Kategorien ↗ *race* und *class* (↗ Klasse), so daß die G. weitere Differenzierungen innerhalb der Geschlechter nicht ausschließt. – Die ↗ *Gender Studies* bzw. die feministische (Lit.-) Theorie führen diese Ungleichheiten nicht auf Vorstellungen von einem natürlichen ›Wesen‹ der Geschlechter zurück. Statt dessen wird seit den späten 1960er Jahren zwischen dem biologischen Geschlecht (*sex*) und dem kulturellen Geschlecht (↗ *gender*) unterschieden und letzteres als Konstrukt erkannt, das sich nicht kausal aus dem Körper ergibt. Wie die Ergebnisse historischer Forschung zeigen, haben sich in der westlichen Kultur erst im 19. Jh. Vorstellungen etabliert, die von einer grundsätzlichen biologischen Verschiedenheit der Geschlechter ausgehen, aus denen spezifische, komplementäre Charakteristika abgeleitet werden. Diese geschlechtsspezifischen Zuschreibungen orientieren sich an den binären Oppositionen Kultur/ ↗ Natur, aktiv/passiv, Verstand/Gefühl, Geist/ ↗ Körper, wobei der Frau immer der zweite (negativ besetzte) Term zugewiesen wird. Die Forschung zur G. sucht einerseits ihr Entstehen und ihre spezifische Ausformung in der jeweiligen Gesellschaft nachzuzeichnen und sie andererseits als sprachlich-differentiellen Prozeß zu dekonstruieren. Hier trifft sich die ↗ Dekonstruktion mit der Psychoanalyse nach J. Lacan, der die Herausbildung der geschlechtlichen Differenz erst mit dem Eintritt des Kindes in die Symbolische Ordnung ansetzt. G. stellt sich folglich als hierarchischer und unabschließbarer Signifikations- und Repräsentations-prozeß dar, welcher in gesellschaftlichen Diskursen immer wieder aufs neue (re-)produziert wird.

Lit.: s. auch ↗ *Gender Studies*. – H. Nagl-Docekal/H. Pauer-Studer (Hgg.): *Denken der G.: Neue Fragen und Perspektiven der feministischen Philosophie*, Wien 1990. – C. Honegger: *Die Ordnung der Geschlechter. Die Wissenschaft vom Menschen und das Weib*, FfM./ N.Y. 1991. – S. Benhabib (Hg.): *Der Streit um Differenz. Feminismus und Postmoderne in der Gegenwart*, FfM. 1993. – H. Bußmann/R. Hof (Hgg.): *Genus. Zur G. in den Kulturwissenschaften*, Stgt. 1995. – K. Röttger/H. Paul (Hgg.): *Differenzen in der G./Differences within Gender Studies*, Bln. 1999. – H. Helfrich (Hg.): *Patriarchat der Vernunft – Matriarchat des Gefühls? Geschlechterdifferenzen im Denken und Fühlen*, Münster 2001. – H. Uerlings et al. (Hgg.): *Das Subjekt und die Anderen. Interkulturalität und G. vom 18. Jh. bis zur Gegenwart*, Bln. 2001.   DF/SSch

Geschlechterstereotyp (gr. *stereós*: starr, fest; frz. *stéréotype*: mit feststehen-den Typen gedruckt), Bezeichnung für stark vereinfachte, weit verbreitete und historisch variable Vorstellungen von ↗ Weiblichkeit und ↗ Männlichkeit, die auf der polarisierenden Zuweisung von vermeintlich geschlechtsspezifischen Eigenschaften beruhen und sich in literar. Texten v.a. in ↗ Frauenbildern niederschlagen. Grundsätzlich fungiert das G. der *femininity* als defizitäre Folie für eine als normativer Maßstab gesetzte, präsentische *masculinity* (H. Cixous 1988). In dieser Konstellation gehorcht die Distribuierung attributiver Zuschreibungen den allg. epistemologischen, diskursiven und psychologischen Mechanismen binärer Dichotomisierungen, welche Kon-strukte kultureller ↗ Identität und ↗ Alterität steuern, wobei der Weiblichkeit als ›internem Fremdem‹ eine strukturanaloge Funktion zu nationalkulturellen Alteritätskonstrukten als ›externem Fremdem‹ der Identitätskonstitution des männlichen Subjekts zukommt. – Seit ca. 1975 stehen verstärkt ethnische und klassenspezifische Differenzen der manifesten G.en, seit den 1980er Jahren die Analyse geschlechtsspezifischer ›Gestalten‹ und Einstellungen zu literar. Textualität und Kreativität im Mittelpunkt der anglo-am. *↗ Gender Studies*. Analysen im Rahmen des frz., psychoanalytisch-dekonstruktivistisch geprägten Feminismus vertreten die These, daß die oppositionell konstruierten G.e bereits tiefenstrukturell in der okular-, logo- und phallozentrisch (*↗* Logozentrismus; *↗* Phallozentrismus) organisierten Struktur der abendländischen Epistemologie angelegt sind, und entwerfen mit Konzepten wie dem ›Semiotischen‹ (J. Kristeva) oder *jouissance* Gegenmodelle.

Lit.: M. Ellmann: *Thinking about Women*, N.Y. 1968 – L. Irigaray: *Speculum de l'autre femme*, Paris 1990 [1974] (dt. *Speculum. Spiegel des anderen Geschlechts*, FfM. 1980). – H. Cixous: »Sorties«. In: Lodge 1988. S. 287–293. – J. Seed/J. Wolff (Hgg.): *The Culture of Capital. Art, Power, and the 19th-Century Middle Class*, Manchester 1988. Bes. S. 117–134.   AHo

Geschlechtsidentität und Geschlechterrolle, der Begriff der Geschlechterrolle (GR.) stammt aus der soziologischen *↗* Rollentheorie, die das soziale Handeln des oder der einzelnen im Rahmen gesellschaftlicher Erwartungsmuster als Rolle bezeichnet. Unter GR.n wären also die spezifischen Aufgaben zu verstehen, die Männern bzw. Frauen zugewiesen werden, insbes. die geschlechtsspezifische Arbeitsteilung in der Familie und dem Erwerbsleben, darüber hinaus aber auch als ›männlich‹ oder ›weiblich‹ definierte Verhaltensmuster (*↗* Männlichkeit; *↗* Weiblichkeit/weibliche Ästhetik). Die Rollen gehen nach dieser Theorie im Zuge der Sozialisation fest ins Handeln der Individuen über, die sie internalisieren und schließlich als natürlich erachten, d.h. als Geschlechtsidentität (GI.) ausbilden (*↗* Identität, persönliche). Mit der Analyse von GI. und GR. wird folglich der Zusammenhang zwischen körperlich differenzierten Individuen, Gesellschaftsstruktur und Persönlichkeitsentwicklung beleuchtet. – Seit den 1960er Jahren hat der Feminismus Kritik an den traditionellen weiblichen Rollen geübt. Dabei wurde mehr und mehr auch der den Rollen zugrunde liegende Machtaspekt berücksichtigt, die Natürlichkeit der Verbindung zwischen *↗* Körper, gesellschaftlicher Rolle und GI. angezweifelt und als Effekt kultureller Diskurse beschrieben. In Abweichung von Sozialisationstheorien erfolgt nach der Psychoanalyse J. Lacans mit dem Eintritt des Kindes in die Symbolische Ordnung die sexuelle Differenzierung und die Herausbildung von GI. Dagegen betont die feministische Objektbeziehungstheorie in der Nachfolge M. Kleins die Ablösung von der Mutter als zentral für die Ausformung der GI. des Kindes. Vom *↗* Gynozentrismus wurden traditionelle Weiblichkeitsstereotype (Mutterschaft, Emotionalität, Körperlichkeit usw.) positiv umbewertet und zur Basis einer weiblichen GI. und einer neuen Ethik erklärt. Neuere Entwicklungen in den *Gender Studies* diskutieren GI. dagegen als ein gesellschaftlich-kulturelles Konstrukt, das die Beziehungen zwischen körperlichem Geschlecht, GR.n sowie Sexualität naturalisiert und unablässig reproduziert. Mit der Auffassung von *↗ Gender* als einem diskursiven und performativen Prozeß (J. Butler; *↗ Performance*/Performativität) und mit dem Entwurf von *transgender-* oder *postgender-*Utopien (D. Haraway) geht insofern der Versuch einher, geschlechtliche Identitätskategorien grundsätzlich zu dekonstruieren (↗ Dekonstruktion).

Lit.: S. Harding: »GI. und Rationalitätskonzeptionen. Eine Problemübersicht«. In: E. List/H. Studer (Hgg.): *Denkverhältnisse. Feminismus und Kritik*, FfM. 1989. S. 425–453. – B. Wartenpfuhl: *Dekonstruktion von GI. – Transversale Differenzen. Eine theoretisch-systematische Grundlegung*, Opladen 2000.   DF/SSch

Geschmack, in der Ästhetik und Kunsttheorie seit dem 17. Jh. gebräuchlicher Begriff zur Kennzeichnung der subjektiven Grundlagen ästhetischer Werturteile. – Die Bedeutung von G. als ein bes. Urteilsvermögen geht auf B. Gracián zurück, dessen ›Weltmann‹ seinen guten G. gerade darin beweist, daß er die Dinge frei von subjektiver Täuschung beurteilen kann. Im engl. Sensualismus wird der G. (v.a. bei Shaftesbury) zu dem Vermögen, das Wahre subjektiv in Form der Schönheit wahrzunehmen, während bei E. Burke (1757) der G. ein sinnliches Vermögen darstellt, das zwar allen Menschen gleichermaßen zukommt, aber erst durch Schulung und durch den Verstand zu einem ästhetischen Urteilsvermögen, dem ›guten‹ G., geschärft werden muß. In I. Kants *Kritik der Urteilskraft* (1790) erfährt dann der G. seine zentrale ästhetische Bestimmung: G. ist das »Beurteilungsvermögen eines Gegenstandes oder einer Vorstellungsart durch ein Wohlgefallen, oder Mißfallen, *ohne alles Interesse*. Der Gegenstand eines solchen Wohlgefallens heißt *schön*« (Kant 1974, S. 124). Damit wird der subjektive G. zur Quelle der Bestimmung des Schönen. Allerdings gehört es zur paradoxen Struktur des Geschmacksurteils, daß es, obwohl subjektiv, allg. Geltung beansprucht. Das Geschmacksurteil fordert zwar nicht jedermanns ›Einstimmung‹, aber es ›sinnet‹ jedermann diese ›Einstimmung‹ an. Daß dieses Urteil einerseits in der subjektiven Erfahrung gründet, andererseits aber einen Anspruch auf Verbindlichkeit erheben kann, läßt sich nach Kant nur durch ein Prinzip erklären, das zwar ›durch Gefühl‹, aber doch ›allgemeingültig‹ bestimmen kann, was gefalle oder mißfalle. Dieses den G. universalisierende Prinzip nennt Kant den ›Gemeinsinn‹, der es erlaubt, das eigene Schönheitsempfinden mit anderen teilen zu wollen und zu können. – Im 19. Jh. verliert der G. seine zentrale ästhetische Bedeutung, um im 20. Jh. eher als soziologische Kategorie wieder aufzutauchen. Bei P. Bourdieu etwa ist der Geschmack Ausdruck jenes durch soziale Herkunft und Bildung bedingten ästhetischen Distinktionsverfahrens, durch das in einer nur vordergründig egalitären Gesellschaft die ›feinen Unterschiede‹ zwischen den Menschen und sozialen Gruppen als Unterschiede der geschmacksbedingten ästhetischen Vorlieben und Präferenzen kommuniziert und dargestellt werden.

Lit.: E. Burke: *A Philosophical Enquiry into the Origin of Our Ideas of the Sublime and Beautiful* (Hg. A. Phillips), Oxford 1990 [1757] (dt. *Philosophische Untersuchung über den Ursprung unserer Ideen vom Erhabenen und Schönen*, Hbg. 1980). – I. Kant: *Kritik der Urteilskraft*, Werkausgabe Bd. 10 (Hg. W. Weischedel), FfM. 1974 [1790]. – F. Schümmer: »Die Entwicklung des G.sbegriffs in der Philosophie

des 17. und 18. Jh.s«. In: *Archiv für Begriffsgeschichte* 1 (1956) S. 120–141. – P.
Bourdieu: *La distinction. Critique sociale du jugement*, Paris 1979 (dt. *Die feinen
Unterschiede*, FfM. 1982). KPL

Globalisierung und Globalisierungstheorien, Prozeß der Herausbildung
einer Weltgesellschaft, die sich zunehmend der globalen Dimensionen
wirtschaftlicher, sozialer, politischer und kultureller Entwicklungen bewußt
wird. Die in den 1980er Jahren einsetzende theoretische Diskussion um G.
konzentriert sich zunächst v.a. auf ökonomische Fragestellungen, weitet
sich aber seit Ende der 1980er Jahre aus und spielt seit den 1990er Jahren
v.a. in der ↗ Kulturtheorie eine wesentliche Rolle. – Eine der wichtigsten
Kontroversen im Hinblick auf die kulturellen Dimensionen der G. hat
sich an der Frage entzündet, ob G.sprozesse eine gleichförmige, medien-
gesteuerte und am Konsumverhalten westlicher Industriegesellschaften
orientierte ›Einheitskultur‹ befördern, oder ob sie durch die Eröffnung
neuer Kommunikationspotentiale und die Überwindung ethnischer und
nationaler Grenzen Raum für kulturelle Vielfalt schaffen. Während G. von
zahlreichen Kritikern im Anschluß an I. Wallersteins Weltsystemtheorie v.a.
als globale Ausdehnung eines Kapitalismus begriffen wird, der zum einen
die ›McDonaldisierung‹ der Weltgesellschaft anstrebt und zum anderen
kulturelle Differenz für seine eigenen Interessen zu vereinnahmen weiß,
heben v.a. postmodern orientierte G.stheoretiker die der G. inhärente
Überwindung des ↗ Eurozentrismus hervor und betonen die Chancen
marginalisierter Gesellschaften und Kulturen, sich in der Weltgesellschaft
Gehör zu verschaffen. ↗ Hybridität, Kreolisierung und Kultursynkretismus
werden so zu Schlüsselbegriffen, weil sie Prozesse markieren, die zum
Abbau kultureller Hierarchien beitragen. Über Kapitalismuskritik und
postmoderne Begeisterung für kulturelle ↗ Alterität hinaus weisen v.a. von
kulturanthropologischer Seite (↗ Kulturanthropologie) vorgelegte Modelle
einer ›globalen Ökumene‹ (U. Hannerz), die das herkömmliche Bild von
Kulturen als in sich geschlossene, territorial, ethnisch oder national definierte
Einheiten zurückweisen und für einen pluralen Begriff von ›Weltkultur‹
plädieren, der stärker auf die kulturellen Optionen von Individuen als auf
die Interaktionen zwischen Kulturen ausgerichtet ist.

Lit.: M. Featherstone (Hg.): *Global Culture. Nationalism, Globalization and Moder-
nity*, Ldn. 1990. – R. Robertson: *Globalization. Social Theory and Global Culture*,
Ldn. 1992. – M. Featherstone: *Undoing Culture. Globalization, Postmodernism and
Identity*, Ldn. 1995. – U. Hannerz: *Transnational Connections. Culture, People, Places*,
Ldn. 1996. – J. Beynon/D. Dunkerley (Hgg.): *Globalization. The Reader*, Ldn.
2000. – N. Bolz et al. (Hgg.): *Weltbürgertum und G.*, Mchn. 2000. – E. Laszlo:
Macroshift. Navigating the Transformation to a Sustainable World, San Francisco 2001
(dt. *Macroshift. Die Herausforderung*, FfM. et al. 2003). – B. Hauer-Schäublin/U.
Braukämper (Hgg.): *Ethnologie der G.: Perspektiven kultureller Verflechtungen*, Bln.
2002. – I. Watson: *Rethinking the Politics of Globalization. Theory, Concepts and
Strategy*, Aldershot et al. 2002. FSE

Groteske, das (ital. *grotta*: Höhle), Substantivierung zum Adjektiv ›grotesk‹: bewußt verzerrt, übersteigert, übertrieben, absonderlich, zugleich lächerlich und komisch wirkend, absurd; Gattungsbezeichnung ornamentaler und phantastischer Kunst, bes. im Dadaismus und Surrealismus, in der literar. Satire, der Dramatik und im schwarzen Humor; seit der Antike ästhetische Gestaltungskategorie in zahlreichen Künsten, theoretisch seit der Spätrenaissance und dem 18. Jh. verwendet; heute in jeder literar. Gattung, in den plastischen Künsten, der Malerei, der Musik, im Film und in den neuen ↗ Medien zu finden. – Das G. bezeichnet das Lachen, welches einem im Halse stecken bleibt, den Umschlag von Komik in Grauen, das Bewußtwerden und Bewußtsein der Janusköpfigkeit von gleichzeitig vorhandener Komik und Tragik, Sublimem und Niedrigem, Ordnung und Chaos. Das G. ist stark psychologisch und sozialkritisch akzentuiert mit breiter Wirkungsskala von Erheiterung bis Entsetzen. Es stellt sich als Distorsions- und Verfremdungsprinzip dar, welches Proportionen und Dimensionen durch das Zusammenspiel heterogener Teile zu neuen, selbständigen Einheiten verschmilzt. Erwartungshorizonte und anerkannte Normen werden bewußt enttäuscht und außer Kraft gesetzt. Es tritt auf als ein Spiel mit jeweils mehreren psychologisch-philosophischen Komponenten wie der Angst, dem Grauen, dem Unheimlichen, dem Phantastischen, dem Tragikomischen, dem Lächerlichen, dem Burlesken sowie formalen Komponenten wie Verzerrung, Entstellung und Übersteigerung der Realität, dem Übergewicht und der Autonomie von Teilen, als assoziatives oder rationales Spiel mit den Gesetzen der Logik, der Grammatik, des Bildaufbaus, der Verschränkung von Handlungssträngen, der Mimik und Gestik. Das G. ist Ausdruck einer künstlerischen Schaffenshaltung, die in vielen Lebensbereichen eine existentielle Bedrohung durch nur partiell kontrollierbare und rationalisierbare Faktoren empfindet, die zugleich grausig-komische Züge tragen. Es wird häufig als künstlerische Verobjektivierung erlebter psychologischer Strukturen und gesellschaftlicher Zusammenhänge inhaltlich und formal dargestellt (Archetypen, Triebe, Träume, Alpträume usw.), als Gestaltung der Undurchschaubarkeit und Bedrohlichkeit moderner Welt ungeachtet stetig wachsender Rationalisierung, Abstraktion und Verwissenschaftlichung. Orientierungslosigkeit wird mit hoher Imaginationsfähigkeit sichtbar, hörbar und erlebbar gemacht. Mißstände werden aufgedeckt, ungewöhnliche Lösungsansätze präsentiert. Das G. ist heute weltweit als eine moderner Lebenserfahrung und Weltsicht angemessene Darstellungsweise anzutreffen, mit besonderer Häufigkeit in der engl., irischen, am. und dt. Lit. und Kunst. Über eine ungebrochene Traditionskette verfügt das G. auch in jeder Untergattung der ›*moving images*‹ von der klassischen Filmgroteske – Ch. Chaplin, B. Keaton, Marx Brothers, K. Valentin, Toto, J. Tati – bis zu komplexen neuen Formen des Spielfilms bei P. Greenaway und D. Jarman oder in Computeranimationen.

Lit.: W. Kayser: *Das G.: Seine Gestaltung in Malerei und Dichtung*, Oldenburg 1957. – F.K. Barasch: *The Grotesque. A Study in Meanings*, The Hague 1971. – Ch. W. Thomsen: *Das G. und die engl. Lit.*, Darmstadt 1977. – Th. Brandlmeier:

Filmkomiker. Die Errettung des G.en, FfM. 1983. – A.K. Robertson: *The Grotesque Interface.* Deformity, Debasement, *Dissolution*, FfM. 1996. – P. Fuß: *Das G.: Ein Medium des kulturellen Wandels*, Köln et al. 2001.   ChWT

Gynozentrismus (gr. *gynḗ*: Frau; gr. *kéntron*: Mittelpunkt eines Kreises), im Gegensatz zum sog. ›humanistischen Feminismus‹, der von der universellen Gleichheit aller Menschen ausgeht und die Gleichberechtigung von Männern und Frauen einfordert, betont der G. die positive Differenz von Frauen, die in der patriarchalen Kultur (↗ Patriarchat) unterdrückt werde. Bes. weibliche Eigenschaften und Werte, wie z.b. Fürsorglichkeit, Friedfertigkeit, Naturnähe und Kooperationsbereitschaft, werden auf die Spezifik des weiblichen ↗ Körpers und/oder die Sozialisation von Frauen sowie ihre Aufgaben im Reproduktionsbereich zurückgeführt. Es wird argumentiert, daß die Forderung nach Gleichberechtigung die patriarchale Definition des Menschen übernehme und männliche Normen bestätige. Nur die Anerkennung der Differenz sowie die Durchsetzung einer weiblichen Ethik könne grundsätzliche Veränderungen in der Gesellschaft herbeiführen. – Der G. entwickelte sich gegen Ende der 1970er Jahre als eine einflußreiche Richtung der feministischen Theorie und ist insbes. in der Philosophie, Politikwissenschaft und Soziologie von Bedeutung, wo er häufig mit moraltheoretischen Überlegungen bzw. mit pazifistischen und ökologischen Zielstellungen verknüpft wird (vgl. z.B. S. Griffin, C. Gilligan, M. O'Brien, N. Hartsock). Für die Lit.wissenschaft propagiert E. Showalter eine ›Gynokritik‹, die sich mit der Frau als Textproduzentin auseinandersetzen soll. Gynokritik ist ein identifikatorisches Lesen, das der von der patriarchalen Gesellschaft zum Schweigen gebrachten weiblichen Erfahrung und den Bedingungen und Formen ↗ Weiblicher Ästhetik nachspüren soll. Durch den G. sind die in der westlichen Kultur gültigen und die Wissenschaft leitenden patriarchalen Wertvorstellungen grundsätzlich in Frage gestellt worden. Für die Lit. wissenschaft bedeutete dies eine Kritik an den herkömmlichen Kriterien ästhetischer Wertung sowie die Auseinandersetzung mit vormals unbekannten Schriftstellerinnen. Gleichwohl wurde dem G. vorgeworfen, zur Ghettoisierung von Frauen und ihrer Lit. beizutragen und die patriarchalen Vorstellungen vom Wesen und von der Rolle der Frau nicht grundsätzlich in Frage zu stellen, sondern sie nur unter veränderten Vorzeichen zu betrachten und damit erneut zu bestätigen.

Lit.: I.M. Young: »Humanismus, G. und feministische Politik«. In: E. List/H. Studer (Hgg.): *Denkverhältnisse. Feminismus und Kritik*, FfM. 1989. S. 37–65. DF/SSch

H

Habitus (gr. *héxis*: Haltung, Erscheinung, lat. *se habere*: sich verhalten), unter H. versteht man die Haltung, Gebärde oder den typischen Verhaltensstil einer Person. Die Bedeutung des Begriffs changiert zwischen der Vorstellung eines situationsbedingten Verhaltensmusters und der eines

personenbezogenen, eher charakterologischen Schemas, das als erworbenes
Muster wie eine Art ›zweite Natur‹ Wahrnehmungs- und Handlungsweisen
seines Trägers bestimmt. An der Begriffsgeschichte des H.konzepts haben
sowohl rhetorische und philosophische als auch kulturgeschichtliche und
soziologische Traditionen teil. Schon bei Aristoteles wird der Ausdruck
héxis als Inbegriff individualtypischer Verhaltensweisen und Äußerungs-
formen gebraucht. In der antiken Rhetorik (Cicero, Quintilian) begegnet
das H.konzept als *terminus technicus* innerhalb der *actio*-Lehre, wobei
der Begriff in bezeichnender Mehrdeutigkeit sowohl Körperhaltung und
Gebärdensprache des Redners als auch dessen geistige Haltung intendiert.
H. fungiert dabei als ein Bildungs- und Perfektionsbegriff; dem antiken
oratorischen Ideal des *vir bonus* entsprechend meint H. die zur Gewohnheit gewordene »Leichtigkeit der Rede« (E.R. Curtius). In der Renaissance
kommt es zu einer wichtigen Erweiterung der Begriffssemantik. H. bezieht
sich nun nicht mehr nur auf die Physiognomie des Redners, sondern auch
auf Tonfall und Sprachstil der Rede. Im Zuge der Frühaufklärung tritt an
die Stelle des rhetorischen H.begriffs die einer Technik, die auch strategisch
(unter Einsatz von Simulation) zu verwenden sei, die Idee von H. als har-
monischer, für das Innere transparenter äußerer Erscheinung. In jüngerer
Zeit erhielt das H.konzept neue Brisanz durch die These E. Panofskys, daß
die Stile und Ausdrucksformen einer Epoche durch gewisse tiefer liegende
mental habits geprägt seien. An diese Auffassung schließt P. Bourdieu an,
wenn er H. als ein soziales Verhaltensmuster definiert, das, durch Sozialisation erworben, den spezifischen Lebensstil von Individuen und sozialen
Gruppen strukturiert.

Lit.: C. Bohn: *H. und Kontext. Ein kritischer Beitrag zur Sozialtheorie Bourdieus*,
Opladen 1991. – A. Košenina: »H.«. In: G. Ueding (Hg.): *Historisches Wörter-
buch der Rhetorik*, Bd. 3, Darmstadt 1996. 1272–1277. – J. Hillier/E. Rooksby
(Hgg.): *H.: A Sense of Place*, Aldershot et al. 2002. – L. Raphael: »H. und sozialer
Sinn. Der Ansatz der Praxistheorie Pierre Bourdieus«. In: Jaeger/Straub 2004.
S. 266–276.   LS

Hegemonie (gr. *hēgemonía* von *hēgéisthai*: führen), bezeichnenderweise ist
die Befähigung zu führen, die dem Begriff H. inhärent ist, immer eng mit
der Vorstellung von der Unfähigkeit anderer, dieses für sich selbst zu tun,
verbunden (vgl. die Phallozentrismuskritik [↗ Phallozentrismus] des Feminismus). Die Befähigung hingegen wird gewährleistet durch die Anerkennung
der (militärischen/kulturellen/wirtschaftlichen) Überlegenheit der führenden
Macht seitens der Geführten (vgl. G.W.F. Hegels ›Herr-Knecht-Dialektik‹).
– Etymologisch bezieht sich H. auf die bestehende Führerschaft oder Dominanz eines einzelnen Mitglieds einer Vereinigung oder Konföderation bei der
Entstehung des gr. Staatenbundes. H. entwickelte sich weiter zum Ausdruck
einer Dominierung durch eine Außenmacht, wie z.B. die H. der ehemaligen
UdSSR gegenüber ihren Nachbarstaaten. – (a) A. Gramsci prägte die marxistische Auslegung der H. als die Dominanz einer bestimmten kulturellen
oder ideologischen Auffassung in einer Gesellschaft, die nicht durch Zwang

sondern durch das ›Einverständnis‹ ihrer, durch die Intellektuellen der ›zivilen‹ Gesellschaft bereits überzeugten Mitglieder, herrscht. (b) Postkoloniale Lit. theorien beziehen sich auf diese Deutung der H. In der einflußreichen Arbeit des Lit.wissenschaftlers E. Said wird die Entwicklung einer hegemonialen Vorstellung des sog. ›Orients‹ durch ihre Stereotypisierung (↗ Stereotyp) als zwar exotisch, aber dennoch minderwertig gegenüber der westlichen Welt, analysiert. (c) Das von dem Soziologen P. Bourdieu geprägte Konzept der ›symbolischen Gewalt‹ bezieht sich auf die gesellschaftlich verursachte ›Gewalt‹, die dem Individuum bestimmte Verhaltensmuster vorschreibt, nur die Betroffenen spüren diese ›Gewalt‹ nicht; vielmehr streben sie nach Dominanz durch die Erlangung vom größtmöglichen Anteil an dem sog. ›symbolischen Kapital‹ eines bestimmten Bereiches (›Feldes‹).

Lit.: P. Bourdieu: *Outline of a Theory of Practice*, Cambridge 1977. – Said 1995 [1978]. – A. Gramsci: *Gefängnishefte*, Hbg. 1991.   MGS

Heterotopie (gr. *héteros*: anders; gr. *tópos*: Ort/ Raum), ein von M. Foucault in die Kulturwissenschaft eingeführter Begriff. Verwendet wird er bereits in *Les mots et les choses. Une archéologie des sciences humaines* (1966); eine eigentliche Definition findet sich jedoch erst in dem 1984 publizierten Vortrag »Des espaces autres« (1967). In beiden Texten wird H. zugleich in Anlehnung an und in Abgrenzung zum Begriff Utopie benutzt. Utopien sind Perfektionierungen oder Umkehrungen der bestehenden Gesellschaft, die ohne wirklichen Ort bleiben, wohingegen es sich bei den H.n um wirkliche Orte handelt, »tatsächlich realisierte Utopien« (Foucault 1998, S. 39). Als ›andere Räume‹ sind H.n gekennzeichnet durch eine paradoxe Verortung sowohl innerhalb als auch außerhalb der Gesellschaft. Die von Foucault genannten Beispiele reichen von psychiatrischen Kliniken, Gefängnissen und Altersheimen bis hin zu Bordellen und Kolonien. Foucault fordert eine systematische Beschreibung der H., eine ›Heterotopologie‹, deren Grundsätze er skizziert. Demnach handelt es sich bei der H. um eine anthropologische Konstante, wenn auch jede H. in ihrer Geschichte Funktionswandel erfahren kann. In H.n wie der Theaterbühne oder dem Kino können mehrere, an sich unvereinbare Plazierungen an einem Ort zusammenlaufen. Die H. ist oft an Zeitschnitte bzw. Heterochronien gebunden: Ihr volles Funktionieren erreicht sie dann, wenn der Mensch mit seiner herkömmlichen Zeit bricht, wie im Museum oder auf dem Friedhof. Zwar sagt Foucault, die H. könne als Kompensationsh. auftreten, in *Les mots et les choses* betont er aber auch, die H. habe etwas Beunruhigendes, im Gegensatz zur tröstenden Utopie: H.n unterminierten die Sprache und verweigerten sich so einer Mythenbildung (↗ Mythos), wie man sie von der Utopie kennt (vgl. Foucault 1997, S. 20). Als literar. Beispiele werden die Texte von Jorge Luis Borges aufgeführt.

Lit.: Foucault 1966 (dt. Foucault 1997 [1971]). – ders.: »Des espaces autres«. In: ders.: *Dits et écrits. 1954– 1988* (Hgg. D. Defert/F. Ewald), Bd. 4, Paris 1994. S. 752–762 (dt. »Andere Räume«. In: K. Barck et al. (Hgg): *Aisthesis*.

Wahrnehmung heute oder Perspektiven einer anderen Ästhetik, Lpz. 1998 [1990].
S. 34– 46). MCF

Historismus, die Bedeutung des Begriffs ›H.‹ ist nicht leicht zu bestimmen, da er seit dem 19. Jh. verschiedene Bedeutungen erhalten hat. Bezeichnet er zum einen historische Betrachtung in einem sehr allg. Sinn, so steht er zum anderen für ein Konzept der Geschichte, das sie gegen geschichtsphilosophische Entwürfe, im bes. diejenigen des dt. Idealismus abgrenzen soll. In diesem Sinne gilt ein Wort, das bereits von L. v. Ranke stammt, gewissermaßen als die ›Gründungsurkunde‹ des H.: ›Jede Epoche ist unmittelbar zu Gott, und ihr Wert beruht gar nicht auf dem, was aus ihr hervorgeht, sondern in ihrer Existenz selbst, in ihrem eigenen Selbst.‹ Als historistisch in diesem Sinne erscheint eine Geschichtsbetrachtung, die auf die individuelle Besonderheit einzelner historischer Konstellationen setzt und von ihrer Funktion für eine Teleologie der Geschichte absieht. Eine solchermaßen begriffene Geschichte scheint in der Tat aller Geschichtswissenschaft, die um die Rekonstruktion einzelner historischer Ereignisse und Ereignisfolgen bemüht ist, weit näher zu stehen als der spekulative Entwurf des Ganzen der Geschichte. Indes ist diese offensichtliche Distanz zur Geschichtsphilosophie zugleich zur Quelle einer ebenso engagierten wie besorgten Kritik geworden. Im bes. E. Troeltsch hat auf die Gefahren eines in diesem H. angelegten Relativismus hingewiesen, weil die Bemühung um das je einzelne historische Faktum und seine Besonderheit die Geschichte zugleich um ihren Sinn bringe. Als Preis geschichtswissenschaftlicher Exaktheit erscheint solchermaßen ein Relativismus, der allem das gleiche Recht zubilligt und damit jeden Wert in Frage stellt. Vergleichbare Sorgen liegen bereits dem zweiten Stück aus F.W. Nietzsches *Unzeitgemäße Betrachtungen. Vom Nutzen und Nachteil der Historie* (1874) zugrunde. Die Übermacht historischer Erinnerung, das bloße Sammeln von Fakten droht schon für Nietzsche mit dieser Fixierung auf eine gestaltlose Vergangenheit die Möglichkeiten der Gegenwart zu verschütten und die Zukunft damit zu verbauen. So ist H. in der Lit.wissenschaft auch zu einer wertenden Charakteristik einer Forschung geworden, die aufgrund des vermeintlichen Respekts vor der historischen Individualität des Gegenstands auf jegliche Erklärung verzichtet und sich auf das Sammeln und die Beschreibung bloßer Fakten beschränkt. – Zumindest in begrifflicher Hinsicht hat der H. in der jüngeren Diskussion eine neue Aktualität gefunden. Der *New Historicism*, der die lit.wissenschaftliche Diskussion des letzten Jahrzehnts nicht unmaßgeblich geprägt hat und wesentlich mit dem Namen von St. Greenblatt verbunden ist, teilt indes mit dem H. des 19. bzw. frühen 20. Jh.s kaum mehr als den Namen. Sein methodisches Profil ist nicht einfach zu bestimmen, da er einen gewissen Eklektizismus gerade zu seinem Programm macht. So lassen sich in Greenblatts Studien ebenso die Spuren von M. Foucaults Diskursarchäologie oder J. Derridas ↗ Dekonstruktion bemerken, wie er sich nicht scheut, auch marxistische Theoreme wieder aufzugreifen. So unterschiedlich sich die Ansätze von H. und *New Historicism* also präsentieren, in einer Hinsicht mag man bei ihnen ein gemeinsames Anliegen beobachten können. Hier wie dort geht

es um eine Distanzierung von Theorien, die einen Universalitätsanspruch
erheben. Nicht zuletzt aus diesem Grund macht der erwähnte methodische
Eklektizismus für den *New Historicism* Sinn, weil der damit verbundene
Verzicht auf ein monolithisches Konzept gerade als Konsequenz eines
gewissen Skeptizismus gegenüber einer integrativen Theorie erscheint.
Indes ergibt sich ein entscheidender Unterschied gegenüber dem H. im
jeweiligen Stellenwert aller Geschichte. Der H. selbst erscheint als eine Form
historischen Denkens, die ein Konzept von Geschichte gegen ein anderes
zu behaupten versucht. *New Historicism* in der Lit.wissenschaft nimmt sich
statt dessen wie ein Versuch aus, historischen Gesichtspunkten als solchen
zu neuer Geltung gegenüber Theorien zu verhelfen, denen historische Erklärungen literar. Phänomene weitgehend fremd blieben. Doch auch das
hier angesetzte Konzept des Historischen selbst ist ein gegenüber dem H.
wiederum sehr verschiedenes. Während sich der H. über eine bestimmte
zeitliche Ordnung definiert, die Existenz einer universellen teleologischen
Entwicklung der Geschichte in Frage stellt, bedeutet für den *New Historicism* Geschichte v.a. auch eine Determination literar. Phänomene durch
anderweitige soziale Phänomene. Der *New Historicism* erscheint deshalb
auch als ein Gegenparadigma zu einer Lit.wissenschaft, die wesentlich auf
die Autonomie des Ästhetischen baut. Schon der Begriff selbst ist deshalb
als eine programmatische Alternative zum *New Criticism* angelegt. – Unter
H. im weiteren Sinne kann ein ›konstitutives Phänomen der Moderne‹
(O.G. Oexle) verstanden werden, das in der bildenden Kunst, Architektur
und Lit. am Ende des 19. und zu Beginn des 20. Jh.s rezipiert wird. In der
literar. Moderne wirkt sich der H. auf Themen und Textverfahren (Am-
plifikationen, Desemantisierungen, Katalogtexturen) aus, die in radikaler
Form zur Unverständlichkeit führen.

Lit.: F. Aspetsberger: *Der H. und die Folgen. Studien zur Lit. in unserem Jh.*, FfM.
1987. – F. Jaeger/J. Rüsen: *Geschichte des H.*, Mchn. 1992. – A. Wittkau: *H.: Zur
Geschichte des Begriffs und des Problems*, Göttingen 1992. – M. Baßler et al.: *H.
und literar. Moderne*, Tüb. 1996. – O.G. Oexle: *Geschichtswissenschaft im Zeichen
des H.*, Göttingen 1996. – ders./J. Rüsen (Hgg.): *H. in den Kulturwissenschaften.
Geschichtskonzepte, historische Einschätzungen, Grundlagenprobleme*, Köln et al.
1996. – H. Tausch (Hg.): *H. und Moderne*, Würzburg 1996. – G. Scholtz (Hg.):
H. am Ende des 20. Jh.s. Eine internationale Diskussion, Bln. 1997. – G.W. Most
(Hg.): *Historicization – Historisierung*, Göttingen 2001.   AK

Hochliteratur, der Begriff H. (oft auch ›Höhenkammlit.‹) steht im Gegensatz zur Volkslit., Triviallit. oder ↗ Kitsch. Dabei wird die Literarizität
der betreffenden Texte hervorgehoben, und es liegt meist ein Lit.begriff
zugrunde, der die Autonomie und den Kunstcharakter des literar. Kunstwerks betont, wie z.B. beim Russ. Formalismus, *New Criticism* oder bei der
werkimmanenten Interpretation. Mit ähnlicher Bedeutung werden Begriffe
wie ›schöne Lit.‹, ›imaginative Lit.‹, ›fiktionale Lit.‹, oder auch, bevorzugt
von der Germanistik, im allg. Sinne ›Dichtung‹ verwandt, wobei noch die
positive ästhetische Wertung hinzukommt. Die Annahme von H. führt

oft zur Ausbildung eines literar. Kanons, den die einzelnen großen Werke bilden. In dem Maße, wie linguistische und gesellschaftliche Aspekte bei der Lit.betrachtung die ästhetischen Momente verdrängen, wird auch der Begriff H. weniger favorisiert, und es wird statt dessen häufig einfach von ›Texten‹ gesprochen. RB

Hybride Genres (lat. *hybrid*: von zweierlei Herkunft, zwitterhaft; lat. *genus*: Gattung, Wesen), der Terminus h.G. dient der Bezeichnung von literar. Textsorten, die Merkmale unterschiedlicher Gattungen in sich vereinen (↗ Hybridisierung) und daher mit den traditionellen Gattungsbegriffen westlicher Poetik nicht mehr adäquat beschrieben werden können. Obwohl das Phänomen der Genreüberschreitungen vereinzelt auch in anderen geisteswissenschaftlichen Disziplinen erörtert worden ist (vgl. C. Geertz 1980) und der Terminus im Grunde immer dann greift, wenn konventionelle Gattungstypologien gesprengt werden, wird er doch v.a. in bezug auf den zeitgenössischen Roman verwandt, und zwar insbes. wenn eine über die realistische Darstellung hinausgehende Mischung von Fakt und Fiktion vorliegt. Dies ist z.B. der Fall, wenn authentisches Material mit Mitteln fiktionalen Erzählens strukturiert wird oder aber der Roman selbstreflexiv auf den Prozeß des Schreibens und damit auf seinen Konstruktcharakter verweist. Zur Bezeichnung dieser Grenzphänomene sind die unterschiedlichsten Begriffe vorgeschlagen worden, u.a. *documentary novel, new journalism, literary journalism, postmodernist historical novel, antihistorical novel, metahistorical novel, historiographic metafiction, literary nonfiction, faction, factifiction, fictional biography* und *travelogue* (vgl. Maack/Imhof 1993; Nünning 1993). Kaum beachtet wurde dabei, daß sich auch in der Lyrik und der Kurzprosa das Verhältnis von Fakt und Fiktion gewandelt hat, daß auch hier die Vorstellung einer externen, objektiv darstellbaren Realität der subjektiv erfahrenen Wirklichkeit gewichen ist. Eine Typologie zeitgenössischer h.G. sollte dies ebenso berücksichtigen wie die zunehmenden Grenzüberschreitungen zwischen verschiedenen Künsten und Medien (↗ Intermedialität). – Die Gattungsproblematik ist erst in jüngster Zeit wieder ins Zentrum des lit. theoretischen Interesses gerückt; Vertretern poststrukturalistischer Ansätze (↗ Poststrukturalismus) galt sie als veraltetes, auf die postmoderne Lit. nicht anwendbares Konzept, gerade wegen ihrer Tendenz zur Gattungsentgrenzung. Diese Ablehnung läßt sich nur vor dem Hintergrund eines normativen, auf Kohärenz und Linearität konzentrierten Gattungsbegriffs erklären, der so allerdings schon lange keine Geltung mehr hatte. Das zeigt sich z.B. an den russ. Formalisten V. Šklovskij und Ju. Tynjanov, aber auch an M.M. Bachtin (Russ. Formalismus). Mit seinem Differenz und Heterogenität in den Mittelpunkt stellenden Konzept der ›dialogischen Imagination‹ hat Bachtin ein flexibles Modell entwickelt, welches nicht nur mit postmodernen Erzählstrukturen vereinbar ist, sondern die Vorstellung h.G. vorwegnimmt. Bereits an der Wende zum 19. Jh. hatte F.v. Schlegel ein Genre in die Lit. theorie eingeführt, das gleich in mehrfacher Hinsicht hybrid genannt werden kann: die Arabeske. Neben der Vereinigung unterschiedlicher literar. Ausdrucksformen schwebte Schlegel für seine arabeske ›Universalpoesie‹ die

Integration von Philosophie, Rhetorik und Lit.kritik vor. Anregungen fand er in der islam. Kultur, in der die Mischung verschiedener Formen, auch nichtliterar., originär mit dem Lit.begriff verbunden ist, die also Gattungseinteilungen nach westlichem Muster nicht kennt.

Lit.: C. Geertz: »Blurred Genres. The Refiguration of Social Thought«. In: *The American Scholar* 49 (1980) S. 165–179. – J. Hellmann: *Fables of Fact. The New Journalism as New Fiction*, Urbana 1981. – G.S. Morson: »Threshold Art«. In: ders.: *The Boundaries of Genre. Dostoevsky's ›Diary of a Writer‹ and the Traditions of Literary Utopia*, Austin 1981. S. 39–68. – Fowler 1997 [1982]. – R. Cohen: »Do Postmodern Genres Exist?«. In: *Genre* 20.3–4 (1987) S. 241–257. – A. Maack/R. Imhof (Hgg.): *Radikalität und Mäßigung. Der engl. Roman seit 1960*, Darmstadt 1993. – A. Nünning: »Mapping the Field of Hybrid New Genres in the Contemporary Novel. A Critique of L.O. Sauerberg, ›Fact into Fiction‹ and a Survey of Other Recent Approaches to the Relationship between ›Fact‹ and ›Fiction‹«. In: *Orbis Litterarum* 48 (1993) S. 281–305. – J. Ernst: *E.A. Poe und die Poetik des Arabesken*, Würzburg 1996. – A. Nünning: »Crossing Borders and Blurring Genres. Towards a Typology and Poetics of Postmodernist Historical Fiction in England since the 1960s«. In: *EJES* 1.2 (1997) S. 217–238. – A. Krewani: *Hybride Formen. New British Cinema – Television Drama – Hypermedia*, Trier 2001.   JE

Hybridisierung (lat. *hybrida*: Mischling, Bastard), allg. bezeichnet der aus der Biologie entlehnte Begriff die Vermischung zweier oder mehrerer deutlich verschiedener Elemente, die zusammen ein Neues ergeben. Im kulturwissenschaftlichen (↗ Kulturwissenschaft) Zusammenhang wird der Begriff H. insbes. für die Vermischung von Kulturen (↗ Hybridität), ↗ Geschlechtsidentitäten oder ↗ Diskursen bzw. Medien oder Gattungen (↗ hybride Genres) verwendet. Seinen Ursprung hat diese Verwendung des Konzepts bei M.M. Bachtin, der H. neben Dialogisierung (↗ Dialogizität) und Dialogen als eine von drei Möglichkeiten sieht, Sprache im Roman abzubilden. Ausgehend von der sprachwissenschaftlichen Bedeutung von H., versteht Bachtin darunter die ›Mischung zweier Soziolekte innerhalb einer einzigen Äußerung‹ (vgl. Bachtin 1981, S. 358ff.). Im Zuge der ↗ Postmodernismus-Debatte erfährt der Begriff eine Erweiterung bzw. Bedeutungsverschiebung. Wenn I. Hassan (1988, S. 52f.) H. neben u.a. Unbestimmtheit, Fragmentarisierung, der Auflösung des Kanons, Ironie, Karnevalisierung (↗ Karnevalismus), Performanz (↗ *performance*/Performativität) in seine Merkmalreihe der Postmoderne aufnimmt, so bezieht er sich zwar auch auf Bachtins urspr. Konzept, verschiebt aber den Fokus von H. auf die Mischung und Auflösung literar. Gattungen, die zum vermehrten Auftreten von Formen wie der Parodie, dem Pastiche und der Travestie sowie zu einer Auflösung der Grenzen zwischen Fiktionalität und Faktizität führt. H. wird in diesem Zusammenhang, insbes. für den Roman, zum ›Motor‹ der Gattungsentwicklung (vgl. Fluck 1998). Neben der Genre-Auflösung machen sich postmoderne H.stendenzen v.a. im Bereich von ↗ *gender* bemerkbar, wo mit der Feststellung der Konstrukthaftigkeit von Geschlechtsidentitäten auch die ihnen zugeschriebenen Merkmale der H. unterliegen (vgl. Krewani 1994; Curti 1998).

Lit.: M.M. Bachtin: *The Dialogic Imagination* (Hg. M. Holquist), Austin 1981.
– I. Hassan: »Postmoderne heute«. In: W. Welsch (Hg.): *Wege aus der Moderne.
Schlüsseltexte der Postmoderne-Diskussion*, Weinheim 1988. S. 47–56. – Ch.W.
Thomsen (Hg.): *Hybridkultur. Bildschirmmedien und Evolutionsformen der Künste.
Annäherungen an ein interdisziplinäres Phänomen*, Siegen 1994. – A. Krewani:
»Das hybride Geschlecht. Gender-Debatte und Medienstrategien«. In: Thomsen
1994. S. 25–38. – L. Curti: *Female Stories, Female Bodies. Narrative, Identity and
Representation*, N.Y. 1998. – W. Fluck: *Das kulturelle Imaginäre. Eine Funktionsgeschichte des am. Romans 1790–1900*, FfM. 1998. – Ch. Galster: *Hybrides Erzählen
und hybride Identität im brit. Roman der Gegenwart*, FfM. et al. 2002. – E. Vogel
et al. (Hgg.): *Zwischen Ausgrenzung und H.: Zur Konstruktion von Identitäten aus
kulturwissenschaftlicher Perspektive*, Würzburg 2003.   KS

Hybridität, der aus dem Lat. abgeleitete urspr. biologische Wortgebrauch
versteht unter ›Hybride‹ einen Bastard, ein aus Kreuzungen hervorgegangenes
Produkt von Vorfahren mit unterschiedlichen erblichen Merkmalen. Das
Konzept der H. umfaßt heute einen vielfältig auslegbaren Problemkomplex
kultureller Mischformen, der auch als ›Synkretismus‹ bezeichnet worden ist
und häufig in Zusammenhang mit den Begriffen Pastiche, Kontamination,
↗ Interkulturalität und ↗ Multikulturalismus sowie ↗ Dialogizität, Heteroglossie und dem Karnevalesken (↗ Karnevalismus), der Nomadologie von
G. Deleuze und P.F. Guattari und M. Foucaults heterotopischen Räumen
gebraucht wird. – Der Begriff entwickelt sich in den Rassenlehren des 19.
Jh.s zu einer kulturellen Metapher. Als rassistisch gefärbte Argumentations-
figur und zugleich angstbesetztes und verführerisches Phantasma sexueller
Kontakte zwischen verschiedenen Rassen findet sich H. in den Debatten
über die Sklaverei (›*miscegenation*‹), in der Typenlehre und Eugenik sowie
in antisemitischen und nationalsozialistischen Texten. – In den 1980er
Jahren wurde H. zu einem kulturtheoretischen Schlüsselbegriff umgedeutet.
Eine Schaltstelle dieser strategischen Aneignung bildet Bachtins Konzept
einer organischen und intentionalen H. sprachlicher Phänomene. Neben
St. Hall, P. Gilroy und I. Chambers hat v.a. H. Bhabha diese politisch zu
funktionalisierende linguistische H. unter Anschluß an die Psychoanalyse
J. Lacans und J. Derridas Begriff der *différance* zu einer interkulturellen
Denkfigur gemacht. Diese faßt Kulturkontakte nicht mehr essentialistisch
(↗ Essentialismus) bzw. dualistisch, sondern entwirft einen ›dritten Raum‹, in
dem die Konstitution von Identität und ↗ Alterität weder als multikulturelles
Nebeneinander noch als dialektische Vermittlung, sondern als unlösbare und
wechselseitige Durchdringung von ↗ Zentrum und Peripherie, Unterdrücker
und Unterdrücktem modelliert wird. Bhabhas Begriff der H. übernimmt
W. Benjamins Konzept der Übersetzung als einer Transformation, in der
Inkommensurables ans Licht tritt, und macht den post-kolonialen Intellek-
tuellen zu einem produktiven ›Parasiten‹ inmitten neuer Globalisierungs-
(↗ Globalisierung und Globalisierungstheorien), Regionalisierungs- und
Migrationsbewegungen, der, wie etwa S. Rushdie, seine Heimatlosigkeit
subversiv ausspielen kann. – Diese strategische ›Ortlosigkeit‹ bildet einen
Hauptangriffspunkt vieler Kritiker Bhabhas. So wurde darauf hingewiesen,

daß eine poststrukturalistisch fundierte H. die Erfahrungen einer privilegierten Schicht kosmopolitischer Intellektueller verallgemeinert und die Realität kolonialer Ausbeutung sowie das Problem der Mobilisierung kollektiver ↗ Identitäten und Handlungsinstanzen vernachlässigt. Während zudem kritisiert wurde, daß H. die Bedeutung von ↗ Geschlechterdifferenzen in kolonialen Szenarien verwischt, macht D. Haraway in Anlehnung an die von den ↗ Gender Studies herausgearbeitete H. von Geschlechterbeziehungen den *cyborg*, ein Mischwesen aus Mensch und Maschine, zur Leitfigur einer feministischen Politik, die sich Naturwissenschaften und Technologie aneignet, um die materiellen wie diskursiven Übergänge und Austauschprozesse zwischen Menschen, Tieren und Dingen zu erfassen. Haraway liefert damit ein Bindeglied zu zwei Theoriefeldern, in denen der Begriff der H. ebenfalls an Bedeutung gewonnen hat, der ↗ Medientheorie, in der Schnittstellen von Mensch und Maschine sowie die hybriden Repräsentationspotentiale des Computers (wie z.B. *morphing*) erkundet werden, und den sog. *social studies of science*, deren Vertreter u.a. auf M. Serres' Konzept hybrider ›Quasi-Objekte‹ zurückgegriffen haben, um den Graben zwischen natur- und geisteswissenschaftlicher Kultur zu überbrücken. – H. ist selbst ein bewußt hybrid gefaßter Begriff und damit ebenso wie die Phänomene, die er hervortreiben soll, schwer zu lokalisieren und immer wieder neu zu verhandeln: Er oszilliert zwischen einem stärker integrativ konzipierten multikulturellen und einem dekonstruktiven Verständnis. Als subversive Kategorie ist H. zudem argumentativ angewiesen auf den Gegenpol stabiler Identitäten, Nationen, Kulturen und Ethnien, also auf das, was viele Anhänger einer Theorie der H. zu überwinden suchen. Für die künftige Begriffsverwendung stellt sich die Frage, welche analytische bzw. subversive Funktion dieser Begriff noch übernehmen kann, wenn H. im Begriff ist, Multikulturalismus als Mode, Werbestrategie und Unternehmensphilosophie abzulösen.

Lit.: Ch.W. Thomsen (Hg.): *Hybridkultur*, Siegen 1994. – R.C. Young: *Colonial Desire. Hybridity in Theory, Culture and Race*, Ldn. 1995. – E. Bronfen et al. (Hgg.): *Hybride Kulturen. Beiträge zur anglo-am. Multikulturalismusdebatte*, Tüb. 1997. – P. Werbner/T. Modood (Hgg.): *Debating Cultural Hybridity. Multi-Cultural Identities and the Politics of Anti-Racism*, Ldn. 1997. – Ashcroft et al. 1998. – M. Fludernik (Hg.): *Hybridity and Postcolonialism*, Tüb. 1998. – Ch. Galster: *Hybrides Erzählen und hybride Identität im brit. Roman der Gegenwart*, FfM. et al. 2002. – Ch. Hamann: *Räume der H.: Postkoloniale Konzepte in Theorie und Lit.*, Hildesheim et al. 2002. – H. Zapf: *Dekonstruktion des Reinen. H. und ihre Manifestationen im Werk von Ishmael Reed*, Würzburg 2002. – E. Vogel et al. (Hgg.): *Zwischen Ausgrenzung und Hybridisierung. Zur Konstruktion von Identitäten aus kulturwissenschaftlicher Perspektive*, Würzburg 2003. – A. Ackermann: »Das Eigene und das Fremde. H., Vielfalt und Kulturtransfers«. In: Jaeger/Rüsen 2004. S. 139–154.   JG

Hypertext/Hypertextualität (gr. *hypér*: über; lat. *texere*: weben, flechten), *Hypér* verweist auf die metatextuelle Ebene des H.s, d.h. auf die einem elektronisch abgespeicherten Text übergelagerte Struktur von elektronischen Vernetzungen mit weiteren Texten. – Der Begriff H. wurde in den 1960er

Jahren von dem Computerpionier Th.H. Nelson geschaffen. Nelson (1980, S. 2) definierte H. als elektronische Form des »non-sequential writing«. Nach Nelson ist H. ein elektronisch verknüpftes, multilineares und multisequentielles Netzwerk von Textblöcken (Lexien), das dem Leser erlaubt, interaktiv mit dem(n) Text(en) in Kontakt zu treten, elektronischen Verbindungen zu folgen oder selbst solche in Form eigener Lexien zu schaffen. Der H. erzeugt durch die Möglichkeit von Verbindungen (*links*) einen Dialog zwischen Text und weiteren Kontexten/Texten; der H. verliert für Nelson seine Funktion als isolierter Text, wie ihn das traditionelle Buch darstellt. – Im Gegensatz zum Begriff H. beschreibt Hypertextualität die Konvergenz zwischen Computertechnologie und poststrukturalistischen Theorieansätzen (↗ Poststrukturalismus). Nach G.P. Landow (1992) führt die Verbindung aus Text und elektronischem Medium zu einer Pragmatisierung poststrukturalistischer und dekonstruktivistischer Theoreme. Hypertextualität beschreibt einen Textbegriff, der vortäuscht, sich aus der aristotelischen Totalität, die den Text als kausale und lineare Abfolge zwischen Anfang, Mitte und Ende begreift, zu befreien. Hypertextualität fordert eine unabschließbare Neubeschreibung, da sich der elektronisch verfaßte Text jeweils neu in den Übergängen, Verbindungen und Komplexionen des hypertextuellen Netzwerkes konstituiert. Nach Landow übersetzt Hypertextualität die poststrukturalistische Forderung nach einer Dehierarchisierung in eine demokratische Textpragmatik; sie verspricht gleichermaßen Teilhabe an Wissen und Kontribution zu Wissen (vgl. J.-F. Lyotards *La condition postmoderne*, 1979). – H. und Hypertextualität sind eng verbunden mit den lit.theoretischen, philosophischen und kybernetischen Neuansätzen seit dem Ende der 1960er Jahre. Allen gemein ist nicht nur ihre Kritik am logozentrischen Denkmodell der europ. Epistemologie und Metaphysik, sondern ebenso die mit einer ↗ Logozentrismus einhergehende Vorstellung von Textualität als linearem Schreiben und Lesen. J. Derridas *De la grammatologie* (1967), die am Ende der 1960er Jahre zeitgleich mit der zunehmenden Verbreitung des *Personal Computer* entstanden ist, deutet bereits die Konvergenz zwischen Kybernetik und Humanwissenschaften an. Die digitale ›Erschütterung‹, von der Derrida spricht, verkündet ein ›debordement‹, das die traditionell überlieferten Grenzen und Einteilungen der Texte überwindet. R. Barthes trifft in *S/Z* (1970) die kategoriale Unterscheidung in ›schreibbare‹ und ›lesbare‹ Texte, die in der Theorie zum H. und der Hypertextualität eine dominante Rolle spielt. ›Lesbare Texte‹ sind für Barthes schlechthin ›klassische‹ Texte (vornehmlich realistische Romane des 19. Jh.s), in denen der Leser als passiver Rezipient fungiert, insofern diese Text noch ganz einer auktorial vermittelten Darstellungsästhetik verpflichtet sind. Im Gegensatz dazu eröffnet der ›schreibbare Text‹ (moderne, postmoderne Texte) die Möglichkeit der aktiven Teilnahme des Lesers am Prozeß der Bedeutungskonstitution. – Zeitgenössische Theorien zu H. und Hypertextualität (vgl. Landow 1994) vernachlässigen allerdings die Komplexität des Rezeptionsaktes im ›klassischen‹ Text und betonen dagegen poststrukturalistische Konzepte wie die der Dehierarchisierung, der Intertextualität, des ›schreibbaren Textes‹ und der Negation der Linearität in der ↗ Postmoderne.

Lit.: Th.H. Nelson: *Literary Machines*, Sausalito 1992 [1980]. – G.P. Landow: *Hypertext: The Convergence of Contemporary Critical Theory and Technology*, Baltimore 1992/93. – ders.: *Hypertext Theory*, Baltimore 1994. – H. Krapp/Th. Wägenbaur (Hgg.): *Künstliche Paradiese – Virtuelle Realitäten. Künstliche Räume in Lit.-, Sozial-, und Naturwissenschaften*, Mchn. 1997. – N. Bachleitner: »H. als Herausforderung der Lit.wissenschaft. Probleme der Rezeption einer Form digitaler Lit.«. In: Foltinek/Leitgeb 2002. S. 245–266. – F. Intemann: *Kommunikation – H. – Design. Eine Untersuchung zur Struktur und Optimierung hypermedialer Textumgebungen*, Münster et al. 2002.   OSch

I

iconic turn ↗ Bildwissenschaft

Identität, kollektive (lat. *idem*: derselbe; lat. *colligere, collectum*: sammeln), die k.I. ist gebunden an die Ausbildung gruppenspezifischer Kulturformen (↗ Kultur; ↗ Kulturbegriff) und wird in der Regel in struktureller Analogie zur persönlichen ↗ I. gedacht, die traditionellerweise die ganzheitliche ordnungsstiftende Integration von disparaten Selbst- und Welterfahrungen, Selbst- und Fremdentwürfen, Erwartungen und kulturellen Rollenvorgaben in eine relativ statisch-harmonische Instanz (vgl. Fietz 1994) durch Identifikationsprozesse meint. J. Kristeva (1980 und 1988) arbeitet mit ihrem Konzept des ›abject‹ die politische Signifikanz der Verschränkung von individueller und k.I. heraus. – Die k.I. bedarf der ständigen Binnenstärkung durch das ›kulturelle ↗ Gedächtnis‹ (A. und J. Assmann) in Form von ↗ Ritualen, festen Einheitssymbolen und -mythen (↗ Mythos) sowie durch das stigmatisierende Konstrukt einer kollektiven ↗ Alterität, um sich ihre Überlegenheit zu bestätigen. Die präskriptiven Normen einer ganzheitlichen I. wurden v.a. aus postkolonialer (vgl. G.Ch. Spivak 1988) und feministischer Perspektive als autoritär-interessengeleitete patriarchalisch-eurozentrische Konstrukte dekonstruiert, denn sie setzen die Verdrängung von politisch und sozial bedingten Spaltungsphänomenen bei der k.I. von Minderheiten voraus. So ist z.B. die k.I. von kolonial-rassistisch (↗ *race*), sexistisch oder politisch marginalisierten Gruppen durch die bewußte (↗ ›Mimikry‹ bei J. Lacan, H. Bhabha und L. Irigaray) oder unbewußte (↗ Hegemonie; A. Gramsci) Übernahme von fremdbestimmten Kollektivbildern geprägt. Neuere Studien zur k.I. widmen sich den epistemologisch-wissenschaftstheoretischen (E. Said) Implikationen und der psychodynamischen Reziprozität von k.I. und Alterität (F. Fanon, O. Mannoni, Bhabha) bei der Genese und der Koexistenz verschiedener k.I.en. Sowohl feministische (z.B. J. Butler) als auch postkoloniale (z.B. Bhabha) TheroetikerInnen entwerfen dezentrierte, prozessual-unabgeschlossene Modelle k.I. in Absetzung von den Normen herkömmlicher I.skonzepte. – Das kulturanthropologische Bedürfnis nach k.I. (↗ Kulturanthropologie) wird im Geschäftsleben durch Konstrukte von ›corporate identities‹ ausgebeutet.

Lit.: J. Kristeva: *Pouvoirs de l'horreur. Essai sur l'abjection*, Paris 1980. – dies.: *Etrangers à nous-mèmes*, Paris 1988 (dt. *Fremde sind wir uns selbst*, FfM. 1990). – G.Ch. Spivak: »Can the Subaltern Speak?« In: C. Nelson/L. Grossberg (Hgg.): *Marxism and the Interpretation of Culture*, Urbana 1988. S. 271–313. – Butler 1990. – I.M. Young: »Abjection and Oppression. Dynamics of Unconscious Racism, Sexism and Homophobia«. In: A.B. Dallery/Ch.E. Scott (Hgg.): *Crisis in Continental Philosophy*, Albany 1990. S. 201–213. – H. Berding (Hg.): *Nationales Bewußtsein und k.I.: Studien zur Entwicklung des kollektiven Bewußtseins in der Neuzeit II*, FfM. 1994. – Bhabha 1995 [1994]. – L. Fietz: *Fragmentarisches Existieren. Wandlungen des Mythos von der verlorenen Ganzheit in der Geschichte philosophischer, theologischer und literar. Menschenbilder*, Tüb. 1994. – R. Hettlage et al. (Hgg.): *K.I. in Krisen. Ethnizität in Region, Nation, Europa*, Opladen 1997. – Horatschek 1998. – L. Niethammer: *K.I.: Heimliche Quellen einer unheimlichen Konjunktur*, Hbg. 1998. – J. Straub: »Personale und k.I.«. In: A. Assmann/H. Friese (Hgg.): *I.en*, FfM. 1998. S. 73–104. – H.-G. Vester: *K.I.en und Mentalitäten. Von der Völkerpsychologie zur kulturvergleichenden Soziologie und interkulturellen Kommunikation*, FfM. 1998. – W. Gephart (Hg.): *Gebrochene I.en: Zur Kontroverse um k.I.en in Deutschland, Israel, Südafrika, Europa und im I.skampf der Kulturen*, Opladen 1999. – B. Giesen: *K.I.: Die Intellektuellen und die Nation 2*, FfM. 1999. – C. Emcke: *K.I.en: Sozialphilosophische Grundlagen*, FfM./N.Y. 2000. – K.S. Guthke: *Der Blick in die Fremde. Das Ich und das andere in der Lit.*, Tüb. 2000. – L. Niethammer: *Kollektive Identität. Heimliche Quellen einer unheimlichen Konjunktur*, Reinbek 2000. – S.N. Eisenstadt et al. (Hgg.): *Public Spheres and Collective Identities*, New Brunswick 2001.   AHo

Identität, persönliche (lat. *idem*: der-, die-, dasselbe), angesichts der transdisziplinären Heterogenität des I.sbegriffs und der Fülle unterschiedlich akzentuierter ↑ I.stheorien ist es fast unmöglich, eine Definition zu finden, die mit all diesen Ansätzen kompatibel wäre; Einigkeit scheint jedoch bezüglich des Umstandes zu herrschen, daß I., anders als Begriffe wie ›Selbst‹, ›Persönlichkeit‹ oder ›Charakter‹, als relationaler Begriff (etwas kann nur identisch mit etwas sein) bereits impliziert, daß sich das Bezeichnete innerhalb eines Beziehungsgeflechtes situiert, wobei die hierfür konstitutiven Relationen je unterschiedliche Facetten von I. aufscheinen lassen: als überzeitliche Kontinuität, als übersituative Konsistenz, wie auch als Abgleich von Innen- und Außenperspektive. Hieraus folgt, daß I. weder als dinghafte, statische Größe (wie es die Vorstellung von einem Persönlichkeitskern nahelegt), noch als einfach gegeben zu verstehen ist, sondern als der vor oder dem einzelnen immer wieder zu bewerkstelligende, am Schnittpunkt von gesellschaftlicher Interaktion und individueller Biographie stattfindende Prozeß der Konstruktion und Revision von Selbstbildern. Faßt man I. in dieser Weise als variabel auf, so ergibt sich die Frage nach den Bedingungsfaktoren von Stabilität bzw. Instabilität von I. (vgl. die notorische ›I.skrise‹), nach der Wirksamkeit der neben endogenen zu berücksichtigenden sozialen und kulturellen Einflüsse. So spricht etwa einiges für die Hypothese, daß die in früheren sozialen Organisationsformen gegebene Einbettung der Person in eine von stabilen Sozial- und Sinnstrukturen (kosmische Ordnung, religiöses Weltbild) geprägte Gemeinschaft in höherem Maße zu einer unproblematischen I. beigetragen hat als das Leben in nicht mehr in ihrer Gesamtheit überschaubaren, funktional ausdifferenzierten und von einer Vielzahl konkurrierender Sinnsysteme bestimmten modernen Gesellschaften, in denen aufgrund der Relativität bzw. des Fehlens überindividuell gültiger Orientierungen und Normen I. zur vom Individuum zu erbringenden Leistung wird. – Ein so gefaßter I.sbegriff bietet insofern vielfältige Anschließbarkeiten zu lit.- und kulturwissenschaftlichen Fragestellungen, als die I.sproblematik in ihren individuellen wie auch soziokulturellen (↗ I., kollektive; ↗ Alterität, kulturelle; ↗ Geschlechtsidentität) Aspekten aufs engste mit einer Vielzahl von Inhalten und Darstellungsformen verbunden ist, wie z.B. der Autobiographie oder dem von St. Greenblatt (1980) untersuchten »*Renaissance Self-Fashioning*«.

Lit.: s. auch ↗ Identitätstheorien. – Greenblatt 1980. – A. Erll et al. (Hgg.): *Lit. – Erinnerung – I.: Theoriekonzeptionen und Fallstudien*, Trier 2003.   StGl

Identitätstheorien, der Beginn der philosophischen I. wird üblicherweise bei J. Locke (1690) angesetzt, der das Problem der näheren Bestimmung des ›Sich-selbst-Gleichbleibens‹ der Person nicht mit dem Verweis auf eine die ↗ Identität tragende Substanz gelöst, sondern mit dem Konzept des Selbstbewußtseins verknüpft hat, so daß sich die Identität einer Person so weit erstreckt, wie sich diese als sich selbst, als dasselbe denkende Wesen zu unterschiedlichen Zeiten und an unterschiedlichen Orten betrachten kann. Die hier vorgezeichnete anti-essentialistische Sichtweise (↗ Essentialismus) wird bei D. Hume (1740) radikalisiert, der Identität zur bloßen Illusion degradiert, die aus unserer Neigung resultiert, dem Bündel unterschiedlicher Perzeptionen ein Substrat bzw. eine Instanz als Empfänger dieser Wahrnehmungen zu unterstellen, wenngleich doch Existenz und Identität eines solchen ›Ich‹ ihrerseits nicht erfahrbar seien. – Die schon hier und in späteren I. immer wieder mit der Identität verknüpfte Frage nach der Verfaßtheit des Selbstbewußtseins stellt eines der grundlegenden Probleme der neuzeitlichen Philosophie dar (I. Kant, J.G. Fichte, E. Husserl, M. Heidegger, J.-P. Sartre, E. Tugendhat und andere). – Während hier die Frage nach der Selbstheit (*ipse*-Identität) im Vordergrund steht, suchen I. der anglo-am. Analytischen Philosophie (D. Parfit, S. Shoemaker) zu einer stringenten Bestimmung von Selbigkeit (*idem*-Identität) zu gelangen, indem sie, wie zuvor schon Locke, fiktive ›*puzzle cases*‹ konstruieren (z.B. die Verpflanzung eines Gehirns in einen anderen Körper). – Im Unterschied hierzu verdankt sich die Vielfalt und Zentralität von I. in den Sozialwissenschaften der unmittelbar lebensweltlichen (↗ Lebenswelt) Relevanz des Problems, wobei hier die Bedeutung der sozialen Interaktion für die Entwicklung und Aufrechterhaltung persönlicher Identität betont wird: so etwa bei G.H. Mead (1934), dessen Modell das Selbst in zwei Hälften aufspaltet (das der Erfahrung nicht zugängliche, spontane und kreative ›*I*‹ und das ›*me*‹, das, ähnlich wie S. Freuds ›Über-Ich‹, die Interpretationen und Normen des ›*generalized other*‹ reflektiert) und somit im Rahmen eines ›symbolischen

Interaktionismus‹ die konstitutive Leistung der wesentlich sprachlich bestimmten Internalisierung zwischenmenschlicher Kommunikation beschreiben kann. Während hier, wie auch bei E. Goffman (1959) und L. Krappmann (1969), die prekäre Identitätsbalance als eine immer wieder von neuem zu erbringende Leistung verstanden wird, ist Identität für E.H. Erikson (1966) (der wesentlich zur Konjunktur des Begriffes beigetragen hat) eine mit dem Abschluß der Adoleszenz erreichte, weitgehend stabile Größe. Hingegen verknüpft J. Habermas (1974, S. 30) ein Entwicklungsstufenmodell mit der Fähigkeit des Erwachsenen, »neue Identitäten aufzubauen und zugleich mit den überwundenen zu integrieren, um sich und seine Interaktion in einer unverwechselbaren Lebensgeschichte zu organisieren«. – Eine bes. Nähe zu lit.- und kulturtheoretischen Fragestellungen findet sich in I., die die Beziehungen zwischen Identität und Textualität bzw. Narrativität (↗ narrativistische Ansätze) herausarbeiten, wie bei N. Holland (1975, S. 815), der von einem bei der Lektüre literar. Texte wirksamen *identity theme* ausgeht und überdies strukturelle Analogien zwischen Identität und Text erkennt: »*Unity* is to *text* as *identity* is to *self*. [...] *Identity* is the *unity* I find in a *self* if I look at it as though it were a *text*«. P. Ricœur (1990) entwirft im Rahmen einer ›Hermeneutik des Selbst‹ das Konzept der ›narrativen Identität‹, die Selbigkeit und Selbstheit dialektisch vermittelt und in Analogie zur ›diskordanten Konkordanz‹ der Fabel eines literar. Textes ihren Zusammenhalt narrativen Konfigurationen verdankt.

Lit.: J. Locke: *An Essay Concerning Human Understanding*, Oxford 1975 [1690]. – D. Hume: *A Treatise of Human Nature*, Oxford 1978 [1740]. – G.H. Mead: *Mind, Self and Society*, Chicago 1934. – E. Goffman: *The Presentation of Self in Everyday Life*, N.Y. 1959 (dt. *Wir alle spielen Theater. Die Selbstdarstellung im Alltag*, Mchn. 1998 [1969]). – E.H. Erikson: *Identität und Lebenszyklus*, FfM. 1998 [1966]. – L. Krappmann: *Soziologische Dimensionen der Identität*, Stgt. 1969. – N. Holland: »Unity – Identity – Text – Self«. In: *PMLA* 90 (1975) S. 813–822. – J. Habermas: »Können komplexe Gesellschaften eine vernünftige Identität ausbilden?«. In: ders./D. Henrich: *Zwei Reden*, FfM. 1974. S. 23–75. – O. Marquard/K. Stierle (Hgg.): *Identität*, Mchn. 1996 [1979]. – E. Tugendhat: *Selbstbewußtsein und Selbstbestimmung. Sprachanalytische Interpretationen*, FfM. 1993 [1979]. – H.-P. Frey/K. Haußer (Hgg.): *Identität. Entwicklungen psychologischer und soziologischer Forschung*, Stgt. 1987. – P. Ricœur: *Soi-même comme un autre*, Paris 1990 (dt. *Das Selbst als ein anderer*, Mchn. 1996). – M. Frank (Hg.): *Selbstbewußtseinstheorien von Fichte bis Sartre*, FfM. 1991. – P. Ricœur: »Narrative Identity«. In: *Philosophy Today* 35.1 (1991) S. 73–81. – Ch. Hauser: *Selbstbewußtsein und personale Identität*, Stgt. 1994. – N. Meuter: *Narrative Identität*, Stgt. 1995. – A. Assmann/H. Friese (Hgg.). *Identitäten*, FfM. 1998. – M. Quante (Hg.): *Personale I.*, Paderborn 1999. – P.V. Zima: *Theorie des Subjekts. Subjektivität und Identität zwischen Moderne und Postmoderne*, Tüb./Basel 2000. – C. Dannenbeck: *Selbst- und Fremdzuschreibungen als Aspekte kultureller Identitätsarbeit. Ein Beitrag zur Dekonstruktion kultureller Identität*, Opladen 2002. – J. Straub: »Identität«. In: Jaeger/Liebsch 2004. S. 277–303. StGl

Ideologem (gr. *idéa*: äußere Erscheinung, Anblick; gr. *lógos*: Wort), der Begriff des I.s ist von F. Jameson in Anlehnung an sprachwissenschaftliche Termini wie Phonem (kleinste bedeutungsdifferenzierende Einheit) oder Morphem (kleinste bedeutungstragende Einheit) gebildet worden. Jameson bezeichnet damit jene standortabhängigen Interpretationen von Fakten, aus deren Kombination sich Ideologien zusammensetzen (↗ Ideologie und Ideologiekritik). In seinen Worten ist ein I.: »[T]he smallest intelligible unit of the essentially antagonistic collective discourses of social classes« (›Die kleinste erkennbare Einheit der grundsätzlich gegensätzlichen kollektiven Diskurse gesellschaftlicher Klassen‹; Jameson 1981, S. 76). Damit wird gleichzeitig deutlich, daß für den Marxisten Jameson die Kategorie ↗ ›Klasse‹ der entscheidende Faktor zur Bestimmung des erkenntnistheoretischen Standorts ist, der die Interpretation von Realität bestimmt.

Lit.: Jameson 1994 [1981].   SS

Ideologie und Ideologiekritik (gr. *idéa*: äußere Erscheinung, Anblick; gr. *lógos*: Wort), von dem Franzosen A.L. Destutt de Tracy 1796 als neutrale Bezeichnung für eine neue Wissenschaftsdisziplin geprägt, hat der I.begriff bald eine negative Bedeutung angenommen. Dies geht u.a. auf seinen Gebrauch durch K. Marx und F. Engels zurück, der bis heute die Grundlage der Diskussion bildet. I. bezeichnet dort die auf der Standortabhängigkeit des Denkens beruhenden Mechanismen, durch die veränderliche, gesellschafts- und interessenspezifische Fakten als naturgegebene, unveränderliche Daten mißverstanden werden. Insofern steht das Konzept der I. bei Marx und Engels im Kontext der Debatte um die Erkenntnisfähigkeit von Subjekten, die den gesamten philosophischen Diskurs der Moderne durchzieht. In der selbstbestimmten Arbeit erfährt das Subjekt nach Marx den Sinn der es umgebenden Objekte. Unter kapitalistischen Produktionsverhältnissen werden Objekte jedoch auf ihren Wert reduziert, und die Verbindung zwischen Subjekten und Objekten wird durchtrennt; gesellschaftliche Wertzuschreibungen scheinen Natureigenschaften der Objekte zu sein. Auf der Grundlage dieser verzerrten Wahrnehmungen bilden sich sytemstabilisierende Glaubens- und Überzeugungssysteme, I.n, aus. – Während Marx und Engels noch die Möglichkeit, ideologische Verzerrungen der Wahrnehmung zu durchschauen, also Ideologiekritik (IK.) zu betreiben, konstatieren, werden die Definitionen von I. in der Folge immer expansiver. So vertritt K. Mannheim (1929) die Auffassung, daß alles Denken standortabhängig und damit ideologisch sei. Dies gilt dann natürlich auch für das Denken, das I.n als solche entlarven will. So wird die Frage, wer das Subjekt von IK. sein kann, zu einem zentralen Problem. In der diesbezüglichen Diskussion haben sich im wesentlichen zwei Lösungsansätze herauskristallisiert. Einerseits werden kollektive Erkenntnisprozesse als Möglichkeit zur Überwindung von I. angesehen. So hält G. Lukács es für möglich, daß sich ein proletarisches Klassenbewußtsein herausbilden läßt, das zum Erkennen der objektiven Lage fähig ist. F. Jameson entdeckt ein ideologiekritisches Potential in Kollektiven aller Art, und J. Habermas will

I.n mit Hilfe der potentiell ideologiekritischen Substanz von herrschaftsfreier Kommunikation ausschalten. Der konkurrierende Vorschlag, der heute in erster Linie in der feministischen Theorie, aber auch von marxistischen Theoretikern wie T. Eagleton verteten wird, geht davon aus, daß die Körperlichkeit des Menschen einen Katalog an objektiven Bedürfnissen und Erfahrungstatsachen bereitstellt, der einen analytischen Ausgangspunkt für ideologiekritische Reflexion bietet. – Ein weiterer wichtiger Schritt der Expansion des I.-Konzeptes ist in L. Althussers Arbeiten zu finden. Als ›ideologische Staatsapparate‹ werden dort Institutionen bezeichnet, die dafür sorgen, daß Subjekte ihr Handeln als autonom und folgenreich für ein übergeordnetes Ganzes mißverstehen, während sie nach Althusser nur austauschbare Funktionsträger im System sind. Hiermit wird die Anfälligkeit für herrschaftsstabilisierende I. vom kognitiven auf den affektiven Raum ausgedehnt. – Die Tendenz zu immer expansiveren I.definitionen hat zu dem Versuch geführt, den I.begriff mit Konzepten des ↗ Poststrukturalismus wie M. Foucaults Begriff des ›Diskurses‹ und J. Derridas Verständnis von Metaphysik zu verbinden. Weil diese Theoretiker jedoch die Allgegenwart von I.n konstatieren, scheitert das Unterfangen, sie für IK. zu nutzen, an dem Punkt, wo es notwendig wird, einen ideologiefreien, vernünftigen Maßstab für die Ermittlung ideologischer Aussagen zu erarbeiten. Diesen Maßstab in einer ideologiegesättigten Welt zu finden, bleibt die wichtigste und schwierigste Aufgabe der IK.

Lit.: G. Lukács: *Geschichte und Klassenbewußtsein*, Neuwied 1970 [1923]. – K. Mannheim: *I. und Utopie*, FfM. 1965 [1929]. – L. Althusser: *I. und ideologische Staatsapparate*, Hbg. 1977. – P.V. Zima (Hg.): *Textsemiotik als IK.*, FfM. 1977. – Jameson 1994 [1981]. – P.V. Zima: *Roman und I.: Zur Sozialgeschichte des modernen Romans*, Mchn. 1986. – I. Mészáros: *The Power of Ideology*, N.Y./Ldn. 1989. – P.V. Zima: *I. und Theorie. Eine Diskurskritik*, Tüb. 1989. – Eagleton 1995 [1990]. – ders.: *Ideology. An Introduction*, Ldn. 1991. – F. Jameson: *Postmodernism, or, The Cultural Logic of Late Capitalism*, Durham 1991. – Sh. Raman/ W. Struck: »I. und ihre Kritiker«. In: Pechlivanos et al. 1995. S. 207–223. – J. Decker: *Ideology*, Basingstoke 2003. SS

Ikon/Ikonizität (gr. *eikōn*: Bild), das Ikon (Pl.: Ikons) ist in Ch.S. Peirces Einteilung von Zeichen nach ihrem Objektbezug ein bildhaftes Zeichen, das mindestens eine wahrnehmungsrelevante Qualität mit dem bezeichneten Objekt gemeinsam hat (nicht zu verwechseln mit ›die Ikone‹, Pl. ›die Ikonen‹), während Indizes aufgrund einer Kausalbeziehung und Symbole (↗ symbolische Formen) aufgrund von Konventionen mit ihrem Objekt in Verbindung gebracht werden. – Eine um U. Eco zentrierte Debatte hat klargestellt, daß Ikons nicht mechanisch abbilden, sondern kulturelle ↗ Stereotype wiedergeben (z.B. sind Meere auf Landkarten unabhängig von ihrer realen Farbe blau). Visuelle Ikons sind zweidimensional (Photos, Piktogramme) oder dreidimensional (Skulpturen, Gesten); Lautmalerei und Programmusik sind akustische Beispiele. Alle Ikons haben konventionelle Anteile; so legen die Lautgesetze einer Sprache fest, ob der Ruf des Esels in ihr mit

›iah‹ oder ›hee-haw‹ wiedergegeben wird. Natürliche Sprachen weisen auf allen Ebenen ikonische Züge auf; so gibt die syntaktische Ordnung oft die Reihenfolge der erzählten ↗ Ereignisse wieder, und in der Konkreten Poesie werden Textumrisse zu Bildern. Ikonische Gesten, die abstrakte Objekte so behandeln, als wären sie konkrete Gegenstände, erlauben Rückschlüsse auf die mentalen Modelle eines Sprechers. Piktogramme sind leicht verständlich, wenn sie konkrete Objekte darstellen. Abstraktere Inhalte sind durch Metonymie darstellbar, etwa wenn eine Schneeflocke am Thermostat ›kalt‹ bedeutet. Solche Übertragungen sind oft kulturspezifisch; der Blumenhut an einer Toilettentür bedeutet nur da ›Damen‹, wo dieses Kleidungsstück bekannt ist. In Verkehr, Produktkennzeichnung und anderen begrenzten Kontexten haben sich Piktogrammsysteme weltweit durchgesetzt, wobei die Zeichen mit der Zeit immer schematischer werden. Eine Erweiterung sind die sog. ›icons‹ von graphischen Computeroberflächen, da sie nicht nur das Aussehen von Objekten imitieren, sondern auch deren Verhalten.

Lit.: J. Haiman: *Natural Syntax. Iconicity and Erosion*, Cambridge 1985. – Bouissac et al. 1986. – Ausg.»Iconicity« (Hgg. O. Fischer/M. Nänny) der Zs. *EJES* 5.1 (2001). – O. Fischer/ M. Nänny (Hgg.): *The Motivated Sign. Iconicity in Language and Literature 2*, Amsterdam 2001. – W.G. Müller/O. Fischer (Hgg.): *From Sign to Signing. Iconicity in Language and Literature 3*, Amsterdam 2002.   DS

Imaginäre, das (lat. *imaginarius*: bildhaft, nur in der Einbildung bestehend; *imago*: Bild, Urbild, Totenmaske), Schlüsselbegriff im psychoanalytischen Modell von J. Lacan. – Das I. leitet sich ab von dem ›*Image*‹ der im Spiegel bzw. an der Mutter wahrgenommenen Ganzheitlichkeit des ↗ Körpers, mit dem der präödipale Säugling sich entgegen der eigenen Erfahrung des *corps morcelé* (M. Klein) im Spiegelstadium identifiziert und welches hinfort als *moi* den tiefenstrukturellen Horizont seiner Welt- und Selbstauslegung, d.h. zunächst seines eigenen Körperschemas, als subjektive Ganzheit vorgibt. ↗ Subjektivität konstituiert sich also auf der Basis einer Fehldeutung (*méconnaissance*), welche die Spaltung der Psyche in *je* und *moi* inauguriert. – Einerseits impliziert die Identifikation des *je* mit dem imaginären *moi* eine Verkennung der Seinsweise des irreflexiven, eigenschafts- und damit wesenlosen, exzentrischen *sujet véritable* oder auch *sujet de l'inconscient*, das Lacan als *je* bezeichnet. Andererseits jedoch erhält *je* erst durch diese Identifikation mit dem *moi* ein imaginäres Korrelat (vgl. Frank 1983), welches die Bedingung der Möglichkeit dafür darstellt, *je* überhaupt, und sei es ex negativo, semantisch aufscheinen zu lassen. Die Filmtheorie greift auf das I. mit Bezug auf unbewußte Identifizierungsvorgänge bei der Filmrezeption, postkoloniale Studien (↗ Postkolonialismus/Postkolonialität) mit Bezug auf von unbewußten Projektionen getragene Konstrukte kultureller ↗ Alterität zurück. – In seiner literar. Anthropologie ersetzt W. Iser bei seiner Entfaltung der Konstitutionsbedingungen von Lit. die herkömmliche Opposition von Fiktion und Wirklichkeit durch eine dreistellige Beziehung, die Triade des Realen, Fiktiven und I.n, und betont, daß der ›Akt des Fingierens‹ dem I.n Realität verleihe, weil er ihm eine spezifische Gestalt gebe: »[I]n der

Überführung des Imaginären als eines Diffusen in bestimmte Vorstellungen geschieht ein Realwerden des Imaginären« (Iser 1991, S. 19).

Lit.: Ch. Metz: *Le signifiant imaginaire*, Paris 1977 (engl. *The Imaginary Signifier*, Bloomington 1984). – S.M. Weber: *Rückkehr zu Freud. J. Lacans Entstellung der Psychoanalyse*, Wien 1990 [1978]. – H.-Th. Lehmann: »Die Raumfabrik – Mythos im Kino und Kinomythos«. In: K.H. Bohrer (Hg.): *Mythos und Moderne*, FfM. 1983. S. 572–609. – Frank 1983 (bes. Vorlesung 18–20). – L. Costa Lima: *Die Kontrolle des I.n. Vernunft und Imagination in der Moderne*, FfM. 1990. – Iser 1993 [1991]. – W. Fluck: *Das kulturelle I.: Eine Funktionsgeschichte des am. Romans 1790–1900*, FfM. 1997. – Pfeiffer 1999. – M. Krieger: »The ›Imaginary‹ and Its Enemies«. In: *NLH* 31.1 (2000) S. 129–162. – Ch. Lubkoll (Hg.): *Das I. des fin de siècle. Ein Symposium für Gerhard Neumann*, Freiburg 2002. – B. Wirkus (Hg.): *Fiktion und I.s in Kultur und Gesellschaft*, Konstanz 2003.   AHo

Inszenierung (griech. *skēnē* = Bühne), I. (engl. *staging*) ist 1837 erstmalig als Übersetzung des in den 1820/30er Jahren im Frz. geprägten Begriffs »mise en scène« (hervorgegangen aus »mettre sur/en scène« im 17. Jh.) belegt (vgl. E. Fischer-Lichte 2000). Erst mit dem Aufstieg des Regisseurs vom Arrangeur zum Künstler in den Theateravantgarden um 1900 (z.B. A. Artaud, A. Appia, E.G. Craig) gilt I. als schöpferische Tätigkeit (vgl. Lazarowicz/Balme 1991). – Die Theaterwissenschaft untersucht mit der in der Theatersemiotik entwickelten Aufführungsanalyse den Regieentwurf als sich im Prozeß der Aufführung konstituierenden I.stext, der von der jeweiligen Aufführungssituation sowie vom Theatertext abzugrenzen ist (vgl. Pavis 1982; Fischer-Lichte 1989; Hiß 1993). Seit den 1980er Jahren wird der I.begriff in Verbindung mit dem Konzept der ↗ Theatralität interdisziplinär verwendet. Basis der Übertragung beider Begriffe v.a. in die Politik- und Sozialwissenschaften (z.B. Willems/Jurga 1998; Schicha/Ontrup 1999; ↗ Medientheorien; sowie die Konzepte »symbolischer Politik« bei Meyer 1992 oder »Politainment« von Dörner 2001), die Geschichtswissenschaften (z.B. Burke 1992) oder die Anthropologie (z.B. V. Turners Konzept des *social drama*; R. Schechner) sind Analogien zwischen dem Theater und der Praxis der (Massen)↗ Medien (»Infotainment«) bzw. den theatralen und rituellen (Selbst-)I.en in Öffentlichkeit und Alltag (↗ Spiel; ↗ Karnevalismus; ↗ Maskerade; ↗ Ritual; ↗ Rollentheorien; vgl. Goffman 1959, 1974; Sennett 1977). – Im Gegensatz zu Sein und Schein dichotomisierenden Definitionen sieht W. Iser I. als Institution menschlicher Selbstauslegung und Welterschließung jenseits von Erfahr- und Wißbarkeit, die das »zur Erscheinung bringt, was seiner Natur nach nicht gegenständlich zu werden vermag« (Iser 1991, S. 504). M. Seels phänomenologischer Ansatz konzeptualisiert I. als »öffentliche Herstellung eines vorübergehenden räumlichen Arrangements von Ereignissen, die in ihrer bes. Gegenwärtigkeit auffällig werden« (Seel 2001, S. 55). I.en sind demnach durch Intentionalität auf der Produktionsseite sowie Auffälligkeit und Öffentlichkeit auf der Rezeptionsseite definiert (vgl. ebd., S. 48–62). Während jede I. ein »öffentliches Erscheinenlassen von Gegenwart« (ebd., S. 56) in der phänomenalen Fülle ihres So-Seins ist, erfolgt bei Formen künstlerischer I. die »*Herstellung* von Gegenwart in der Funktion einer *Darbietung* von Gegenwart« (ebd., S. 58; vgl. auch I. als Aspekt von Theatralität neben ↗ *Performance*, Korporalität, Wahrnehmung bei Fischer-Lichte 2000).

Lit.: E. Goffman: *The Presentation of Self in Everyday Life*, N.Y. 1959 (dt. *Wir alle spielen Theater*, Mchn. 1983). – G. Debord: *La société du spectacle*, Paris 1967 (dt. *Die Gesellschaft des Spektakels*, Bln. 1996). – E. Goffman: *Frame-Analysis*, Cambridge 1974 (dt. *Rahmen-Analyse*, FfM. 1977). – D. Schwanitz: *Die Wirklichkeit der I. und die I. der Wirklichkeit*, Meisenheim am Glan 1977. – R. Sennett: *The Fall of Public Man*, Cambridge 1977 (dt. *Verfall und Ende des öffentlichen Lebens*, FfM. 1983). – P. Pavis: *Languages of the Stage*, N.Y. 1982. – E. Fischer-Lichte (Hg.): *Das Drama und seine I.*, Tüb. 1985. – P. Pavis: *Dictionnaire du théâtre*, Paris 2001 [1987]. – Ausg. »I. von Welt. Semiotik des Theaters« (Hg. E. Fischer-Lichte) der *Zs. für Semiotik* 11.1 (1989). – W. Iser 1992 [1991]. – K. Lazarowicz/Ch. Balme (Hgg.): *Texte zur Theorie des Theaters*, Stgt. 2001 [1991]. – P. Burke: *The Fabrication of Ludwig XIV.*, New Haven/Ldn. 1992. – Th. Meyer: *Die I. des Scheins*, FfM. 1992. – G. Hiß: *Der theatralische Blick*, Bln. 1993. – Ch.L. Hart Nibbrig (Hg.): *Was heißt »Darstellen«?* FfM. 1994. – St. Müller-Doohm/K. Neumann-Braun (Hgg.): *Kultur.i.en*, FfM. 1995. – S. Arnold et al. (Hgg.): *Politische I. im 20. Jh.*, Wien 1998. – U. Göttlich et al. (Hgg.): *Kommunikation im Wandel*, Köln 1998. – H. Willems/ M. Jurga (Hgg.): *I.gesellschaft*, Opladen/Wiesbaden 1998. – Ch. Schicha/R. Ontrup (Hgg.): *Medien.i.en im Wandel*, Münster 1999. – E. Fischer-Lichte: »Theatralität als I.«. In: dies./I. Pflug (Hgg.): *I. von Authentizität*, Tüb./Basel 2000, S. 11–27. – Th. Meyer et al.: *Die I. des Politischen*, Wiesbaden 2000. – P. Siller/G. Pitz (Hgg.): *Politik als I.*, Baden-Baden 2000. – A. Dörner: *Politainment*, FfM. 2001. – E. Fischer-Lichte (Hg.): *Theatralität und die Krisen der Repräsentation*, Stgt. 2001. – M. Seel: »Inszenieren als Erscheinenlassen«. In: J. Früchtl/J. Zimmermann (Hgg.): *Ästhetik der I.*, FfM. 2001. S. 48–62. – Th. Knieper/M. Müller (Hgg.): *Authentizität und I. von Bilderwelten*, Köln 2003. – D. Kolesch: »Rollen, Rituale und I.en«. In: Jaeger/Straub 2004. S. 277–292.   JHa

Interdiskurs, reintegrierender, sind ↗ Diskurse im Sinne der an die Arbeiten M. Foucaults anschließenden Diskurstheorien dadurch bestimmt, daß sie sich auf je spezielle Wissensausschnitte (Spezialdiskurse) beziehen, deren Grenzen durch Regulierungen dessen, was sagbar ist, was gesagt werden muß und was nicht gesagt werden kann, gebildet sind (die ›Ordnung des Diskurses‹ bei Foucault) sowie durch ihre je spezifische Operativität, so bezeichnet der I.begriff all jene Diskurselemente und diskursiven Verfahren, die der Re-Integration des in den Spezialdiskursen arbeitsteilig organisierten Wissens dienen. – Zu unterscheiden sind dabei drei Ebenen von Interdiskursivität: (a) Bereits Foucault selbst hat gezeigt, wie sich mehrere Diskurse oder diskursive Formationen auf Grund der Analogie ihrer Aussageverfahren zu interdiskursiven Konstellationen bündeln. (b) Weiter lassen sich diskursübergreifende ↗ Dispositive wie ›Vernunft‹, ›Sexualität‹ oder ›Normalität‹ feststellen, die soziale Gegenstände von bes., tendenziell gesamtgesellschaftlicher Relevanz konstituieren. (c) Schließlich lassen sich in (literar.) Texten Elemente mit diskursübergreifender und damit die ausdifferenzierten Spezialdiskurse re-integrierender Funktion bestimmen, wie etwa die verschiedenen Modelle von Metaphern, Symbolen (v.a. ↗ Kollektivsymbolen), Analogien und My-then. Solche elementar-literar. Elemente bilden in ihrer Gesamtheit den allg. interdiskursiven Rahmen eines Diskurssystems, wobei diese Elemente wiederum zu verschieden perspektivierten I.en (Religion, Philosophie und eben auch Lit.) gebündelt werden können, und zwar sowohl parallel als auch in Konkurrenz zueinander. Lit. ist dann einerseits als ein Spezialdiskurs zu beschreiben (weil sie eigenen Formationsregeln unterliegt), andererseits als hochgradig interdiskursiv, da sie, wie sich empirisch leicht feststellen läßt, in bes. hohem Maße diskursübergreifende und -integrierende Elemente ins Spiel bringt. Lit. übernimmt also als Spezialdiskurs die Funktion interdiskursiver Re-Integration. Über den engeren Gegenstandsbereich der Lit. hinaus stellt die I.theorie damit nicht nur ein Modell für den komplexen Funktionszu-sammenhang von Lit., Spezialdiskursen und Gesamt-Kultur bereit, sondern liefert zudem einen Beitrag zur Debatte um Intertextualität, die dann lediglich als ein Spezialfall von Interdiskursivität zu verstehen wäre.

Lit.: J. Link: »Lit.analyse als I.analyse«. In: Fohrmann/ Müller 1992 [1988]. S. 284–307. – J. Link/U. Link-Heer: »Diskurs/I. und Lit.analyse«. In: *LiLi* 20.77 (1990) S. 88–99. – J. Link/R. Parr: »Semiotik und I.analyse«. In: Bogdal 1997 [1990]. S. 108–133. UG/JL/RP

Interdisziplinarität, I. beschreibt eine Praxis in Lehre und Forschung, an der mehr als eine Disziplin beteiligt ist. Sie versteht sich als Reaktion auf die fortschreitende Spezialisierung in den etablierten wissenschaftlichen Disziplinen und zugleich als Antwort auf das wachsende Bewußtsein vom vielschichtigen Charakter wissenschaftlicher Problemstellungen. Über die allg. akzeptierte Forderung hinaus, daß I. eine größere Rolle in den Wis-senschaften spielen solle, gibt es wenig Klarheit darüber, was I. bedeutet. Das Spektrum der Definitionen reicht vom punktuellen Zusammenarbei-ten zweier Disziplinen zur Lösung eingrenzbarer Probleme, bis hin zum Verständnis von I. als ein neues universelles Forschungsparadigma. – Wie immer in solch unübersichtlichen Situationen hat man sich bemüht, dem heillosen begrifflichen Durcheinander in Sachen I. durch Differenzierung und Präzisierung der verwendeten Terminologie abzuhelfen. Hier sind ins-bes. solche Versuche zu nennen, die durch die Unterscheidung von Multi-, Inter- und Transdisziplinarität und im weiteren durch die Abgrenzung der echten von der nur scheinbaren I. eine Klärung herbeiführen wollen. J. Kockelmans (1979) hat z.B. die folgende terminologische Unterscheidung vorgeschlagen: Ausgehend von einer Definition von Disziplin als Wissensgebiet oder Untersuchungsfeld, das durch einen Corpus von allg.-verbindlichen Methoden charakterisiert ist, schlägt er die Variante Multidisziplinarität für Studiengänge vor, die von mehreren Disziplinen durchgeführt werden. Pluridisziplinär nennt er eine Vorgehensweise, bei der die Erkenntnisse und Methoden anderer Disziplinen für die Forschung in der eigenen Disziplin herangezogen werden. Interdisziplinär ist für ihn Wissenschaft, die durch

einen oder mehrere Wissenschaftler betrieben wird und bei der versucht wird,
ein Problem zu lösen, dessen Lösung nur durch die Integration von Teilen
etablierter Disziplinen in eine neue erreicht werden kann (z.B. Psycholinguistik
oder Biophysik). Schließlich führt er den Begriff *crossdisciplinary work* ein
für ein Vorgehen, bei dem verschiedene Disziplinen an der Lösung eines
komplexen Problems beteiligt sind, das aber nicht zur Herausbildung einer
neuen Disziplin führt. Diese Versuche, die Terminologie auszudifferenzieren,
sind kaum dazu geeignet, dem wissenschaftspolitischen Schlagwort die not-
wendige Prägnanz zu verschaffen. J. Mittelstraß hat deshalb den Vorschlag
gemacht, echte Disziplinarität als ›Transdisziplinarität‹ zu identifizieren. Er
geht von einer fundamentalen Asymmetrie zwischen der ›Rationalität der
Fakten‹ und der Rationalität der historisch gewachsenen Disziplinen aus.
Insofern Disziplinen ihren Gegenstand und ihr Problemfeld definieren und
insofern die Zahl der Probleme, die zur Lösung anstehen und die nicht
mehr mit dem Lösungsraster einer Disziplin bewältigt werden können,
ständig steigt, insofern muß I. in der Mittelstraßschen Mutation zur Transdisziplinarität sich durch die Konstitution eigener Gegenstände definieren:
»Transdisciplinarity does not just leave individual disciplines the way they
are« (Mittelstraß 1991, S. 21). Damit ist aber I. nicht mehr nur Ergänzung
der disziplinären Methodiken, sondern ein Programm für die radikale Um-
gestaltung von Wissenschaft, für eine neue Forschungspraxis.

Lit.: J. Kockelmans: *Interdisciplinarity and Higher Education*, University Park 1979.
– J. Mittelstraß: »Die Stunde der I.?« In: J. Kocka (Hg.): *I.*, FfM. 1987. S. 152–158.
– J. Thompson Klein: *Interdisciplinarity. History, Theory, and Practice*, Detroit 1989.
– U. Hübenthal: *Interdisziplinäres Denken*, Stgt. 1991. – J. Mittelstraß: »Einheit
und Transdisziplinarität. Eine Einl.«. In: Akademie der Wissenschaften zu Berlin
(Hg.): *Forschungsbericht 4. Einheit der Wissenschaften*, Bln./N.Y. 1991. S. 12–22.
– G. Rousseau: »The Riddles of Interdisciplinarity. A Reply to St. Fish«. In: H.
Antor/K.L. Cope (Hgg.): *Intercultural Encounters. Studies in English Literatures*,
Heidelberg 1999. S. 111–129. – P.V. Zima (Hg.): *Vergleichende Wissenschaften. I.
und Interkulturalität in den Komparatistiken*, Tüb. 2000. – J. Moran: *Interdisci-
plinarity*, Ldn. 2001. – M. Bal: *Travelling Concepts in the Humanities. A Rough
Guide*, Toronto 2002.   JS

Interkulturalität, Begriff für die philosophische und kulturwissenschaftliche
Konzeption der Beziehungen zwischen den ↗ Kulturen. Zu den Prämissen
neuerer I.stheorien zählen (a) die u.a. von M. Halbwachs sowie von A. und
J. Assmann ausgearbeiteten Theorien zur Prägung kultureller ↗ Identitäten
durch kollektive Gedächtnisstrukturen (↗ Gedächtnis, kulturelles), (b) die
Einsicht, daß zahlreiche der unseren Alltag bestimmenden Konzepte und
Begriffe kulturspezifischer sind als bislang angenommen wurde und (c) die
Annahme, daß soziale und kulturelle Aspekte einen nicht zu unterschätzenden
Einfluß auf den Prozeß der menschlichen Identitätsbildung ausüben (vgl.
Wierlacher 1999, S. 157). Des weiteren wird allg. davon ausgegangen, daß
die Begegnung mit fremden Kulturen nie voraussetzungslos, sondern stets
durch kollektiv geteilte Vorannahmen sowie individuelle Voraussetzungen

geprägt ist. Fremdheit als »Interpretament von Andersheit und Differenz« (ebd.) und kulturelle ↗ Alterität werden daher als relationale Größen aufgefaßt. – Deutliche Unterschiede bestehen zwischen aufklärerischen und hermeneutischen Konzeptionen von I. Während die Aufklärung von universellen Eigenschaften des Menschen ausging und kulturelle Unterschiede rational zu überwinden suchte, besteht die Hermeneutik darauf, daß das Verstehen stets an die geschichtliche, kollektive Erfahrung gebunden bleibt, die sich in der eigenkulturellen Tradition manifestiert (vgl. Brenner 1989). Beide Auffassungen werden dann problematisch, wenn sie zur Vereinnahmung des Fremden tendieren (diesen Aspekt hebt bes. die postkoloniale Kritik an der Aufklärung hervor) oder einer kulturrelativistischen »Ontologisierung des Fremden« (Bredella et al. 1997, S. 11) Vorschub leisten. Zwischen diesen Extrempositionen versucht eine Konzeption des ↗ Fremdverstehens zu vermitteln, die Verständigung als einen Dialog konzipiert, der die Standpunkte aller Beteiligten modifiziert. Ein so verstandener »hermeneutischer Ethnozentrismus« (Bredella 1993, S. 93) erlaubt die Anerkennung von Differenz, ohne von der Vorstellung einer kultur- und rassenübergreifenden Humanität abzurücken (vgl. H.L. Gates 1994, S. 15). – In den ↗ Kultur- und Lit.wissenschaften wird der I. zunehmend der Stellenwert eines Leitbegriffs oder gar neuen Forschungsparadigmas (vgl. Schmitz 1991) zugeschrieben. Auch wenn sich bislang kein Konsens über die Differenzierung der I. von den häufig synonym verwendeten Begriffen der Multi- und Transkulturalität (↗ Multikulturalismus) abzeichnet (vgl. Schulte 1993, S. 33), spricht vieles dafür, I. in Abgrenzung von Monokulturalität einerseits und Postkulturalität andererseits als Oberbegriff für Multi- und Transkulturalität zu konzipieren. Letztere bezeichnen unterschiedliche Weisen des Umgangs mit und der Bewertung von kultureller Differenz (vgl. Sommer 2001). Gegenstände interkulturell orientierter Lit.wissenschaft sind u.a. kulturelle Selbst- und Fremdbilder und ↗ Stereotype (↗ Xenologie), Fragen der ethnischen oder kulturellen Identität und ↗ Repräsentation, der Weltlit. (vgl. Bachmann-Medick 1996) und Globalkultur (vgl. Appiah/Gates 1996; ↗ Globalisierung und Globalisierungstheorien) sowie die Problematik der Übersetzbarkeit kultureller Konzepte (vgl. Bachmann-Medick 1997).

Lit.: P.J. Brenner: »Interkulturelle Hermeneutik. Probleme einer Theorie kulturellen Fremdverstehens«. In: P. Zimmermann (Hg.): *Interkulturelle Germanistik. Dialog der Kulturen auf Dt.*, FfM. 1989. S. 35–55. – W. Schmitz: »Das Eigene als das Fremde. ›I.‹ als Forschungsparadigma für die ›Germanistik‹«. In: B. Thum/G.-L. Fink (Hgg.): *Praxis interkultureller Germanistik. Forschung – Bildung – Politik*, Mchn. 1991. S. 171–175. – L. Bredella: »Ist das Verstehen fremder Kulturen wünschenswert?« In: ders./H. Christ (Hgg.): *Zugänge zum Fremden*, Gießen 1993. S. 11–36. – B. Schulte: *Die Dynamik des Interkulturellen in den postkolonialen Literaturen in engl. Sprache*, Heidelberg 1993. – H.L. Gates: *Colored People*, Ldn. 1994. – Appiah/Gates 1996. – D. Bachmann-Medick: »Multikultur oder kulturelle Differenzen? Neue Konzepte von Weltlit. und Übers. in postkolonialer Perspektive.« In: dies. 1998 [1996]. S. 262–296. – dies. (Hg.): *Übers. als Repräsentation fremder Kulturen*, Bln. 1997. – L. Bredella et al.: »Einl.« In: diess. (Hgg.): *Thema*

Fremdverstehen, Tüb. 1997. S. 11–33. – St. Rieger et al. (Hgg.): *I.: Zwischen In-szenierung und Archiv,* Tüb. 1999. – A. Wierlacher: »I.: Zur Konzeptualisierung eines Leitbegriffs interkultureller Lit.wissenschaft.« In: de Berg/Prangel 1999. S. 155– 181. – P.V. Zima (Hg.): *Vergleichende Wissenschaften. Interdisziplinarität und I. in den Komparatistiken,* Tüb. 2000. – R. Sommer: *Fictions of Migration. Ein Beitrag zur Theorie und Gattungstypologie des zeitgenössischen interkulturellen Romans in Großbritannien,* Trier 2001. – H. Uerlings et al. (Hgg.): *Das Subjekt und die Anderen. I. und Geschlechterdifferenz vom 18. Jh. bis zur Gegenwart,* Bln. 2001. – C. Chiellino: »Gibt es eine interkulturelle Lit.wissenschaft?« In: Geppert/Zapf 2003. S. 225–238. – A. Wierlacher/A. Bogner (Hgg.): *Handbuch interkulturelle Germanistik,* Stgt./Weimar 2003.   RS

Interkulturelle Kommunikation, i.K. wird als interpersonale Interaktion mit Hilfe von sprachlichen Codes zwischen Angehörigen von verschiedenen Gruppen oder Kulturen verstanden. Seit den 1960er Jahren im Rahmen von Theorien zur ↗ Kultur thematisiert, wurde die i.K. in der Folge in den USA zu einem Zweig der interdisziplinären Kommunikationswissenschaft, die sich v.a. pragmatischen Fragen des (Miß)Erfolgs von *sojourners* (z.B. in Diplomatie, Peace Corps, Wirtschaft) zuwandte. In Deutschland etablier-te sich die zunehmend empirische Erforschung der i.K. im Rahmen der Entwicklung in den 1970er Jahren hin zu einer Verknüpfung von Sprache, Situation und ↗ Identität mit Formen und Interpretationen des Handelns. – Als dynamischer Prozeß, bedingt durch Empathie, Toleranz, kulturspe-zifisches Wissen und entsprechende Lernstrategien, ist i.K. charakterisiert durch unterschiedliche Interpretationen und Erwartungen (↗ Fremdverste-hen) in bezug auf kompetentes (sprachliches) Verhalten, das dazu dient, gemeinsame Bedeutung herzustellen (vgl. Knapp/Knapp-Potthoff 1990; Lustig/Koester 1993). Inter- im Verhältnis zu intrakulturell bezeichnet da-bei nur eine graduelle Variante, in der mit interkulturell die höchste Stufe der kulturellen Differenz zwischen Kommunikationspartnern gemeint ist. Während in der Fremdsprachendidaktik die Befähigung zur i.K. durch die Integration von Sprachlernprozessen, ↗ *Cultural Studies* und Lit. angestrebt wird, sieht die Wirtschaftskommunikation spezifische Trainingsformen vor, wie z.B. Rollenspiele, Simulationen, *critical incidents, culture assimilator*s und Fallstudien.

Lit.: W.B. Gudykunst (Hg.): *Intercultural Communication Theory,* Beverly Hills 1983. – K. Knapp/A. Knapp-Potthoff: »I.K.«. In: *Zs. für Fremdsprachenforschung* 1 (1990) S. 62–93. – M.W. Lustig/J. Koester: *Intercultural Competence,* N.Y. 1993.   AMH

Intermedialität (lat. *inter.* zwischen; lat. *medius*: Mittler, vermittelnd), in einem weiten Sinn jedes Überschreiten von Grenzen zwischen konventio-nell als distinkt angesehenen Ausdrucks- oder Kommunikationsmedien; in einem engeren, ›werkinternen‹ Sinn analog zur Intertextualität, die eine in einem Text nachweisliche Einbeziehung mindestens eines weiteren (verba-len) Textes bezeichnet, eine in einem Artefakt nachweisliche Verwendung

oder (referentielle) Einbeziehung wenigstens zweier Medien. Ähnlich wie
der Begriff ›Text‹ in der Intertextualität ist allerdings ›Medium‹ als Basis
von I. problematisch. Die Möglichkeit, ›Medium‹ im engeren, technischen
Sinn aufzufassen, wird heute in der I.sforschung oft zugunsten eines weiten
Mediumsbegriffs unter Einschluß der traditionellen Künste aufgegeben,
wodurch eine weitgehende Deckung mit den *interart(s) studies* entsteht.
– Typologisch läßt sich I. differenzieren: (a) nach beteiligten Medien: für
die Lit. z.B. nach der Einbeziehung von bildender Kunst, Film oder Musik
(vgl. Wolf 1999); (b) nach der Dominanzbildung: intermediale Formen ohne
klare Dominanz, z.B. Musik und Lyrik im Kunstlied, vs. I. mit Dominanz
eines Mediums gegenüber einem oder mehreren anderen, z.B. punktuelle
Illustrationen zu einem Roman; (c) nach der Quantität der intermedialen
Bezugnahmen: ›partielle‹, d.h. Teile eines Werkes betreffende, vs. ›totale‹,
d.h. das ganze Werke betreffende I., im Bereich musik-literar. I., z.B. Drama
mit Liedeinlagen vs. Oper; (d) nach der Genese der I.: ›primäre I.‹, bei der
I. wie in der Bildgeschichte von Anfang an Teil des Werkkonzeptes ist, vs.
›sekundäre I.‹, bei der I. erst im Nachhinein, oft von fremder Hand entsteht,
z.B. bei Romanverfilmungen; (e) nach dem bes. wichtigen Differenzkriterium
der Qualität des intermedialen Bezuges: Bei der ›manifesten I.‹ bleiben die
beteiligten Medien als solche an der Werkoberfläche unabhängig von einer
möglichen Dominanzbildung erhalten und unmittelbar erkennbar, z.B.
bewegte Bilder, ›dramatischer‹ Text und Musik im Tonfilm. Dabei kann die
Intensität des intermedialen Bezuges schwanken zwischen den Polen ›Kon-
tiguität‹, z.B. im Nebeneinander von Text und Musik im Kinderlied, und
›Synthese‹, z.B. in einer Wagneroper. Zur manifesten I. in Opposition steht
die ›verdeckte I.‹, bei der stets eine bestimmte Dominanzbildung stattfindet,
so daß ein nicht-dominantes Medium als Folge eines Medienwechsels im
dominanten Medium eines Werkes aufgeht, von diesem quasi verdeckt wird
und deshalb an der Werkoberfläche nicht mehr in jedem Fall erkennbar ist.
In der verdeckten I. kann die Nachweisbarkeit der I. daher zum Problem
werden, namentlich in einer wichtigen Unterform: der Imitation bzw. Inszenierung eines fremden Mediums, d.h. im Versuch, in einem Medium (oft
bis an die Grenzen von dessen Möglichkeiten) ein anderes Medium unter
›ikonischer‹ statt ›referentieller‹ Zeichenverwendung nachzuahmen, z.B. wenn
ein literar. Text bestimmte Strukturen der Musik angenähert wird.
In der Regel bedarf es zur Erkennbarkeit der I. hierbei einer ›Lesehilfe‹ (in
paratextuellen Hinweisen, Bildunterschriften o.ä.). Diese Hilfen gehören
zur zweiten Unterform verdeckt intermedialer Bezüge: der intermedialen
Thematisierung, bei der unter üblicher Verwendung der Zeichen des einen
Mediums auf ein anderes Medium referiert wird: z.B. in der Beschreibung
eines Gemäldes in einer literar. Ekphrasis. – I. ist in der Form manifester
I. ein in der Lit. wohl schon immer vorkommendes Phänomen, bes. in der
traditionellen Verbindung zwischen Musik und Text im Lied. Das Auftreten
verdeckter I., bes. fremdmedialer Imitation, ist demgegenüber eine relativ
neue Entwicklung. Im Roman datieren Versuche der Annäherung an die
Malerei ab dem Ende des 18. Jh.s, Experimente mit einer Musikalisierung
ab der Romantik und Imitationen filmischer Techniken ab der Moderne.

Das funktionale Spektrum der I. ist außerordentlich breit. In der Lit. umfaßt es u.a. das experimentelle Ausloten und Erweitern der Grenzen des eigenen Mediums, das Schaffen metafiktionaler/ästhetischer Reflexionsräume oder die Stärkung, aber auch Unterminierung ästhetischer Illusion.

Lit.: J.-P. Barricelli/J. Gibaldi (Hgg.): *Interrelations of Literature*, N.Y. 1982. – U. Weisstein (Hg.): *Lit. und bildende Kunst. Ein Handbuch zur Theorie und Praxis eines komparatistischen Grenzgebietes*, Bln. 1992. – Zima 1995. – H.P. Wagner (Hg.): *Icons, Texts, Iconotexts. Essays in Literature and Intermediality*, Bln. 1996. – J. Helbig (Hg.): *I.: Theorie und Praxis eines interdisziplinären Forschungsgebiets*, Bln. 1998. – W. Wolf: *The Musicalization of Fiction. A Study in the Theory and History of Intermediality*, Amsterdam 1999. – M. Mertens: *Forschungsüberblick ›I.‹. Kommentierung und Bibliographie*, Hannover 2000. – F. Mosthaf: *Metaphorische I.: Formen und Funktionen der Verarbeitung von Malerei im Roman*, Trier 2000. – V. Nünning/ A. Nünning 2002. – I.O. Rajewsky: *I.*, Tüb. et al. 2002. – W. Wolf: »I.: Ein weites Feld und eine Herausforderung für die Lit.wissenschaft«. In: Foltinek/Leitgeb 2002. S. 163–192. – M. Kim: *Mediale Konfigurationen. Ein Beitrag zur Theorie der I.*, Konstanz 2003.   WW

Internet, das I. ist ein weltumspannender Verbund von Computernetz-werken. Es entstand in den 1960er Jahren als dezentrales und deshalb we-niger leicht verwundbares militärisches Kommunikationssystem (↗ Medien, neue). Mit seiner Möglichkeit zur Übertragung von Texten, Graphiken und multimedialen Elementen wie Video und Ton bietet das I. die technische Voraussetzung für zahlreiche I.dienste wie das *World Wide Web* (die graphi-sche Benutzeroberfläche des I.s), *E-Mail* (elektronische Post), *File Transfer Protocol* (elektronische Übermittlung von Text- und Programmdateien), *Newsgroups* (Sammlungen von öffentlich zugänglichen Mitteilungen und Diskussionsbeiträgen), *I. Relay Chat* (direkte Kommunikation mit anderen Teilnehmern mittels Texteingabe per Tastatur) und *Multi-User-Dimensions/ Dungeons* (Abenteuerspiele oder gesellige Interaktions-Foren). – Das I. ist ein Charakteristikum der post-industriellen Informationsgesellschaft. Seine soziokulturelle Bedeutung liegt zum einen in den unüberschaubaren Aus-maßen des Informationsangebots, das die Form eines unstrukturierten, aber vielfach vernetzten multimedialen ↗ Hypertextes einnimmt und jederzeit und global abrufbar ist. Zum anderen revolutioniert das I. die Publikationspraxis: Während gedruckte Texte eine gewisse Endgültigkeit haben und als tangible Artefakte vom Ort der Produktion zum Leser gebracht werden müssen, können Texte im I. sekundenschnell weltweit verbreitet und laufend weiter verändert werden. Dies verändert nicht nur das Konzept des Textes, sondern es löst auch die strikte Trennung von Autor und Leser auf.

Lit.: St. Münker/A. Roesler (Hgg.): *Mythos I.*, FfM. 1997. – F.-W. Neumann: »Geisteswissenschaften im I.: Möglichkeiten und Grenzen einer neuen Technologie«. In: D. Feldmann et al. (Hgg.): *Anglistik im I.*, Heidelberg 1997. S. 47–72. AHJ

K

Karnevalismus, wird als aus alten Volkstraditionen schöpfende Kultur-
strömung gesehen, die subversiv bestehende Ordnungen von Innen heraus
durchbricht und erstarrte Gegensätze auflöst. Der K. ist neben und mit der
verdeckte Spannungen aufspürenden ↗ Dekonstruktion zu einem häufig
verwendeten lit.wissenschaftlichen Interpretationsmuster geworden. – Entscheidend wurde der K.begriff von M.M. Bachtins kulturgeschichtlichen
und romantheoretischen Grundpositionen geprägt, insbes. durch dessen
Studie *Rabelais und seine Welt* (1940 erstellt, erst 1965 russ. Erstaufl. in
Moskau, 1968 als *Rabelais and His World* erste engl. Übers.; dt. 1987 und
1995). Bachtin sieht F. Rabelais' Werk als Vollendung einer karnevalesken
Gegenkultur, die bis in die Antike und ins MA. zurückgeht. Der närrische
mundus inversus der karnevalesken Manifestationen löst anarchisch Grenzen auf zwischen Oben und Unten, Kunst und Leben, Innen und Außen,
Ernst und Spaß, Lachendem und Verlachtem. Eine ›Lachkultur‹ breitet
sich aus, in der groteske Kreatürlichkeit und unerhörte Phantastik in die
Alltagswelt hineinbrechen. Es entsteht sogar momentan die utopische
Vision einer egalitären Gesellschaft. – Die nach der Renaissance im Zuge
der Triebreduktion und gesellschaftlichen Ausdifferenzierung einsetzende
›Entkarnevalisierung‹ hat nach Bachtin der Lit., v.a. dem polyphonen Roman (↗ Dialogizität), die Funktion des Refugiums und Horts einer inversen,
parodistischen, enthierarchisierenden und utopische Züge aufweisenden
K.kultur zugewiesen. – Bachtins K.konzept muß auch vor dem Hintergrund
seiner Entstehungszeit, des Stalinismus, gewürdigt werden, basiert es doch
tendenziell auf einer romantischen Verklärung der ↗ Populärkultur und des
K. als Fest der Unterdrückten. V.a. der *New Historicism* hat gezeigt, wie
dominante Systeme selber subversive Tendenzen als machtstabilisierende
Faktoren auslösen, lenken und unterstützen. Trotzdem bleibt der K., v.a.
bei Studien zur Populärkultur und zur Lit., ein Schlüssel, »der sich fast in
jedem Schloß dreht, ohne es doch immer zu öffnen« (Stierle 1995).

Lit.: W. Haug/R. Warning (Hgg.): *Das Fest*, Mchn. 1989. – M.M. Bachtin: *Lit.
und Karneval. Zur Romantheorie und Lachkultur*, FfM. et al. 1990. – ders.: *Rabelais
und seine Welt. Volkskultur als Gegenkultur*, FfM. 1995. – K. Stierle: »Gelächter,
das die Welt erschüttert«. In: *Südt. Zeitung* 8.11.1995, Beilage, S. VII (Rez. von
Bachtin 1995).   LV

Kitsch (Herkunft möglicherweise um 1875 in Münchner Kunstkreisen, in
denen aus ›sketch‹ K. wurde: ein schlechtes, billiges [Erinnerungs-] Bild), der
stilistische und ästhetische Abwertungsbegriff brandmarkt als künstlerisch
niedrig, klischeehaft, überladen und unecht, sogar als seelenlos und verlogen
entsprechende Gebrauchsobjekte, kunstgewerbliche Gegenstände, Kunst-
und Kulturprodukte sowie Gefühle. In der Lit. zeigt K. Nähe zu rührseliger
↗ Triviallit. K. löst umfassende Reizeffekte aus durch die Anhäufung von
emotions- und assoziationsstimulierenden Strukturen (in der Triviallit.
idyllische und Harmonie suggerierende Milieus und Motive, platte Identifi-

kationsfiguren, gefühlsbetonte Handlung). K. wurde als Geschmacksverirrung gedeutet, als »sekundäre Imitation der primären Bildkraft der Künste« (W. Killy, zit. n. Schulte-Sasse 1979, S. 63), welche, oft schichtenspezifisch, vom Leser nicht erkannt wird. Eine K.industrie produziere seriell und massenhaft unechte Gefühle und falsche Geborgenheit, die Entfremdungstendenzen einer Konsum- und Fließbandgesellschaft spiegelnd und vorantreibend. – Die seit den 1960er Jahren etablierte K.forschung hat sich zunächst v.a. als ideologiekritische, empirische Wirkungs- und Funktionsforschung oder ›Geschmacksforschung‹ (↗ Geschmack) verstanden. Mit der Auflösung ästhetischer und ethischer Grenzen in der ↗ Postmoderne ist K. neu bewertet worden. Alte Dichotomien zwischen Kunst und K., Kommerz und Kunst, K. und (unfreiwilliger) Komik wurden aufgelöst von Künstlern wie J. Beuys und A. Warhol. Dazu gehört das augenzwinkernde Spiel mit Klischees, das Aufbrechen verbrauchter bürgerlicher Kunstvorstellungen, z.B. in den bis zum Exzeß der Geschmacklosigkeit gesteigerten Gemälden und K.objekten von J. Koons. Zur Wiederbelebung erschöpfter Kunst- und Denkformeln entdeckt auch die Lit. den K. neu, z.B. die Afroamerikanerin A. Walker, die unbekümmerter Sentimentalität eine beinahe subversive Qualität zuweist. Wenn heute dazu dem K. als legitimem menschlichen Grundbedürfnis eine Existenzberechtigung zugesprochen wird, ist der Begriff moralisch wie ästhetisch kaum noch eindeutig kategorisierbar.

Lit.: H. Reimann: *Das Buch vom K.*, Mchn. 1936. – J. Schulte-Sasse (Hg.): *Literar. K.*, Tüb. 1979. – G. Fuller: *K.-Art. Wie K. zu Kunst wird*, Köln 1992. – L. Vogt: »Kunst oder K.: Ein ›feiner Unterschied‹? Soziologische Aspekte ästhetischer Wirkung«. In: *Soziale Welt* 45 (1994) S. 363–384. – Ausg. »K. und Klischee« (Hgg. G. Kurz et al.) der Zs. *Sprache und Lit.* 79.1 (1997). – H.D. Gelfert: *Was ist K.?*, Göttingen 2000. – W. Braungart (Hg.): *K.: Faszination und Herausforderung des Banalen und Trivialen*, Tüb. 2002.   LV

Klasse (engl. *class*), schon der lat. Begriff ›*classis*‹, der urspr. ein militärisches Aufgebot, ein Heer, eine Flotte, eine Abteilung oder eine K. von Schülern bezeichnete, unterlag im Laufe der Begriffsgeschichte einer Bedeutungserweiterung. Er stand später auch für Vermögensklassen, die die Basis für das röm. Wahlrecht bildeten. Jeder dieser 193 Vermögensklassen kam unabhängig von der Zahl ihrer Mitglieder je eine Stimme zu, so daß die große Masse der Besitzlosen, die mehr als ein Drittel der Bevölkerung ausmachte, nur über 1/193 der Stimmen verfügte. Der moderne sozialwissenschaftliche Gebrauch von K. geht auf diese zweite Bedeutung zurück. Der Begriff K. beschreibt hier Gruppen in einer gleichen oder ähnlichen ökonomischen Situation. Der in diesem Sinne im 18. und frühen 19. Jh. von C.-H. de Saint-Simon und L.v. Stein benutzte Begriff wird von K. Marx aufgegriffen und in den Mittelpunkt seiner Gesellschaftstheorie gestellt. Der Marxsche Gebrauch des Terminus bildet die Grundlage aller späteren Diskussionen. K.nkampf ist für Marx das bestimmende Moment aller gesellschaftlichen Entwicklungen. Je nach dem Stand der Entwicklung der Produktionsverhältnisse bilden sich spezifische K.nstrukturen aus. Dabei entsteht stets ein Antagonismus zwischen einer herrschenden K., die die Verfügungsgewalt über die Produktionsmittel hat, und einer oder mehreren anderen K.n, die die direkten Produzenten von Waren und Dienstleistungen sind. Die herrschende K. kontrolliert außer den Produktionsmitteln auch die politische Ordnung und, mit Hilfe von ↗ Ideologie, die Kultur der jeweiligen Gesellschaft. Gemäß der These, daß das gesellschaftliche Sein das Bewußtsein bestimme, sind K.n nach Marx nicht nur ökonomische, sondern auch erkenntnistheoretische Entitäten. Die notwendig auftretenden Widersprüche zwischen der Entwicklung der Produktionsmittel und den gesellschaftlichen Organisationsformen, den Produktionsverhältnissen, führen deshalb dazu, daß die unterdrückten K.n, die direkt von diesen Widersprüchen betroffen sind (unter kapitalistischen Produktionsverhältnissen also das Proletariat), zur Erkenntnis ihrer Lage kommen können. Es bildet sich so ein revolutionäres K.nbewußtsein aus, das die Voraussetzung für gesellschaftliche Umwälzungen ist. Die von Marx prognostizierte proletarische Revolution stellt den Endpunkt dieser Entwicklung dar, weil mit der Aneignung der Produktionsmittel durch die unmittelbaren Produzenten die Basis des K.nantagonismus überwunden sei. Die Folge müsse logisch zwingend eine klassenlose Gesellschaft sein. – Marx' Beschränkung auf einen ökonomisch bestimmten K.nbegriff als Grundlage von Gesellschafts- und Kulturanalyse ist in der Nachfolge scharf angegriffen worden. In der aktuellen lit.- und kulturwissenschaftlichen Debatte geht die Tendenz derjenigen Theoretiker, die nach wie vor auf den K.nbegriff zurückgreifen, dahin, der Einflußgröße K. weitere Determinanten gesellschaftlichen Seins als Grundlage kollektiver Bewußtseinsstrukturen zur Seite zu stellen. Am häufigsten tauchen heute die Begriffe ↗ race und ↗ gender als Ergänzungen des Konzepts von K. auf. Wie die engl.sprachige Terminologie nahelegt, werden Rasse und Geschlecht insbes. in der anglo-am. Lit.- und Kulturtheorie als gleichrangige Determinanten des sozialen Seins und damit kollektiven Bewußtseins angesehen. Durch den Einfluß feministischer und postkolonialer Theorie sind *class, race* und *gender*, wie T. Eagleton (1986, S. 82) pointiert bemerkt, zu einer Art Heiliger Dreifaltigkeit zeitgenössischer Lit.theorie geworden. Diese Entwicklung ist so weit gediehen, daß man klassisch marxistische Theorien schon allein dadurch von anderen Strömungen innerhalb der ›Neuen Linken‹ unterscheiden kann, daß sie dem Begriff der K. eine herausgehobene Position innerhalb dieser Trinität zuweisen.

Lit.: A. Hunt (Hg.): *Class and Class Structure*, Ldn. 1977. – Moi 1995 [1985]. – T. Eagleton: *Against the Grain. Essays 1975–1985*, Ldn. 1986. – G.Ch. Spivak: *In Other Worlds. Essays in Cultural Politics*, N.Y. 1988 [1987]. – D.T. O'Hara: »Class«. In: Lentricchia/ McLaughlin 1995 [1990]. S. 406–427. – G. Day: *Class*, Ldn./N.Y. 2001. – C. Rademacher/P. Wiechens (Hgg.): *Geschlecht, Ethnizität, K.: Zur sozialen Konstruktion von Hierarchie und Differenz*, Opladen 2001. – M. Vester: »Soziale Ungleichheit, K.n und Kultur«. In: Jaeger/ Rüsen 2004. S. 318–340. – Th. Welskopp: »Der Wandel der Arbeitsgesellschaft als Thema der Kulturwissenschaften. K.n, Professionen und Eliten«. In: Jaeger/Rüsen 2004. S. 225–246.   SS

Kognitionstheorie (lat. *cognoscere*: erkennen, wahrnehmen, wissen), K. bzw. Kognitionswissenschaft bearbeitet Fragen des Typs: Was ist Wissen? Wie kommt es zustande? Wie entsteht Erkenntnis? Wie machen wir Erfahrungen? Dies sind epistemologische Fragen, die traditionellerweise von Philosophen behandelt wurden. Heute sind neben der Philosophie noch weitere, nämlich empirische Disziplinen an ihrer Bearbeitung beteiligt, die kognitive Psychologie, die Neurowissenschaften, die Linguistik, die Biowissenschaften, die Informatik und Künstliche Intelligenz sowie die Kommunikations- und Sozialwissenschaften. Die philosophische Erkenntnistheorie hat sich in Gestalt der Kognitionswissenschaften zu einem interdisziplinären (↗ Interdisziplinarität), erfahrungswissenschaftlichen Forschungsfeld gewandelt. Die Beiträge der einzelnen beteiligten Disziplinen zu einer allg. K., die in Umrissen deutlich wird, sind sehr heterogen. Kybernetik und ↗ Systemtheorie, mathematische Logik und Informationstheorie stellen übergeordnete Bezugsrahmen dar, die eine Zuordnung und Vernetzung der einzelwissenschaftlichen Beiträge gestatten. Dennoch ist noch längst nicht klar, wie eine Lösung z.B. des Leib-Seele-Problems, des Zusammenhangs zwischen physischen und psychischen Phänomenen aussehen könnte. Die Beschreibung von Bewußtsein als emergentem Phänomen in selbstreferentiell verschalteten neuronalen Netzen erklärt noch recht wenig. – (1) Als wesentlichen philosophischen Beitrag zur Entwicklung von K. und Kognitionswissenschaft muß man u.a. die Philosophie I. Kants ansehen, insbes. seine *Kritik der reinen Vernunft*, die kognitive Bedingungen der Möglichkeit von Erfahrung, Wissen und Erkennen expliziert hat, nämlich die Kategorien und Funktionsprinzipien des Verstandes. Kant hat auch den Schema-Begriff im Sinne kognitiver Strukturen eingeführt, wie er in der modernen K. seit J. Piaget Verwendung findet und zu einem der zentralen Konzepte geworden ist. (2) Aus der Psychologie waren einflußreich Arbeiten von H. Ebbinghaus, G.E. Müller und F.C. Bartlett über die Kreativität des ↗ Gedächtnisses, die Untersuchung von G.A. Miller über die begrenzte Kapazität des Arbeitsgedächtnisses und kognitive Strategien ihrer Handhabung (›chunking‹), der Ansatz der Gestalttheorie von W. Köhler, K. Koffka und W. Metzger, J. Kelleys Konzept der ›personal constructs‹, in jüngerer Zeit M. Minskys ›frame systems‹ (↗ Schema- und Schematheorie), W. Kintschs ›propositionale Repräsentation von Texten‹, T.A. van Dijks ›Makrostrukturen‹ oder P.N. Johnson-Lairds ›mentale Modelle‹. Nicht nur aus konstruktivistischer Sicht (↗ Konstruktivismus, radikaler) sind hier insbes. die Arbeiten Piagets zu nennen, der in seiner Entwicklungspsychologie die Genese der kognitiven Komponenten und Prozeduren zur Konstruktion subjektiver Wirklichkeit analysiert (↗ Wirklichkeitskonstruktion) und seine Befunde im Hinblick auf eine genetische Epistemologie interpretiert hat. Piaget hat auch, neben z.B. Miller, E. Galanter und K.H. Pribram (›Test-Operate-Test-Exit-Modell‹) oder W.T. Powers (vgl. dessen Konzept des ›Verhaltens als Wahrnehmungskontrolle‹) als einer der ersten in seiner *Äquilibration kognitiver Strukturen* kybernetische Konzepte zur Modellierung kognitiver Dynamik herangezogen. Parallel hatten sich der Ansatz der Informationsverarbeitung etabliert und komplexe Modelle der Wissensspeicherung und des *retrievals*, der Verarbeitung sensorischer Information und kognitiver Strukturen und Prozesse entwickelt (vgl. z.B. P.H. Lindsay und D.A. Norman). U. Neisser brachte dann alle Entwicklungen dieser Art auf den Begriff der kognitiven Psychologie, die jene Prozesse untersucht, durch die sensorische Aktivität verarbeitet wird, wie Empfinden, Wahrnehmen, Vorstellen, Behalten, Erinnern, Denken, Problemlösen. Damit war jedes psychische Phänomen ein kognitives Phänomen. Mit seinem Konzept der Analyse-durch-Synthese stärkte er zugleich den Gedanken der ↗ Konstruktivität kognitiver Prozesse. (3) Im weiteren Sinne, z.B. der Kognitionsbiologie H.R. Maturanas und F.J. Varelas, ist Kognition jede Aktivität, jedes Verhalten eines lebenden Organismus. Die Kognitionsbiologie Maturanas repräsentiert mit ihrer Theorie autopoietischer Systeme einen Trend der Biowissenschaften, lebende bzw. zeitweise stabile Systeme als selbstreferentielle, selbstorganisierende, zyklisch operational geschlossene, jedoch energetisch offene Strukturen zu theoretisieren (vgl. M. Eigens ›Hyperzyklen‹ und I. Prigogines ›dissipative Strukturen‹). Für Organismen mit Nervensystemen bedeutet *dies* kognitive Autonomie und informationelle Geschlossenheit. Das psychologische Konzept der kognitiven Konstruktivität bietet sich hier zur Erklärung der Möglichkeit von Wahrnehmung, Verhalten, Handeln und Lernen unter den Bedingungen kognitiver Autonomie an: Kognitive Systeme befinden sich auf einer Art Blindflug durch das Medium, in dem sie als lebende Einheiten realisiert sind. Alle Informationen müssen sie intern anläßlich von Veränderungen in ihrer Sensorik und auf der Basis ihrer jeweils verfügbaren kognitiven Strukturen und Operationsmöglichkeiten erzeugen. Jedes kognitive System ist in diesem Sinne Konstrukteur seiner Wirklichkeit. Seine Konstrukte müssen sich in der Kognition, d.h. im Verhalten und Handeln, bewähren; im Extremfall scheitern nicht nur Wahrnehmungen, Pläne oder Handlungen, sondern der Organismus als ganzer. (4) Die Neurowissenschaften arbeiten seit W. McCulloch an der Entwicklung von Modellen für neuronale Prozesse. Er hatte die Arbeitsweise eines Neurons vereinfacht durch eine logisch-mathematische Funktion charakterisiert und damit den Weg geebnet für komplexe Modellbildungen bis zum Konnektionismus und für die Simulation kognitiver Prozesse in der Künstlichen Intelligenz. Die Neurowissenschaften zeichnen heute ein Bild des Menschen als selbstregelnde Biomaschine mit aktiver Intelligenz, die ihre neuronale Hardware höchst flexibel und multifunktional nutzt. Immer mehr gewinnt die Aktivität von Neuronen in wechselnden Aktivationskontexten und die Verlagerung von Aktivitätsmustern in Neuronenverbänden, also die Beachtung des Organismus als ganzem, für die Erklärung der Leistungsfähigkeit von Nervensystemen an Bedeutung. (5) Ein weiter Kognitionsbegriff, wie er in der modernen K. verwendet wird, schließt aber nicht nur Emotionen und Imagination als kognitive Prozesse ein, sondern erfordert auch die Betrachtung aller anderen Phänomene des menschlichen Lebens, d.h. sozialer, kommunikativer, ästhetischer usw. Prozesse, unter kognitionstheoretischen Gesichtspunkten. Bes. deutlich dürfte dies für zwischenmenschliche Interaktion und Kommunikation sein; Kognitionssoziologie und ↗ Kommunikationstheorie müssen die Möglichkeit von Verständigung und sozialer Gemeinschaft unter Bedingungen kognitiver

Autonomie der Individuen plausibilisieren. Indem sie dies leisten, tragen sie zur Entwicklung der K. bei.

Lit.: P.H. Lindsay/D.A. Norman: *Human Information Processing. An Introduction to Psychology*, N.Y./Ldn. 1977 [1972]. – U. Neisser: *Kognitive Psychologie*, Stgt. 1974. – J. Piaget: *Der Aufbau der Wirklichkeit beim Kinde*, Stgt. 1974. – ders.: *Biologie und Erkenntnis. Über die Beziehungen zwischen organischen Regulationen und kognitiven Prozessen*, FfM. 1992 [1974]. – ders.: *Die Äquilibration der kognitiven Strukturen*, Stgt. 1976. – H.R. Maturana: *Erkennen. Die Organisation und Verkörperung von Wirklichkeit*, Braunschweig 1985 [1982]. – Rusch 1987. – ders.: »Autopoiesis, Lit., Wissenschaft. Was die K. für die Lit.wissenschaft besagt«. In: S. J. Schmidt (Hg.): *Der Diskurs des Radikalen Konstruktivismus*, FfM. 1987. S. 374–400. – F. J. Varela: *Kognitionswissenschaft – Kognitionstechnik*, FfM. 1993 [1990]. – D. Münch (Hg.): *Kognitionswissenschaft*, FfM. 1992. – H.v. Foerster: *Wissen und Gewissen*, FfM. 1996 [1993]. – Schmidt 1996 [1994]. – G. Rusch et al. (Hgg.): *Interne Repräsentationen. Neue Konzepte der Hirnforschung*, FfM. 1996. – Stockwell 2002. – P.C. Hogan: *Cognitive Science, Literature, and the Arts. A Guide for Humanists*, Ldn./N.Y. 2003.   GR

Kollektivsymbol/Kollektivsymbolik, umfaßt die Gesamtheit der ›Bildlichkeit‹, die durch eine Grundstruktur semantischer Abbildung gekennzeichnet ist. Für diese Grundstruktur gelten sechs Kriterien: (a) semantische Sekundarität, (b) ↗ Ikonizität, (c) Motiviertheit, (d) Ambiguität (Mehrdeutigkeit), (e) syntagmatische Expansion des Symbolisanten zum Umfang einer rudimentären Isotopie, (f) Isomorphie-Relationen zwischen Symbolisant und Symbolisat. Als einheitliche Notation dienen die der historischen Emblematik entlehnten Begriffe ›Pictura‹ für die Symbolisanten und ›Subscriptio‹ für die Symbolisate. Auf struktural-funktionaler Basis umfaßt der so definierte Begriff ›Symbol‹ Phänomene, die aus unterschiedlichen theoretischen Perspektiven und Traditionen als Symbol (↗ symbolische Formen), Allegorie, Emblematik, Metapher, Image, Archetyp usw. von einander getrennt beschrieben werden. Topische Reproduktion und kollektive Trägerschaft sind die weiteren Kennzeichen der K. – Die in den 1970er Jahren entstandene lit.wissenschaftliche Forschungsrichtung zur modernen K. betont im Unterschied etwa zu Metaphorologie oder Toposforschung die synchrone Systematik der Gesamtheit der Symbole und ihre strikte Interdependenz zu einer historisch spezifischen Diskurskonstellation (↗ Diskurs und Diskurstheorien). Die K. gilt dabei als interdiskursives Verfahren (↗ Interdiskurs), das zum strukturierenden Moment der Lit. sowie des gesamtkulturellen Orientierungswissens wird und v.a. die kollektive und individuelle Subjektbildung fundiert.

Lit.: J. Link: *Die Struktur des Symbols in der Sprache des Journalismus. Zum Verhältnis literar. und pragmatischer Symbole*, Mchn. 1978. – A. Drews et al.: *Moderne K.: Eine diskurstheoretisch orientierte Einf. mit Auswahlbibliographie*. In: *IASL* 1, Sonderheft Forschungsreferate (Hgg. W. Frühwald et al.), Tüb. 1985. S. 256–375. – F. Becker et al.: »Moderne K. (Teil II)«. In: *IASL* 22.1 (1997) S. 70–154.   UG

Kolonialismus, allg. die direkte Inbesitznahme fremder Territorien, deren Bevölkerung verdrängt oder unterdrückt wird, zum Zwecke der Besiedlung, wirtschaftlichen Ausbeutung und politischen Machterweiterung und mit Hilfe einer einheimische Traditionen unterbindenden oder überfremdenden kulturellen Bevormundung; speziell die Epoche der Expansion des europ. Einflußbereichs in Übersee seit dem 16. Jh., die mehr als drei Viertel der Erde in den Kolonialreichen der Briten, Franzosen, Holländer, Spanier, Portugiesen, Belgier, Italiener und Deutschen erfaßte und in der imperialistischen Ära des späten 19. Jh.s ihren Höhepunkt erreichte. Der gegenläufige Prozeß der Entkolonisierung setzte bereits im 18. Jh. ein (USA), zog sich aber bis in die Zeit nach dem Zweiten Weltkrieg hin, als eine große Zahl unabhängig werdender Kolonien in der sich formierenden ›Dritten Welt‹ neue Nationen begründete. – Nicht nur nach historischen Schüben, sondern auch nach kulturräumlichen Besonderheiten, den Formen direkter oder indirekter Beherrschung und dem Ausmaß flächendeckender oder beschränkter Einflußnahme ist der Begriff zu differenzieren. Ein typologischer Unterschied besteht zwischen ›Siedlerkolonien‹, von europ. Mehrheiten dauerhaft besiedelte Länder wie Kanada oder Australien, in denen die verpflanzte Herkunftskultur zivilisationsbewußten Rückhalt bot, aber auch eine der andersartigen Umwelt entsprechende Eigenständigkeit entwickelte, und ›Eroberkolonien‹, von europ. Minderheiten zeitweilig beherrschte Länder etwa Schwarzafrikas oder Südasiens, in denen die Kultur der Einheimischen (am nachhaltigsten in einer privilegierten Schicht) dem Fremdeinfluß ausgesetzt war. Fraglich ist, inwieweit die Gemeinsamkeiten der über den historischen K. hinausreichenden Abhängigkeitsverhältnisse der betreffenden Länder die zunehmend hervortretenden Unterschiede zwischen Siedlerkolonien, die sich zu führenden Industrienationen entwickelt haben, und ehemaligen Eroberkolonien, die v.a. zu den ›Entwicklungsländern‹ zählen, die Subsumierung unter den gleichen Oberbegriff rechtfertigen. Hinzu kommt, daß die einstigen Siedlerkolonien selber bis in jüngste Zeit gegenüber den Eingeborenenvölkern einen ›internen K.‹ praktiziert haben. Die lit.- und kulturkritische Auseinandersetzung mit dem K. leistet v.a die Analyse des ›kolonialen Diskurses‹, wie sie aus der Sicht des ↗ Postkolonialismus von E.W. Saids ↗ *Orientalism* konzipiert und von der postkolonialen Lit.theorie weiter entwickelt worden ist.

Lit.: P. Childs/P. Williams 2002. Bes. Einl. – A. Loomba: *Colonialism/Postcolonialism*, Ldn. 1998. – Th. D'haen et al. (Hgg.): *Colonizer and Colonized*, Amsterdam/ Atlanta 2000. EK

Kommunikationstheorie (lat. *communicatio*: Mitteilung, Verständigung; lat. *communicare*: gemeinsam machen, vereinigen), alltagssprachlich versteht man unter Kommunikation den Austausch von Meinungen, Gedanken, Nachrichten oder Informationen. Dieses Verständnis liegt auch vielen philosophischen und wissenschaftlichen Metaphern und Modellen der Kommunikation zugrunde, die unterstellen, daß ein Sprecher Gedanken oder Nachrichten sprachlich so ausdrückt, daß ein Hörer sie dem sprachlichen Text gemäß der Intention des Sprechers entnehmen kann. Dieses Modell hat seine wissenschaftliche Nobilitierung durch die beiden am. Mathematiker C.E. Shannon und W. Weaver (1949) erfahren, die in ihrem informationstechnischen Modell Kommunikation wie folgt bestimmen: Ein Sender enkodiert eine Botschaft in Signale, die über einen Kanal möglichst störungsfrei an einen Empfänger weitergeleitet werden, der die Signale dekodiert. Sprecher und Hörer müssen dabei über einen gemeinsamen Zeichenvorrat verfügen. Beim Versuch, dieses technische Modell auf menschliche Kommunikation zu übertragen, wurde sehr bald deutlich, daß die Vorstellung von Verständigung durch Informationsaustausch unrealistisch ist. Offensichtlich verläuft Kommunikation nicht als linear gerichteter Prozeß, sondern als komplexer Wirkungszusammenhang zwischen aktiven Kommunikationspartnern in komplexen, sozial schematisierten Situationen, bei dem konventionalisierte Kommunikationsinstrumente und ↗ Medien eine entscheidende Rolle spielen. Jede K. steht vor dem grundsätzlichen Autologie-Dilemma: Kommunikationskonzepte können nur in Kommunikation als Kommunikation bestimmt werden, d.h. sie setzen voraus und vollziehen, was sie theoretisch einholen wollen. K.n unterscheiden sich wesentlich dadurch, was sie als exemplarisches Beobachtungsfeld betrachten, also entweder interaktive (*face-to-face*) oder medienvermittelte Kommunikation (sog. Massenkommunikation; ↗ Massenmedien). K.n bekommen ihre grundlegende Ausrichtung schließlich danach, welches Menschenbild sie (meist implizit) voraussetzen, d.h. v.a., ob Kommunikationspartner als aktive oder als passive Instanzen konzipiert werden und ob deren kognitiver Bereich als offen oder geschlossen vorausgesetzt wird. – In der gegenwärtigen Theorienlandschaft lassen sich drei Typen von K.n voneinander unterscheiden: Handlungstheorien und ↗ Systemtheorien von Kommunikation sowie Vermittlungsversuche zwischen diesen beiden Extremen. Handlungstheoretische Konzeptionen orientieren sich vorwiegend an interaktiver Kommunikation und modellieren Kommunikation als Verständigungsgeschehen zwischen Aktanten in konkreten Kommunikationssituationen auf der Grundlage gemeinsam geteilten sprachlichen und enzyklopädischen *common sense*-Wissens. Diese Konzeptionen haben ihre Schwierigkeiten bei der Übertragung des Kommunikationskonzepts auf sog. Massenkommunikation. Systemtheoretische Konzeptionen orientieren sich vorwiegend an schriftlicher bzw. medienvermittelter Kommunikation und bestimmen Kommunikation als aktantenfreies Sinngeschehen, bei dem Kommunikationen an Kommunikationen anschließen. Die starre Opposition Handlungs- vs. Systemtheorie scheint sowohl unzutreffend als auch erkenntnishemmend zu sein, weil beide Konzeptionen systematisch reduktiv sind: Handlungstheoretische Optionen vernachlässigen überindividuelle Sinnbildungsmechanismen und sind v.a. an mikro-empirischer Forschung interessiert, systemtheoretische Optionen vernachlässigen die Aktanten- und Handlungsebene und sind nur wenig an empirischer Forschung interessiert. – Die im folgenden skizzierte Position vermittelt zwischen diesen beiden Extremen und geht davon aus, daß die Alternative System vs. Handlung eine ›Beobachtungsalternative‹ darstellt und nicht eine ›Seinsalternative‹. Unter der Beobachtungsperspektive

Handlung kann man Kommunikation als eine bes. Form ›sinnorientierten sozialen Handelns‹ modellieren. Dabei wird der Handlungsbegriff
wie folgt bestimmt: Handeln kann man tun oder lassen; Handeln kann
gelingen oder mißlingen, es erreicht oder verfehlt Zwecke; zum Handeln
kann man andere auffordern oder dies unterlassen; Handeln erfolgt durch
Befolgen eines Handlungsschemas (↗ Schema- und Schematheorie) in bereits sinnhaft gedeuteten Situationen (Geschichten) und ist stets abhängig von kulturellen Sinnzusammenhängen, also von individuellem wie
kollektivem sozio-kulturellen Wissen, das sich die Handlungspartner gegenseitig unterstellen. Die Besonderheit von Kommunikation als Proto-
typ sinnorientierten sozialen Handelns liegt darin, daß es mit Hilfe von
Kommunikationsinstrumenten oder Medien erfolgt. ›Medium‹ läßt sich
als ein systemischer Wirkungszusammenhang von Komponenten in vier
Dimensionen modellieren: (a) Kommunikationsinstrumente (wie natürliche Sprachen oder andere Zeichensysteme, die nicht als Medien konzipiert
werden); (b) die für die Verwendung von Kommunikationsinstrumenten
erforderlichen Technologien (etwa Buchdruck oder ↗ Internet-Technologie)
samt den dadurch bestimmten Produktions- und Nutzungsbedingungen;
(c) die institutionellen bzw. organisatorischen Rahmenbedingungen für
den Einsatz solcher Technologien (Verlage, Funkhäuser, Netzwerkbetreiber
samt allen damit zusammenhängenden ökonomischen, rechtlichen, sozialen und politischen Randbedingungen), und schließlich (d) die konkreten
Medienangebote (Bücher, Filme, E-mails) als Resultate des Zusammen-
wirkens aller Komponenten. Dieses Zusammenwirken kann als ›Selbstorganisation‹ bestimmt werden, d.h.: die Ordnungszustände des Systems
entstehen durch die Vernetzung systeminterner Zustände und nicht durch
Interventionen von außen. Der Zweck dieses bes. sozialen Handelns liegt
darin, Systeme in der Sinndimension strukturell miteinander zu koppeln.
Das bedeutet, daß man mit Hilfe von Medienangeboten die voneinander getrennten kognitiven Systeme von Individuen oder Aktanten durch
Kommunikation strukturell so miteinander koppelt, daß jedes kognitive
System diese Angebote unter Rückgriff auf kollektives sozio-kulturelles
Wissen nutzen kann, um systemeigene Bedeutungen bzw. Sinnstrukturen
aufzubauen und Anschlußkommunikationen vorzunehmen; denn auch kognitive Systeme lassen sich plausibel als selbstorganisierende Systeme modellieren. Keiner kann in den Kopf eines anderen hineinsehen und dessen
Gedanken unmittelbar beobachten. Auch wenn wir zum Ausdruck bringen, was wir in der Selbstbeobachtung für unsere Gedanken, Wünsche
und Vorstellungen halten, dann reden wir darüber, und andere können
darauf reagieren, indem sie denken oder ihrerseits reden. Anders gesagt:
Aus Kommunikationen können entweder Anschlußkommunikationen oder
Anschlußgedanken gemacht werden. Welche Gedanken im Kopf eines anderen entstehen, wenn er aus Gesagtem Gedanken macht, liegt allein beim
anderen. Daraus folgt: In der Kommunikation werden weder Informationen noch Gedanken oder Bedeutungen übertragen oder ausgetauscht.
Informationen, Gedanken oder Bedeutungen werden ausschließlich im
Gehirn von Menschen erzeugt, und zwar gemäß den individuellen und

sozialen Bedingungen und Schemata, die dabei im Gehirn jedes einzelnen aufgrund seiner bisherigen Biographie in einer konkreten Kommunikationssituation operativ eingesetzt werden. In der Umwelt gibt es keine Informationen, sondern nur materielle Gegebenheiten, die zur ›Informationsproduktion‹ genutzt werden können, also v.a. Medienangebote. Selbst Bücher, Filme oder andere Dokumente in ↗ Archiven sind keine Informationsspeicher, sondern Angebote, die zur Informationsproduktion genutzt werden können, die sie zwar beeinflussen, aber nicht kausal steuern können. – Daß wir trotz der hier unterstellten kognitiven Autonomie erfolgreich miteinander interagieren und kommunizieren können, liegt v.a. an unserer Sozialisation. Im Verlauf dieser Sozialisation lernen wir als Kinder nicht etwa die dt. Sprache, sondern wir lernen durch Versuch und Irrtum, durch Lohn und Strafe, durch Vertrauen und Enttäuschungen erfolgreiches soziales Verhalten sprachlicher wie nichtsprachlicher Art. Wir verinnerlichen in immer wiederholten prototypischen Situationen, was man in bestimmten Situationen tut und sagt und wie die anderen sich dazu verhalten. Erst sehr spät lernt das Kind, dabei zwischen sprachlichem und nicht-sprachlichem Verhalten zu unterscheiden, also zu wissen, daß es (s)eine Sprache spricht. Sprechen als soziales Handeln ist wie auch jeder Umgang mit anderen als sprachlichen Medienangeboten ausschließlich konzentriert auf den sozial normierten und daher akzeptablen Gebrauch bestimmter Zeichenmaterialitäten (etwa Wörter) in bestimmten Situationen. In diesen Materialitäten und ihren Gebrauchsregeln ist gleichsam das gesellschaftliche Wissen verkörpert, was der Gebrauch dieser Materialitäten zum Ausdruck bringt. Aus diesem Grunde ist die Ausdrucksebene die kommunikativ entscheidende Dimension, nicht etwa die Sinn- oder Bedeutungsebene, die allein kognitiv relevant ist. Und darum müssen wir nicht wissen, was ein Ausdruck ›bedeutet‹, sondern wie er gesellschaftlich relevant und akzeptabel ›gebraucht‹ wird. – Akzeptiert man diese Überlegungen, dann folgt daraus, daß in allen Formen von Kommunikation ›Wissen‹, ›Kultur‹ und ›Sozialisation‹ die entscheidenden Parameter darstellen. Nur wenn Kommunikationsteilnehmer über eine vergleichbare Sozialisation, also über vergleichbares kollektives Wissen verfügen und sich (fiktiv) dieses Wissen gegenseitig als Sinnbildungsgrundlage unterstellen, kann man überhaupt annehmen, daß kognitiv autonome Systeme wie Menschen mit den Materialitäten von Medienangeboten in vergleichbarer Weise umgehen. Nur wenn alle Beteiligten im Kommunikationsprozeß vergleichbare kulturelle Sinnbildungsprogramme anwenden, können auch kognitiv völlig voneinander getrennte autonome Systeme wie Menschen miteinander kommunizieren, also Medienangebote herstellen und nutzen, die zu sozial akzeptierten Anschlußhandlungen führen. – Um selbst in Konstellationen von Unsicherheit und Unwahrscheinlichkeit Kommunikation dennoch erfolgreich zu machen, hat die Gesellschaft im Laufe der Entwicklung eine große Zahl von Vorkehrungen getroffen, um das Unwahrscheinliche wahrscheinlich zu machen. Sie können unter den Oberbegriff ›symbolische Ordnungen‹ gefaßt werden. Diese sozial relevanten Ordnungen, die jeder von uns in der Sozialisation internalisiert und deren Einhaltung durch Sanktionen gesichert wird, betreffen alle Kommunikationsbereiche. Zu ihnen sind symbolisch generalisierte Kommunikationsmedien *sensu* N. Luhmann (1997) (z.B. Wahrheit, Geld, ↗ Macht, Liebe) sowie die schon erwähnten Diskurse (↗ Diskurs und Diskurstheorien) und Geschichten zu zählen. Sie sind in festen Typen schematisiert, die schon vorab unsere Erwartungen und Einstellungen regulieren. Kommunikationssituationen sind in aller Regel typisiert nach möglichen ›Kommunikationskonstellationen‹ bzw. nach der ›Hierarchie‹ der Kommunikationsteilnehmer. Wer wann das Wort ergreifen oder schweigen darf und wer das letzte Wort behält, das ist in sozialen Systemen genau geregelt; und nur deshalb können Individuen dagegen verstoßen und dadurch Aufmerksamkeit erzeugen. Man kann davon ausgehen, daß ähnlich sozialisierte Aktanten dasselbe Medienangebot normalerweise ganz ähnlich rezipieren, weil sie gelernt haben, wie man bestimmte sprachliche Ausdrücke verwendet und wann man welchen Typ von Medienangebot sinnvollerweise verwendet. Diese Beobachtung darf nicht zu dem Fehler verleiten, von ähnlicher Rezeption auf ähnliche Nutzung zu schließen. Rezeption ist die Voraussetzung und die Grundlage von Nutzung, da zunächst einmal das Medienangebot in systemspezifische Information verwandelt werden muß, ehe es dann gemäß verschiedenen Nutzungsparametern in konkreten Nutzungssituationen verarbeitet werden kann. Daher empfiehlt es sich, in der Medienwirkungsforschung deutlich zwischen Rezeption und Nutzung sowie zwischen Bedeutung und Wirkung zu unterscheiden. Interaktive Kommunikationen vollziehen sich als verbale und non-verbale Kommunikationen. Auf der non-verbalen Ebene dienen Formen des Ausdrucksverhaltens der Einschätzung verbaler Aussagen (Bekräftigung, Kontradiktion, emotionale Begleitung), der Strukturierung des Kommunikationsprozesses, dem Ausdruck der Beziehung zwischen den Kommunikationspartnern sowie als Substitut für verbale Aussagen. Wie P. Watzlawick et al. (1967) gezeigt haben, hat jede Kommunikation einen Inhalts- und einen Beziehungsaspekt, der die Relation zwischen den Kommunikationspartnern ausdrückt. Als Alternative zur interaktiven Kommunikation hat sich mit der Schrift und endgültig mit dem Buchdruck die sog. Massenkommunikation entwickelt, also jene Form der Kommunikation, bei der die Aussagen öffentlich, durch technische Verbreitungsmittel indirekt und einseitig an ein disperses Publikum vermittelt werden. – Die hier skizzierte K. beobachtet das Kommunikationsgeschehen also auf drei voneinander nur analytisch unterscheidbaren Ebenen. Auf der Mikro-Ebene geht es um die Aktanten, denen Kommunikationshandlungen zugeordnet werden (Kommunikationsakte). Auf der Meso-Ebene werden die sozialen Einbettungsrahmen (Geschichten und Diskurse) analysiert, die sinnvolles Handeln und Kommunizieren als komplexe Wirkungsmechanismen allererst ermöglichen und verständlich machen. Auf der Makro-Ebene kommen die symbolischen Ordnungen bzw. die sozio-kulturellen Wissensbestände in den Blick, an denen sich sinnvolle Handlungen und Kommunikationen orientieren und die sich die kognitiv getrennten Aktanten als gemeinsam geteiltes Wissen unterstellen. Die Fragestellungen der gegenwärtigen Kommunikationswissenschaft orientieren sich stark an der berühmten Lasswell-Formel (Wer sagt was zu wem über welchen Kanal mit welchem Effekt?) und lassen sich daher in folgendem Schema zusammenfassen:

Fokus Einstiegs- punkt	Makro	Meso	Mikro
Wer?	Funktionssysteme	Medieninstitutionen	Aktanten
Was?	Symbolisch generalisierte Kommunikationsmedien	Themen	Aussagen
Kanal?	Mediensysteme	Distributions- einrichtungen	Kommunikations- instrumente
Wem?	Publikum	Zielgruppen	Rezipienten
Effekt?	Funktionen	Leistungen	Wirkungen

Tab. 1: Systematisierung kommunikationswissenschaftlicher Fragestellungen

Lit.: C.E. Shannon/W. Weaver: *Mathematische Grundlagen der Informationstheorie*, Mchn. 1976 [1949]. – P. Watzlawick et al.: *Menschliche Kommunikation. Formen, Störungen, Paradoxien*, Bern 1996 [1967]. – K. Merten: *Kommunikation. Eine Begriffs- und Prozeßanalyse*, Opladen 1977. – J. Habermas: *Theorie des kommunikativen Handelns*, 2 Bde., FfM. 1995 [1981]. – G. Maletzke: *Massenkommunikationstheorien*, Tüb. 1988. – D. Crowley/D. Mitchell (Hgg.): *Communication Theory Today*, Cambridge 1994. – K. Merten et al. (Hgg.): *Die Wirklichkeit der Medien. Eine Einf. in die Kommunikationswissenschaft*, Opladen 1994. – Schmidt 1996 [1994]. – N. Luhmann: *Die Gesellschaft der Gesellschaft*, 2 Bde., FfM. 1997. – S.J. Schmidt/ G. Zurstiege: *Orientierung Kommunikationswissenschaft. Was sie kann, was sie will*, Reinbek 2000. – Jahraus/Ort 2001. – A. Schorr et al. (Hgg.): *Communication Research and Media Science in Europe. Perspectives for Research and Academic Training in Europe's Changing Media Reality*, Bln./N.Y. 2003.   SJS

Konstruktivismus, radikaler, der Terminus und die Konzeption wurden von E.v. Glasersfeld geprägt. Der r.K. ist eine transdisziplinäre Konzeption und stellt eine Theorie des Wissens und Erkennens, eine Erkenntnistheorie für kognitive Systeme, dar. Zentraler Gedanke der Konzeption ist, daß Wissen und Erkennen als kognitive Konstrukte bzw. konstruktive Operationen anzusehen sind. Wissen und Erkenntnis sind ausnahmslos Konstrukte, in diesem Sinne ist der r.K. radikal. Nimmt man diese Einsicht ernst, ergeben sich schwerwiegende erkenntnistheoretische Folgen. So kann z.B. das Verhältnis von Wissen, d.h. stabilen, rekurrent erfolgreichen, viablen Kognitionen (↗ Kognitionstheorien), und Realität, im Sinne eines kognitionsunabhängigen Mediums, in dem lebende Organismen existieren, unter den Bedingungen unhintergehbarer und vollständiger kognitiver ↗ Konstruktivität nur als

Kompatibilitäts- oder Passungsverhältnis charakterisiert werden, nicht aber als Korrespondenz, Übereinstimmung ikonischer oder isomorpher Art oder Adaequation. Erkenntnis kann dann nicht mehr umstandslos als Realitätserkenntnis begriffen werden, sondern muß in erster Linie als Selbsterkenntnis, d.h. als Erleben, Erfahren und Erlernen eigener Wahrnehmungs-, Verhaltens-, Denk- und Handlungsmöglichkeiten gelten. Die Erfahrungswelt kognitiver Systeme, ihre persönliche und soziale Wirklichkeit, ist dann als System je subjektiv viabler Kognitionen, nicht aber als Repräsentation von Realität vorzustellen. Genaugenommen kann von einem konstruktivistischen Standpunkt aus über die Möglichkeit oder Unmöglichkeit solcher (Realitäts-)Erkenntnis gar nichts gesagt werden, weil es kognitiven Systemen unmöglich ist, einen Standpunkt einzunehmen, von dem aus das Verhältnis ihrer Urteile zur von ihnen unabhängigen Realität subjektiv, objektiv oder intersubjektiv bestimmt werden könnte (vgl. bereits u.a. Demokrit, Xenophon, Sextus Empiricus, Vico). Mit Ausnahme der Beantwortung der Frage, ob kognitive Systeme ihr Wissen für Realitätserkenntnis im genannten Sinne halten dürfen oder nicht, ist es in jeder anderen Hinsicht gleichgültig, ob solche Erkenntnis möglich ist oder nicht. Denn das von kognitiven Systemen entwickelte Repertoire von Annahmen, Kenntnissen, Erfahrungen und Fertigkeiten büßt seine Funktionen nicht abhängig davon ein, ob es Realität abbildet oder nicht. – Der Konstruktionsbegriff des r.K. kann als (a) Konstruktion von Wirklichkeit (↗ Wirklichkeitskonstruktion), (b) Konstruktion von Erkenntnis, d.h. Wissen, viablen Hypothesen und (c) Konstruktion von Erkenntnisfähigkeiten, d.h. kognitive, und in einem engeren Sinne z.b. mentale Operationen und Operablen bzw. Wissensstrukturen und Wissensprozesse präzisiert werden. ›Konstruktion von Wirklichkeit‹ bedeutet dann für Individuen: Wahrnehmen, Beobachten; (Er-)Finden und Verwenden sprachlicher Ausdrücke, wie von Begriffen, Kennzeichnungen, Namen; Hantieren mit und Gestalten von wahrgenommenen Entitäten; Interagieren, Kommunizieren, Kooperieren mit anderen Individuen. Konstruktion von Wissen bedeutet: Erzeugen sprachlicher Strukturen, die interpersonell verifizierbar sind; Hervorbringen oder Aktualisieren von Strukturen, die ihrerseits sprachliche Strukturen erzeugen, d.h. kognitive Konzepte, Schemata, *scripts, frames* und kognitive Operationen (↗ Schema und Schematheorie); ›Interindividuelle Verifikation‹ bedeutet den Einsatz all derjenigen Prüfverfahren für eine wahr/falsch-Prädikation von Aussagen, vermittels derer prinzipiell jedes einzelne Individuum in einer Gemeinschaft in der Lage ist, zu beurteilen, ob eine Aussage ›wahr‹ oder ›falsch‹ heißen soll; Wissen ist dann immer sozial konstruiert, weil es nicht unabhängig von der Überprüfung durch andere bzw. der Übereinstimmung mit anderen ist. Hier ist auch an gewisse methodologische Prinzipien von Wissenschaft zu erinnern, z.B. an Kommunikabilität, Lehr- und Lernbarkeit, intersubjektive Überprüfbarkeit usw.; ›Konstruktion von Erkenntnisfähigkeiten‹ bedeutet dann: Bilden von Begriffen, d.h. Konzepten, Schemata usw.; Hervorbringen von Wahrnehmungs- und Denkstilen, z.B. Tiefenwahrnehmung von Bildern, episodisches oder syllogistisches Denken; Ausbilden von Verhaltens- und Handlungsstilen oder Verhaltens- und Handlungsmustern, z.B. handwerklichen Techniken,

Techniken der Lebensführung, Lebensstile. Erkenntnisfähigkeiten sind als subjektive Vermögen von Individuen durch Sozialisation/Kulturation sozial geprägt und schließen soziale Kompetenzen ein. Die Konstruktion von Erkenntnisfähigkeiten, die Konstruktion von Erkenntnis/Wissen und die Konstruktion von Wirklichkeit konvergieren in kognitiv-sozialen Synthesen, die wir als persönliches Erleben, als Lebensformen bzw. -stile, als Kulturen mit spezifischen Mythen, Wissensbeständen und Lebenspraxen auch aus der eigenen Anschauung kennen. Insofern in der Temporalisierung der hier unterschiedenen Konstruktionsprozesse die Konstruktion von Erkenntnisfähigkeiten die Anwendung dieser Fähigkeiten, d.h. die Konstruktion von Wissen, nach sich zieht, fällt sie mit der Konstruktion von Wirklichkeit zusammen. Wenn also Konstruktivisten von der Konstruktion von Wirklichkeit sprechen, dann in einem derart analysierbaren Sinne. In gleicher Weise kann auch die Rede von der kognitiven Verkörperung von Wirklichkeit präzisiert werden, denn die Anwendung von Erkenntnisfähigkeiten ist im Hinblick auf ihre Resultate, wie z.B. das Vorkommen von Gegenständen in der Umgebung des eigenen Körpers, nicht zu unterscheiden von den vermittels dieser Fähigkeiten kognitiv konstruierten Erfahrungsgegenständen. Das Prozessieren von Erkenntnisfähigkeiten entspricht der kognitiven Konstruktion von Erkenntnisgegenständen. Das bedeutet: Erkenntnisgegenstände sind in kognitiven, und im weiteren Sinne in kognitiv-sozialen Prozessen verkörpert. – Der r.K. hat Wurzeln bzw. Verankerungen in der Tradition skeptischer Philosophie seit den Pyrrhonisten, in der Aufklärungsphilosophie I. Kants, der Analytischen Sprach- und Wissenschaftstheorie v.a. L. Wittgensteins, dem Pragmatismus (vgl. J. Dewey, W. James, Ch. Peirce), dem Methodischen K. (vgl. H. Dingler, S. Ceccato), der Genetischen Epistemologie und Entwicklungspsychologie J. Piagets, in der kognitiven Psychologie (vgl. G.A. Miller, J. Piaget, U. Neisser), in der therapeutischen Psychologie (vgl. P. Watzlawick, R.D. Laing), in der Kybernetik (vgl. N. Wiener, W.R. Ashby, C.E. Shannon), in der Kognitionsbiologie (vgl. H.R. Maturana, F. Varela) und in den Neurowissenschaften (vgl. W. McCulloch, J.C. Eccles). – Aus der Perspektive eines r.K. müssen die Erkenntnis- und Handlungsbedingungen der Wissenschaften und des Alltags grundsätzlich überdacht werden. Kognitive Autonomie, Autopoiesis, Selbstorganisation, Selbstreferentialität und Selbstregelung verlangen neue Ansätze z.B. in der ↗ Kommunikationstheorie und Medienwissenschaft (vgl. Kommunikation ohne Informationsübertragung bei W.K. Köck; Handlungstheoretisches Kommunikationsmodell bei S. J. Schmidt; Attributionstheorie des Verstehens bei G. Rusch), in der Sozialtheorie (vgl. Selbstorganisation sozialer Systeme, Soziale Systeme aus kognitiv autonomen Einheiten etwa bei P.M. Hejl, N. Luhmann), in der Geschichtswissenschaft (vgl. Geschichte als Interpretament des Vergangenheitsbegriffs bei G. Rusch), in der Managementlehre (vgl. G. Probst), in der Therapie (vgl. das Subjekt als Konstrukteur seiner persönlichen Wirklichkeit). Der konstruktivistische Diskurs hat sich in den letzten Jahren erheblich ausdifferenziert, etwa in kulturwissenschaftlicher Hinsicht (vgl. S. J. Schmidt 1994), ist aber auch Gegenstand scharfer Kritik geworden (vgl. Nüse et al. 1991).

Lit.: P. Watzlawick: *Wie wirklich ist die Wirklichkeit? Wahn, Täuschung, Verstehen*, Mchn. 1997 [1976]. – ders. (Hg.): *Die erfundene Wirklichkeit. Wie wir wissen, was wir zu wissen glauben*, Mchn. 1997 [1981]. – H.v. Foerster: *Sicht und Einsicht*, Braunschweig 1985. – E.v. Glasersfeld: *Wissen, Sprache und Wirklichkeit*, Braunschweig 1987. – H.R. Maturana/F. J. Varela: *Der Baum der Erkenntnis*, Mchn. 1997 [1987]. – Rusch 1987. – S. J. Schmidt (Hg.): *Der Diskurs des r.K.*, FfM. 1994 [1987]. – R. Nüse et al.: *Über die Erfindungen des r.K.: Kritische Gegenargumente aus psychologischer Sicht*, Weinheim 1995 [1991]. – S. J. Schmidt (Hg.): *Kognition und Gesellschaft. Der Diskurs des r.K. 2*, FfM. 1994 [1992]. – H.v. Foerster: *Wissen und Gewissen*, FfM. 1997 [1993]. – H.R. Fischer (Hg.): *Die Wirklichkeit des K.*, Heidelberg 1995. – E.v. Glasersfeld: *R.K.: Ideen, Ergebnisse, Probleme*, FfM. 1996. – ders.: *Wege des Wissens. Konstruktivistische Erkundungen durch unser Denken*, Heidelberg 1997. – Jahraus/Scheffer 1999. – G. Rusch/S.J. Schmidt (Hgg.): *K. in der Medien- und Kommunikationswissenschaft. DELFIN 1997*, FfM. 1999. – M. Wallich: *Autopoiesis und Pistis. Zur theologischen Relevanz der Dialogtheorien des R.K.*, St. Ingbert 1999. – De-Geest et al. 2000. – Schmidt 2000. – Moser 2001. – M. Fleischer: *Wirklichkeitskonstruktion. Beiträge zur systemtheoretischen Konstruktivismusforschung*, Dresden 2003. – Schmidt 2003.   GR

Konstruktivität (von lat. *constructio*: Zusammensetzung, Errichtung), als Eigenschaft jeder Wahrnehmung und Erkenntnis abhängig von Wahrnehmungsapparat, Begriffssystem und Konvention im Gegensatz zur realistischen Vorstellung einer ontischen äußeren Wirklichkeit (↗ Essentialismus). In der Skeptischen Tradition neuerdings Grundannahme des ↗ Dekonstruktivismus, der in der Folge J. Derridas insbes. sprachliche Bedeutungen gegenzulesen und zu unterlaufen versucht, der Diskursanalyse (↗ Diskurs und Diskurstheorien) nach M. Foucault, die auf die gesellschaftliche Konstruktion von Wissen durch z.B. Ausschließungs- oder Verknappungsprozeduren zielt, und der ↗ Systemtheorie in der Folge der Annahme einer Autopoiesis der Systeme, radikalisiert im radikalen ↗ Konstruktivismus, der die K. von Wirklichkeitsmodellen zum Kern seiner multidisziplinären Ansätze macht. Dort entstehen in Anlehnung an die Kybernetik zunächst die biologische Theorie der operationalen Geschlossenheit lebender Organismen, d.h. ihrer Autopoiesis, aus der die K. sogar wahrnehmungsphysiologischer Prozesse folgt (vgl. H. Maturana, F. Varela), dann in verschiedenen Disziplinen neue Konzepte von Wirklichkeit (↗ Wirklichkeitsbegriff) und Wissen. Bausteine der Kognition (↗ Kognitionstheorie) bleiben Erfahrungen des Scheiterns (vgl. E.v. Glasersfeld), Experimente und Messungen, aber unter Redefinition ihrer Empirizität: Nicht mehr das Ergebnis gilt als objektive Aussage über eine tatsächliche Wirklichkeit, vielmehr ist nur noch operationales Wissen, d.h. das Wissen um die prozessualen Zusammenhänge unserer Konstruktionen, möglich (vgl. G. Vico). Damit wird die rationalistische Unterscheidung von ↗ Subjekt und Objekt der Erkenntnis hinfällig, an deren Stelle die Rückbezüglichkeit der Kognitionssysteme tritt. Bes. Aufmerksamkeit gilt den ontischen Implikationen der Beschreibungssysteme, v.a. der Sprache. – Für die Wissenschaftspraxis wird die Forderung nach Wahrheit durch die nach Glaubwürdigkeit und Effektivität der Modelle und nach Transparenz der

K. ihrer Methoden, Begriffssysteme, Erkenntnisgegenstände und Ergebnisse ersetzt (vgl. McHale 1992).

Lit.: Rusch 1987. – S. J. Schmidt (Hg.): *Der Diskurs des Radikalen Konstruktivismus*, FfM. 1987. – McHale 1992. – De-Geest et al. 2000.   GV

Kontext (lat. *contextus*, von *contexere*: zusammenweben), der K. ist grundsätzlich das, was zu einem Text gehört, damit dieser angemessen verstanden wird. K. ist also eine für das Verstehen von Texten wesentliche Kategorie. – Zwar reklamieren gerade literar. Texte gerne für sich, was der *New Criticism* bes. hervorhob, daß sie nämlich aus sich selbst heraus verständlich sind, doch ist dies nur relativ und bes. im Vergleich mit nicht-literar. Texten gültig. Jedes einzelne Element, ob ein Wort, ein Satz oder ein längerer Text, definiert sich immer in Relation zu anderen, die ihm erst eine spezifische Bedeutung zuweisen. Dieses, die Bedeutung wesentlich mitbestimmende sprachliche oder kulturelle Umfeld ist der K. Ironie wird z.B. nur dort erkannt, wo eine Aussage aus dem wörtlichen in einen anderen K. gestellt wird. Wörter aus dem K. zu reißen heißt, sie bewußt oder unbewußt mißzuverstehen und ihre Bedeutung zu verzerren. Für P. Ricœur hebt allein der K. die Polysemie der Sprache auf. Die Rezeptionsgeschichte jedes literar. Werkes zeigt, wie sich Interpretationen dadurch ändern, daß sich die K.e verschieben. In einem K. etwa, der richtiges Verhalten v.a. durch Beherrschung und Akzeptanz der bestimmenden gesellschaftlichen Normen definiert, ist der Misanthrop eine komische und unangemessene Figur, über die Molière entsprechend eine Komödie schreibt. Im romantischen K., in dem subjektives Empfinden ein viel höheres Gewicht erhält und das Individuum in berechtigter Opposition zur Gesellschaft erscheint, erhält dieselbe Figur eine ganz andere, nämlich eine tragische Dimension. K.e prägen die Rezeption von Texten ebenso wie ihre Produktion und bestimmen stark die Präsuppositionen von Autor und Leser, die Erwartungshaltungen und grundsätzlich die Art und Weise, wie die Welt und darin die Lit. betrachtet wird. Der K. ist immer kulturell beeinflußt, daher historisch veränderbar und in seiner Wertigkeit abhängig vom Konsens der jeweils bestimmenden Gesellschaftsschicht. In einer modernen, multikulturellen Gesellschaft bieten sich grundsätzlich mehrere K.e für die Interpretation von Lit. an. Die Präferenz für nur einen dominierenden K. bedarf daher heute im Grunde einer expliziten Begründung. Neuere Lit.theorien, wie etwa der *New Historicism*, betonen die Pluralität der K.e und ziehen herkömmliche Vorstellungen von der Beziehung zwischen literar. Texten und historischen K.en in Zweifel. Das Aufzeigen der bei einer Textproduktion oder -rezeption maßgeblichen K.e führt zu wesentlichen Erkenntnissen über die kulturellen Zusammenhänge, in denen ein Text steht oder gesehen wird.

Lit.: J. Schulte-Sasse: »Aspekte einer kontextbezogenen Lit.semantik«. In: W. Müller-Seidel (Hg.): *Historizität in Sprach- und Lit.wissenschaft*, Mchn. 1974. S. 259–275. – P. Ricœur: *Interpretation Theory. Discourse and the Surplus of Meaning*, Fort Worth 1976. – J. Fohrmann: »Textzugänge. Über Text und K.«. In: *Scientia*

Poetica. Jb. für Geschichte der Lit. und der Wissenschaften 1 (1997). S. 207–223.
– Brenner 1998. S. 285–322. – Glauser/Heitmann 1999. – L. Danneberg: »K.«.
In: Fricke 2000. S. 333–337.   KPM

Körper/Leib, in der anthropologisch-kulturphilosophischen Diskussion
indiziert das Konzept des K.s in Absetzung vom L. eine die gesellschaftliche
Praxis wie auch die philosophisch-theoretischen Meisterdiskurse (↗ Diskurs
und Diskurstheorien; J.-F. Lyotard) charakterisierende defizitäre Einstellung
zur physisch-biologischen Gegebenheit des Menschen, die die anthropologische Medizin als ›L.-Sein‹ im Kontrast zum ›K.-Haben‹ bezeichnet (vgl.
Dürkheim 1982). »Der K. wird mit Hilfe der Sinnesorgane, v.a. durch
Auge, Ohr und Tastsinn als Objekt der Wahrnehmung erfaßt und durch
das perzeptive K.schema ortsräumlich gegliedert« (Marcel 1978, S. 48). Voraussetzung für die Verdrängung des L.s bildet die cartesianische Aufspaltung
des Menschen in K./Geist oder L./ Seele. Das anthropologische Modell, in
dem der ganzheitlich-selbstmächtige ›Geist‹ den als ›K.‹ objektivierten L.
als Stätte der Bedingtheit untersucht, spiegelt den dualistischen Ansatz der
Reflexionsphilosophie wider, die ihrerseits an christlich-platonische Denkrichtungen anknüpft (vgl. Fietz 1994). Der monologisch-logozentrisch
(↗ Logozentrismus) konzipierte Wissensbegriff der Reflexionsphilosophie
suggeriert, das einsam beobachtende ↗ Subjekt könne durch die Befolgung
logisch-rationaler Denknormen die Gesamtheit von Welt ›objektiv‹ erfassen
(vgl. Habermas 1988, S. 371). Philosophen von F.W. Nietzsche über E.
Husserl und M. Heidegger bis M. Merleau-Ponty (›Zwischenleiblichkeit‹),
Kulturphilosophen wie M. Frank, J. Habermas und G.H. Mead oder
Soziologen wie K. Dürkheim setzen dieser subjektivistisch eindimensio-
nalen Epistemologie eine ›Phänomenologie des L.s‹ entgegen, die von der
L.gebundenheit der menschlichen Erkenntnis und Kommunikation ausgeht.
Sie schreiben die seit dem 19. Jh. zunehmende Deutung des K.s bzw. des
L.s als Repräsentant von Individualität fort, die bei G. Bataille, J. Derrida
und M. Foucault ihre stärkste Ausprägung erfährt, insofern ihnen der L.
als widerständige Instanz gegen die Subsumierbarkeit des Menschen unter
kategoriale Strukturen gilt (vgl. Küchenhoff 1988, S. 167).

Lit.: M. Merleau-Ponty: *Phänomenologie der Wahrnehmung*, Bln. 1966. – J. Habermas: »Der Universalitätsanspruch der Hermeneutik«. In: Apel 1971. S. 120–159.
– G. Marcel: »Leibliche Begegnung«. In: A. Kraus (Hg.): *L., Geist, Geschichte.
Brennpunkte anthropologischer Psychiatrie*, Heidelberg 1978. S. 43– 63. – B. Waldenfels: *Der Spielraum des Verhaltens*, FfM. 1980. – K. Dürkheim: »Der K., den ich
habe; der L., der ich bin«. In: *Schweizer. Archiv für Neurologie und Psychiatrie* 131
(1982) S. 89–92. – D. Kamper (Hg.): *Der andere K.*, Bln. 1984. – J. Habermas:
Der philosophische Diskurs der Moderne. Zwölf Vorlesungen, FfM. 1988 [1985].
– H. Petzold (Hg.): *Leiblichkeit. Philosophische, gesellschaftliche und therapeutische Perspektiven*, Paderborn 1985. – J. Küchenhoff: »Der L. als Statthalter des
Individuums?« In: M. Frank/A. Haverkamp (Hgg.): *Individualität*, Mchn. 1988.
S. 167–202. – L. Fietz: *Fragmentarisches Existieren. Wandlungen des Mythos von
der verlorenen Ganzheit in der Geschichte philosophischer, theologischer und literar-

Menschenbilder, Tüb. 1994. – J. Funk/C. Brück (Hgg.): *K.-Konzepte*, Tüb. 1999.
– A. Hübler: *Das Konzept ›K.‹ in den Sprach- und Kommunikationswissenschaften*,
Stgt. 2000. – B. Prutti/S. Wilke (Hgg.): *K. – Diskurse – Praktiken. Zur Semiotik
und Lektüre von K.n in der Moderne*, Heidelberg 2003. – E. Labouvie: »Leiblich-
keit und Emotionalität. Zur Kulturwissenschaft des K.s und der Gefühle«. In:
Jaeger/Rüsen 2004. S. 79– 91. – K. Mertens: »Die Leiblichkeit des Handelns«.
In: Jaeger/Straub 2004. S. 327–340.   AHo

Kritische Theorie, der Begriff wird häufig synonym zu dem der ↗ Frank-
furter Schule verwendet, also der Philosophen- und Soziologengruppe um
M. Horkheimer und das Frankfurter Institut für Sozialforschung, aus dem
in den 1930er Jahren das Konzept einer K.Th. der Gesellschaft hervorging.
Hier soll jedoch zwischen den beiden Bezeichnungen unterschieden werden:
Frankfurter Schule bezeichnet eher den Personenkreis um Horkheimer und
das Institut, mitsamt seiner Gründungs-, Emigrations- und Frankfurter
Neugründungsgeschichte; K.Th. meint dagegen das von Personen und
Institutionen stärker losgelöste theoretische ↗ Paradigma, die philosophische
Konzeption, die sich durch ein spezifisches Verhalten gegenüber der philoso-
phischen Tradition, eine durch die Verfolgungs- und Emigrationsgeschichte
des Horkheimerkreises mitkonstituierte thematische und konzeptionelle
Schwerpunktsetzung und auch durch einen spezifischen sprachlichen, ästhe-
tisch-literar. Gestus des philosophischen Schreibens auszeichnet. – Horkheimer
formulierte 1937 in seinem Aufsatz über »Traditionelle und K.Th.« das
Konzept, das sich fortan mit dem Begriff K.Th. verbinden sollte. Es grenzt
sich scharf gegen alle, auf R. Descartes zurückgehende Wissenschaftstheorie
ab, deren Prinzip die bloße Formulierung eines möglichst geschlossenen
und rational zweckmäßigen Systems auseinander abgeleiteter Sätze sei.
Auf der Grundlage der philosophischen Ableitung des Begriffs der Ware
bei K. Marx geht Horkheimer von der gesellschaftlichen Produziertheit
eines jeglichen philosophischen Erkenntnisgegenstandes aus; die K.Th.
fragt gerade nach den Produktionsverhältnissen hinter den philosophisch
artikulierten Gegenständen, nach der gesellschaftlichen Praxis, die diese
bedingt. Neben ihren Konsequenzen für soziologisch-empirische Projekte
bedeutete diese Konzeption die Forderung nach einer umfassend erscheinen-
den philosophischen Reflexion, die aber schon bald, sowohl angesichts der
faschistischen Barbarei in Europa als auch durch die spezifischen Interessen
der wichtigsten Mitarbeiter am Institut, eine Verengung der Perspektive
erfuhr. Die Gegenstände der soziologischen Untersuchungsprojekte des
Instituts hatten unmittelbar mit der Exilsituation zu tun: Etwa die *Studien
über Autorität und Familie* (1936) versuchten, die gesellschaftlichen Grundlagen für die Entstehung des Faschismus zu klären. Dabei erwies sich der
für die K.Th. prägend werdende unorthodoxe Rückgriff sowohl auf Marx
als auch auf S. Freud als äußerst produktiv. Th.W. Adorno schuf 1941/42
mit seinem Aufsatz »Zur Philosophie der neuen Musik« die Grundlagen
für die spezifische philosophische Ausrichtung, die die K.Th. von der Mitte
der 1940er Jahre an bestimmen sollte. Am Beispiel der Schönbergschen
Zwölftonmusik führte Adorno die zentralen Gedanken einer Geschichte

der Naturbeherrschung und ihren Niederschlag im Kunstwerk durch. In enger Verbindung zu Horkheimers lange geplantem Dialektik-Projekt ist damit die gedankliche Basis für die *Dialektik der Aufklärung* geschaffen, die Adorno und Horkheimer 1944 mit dem Untertitel *Philosophische Fragmente* fertigstellen. Hier wendet sich die K.Th. explizit gegen die Prinzipien traditioneller Erkenntnis, in deren synthetisierendem Verfahren sie Gewalt und Angst vor dem Anderen eingeschrieben sieht, mithin Anteile des ↗ Mythos; gegenläufig werden schon der mythischen Erzählung Aspekte von Aufklärung attestiert. Die mythische Fixierung der Aufklärung auf das Herrschaftsprinzip wird in Exkursen zu I. Kant, de Sade und zur ↗ Kulturindustrie der am. Gegenwart der Autoren durchgeführt, im Lichte der in der faschistischen Barbarei ihr wahres, ihr gewaltvolles Gesicht enthüllenden Zweckrationalität. Die Grundkonzeption der *Dialektik der Aufklärung* bleibt für die späteren Schriften v.a. Adornos bestimmend. In seiner philosophischen Hauptschrift *Negative Dialektik* (1966) führt er die Kritik am mythischen, da gewaltsamen Prinzip philosophischer Syntheseleistung weiter; in der Fragment gebliebenen *Ästhetischen Theorie* (1970) wird, unter Rückgriff auf die »Philosophie der neuen Musik« die Frage nach dem Gesellschaftlichen an der Art und Weise künstlerischer Formgebung vertieft. – Neben der Betonung der Gesellschaftstheorie, bei Horkheimer, F. Pollock und L. Löwenthal, und der des sozialpsychologischen Gegenstandsbereichs (E. Fromm, H. Marcuse) ist v.a. der für die Ästhetik fruchtbare Anteil der K.Th. gekennzeichnet durch je unterschiedliche Varianten einer auf die Kunst übertragenen messianischen Hoffnung: W. Benjamin formuliert ausdrücklich ein theologisches Modell von Geschichte, deren Erlösungshoffnung metaphorisch erahnbar scheint in der Aura eines Kunstwerks, seinem sichtbar werdenden Kultwert, der unter den Bedingungen der Moderne, der Reproduzierbarkeit des Kunstwerks in Photographie und Film und in seiner endgültigen Vermarktung als Ware, vollends untergeht; für E. Bloch erscheinen ›Utopie‹ und ›Hoffnung‹, wie er sie in seinem frühen Buch *Geist der Utopie* (1918/1923) und in seinem späten Hauptwerk *Das Prinzip Hoffnung* (1954–59) ausbreitet, gerade wieder am Kunstwerk, und zwar in Formen ›ausdrucksvollen Überschwangs‹, im Ornament, in der musikalischen Bewegung. Adorno wiederum denkt ›Hoffnung‹ als das der rationalistisch-konstruktiven Arbeit des Kunstwerks am Material eingeschriebene Andere, das der Mimesis ans übermächtige Gesellschaftliche sich im ästhetischen Bruch Entziehende, das aber einzig den Blick erlaubt auf das Wahre im Werk: »Erkenntnis hat kein Licht, als das von der Erlösung her auf die Welt scheint« (Adorno, zit. Tiedemann 1980, S. 281). – Benjamin, Bloch und Adorno gemeinsam ist, bei aller Divergenz ihrer Perspektiven im Einzelnen, v.a. in ihrem Blick auf Kunst und Lit. das Aufmerken auf Kleines, Fragmentarisches, Alltägliches: Damit wird ein stilistisches und philosophisches Prinzip der K.Th. jenseits aller expliziten theoretischen Selbstverständigung umrissen: Ein gewissermaßen ›wildes‹, aphoristisches Denken, das im beobachteten Bruchstück einer alltäglichen Wirklichkeit oder kulturellen Überlieferung eine knapp und oft pointiert formulierte Erkenntnis aufscheinen sieht und in die literar. ›Gattung‹ des Denkbildes mündet. – K.Th. der Kunst bedeutet also die

Erkenntnis der ›falschen‹ Gesellschaftlichkeit am Kunstwerk: eine Erkenntnis, die den Erlösungsgedanken dieses Falschen noch denkt. Eine theoretische Konzeption, die v.a. von Adornos Schüler J. Habermas unter entschiedenen Akzentverschiebungen fortgeschrieben wurde. Öffentlichkeit und alle Formen gesellschaftlicher Kommunikation sind die Schwerpunkte der K.Th. der Gesellschaft bei Habermas; in Anwendung der Auslegungstechnik der Freudschen Traumdeutung sieht Habermas in privater wie öffentlicher, d.h. auch literar. Kommunikation (↗ Kommunikationstheorie) die unterschwellig verzerrenden und entstellenden Wirkungen von Produktions- und Herrschaftsverhältnissen am Werk, Wirkungen, die erst ↗ Ideologiekritik bewußt mache und deren Aufhebung aus dem Ideal einer herrschaftsfreien Kommunikation heraus betrieben werden müsse. – V.a. im Kontext der Studentenbewegung war die K.Th. eine breit rezipierte Theorie, der v.a. aus der *Ästhetischen Theorie* sprechende Anspruch einer die ästhetische Form des Kunstwerks präzise in den Blick nehmenden gesellschaftlichen Theorie erscheint allerdings als noch lange nicht eingelöst.

Lit.: Th.W. Adorno: *Gesammelte Schriften*, Bd. 4: *Minima Moralia* (Hg. R. Tiedemann), FfM. 1980 [1954]. – R. Bubner: »Was ist K.Th.?«. In: *Hermeneutik und Ideologiekritik*, FfM. 1971. S. 160–209. – U. Gmünder: *K.Th.: Horkheimer, Adorno, Marcuse, Habermas*, Stgt. 1985. – H. Dubiel: *K.Th. der Gesellschaft. Eine einführende Rekonstruktion von den Anfängen im Horkheimer-Kreis bis Habermas*, Weinheim 1992 [1988]. – R. Wiggershaus: *Die Frankfurter Schule. Geschichte, Theoretische Entwicklung, Politische Bedeutung*, Mchn. 1988. – R. Erd et al. (Hgg.): *K.Th. und Kultur*, FfM. 1989. – P.V. Zima: »Die Ästhetik der K.Th.«. In: ders. 1995 [1991]. S. 130–172. – G. Figal: »K.Th.: Die Philosophen der Frankfurter Schule und ihr Umkreis«. In: A. Hügli/P. Lübcke (Hgg.): *Philosophie im 20. Jh.*, Bd. 1, Reinbek 1992. S. 309–404. – G. Schmid-Noerr: *Gesten aus Begriffen. Konstellationen der K.Th.*, FfM. 1997. – K.R. Scherpe: »K.Th.«. In: Fricke 2000. S. 345–349.   BJ

Kultur (lat. *cultura*: Pflege, Landbau) bezeichnet in der Alltagssprache und in der Wissenschaft sehr unterschiedliche Phänomene und ist zusammen mit Zivilisation (von frz. *civilisation*, einer Neubildung des 18. Jh.s aus *civilité* von lat. *civilitas*; ↗ Zivilisationstheorie) zu erörtern. Wie kaum ein anderes Begriffspaar sind K. und Zivilisation Teil der europ. (v.a. frz.-dt.) Auseinandersetzung um die politische und intellektuelle Führungsposition in Europa, sowie der Ausbildung der jeweiligen nationalen ↗ Identität (im Sinne von *nation-building*). – K. wird in Frankreich in der Grundbedeutung ›Pflege‹ seit dem 16. Jh. verwendet. Das Wort kann sich dabei auf konkrete äußere Gegenstände beziehen. *Culture* bezeichnet so den Anbau unterschiedlicher Nutzpflanzen, z.B. *culture de la vigne*. Gepflegt werden kann aber auch die innere Natur des Menschen: K. von Geistigem, etwa als *culture des sciences*. Das Wort bezeichnet den Prozeß und sein Ergebnis. K. als Pflege menschlichen Denkens und Handelns konnotierte auch die Verbesserung der Sitten. Damit geriet K. in Konkurrenz zu Wörtern wie *civilité, politesse, police* usw. Im 18. Jh. entsteht die wohl auf Mirabeau

zurückgehende Umformung von *civilité* zu *civilisation* mit der Bedeutung
›Sittenverbesserung‹. Wie K. wird *civilisation* auf den Vorgang und auf das
Ergebnis angewandt. Bereits im 18. Jh. erhält der Begriff auch eine ge-
schichtsphilosophische Bedeutung. Er bezeichnet nunmehr die historische
Entwicklung der Menschheit. Sie wird, etwa bei den Enzyklopädisten, im
Sinne der Aufklärung als Höherentwicklung zu Selbständigkeit, Freiheit,
Frieden, Abschaffung der Sklaverei und Sieg über die Armut verstanden.
Während *civilisation* im Singular ein wertender Begriff ist, bezeichnet etwa
seit 1820 die Pluralform *civilisations* Völker mit jeweils spezifischen Sprachen,
Sitten, Normen usw. In dieser Form wurde der Begriff zu einem Fachbegriff
der Anthropologie, Ethnologie, Geschichtswissenschaft und Soziologie, wo
er weitgehend synonym mit K. verwendet wird. Napoleon setzte den Zivilisationsbegriff propagandistisch ein. Nach seiner Niederlage wurden nationaler Gedanke und *civilisation* als universelles Fortschrittskonzept verbunden. Während des 19. Jh.s wurden so viele außenpolitische Aktivitäten
Frankreichs als Erfüllung des selbsterteilten zivilisatorischen Auftrags dargestellt. – Die Entwicklung des dt. K.begriffs und seine Unterscheidung
von ›Zivilisation‹ muß vor diesem Hintergrund sowie vor dem des politischen
Scheiterns des dt. Bürgertums gesehen werden. S. Pufendorf brauchte bereits
im 17. Jh. *cultura* als Gegenbegriff zum Naturzustand und zur Barbarei.
Als Wertbegriff kennzeichnete K. so eine Seinsform, die sich über den
Naturzustand erhebt. In stärkerem Maße wurde K. in Deutschland jedoch
erst seit dem 18. Jh. gebraucht, zunächst v.a. als Fachterminus in der Land-
und Forstwirtschaft. Durch die Beschäftigung mit der frz. Aufklärung
breitete sich etwa ab 1760 K. auch in der übertragenen Bedeutung aus.
Dabei stellte man einem Naturzustand einen K.zustand gegenüber. Die
Konzeption einer Persönlichkeitskultur entstand. Unter dem Einfluß des
Hofes in Versailles entwickelte sich parallel zu diesem inneren und subjektiven Aspekt der einer objektiven K. Beides wurde in der dt. Tradition v.a.
auf die Vervollkommnung des Einzelmenschen bezogen. Er kann seine
›Freiheit‹ zwar im ökonomischen, sonst aber v.a. im Bereich wissenschaftlicher und künstlerischer Aktivitäten verwirklichen, die Politik bleibt ihm
versperrt. – In der Mitte des 19. Jh.s wurde der K.begriff aufgespalten.
Neben den aus der Goethezeit stammenden normativen K.begriff trat nun
der wissenschaftliche K.begriff (↗ K.theorie). Zurückgehend auf J. Burckhardts
Kultur der Renaissance in Italien (1860) »entstand der heute gebräuchliche
zeit- und raumbezogene K.begriff als Ausdruck eines einheitlichen vergangenen oder gegenwärtigen Geschichtskörpers [...] K. wird zum seelischen
Gesamtzustand einer Zeit und einer Nation« (Pflaum 1967, S. 291). K.
wurde damit nicht mehr auf Einzelmenschen als Teil der Menschheit insgesamt, sondern auf abgrenzbare soziale Gruppen bezogen. Damit konnten
Kulturen als Individuen beschrieben, analysiert und verglichen werden. Dies
führte zu einer nicht mehr wertenden, sondern deskriptiven Definition, wie
sie E.B. Tylor im Anschluß an die Diskussion in Deutschland bereits 1870
verwendete: »Kultur oder Zivilisation, [...] ist das komplexe Ganze, das
Wissen, Überzeugungen, Kunst, Gesetze, Moral, Tradition und jede andere Fertigkeit und Gewohnheit einschließt, die Menschen als Mitglieder

einer Gesellschaft erwerben« (A.L. Kroeber/C. Kluckhohn 1967, S. 81).
Verglichen mit dem Präzisionsgewinn durch den wissenschaftlichen K.begriff
blieb der Wortgebrauch in der Alltagssprache bis heute vage, als positiv
wertend. Zivilisation trat in Deutschland im Anschluß an den frz. Gebrauch
als ›Sittenverfeinerung‹ auf, wurde jedoch bereits seit der zweiten Hälfte des
18. Jh.s innerhalb des innen/außen-Dualismus mit K. kontrastiert. Der
K.-Zivilisation-Dualismus entstand. Zurückgehend auf I. Kant wurde Zivilisation als bloß äußerlich verstanden, während K. die innere Verfeinerung
meinte, ein Vorwurf, den das Bürgertum kontinuierlich dem bes. von
Frankreich beeinflußten Adel machte. Damit sprach es Bildung als Teil von
K. einen Wert zu, durch den der Gebildete und Kultivierte Gleichrangigkeit
mit dem Adel beanspruchte, wenn nicht gar Überlegenheit. J.H. Pestaloz-
zi assoziierte Zivilisation mit ›Masse‹ und sprach von ›kulturlosen Civilisa-
tionskünsten‹, während er K. für etwas ›Organisches, Innerliches‹ hielt.
Obwohl etwa von 1850 bis 1880 oft synonym verwendet, wurden die
Begriffe danach verschärft als Antithesen gefaßt. Schätzte man zunächst die
Industrialisierung positiv ein, so änderte sich das, als die ersten Umwelt-
veränderungen deutlich wurden, als die zwar erfolgreiche aber auch krisen-
haft verlaufende Industrialisierung Deutschlands viele Menschen existenti-
eller Not aussetzte und das Land sich gegen Konkurrenz von außen
abschottete. Damit einher ging die konservative Wende der Politik Bismarcks
1878/79 (Wehler 1995, S. 934ff.). Sie verschärfte und instrumentalisierte
einerseits den exklusiven Nationalismus. Andererseits wuchs auch die Angst
vor der sich organisierenden Arbeiterschaft. Nach 1880 wurde ›Zivilisation‹
zum Schlagwort der konservativen Gesellschafts- und Technikkritik. Schließlich ging der Begriff in die Schriften der Volkstumspropagandisten und in
rassistische Diskurse (u.a. H.S. Chamberlain, L. Woltmann, A. Wirth) ein,
findet sich aber ebenso bei Denkern und Künstlern wie R. Wagner, F.W.
Nietzsche, A. Schäffle und R. Eucken. Die eigene ›innere‹ K. wurde zu dem,
worin man sich von anderen Nationen zu unterscheiden glaubte, bes. von
Frankreich, bei dem der Zivilisationsbegriff eine trotz aller Differenzen mit
dem K.begriff vergleichbare Funktion hatte. Die Differenz von K. und
Zivilisation war damit bis zum Ersten Weltkrieg und seiner Propaganda auf
beiden Seiten außenpolitisches Kampfinstrument, in Deutschland überdies
Teil des politisch konservativen Begriffsrepertoires und der Abgrenzung des
Bürgertums von der Arbeiterschaft. – Nach dem Ersten Weltkrieg kam es
zu nachhaltigen Reorientierungen. Im wissenschaftlichen Bereich sieht man
heute, auch unter anglo-am. Einfluß, die Differenz von K. und Zivilisation
als vernachlässigbar an. Die Differenz lebt jedoch im unscharfen Alltagsgebrauch fort. Soweit die Geisteswissenschaften nicht die wissenschaftliche
Bedeutung von K. aufnehmen, findet sich in ihnen eine Tendenz, an die
dt. Tradition der Jh.wende anzuschließen. So wird K. oft exklusiv auf Kunst
und Lit. bezogen und als ›höhere K.‹ von der ›Massenkultur‹ unterschieden.
Bereiche wie Bildung, Wissenschaft oder Technik, ebenso aber auch die
Gestaltung von Städten oder Produkten werden kaum eingeschlossen, obwohl
dies dem wissenschaftlichen K.begriff entsprechen würde. – Vorschläge zur
Präzisierung des K.begriffs sind in jüngster Zeit von Seiten der ↗ Kulturöko-

logie und v.a. ↗ Kultursemiotik sowie im Zusammenhang der Debatten um eine ↗ Kulturwissenschaft unterbreitet worden.

Lit.: s. auch ↗ Kulturbegriff – A.L. Kroeber/C. Kluckhohn: *Culture. A Critical Review of Concepts and Definitions*, N.Y. 1967 [1952]. – M. Pflaum: »Die K.-Zivilisation-Antithese im Deutschen«. In: J. Knobloch et al. (Hgg.): *K. und Zivilisation* (Europ. Schlüsselwörter, Bd. III), Mchn. 1967. S. 288– 427. – H. Brackert/F. Wefelmeyer (Hgg.): *K.: Bestimmungen im 20. Jh.*, FfM. 1990. – St. Greenblatt: »Culture«. In: Lentricchia/McLaughlin 1990 [1995]. S. 225–232. – H.-U. Wehler: *Dt. Gesellschaftsgeschichte. Von der ›Dt. Doppelrevolution‹ bis zum Beginn des Ersten Weltkriegs 1849–1914*, Mchn. 1995. – H. Böhme: »Vom Cultus zur K.(wissenschaft). Zur historischen Semantik des K.begriffs«. In: Glaser/Luserke 1996. S. 48–68. – D. Baecker: *Wozu K.?* Bln. 2001 [2000]. – T. Eagleton: *The Idea of Culture*, Oxford 2000. – Jünger 2002. – W. Müller-Funk: *Die K. und ihre Narrative. Eine Einf.*, Wien/N.Y. 2002. – C.-M. Ort: »K.begriffe und K.theorien«. In: Nünning/ Nünning 2003. S. 19–38. – Jaeger/Liebsch 2004. – Jaeger/Straub 2004.   PMH

»Kultur als Text«, die Metapher K.a.T., die im dt.sprachigen Raum nicht zuletzt durch die gleichnamige, von Doris Bachmann-Medick 1996 herausgegebene Aufsatzsammlung weite Verbreitung gefunden hat, entstammt der am. Ethnographie. Diese entwickelte sich in den 1970er Jahren von einer empirischen Wissenschaft zu einer verstehenden, interpretativen ↗ Kulturanthropologie und trug in den 1990er Jahren durch die Entwicklung interdisziplinär rezipierter Modelle und Denkfiguren auch maßgeblich zu der bis heute anhaltenden kulturalistischen Wende (*cultural turn*) in den Geistes- und Sozialwissenschaften bei. – Einer der Wegbereiter dieser Entwicklung ist Clifford Geertz, der in dem viel beachteten Forschungsbeitrag »Thick Description: Toward an Interpretive Theory of Culture« in dem Band *The Interpretation of Cultures* (1973) die Analyse kultureller Praktiken analog zur kritischen Lektüre eines Textes als hermeneutischen Akt der Interpretation auffaßt. Auf der Grundlage eines semiotischen ↗ Kulturbegriffs und in Anlehnung an Max Weber konzipiert Geertz Kultur als ein von Menschen geschaffenes Bedeutungsgewebe. Diese Bedeutungen gilt es im Prozeß der Kulturanalyse zu interpretieren. Zu diesem Zweck entwickelt Geertz eine ethnographische Methode, die er in Anlehnung an den Philosophen Gilbert Ryle als ›dichte Beschreibung‹ (*thick description*) bezeichnet. Formal und inhaltlich orientieren sich die dichten Beschreibungen der Ethnographie an der Textsorte des Essay, der die narrative Darstellung und ein induktives Vorgehen (spezifische Beobachtungen führen zu allg. Aussagen über die zu analysierende Kultur und die Konzepte, auf denen ihre jeweilige Weltanschauung basiert) bevorzugt und sich bewußt von den strengen Konventionen naturwissenschaftlicher Studien abgrenzt. Die kulturanthropologische Vorgehensweise ähnelt eher der lit.wissenschaftlichen Hermeneutik, weshalb Geertz Kultur auch als ein zu interpretierendes Dokument bezeichnet. – Die durch Geertz vollzogene Übernahme der Textinterpretation in die Kulturanthropologie hat in den 1990er Jahren in die Lit.wissenschaft zurückgewirkt und deren

Bemühungen um eine Erweiterung ihres Gegenstandsbereichs unterstützt: Kulturwissenschaftliche Lit.wissenschaft beschäftigt sich heute nicht mehr nur mit Roman, Drama und Lyrik, sondern analysiert unterschiedliche kulturelle Zeichen- und Symbolsysteme sowie deren Genese und Funktionen als Mittel kultureller ↗ Erinnerung, kollektiver Sinnstiftung und nationaler Identitätskonstruktion. Fiktionale Texte eröffnen als ›Auto-Ethnographie‹ den Zugang zu den Selbstbeschreibungsdimensionen einer Gesellschaft und zu kulturellen Werten und Normen. Diese können aus der Retrospektive immer nur über Texte vermittelt rekonstruiert werden, eine Erkenntnis, die aktuellen Konzepten der Textualität von Kulturen und der Auffassung von (philologischer) ↗ Kulturwissenschaft als Textwissenschaft zugrunde liegt. Beide Ansätze tragen dazu bei, der mit der ›Interpretationsfigur‹ (Lenk 1996) ›K.a.T.‹ verbundenen Gefahr der Verabsolutierung entgegen zu wirken: Die metaphorische Gleichsetzung von Kultur und Text darf (und soll) schließlich nicht suggerieren, daß die propagierten ›textuellen‹ Strukturen von Kulturen empirisch vorgefunden sind. Sie sind vielmehr Resultate von Bedeutungs- und Funktionszuschreibungen, die im Prozeß der kulturwissenschaftlichen Beschreibung und Interpretation erst konstruiert und evaluiert werden müssen. – Die verbreitete Metapher von ›K.a.T.‹ hat v.a. aus zwei Gründen erhebliche Kritik erfahren: Erstens vernachlässigt sie die Textbenutzer und ihre Selbst- und Weltbilder, d.h. die soziale und mentale Seite der Kultur. Zweitens geht »mit der Ausdehnung und Universalisierung des Textbegriffs nicht selten die Privilegierung des sprachlichen Zugangs zu Bedeutungen einher, der als Königsweg zur Entschlüsselung auch aller anderen Kristallisationsformen kultureller Praxis erscheint. […] Die je spezifischen Bedeutungspotentiale der einzelnen Künste oder kulturellen Praxen werden nicht mehr wahrgenommen.« (Böhme/Matussek/Müller 2000, S. 136f.) Für die Kulturwissenschaften ist es aber gerade charakteristisch, daß sie sowohl diese Vielfalt kultureller Ausdrucksformen als auch deren Bedeutung für ein Verständnis von Weltbildern in den letzten Jahren im Zuge weiterer Wenden (z.B. *iconic turn*; ↗ Bildwissenschaft) zunehmend erschlossen haben. In zwei kritischen Rückblenden auf den Aufstieg der Formel ›K. a. T.‹ räumt Bachmann-Medick ein, daß diese Formel »zu einer überdeterminierten Leitvorstellung und emphatischen Schlüsselmetapher der kulturwissenschaftlichen Diskussion« (Bachmann-Medick 2004a, S. 299) avanciert sei, zeigt aber zugleich deren heuristisches Potential und fordert eine stärkere terminologische Selbstreflexion (vgl. Bachmann-Medick 2004a, 2004b).

Lit.: Bachmann-Medick 2004 [1996]. – C. Lenk: »K.a.T.: Überlegungen zu einer Interpretationsfigur«. In: R. Glaser/M. Luserke 1996. S. 116-128. – H. Böhme/P. Matussek/L. Müller: *Orientierung Kulturwissenschaft. Was sie kann, was sie will*, Reinbek bei Hbg. 2000. – A. Reckwitz: *Die Transformation der Kulturtheorien. Zur Entwicklung eines Theorieprogramms*, Weilerswist 2000. – U. Daniel: *Kompendium Kulturgeschichte. Theorien, Praxis, Schlüsselwörter*, FfM. 2004 [2001]. – D. Bachmann-Medick: »Textualität in den Kultur- und Lit.wissenschaften: Grenzen und Herausforderungen«. In: *K. a. T.*, Tüb./Basel 2004a. S. 298-338.

– dies.: »K.a.T.? Lit.- und Kulturwissenschaften jenseits des Textmodells«. In: A. Nünning/R. Sommer (Hgg.): *Kulturwissenschaftliche Lit.wissenschaft. Disziplinäre Ansätze – Theoretische Positionen – Transdisziplinäre Perspektiven*, Tüb. 2004b. S. 147-159. RS

Kulturanthropologie/*Cultural Anthropology*, Wissenschaft von der Analyse und Darstellung menschlicher Kulturen in ihrer Verschiedenheit. Die unterschiedlichen Begriffsverwendungen in der dt., am. und brit. Forschungsgeschichte verweisen auf entscheidende Bedeutungsdifferenzen (vgl. Mühlmann/Müller 1966). Als Richtung der am. Ethnologie (begründet in den 1920er Jahren durch F. Boas (1858–1942) in Absetzung von der physischen bzw. biologischen Anthropologie) ist die K. zu einer kulturwissenschaftlichen Leitdisziplin geworden. Sie unterscheidet sich von der dt. philosophischen Anthropologie im Gefolge E. Cassirers (↗ symbolische Formen), aber auch von der brit. *social anthropology*. Weder anthropologische Universalien noch kulturunabhängige soziale Strukturen sind ihr Gegenstand, sondern das Verstehen (fremd)kultureller Zusammenhänge (↗ Fremdverstehen), d.h. die Einbindung von Glaubensformen und Verhaltensweisen in übergreifendere Kontexte kulturspezifischer Symbolisierung sowie die Probleme der Darstellung und Interpretation anderer Gesellschaften. – Seit den 1960er Jahren tritt neben die ethnographischen Einzeluntersuchungen ein verstärktes Theorieangebot, bes. im Gefolge eines »*interpretive turn*« (vgl. Rabinow/Sullivan 1979). Die interpretative K. mit ihrem Hauptvertreter C. Geertz (vgl. 1973), die an Klassiker der K. wie J.G. Herder und G. Forster sowie W. Dilthey und H.-G. Gadamer anknüpfen kann, basiert auf kulturhermeneutischen/kultursemiotischen Ansätzen (↗ Kultursemiotik). Mit ihrer Leitvorstellung von ↗ ›Kultur als Text‹, die Geertz' klassisches Essay über den balinesischen Hahnenkampf (1972) veranschaulicht, wird die Selbstauslegungsdimension von Kulturen betont: ↗ Kultur ist eine eigene Praxis der Signifikation, die Bedeutungen produziert; Kultur ist das »selbstgesponnene Bedeutungsgewebe« (Geertz 1983, S. 9), in dem die Menschen ihre Handlungen ständig in Zeichen übersetzen. Grundlegend für die kulturanthropologische Interpretation sind also nicht etwa schriftliche Texte, sondern die Lesbarkeit von Handlungszusammenhängen in ihrer Zeichen- und Textstruktur. (Fremde) Kulturen werden überhaupt erst durch ihre ↗ Repräsentationen in ↗ Mythen, Klassifikationen, ↗ Ritualen, Kunstwerken, Texten usw. zugänglich. Zeicheninterpretation statt szientistische Tatsachenbeobachtung ist somit das Charakteristikum der K. als einer symbol-und bedeutungsorientierten ↗ Kulturwissenschaft (vgl. Gottowik 1997, S. 221). Ergänzt und zugleich dynamisiert wird die interpretative K. durch die symbolische K. im Sinne V. Turners und dessen Vorstellung von »Kultur als Darstellung« (↗ *performance*/Performativität). – Die K. hat ein konkretes methodisches Anregungspotential für die Geschichtswissenschaft (Historische Anthropologie) und für die Lit.wissenschaften (anthropologische Lit.wissenschaft bzw. literar. Anthropologie) (vgl. Bachmann-Medick 1996). Angeregt werden Verfahren kultureller Kontextualisierung (z.B. von Gefühlsbegriffen, Verhaltensmustern, Ausdrucksformen) und die Erschließung von Fremdheitserfahrungen durch spezifische Verfahren der Symbol- und Ritualanalyse. Damit verbunden ist die Überschreitung literar. Textgrenzen hin zu einem umfassenderen Verständnis von kulturellem Text. Am folgenreichsten für die Kulturwissenschaften überhaupt ist die grundsätzliche kulturanthropologische Reflexion des Kulturbegriffs in seinen vielfältigen Schattierungen. Die K. betont mit ihrer Grundposition des Kulturrelativismus einen Pluralismus der Kulturen sowie kulturelle Verschiedenheit. Indem sie die Auseinandersetzung mit fremden Kulturen nutzt, um eine kritische Einstellung gegenüber der eigenen Kultur zu gewinnen, entwickelt sie Grundlegungen für eine allg. ⟋ Kulturkritik (vgl. Fischer/Marcus 1986). So eignet sich die Methode des Kulturenvergleichs dazu, außereurop. Gesellschaften ebenso zu untersuchen wie Bereiche der europ. Kultur (z.B. Großstadt-, Jugendkulturen). Mit Fremdheit als methodischem Prinzip (Verfremdung) wird eine Außensicht der eigenen Gesellschaft bzw. die Entdeckung von Fremdheit im Eigenen ermöglicht. Die Entfaltung und zunehmend kritische Reflexion der methodischen Feldforschungseinstellung von ›teilnehmender Beobachtung‹, wie sie seit B. Malinowski praktiziert wird, bringt die Problematik der Fremderfahrung verstärkt in den Blick. Sie rückt sie jedoch zugleich in einen weiteren Horizont der Fremddarstellung. – Aus der Schwierigkeit, Fremderfahrung in Texte zu übersetzen (vgl. ⟋ Alterität, kulturelle), werden theoretische und methodische Ansätze der Darstellung (Repräsentation) fremder Kulturen überhaupt entwickelt. Die Spannbreite reicht von den synekdochischen Prinzipien der holistischen Kulturbeschreibung bis hin zur Repräsentationskritik im Zusammenhang eines ›literary turn‹ (vgl. die *Writing-Culture*-Debatte im Gefolge von J. Clifford). Die sog. ›Krise der Repräsentation‹ wird als Problem der Machtabhängigkeit von Kulturbeschreibungen reflektiert, aber auch als Problem des Textstatus von Ethnographien. Die K. öffnet sich zur Lit.wissenschaft und zur Rhetorik, indem sie erkennt, wie die von ihr produzierten Texte nicht etwa authentische Abbildung von Wirklichkeit sind, sondern eher rhetorisch-narrative Konstrukte (⟋ Konstruktivität), welche die Glaubwürdigkeit der ethnographischen Kulturdarstellung verbürgen sollen. Die Kulturbeschreibung in der K. (aber auch in der Lit. und in der Geschichtswissenschaft; vgl. H. White) geht auf literar.-rhetorisch-narrative Darstellungsstrategien zurück und folgt hier bes. dem Vorbild des realistischen Romans. Die Einsicht, daß die Repräsentation fremder Kulturen stets durch die Begrifflichkeit und Darstellungskonventionen europ. Wissenschaft verzerrt zu werden droht, führt zu einer Kritik an der westlichen Konzeption der Textproduktion und des Textes selbst. K., Lit.- und Geschichtswissenschaften haben gemeinsam, daß ihre Texte und ihre Verfahren der Fremdrepräsentation in übergreifende narrative Konventionen, ⟋ Diskurse und Machtstrukturen (⟋ Macht) eingebunden sind. Der Zusammenhang von Text und Kultur ist im Zeitalter von ⟋ Globalisierung neu zu überdenken. Dazu bieten die Wandlungen des Kulturverständnisses in der K. wichtige Ansatzpunkte. Die Vorstellung von Kultur als Text (und die damit verbundene holistische Annahme in sich geschlossener kultureller Ganzheiten) verlagert sich unter dem Einfluß der Theorien des ⟋ Postkolonialismus. Es entsteht die Vorstellung von Kultur als Übersetzung bzw. als Prozeß der Überlagerung und Vermischung verschiedener Kulturen (↗ Hybridität, Synkretismus, Kreolisierung), wobei die weltweiten kulturellen Hierarchien und ihre ungleiche Machtverteilung auch für die K. neue, postkoloniale Herausforderungen darstellen.

Lit.: W.E. Mühlmann/E.W. Müller (Hgg.): *K.*, Köln/ Bln. 1966. – Geertz 1973 (1991 [1983]). – P. Rabinow/ W.M. Sullivan (Hgg.): *Interpretive Social Science. A Reader*, Berkeley/Ldn. 1979. – J. Clifford (Hg.): *Writing Culture. The Poetics and Politics of Ethnography*, Berkeley/Ldn. 1986. – M. Fischer/G.E. Marcus (Hgg.): *Anthropology as Cultural Critique. An Experimental Moment in the Human Sciences*, Chicago/ Ldn. 1986. – K.-H. Kohl: *Ethnographie. Die Wissenschaft vom kulturell Fremden. Eine Einf.*, Mchn. 1993. – I. Stellrecht: »Interpretative Ethnologie. Eine Orientierung«. In: T. Schweizer et al. (Hgg.): *Handbuch der Ethnologie. Fs. für U. Johansen*, Bln. 1993. S. 29–78. – Berg/Fuchs 1995 [1993]. – Bachmann-Medick 1998 [1996]. – V. Gottowik: *Konstruktionen des Anderen. C. Geertz und die Krise der ethnographischen Repräsentation*, Bln. 1997. – H.R. Bernard (Hg.): *Handbook of Methods in C.A.*, Walnut Creak/Ldn. 1998. – F. Steger (Hg.): *Kultur: Ein Netz von Bedeutungen. Analysen zur symbolischen K.*, Würzburg 2002. – D. Bachmann-Medick: »K.«. In: Nünning/Nünning 2003. S. 86– 107. DBM

Kulturbegriff, ↗ Kultur ist heute *der* Schlüsselbegriff der Geistes- und Sozialwissenschaften, der aufgrund seiner bewegten Geschichte, aber auch wegen seines Stellenwerts als zentrales ↗ Paradigma unterschiedlicher Disziplinen (u.a. Kultursoziologie, Kulturgeschichte, ↗ Kulturanthropologie und Kulturwissenschaftliche Lit.wissenschaft) sowohl in historischer als auch in systematischer Sicht der Klärung bedarf: Wer operiert(e) wann und aus welchen Interessen heraus mit welchen K.en? – Zunächst sind klassische Definitionen von denjenigen Begriffsexplikationen abzugrenzen, die heute den kulturwissenschaftlichen Diskurs (↗ Kulturwissenschaft) bestimmen. Im 19. Jh. wurde der K. in normativer Ausrichtung vom Bürgertum reklamiert: Um sich von den ›primitiven‹ Unterschichten einerseits und vom ›degenerierten‹ Erbadel andererseits abzugrenzen, bezeichnete man die eigene, ›kultivierte‹ Lebensweise als eine erstrebenswerte und anzustrebende Daseinsform, die häufig mit dem dt. Konzept der ›Bildung‹ gleichgesetzt wurde. Neben diesem normativen K., der bis heute in Kulturdebatten vertreten wird, gewinnt insbes. in der anglo-am. Kulturanthropologie im ausgehenden 19. und frühen 20. Jh. ein totalitätsorientierter oder holistischer K. an Bedeutung, der von bürgerlichen Wertungen absieht und statt dessen die historische und kulturelle Spezifität der Lebensweise von Kollektiven in den Mittelpunkt rückt. Dadurch erscheinen kulturell unterschiedliche Völker, Nationen und Ethnien zwar als prinzipiell gleichberechtigte Kulturen, sie werden jedoch – aus heutiger Sicht – allzu generalisierend als homogene Gemeinschaften charakterisiert, so daß die interne Heterogenität von Kulturen aus dem Blick gerät. Von dem normativen und holistischen K. abzugrenzen ist der auf den Soziologen Talcott Parsons zurückgehende differenzierungstheoretische K.: Kunst und Wissenschaft werden demnach nicht mehr als Ausdruck von Hochkultur aufgefaßt, sondern systemtheoretisch (↗ Systemtheorie) als funktional bestimmte soziale Teilsysteme verstanden. – Die theoretische Grundlage der aktuellen kulturwissenschaftlichen Ansätze in den Geistes- und Sozialwissenschaften bildet jedoch der bedeutungsorientierte K., der in den Arbeiten von Ernst Cassirer (↗ symbolische Formen) bereits angelegt ist und sich auf Einsichten der Phänomenologie und Hermeneutik, des Strukturalismus und der ↗ Semiotik, des Pragmatismus sowie der Sprachwissenschaft und -philosophie (insbes. de Saussure und Wittgenstein) stützt. Zentral ist hier das Bewußtsein um die Kontingenz kultureller Codes und sozialer Praktiken: Kulturen werden als Zeichen- und Symbolsysteme konzipiert, deren symbolische Ordnungen, kulturelle Codes und Wertehierarchien sich in kulturspezifischen Praktiken und Sinnstiftungsprozessen manifestieren. Die Konsequenz ist, daß kollektiv geteilte Werte und Weltanschauungen immer nur vor dem Hintergrund der spezifischen Sinnhorizonte einer Kultur verständlich sind. Aufgrund dieser radikalen Infragestellung überzeitlicher kultureller Merkmale oder natürlich bedingter Entwicklung müssen sowohl retrospektive ↗ Modernisierungs- und Zivilisationstheorien als auch die Annahme der Kontinuität kulturgeschichtlichen Wandels revidiert werden: Das durch den bedeutungsorientierten K. geschärfte Kontingenzbewußtsein richtet den kulturwissenschaftlichen Blick zum einen selbstreflexiv auf die Standortgebundenheit der jeweils eigenen theoretischen und methodischen Prämissen. Diese wird anhand der Heterogenität grundlegender Unterscheidungen deutlich, die gerade auch die unterschiedlichen Versuche zu einer interdisziplinär akzeptierten Definition des K.s charakterisiert. Der Differenzierung eines normativen, totalitären, differenzierungstheoretischen und bedeutungstheoretischen K.s, wie sie der Soziologe Andreas Reckwitz vorschlägt, steht die Typologie des Historikers Friedrich Jaegers gegenüber, die ebenfalls vier, aber keineswegs deckungsgleiche, Ausprägungen unterscheidet, nämlich einen erfahrungs- und mentalitätsgeschichtlichen, kultursemiotischen, kommunikationshistorischen und praxeologischen Zugriff. Diese Abweichung zeigt, daß die jeweilige disziplinäre Tradition sowie das spezifische Erkenntnisinteresse bei der wissenschaftlichen Systematisierung eine zentrale Rolle spielen, und begründet damit implizit die Notwendigkeit einer transparenten Bestimmung des zugrunde gelegten K.s als Voraussetzung für das Gelingen interdisziplinärer kulturwissenschaftlicher Kommunikation. Zum anderen führt das Kontingenzbewußtsein der modernen Kulturwissenschaften in der Forschung zu einer Konzentration auf historische Diskontinuitäten und den Konstruktcharakter (↗ Konstruktivität) von Kulturen. Zu zentralen Konzepten innerhalb dieses neuen, transdisziplinären Paradigmas der Kulturwissenschaften nach dem *cultural turn* werden Kognition (↗ Kognitionstheorie) und Narration (↗ narrativistische Ansätze), ↗ Erinnerung und Verdrängung, ↗ Identität und ↗ Alterität, Textualität (↗ Kultur als Text) und Medialität, ↗ Repräsentation und ↗ Inszenierung sowie ↗ Performativität und ↗ Theatralität.

Lit.: A. Reckwitz: *Die Transformation der Kulturtheorien. Zur Entwicklung eines Theorieprogramms*, Weilerswist 2000. – F. Jaeger: »Historische Kulturwissenschaft«. In: ders./J. Straub (2004). S. 518-545. – A. Reckwitz: »Die Kontingenzperspektive

der ›Kultur‹. K.e, Kulturtheorien und das kulturwissenschaftliche Forschungsprogramm«. In: F. Jaeger/J. Rüsen 2004. S. 1-20.   RS

Kulturelle Alterität ↗ Alterität, kulturelle

Kulturelle Erinnerung ↗ Erinnerung, kulturelle

Kulturelles Gedächtnis ↗ Gedächtnis, kulturelles

Kulturgeschichte ↗ *New Cultural History*/Kulturgeschichte

Kulturindustrie, von Th.W. Adorno und M. Horkheimer 1944 geprägter
Begriff, mit dem die Gesamtheit der industriell erzeugten und distribuierten
Kulturgüter sowie die dazugehörigen Rezeptionsformen bezeichnet werden.
Der Begriff der K. ist umfassender als der Begriff ↗ ›Unterhaltungsindustrie‹,
weil er auch die Segmente der ↗ Kultur, die sich selbst nicht als unterhaltend
verstehen, mit einbezieht. K. ist aber auch nicht gleichzusetzen mit dem
oft ähnlich verwendeten Begriff der ›Massenkultur‹, weil mit diesem auch
jene spontanen kulturbildenden Prozesse gemeint sein können, die durch
die K. aufgegriffen und verwertet werden. – In der *Dialektik der Aufklärung*
(1947) hatten Adorno und Horkheimer nicht nur den Begriff der K. in die
Diskussion eingeführt, sondern ihm auch eine pejorative Deutung gegeben:
K. ist »Aufklärung als Massenbetrug« (Adorno/Horkheimer 1971, S. 108).
K. ist dabei jenes Verfahren, das v.a. die ästhetischen und philosophischen
Werke und Errungenschaften der bürgerlichen Kultur durch technische
Reproduktion und massenhafte Vermarktung zwar allg. zugänglich macht,
gleichzeitig dadurch aber auch entwertet: »Immerwährend betrügt die Kulturindustrie ihre Konsumenten um das, was sie immerwährend verspricht«
(Adorno/Horkheimer 1971, S. 125). Dieser Betrug gründet in der Technik
der K., die alles einem Prozeß der ›Standardisierung und Serienproduktion‹
unterwirft und so das opfert, wodurch sich die Logik des Kunstwerks von der
des gesellschaftlichen Systems unterscheidet. Durch diese Vereinheitlichung
verliert die Kultur insgesamt ihre kritische Potenz, wird unter dem Monopol
der K. zu einem Element, das Herrschaft nicht unterläuft, sondern stabilisiert. In seinem späteren »Résumé über K.« hat Adorno (1967, S. 62) den
ökonomischen und ideologischen Charakter der K. unterstrichen: »Geistige
Gebilde kulturindustriellen Stils sind nicht länger *auch* Waren, sondern sie
sind es durch und durch«. Dieser Warencharakter durchstreicht den Geist,
den Wahrheitsanspruch der Kunstwerke, macht diese zu einem Instrument
der Entmündigung. K. ersetzt das kritische Bewußtsein durch Anpassung.
– In der ersten Phase der Auseinandersetzung um Adornos Begriff der K.
dominierte dann auch diese negative Einschätzung der K., wenngleich
auch Adorno immer wieder vorgeworfen wurde, daß er die kritische und
subversive Kraft mancher Phänomene der Massenkultur falsch eingeschätzt
habe und, etwa in seiner Kritik am Jazz, selbst nur die Vorurteile eines
bürgerlichen Musikgeschmacks reproduziert habe (vgl. Steinert 1992). Zu
einer, deutlich auch gegen Adorno gerichteten folgenreichen Verteidigung

der K. gelangte schon in der 1960er Jahren U. Eco, der die K. allerdings mit
der medial vermittelten Massenkultur gleichsetzte. Die industriell erzeugte
Massenkultur, so Eco, ist Resultat einer Produktionsform, die an sich noch
nichts über die damit vermittelten Werte besagt. Massenkultur eröffne
zumindest die Chance auf Partizipation an Kultur für Gruppen, die bisher
von jeder Kultur ausgeschlossen waren. Diese Chancen wahrzunehmen sei
allerdings eine Frage der Politik, nicht der K. Der Konflikt zwischen einer
avantgardistischen ›Kultur des Neuen‹ und der ›Unterhaltungskultur‹ ist für
Eco (1984, S. 56) allerdings unabwendbar: Es ist »der Kampf der Kultur
mit sich selbst«. Der intellektuellen Nobilitierung der K. durch Eco und
andere folgte in den 1980er Jahren im Zuge der postmodernen Ästhetisierung der ↗ Lebenswelten eine Akzentverschiebung des Diskurses, durch die
der Begriff der K. an Bedeutung verlor. Versuche, die kritische Beurteilung
der K. als Vereinheitlichung und Massenbetrug auch für die ↗ Postmoderne
fruchtbar zu machen und damit den postmodernen Pluralismus der Stile als
Gegenpol zur K. zu etablieren, blieben ohne größere Resonanz (vgl. Welsch
1987, S. 116). K. wird faktisch als jener Rahmen für alle innovativen und
unterhaltenden kulturellen Aktivitäten vorausgesetzt, innerhalb dessen es
auf ästhetische Positionierungen ankommt. Soziologischer Untersuchungsgegenstand bleibt allerdings der Einfluß der K. v.a. auf die Herausbildung der
Jugendkulturen. Der mit dem Zusammenbruch des Sozialismus einsetzende
Prozeß der ↗ Globalisierung scheint allerdings eine Renaissance des Begriffs
der K. mit sich zu bringen. Im Zentrum steht dabei aber nicht mehr die
Frage nach dem Verhältnis von authentischer Kunst und K., sondern die
nach dem Verhältnis einer westlich dominierten, weltweit vereinheitlichten
und mit modernsten Medien vermittelten globalen K. zu den damit konfrontierten traditionalen Regionalkulturen.

Lit.: Th.W. Adorno/M. Horkheimer: *Dialektik der Aufklärung*, FfM. 1971 [1947].
– U. Eco: *Apokalyptiker und Integrierte*, FfM. 1984 [1964]. – Th.W. Adorno:
Ohne Leitbild. Parva Aesthetica, FfM. 1967. – W. Welsch: *Unsere postmoderne
Moderne*, Weinheim 1987. – L. Löwenthal: *Lit. und Massenkultur*, FfM. 1990.
– H. Steinert: *Die Entdeckung der K.: Oder Warum Prof. Adorno Jazz-Musik nicht
ausstehen konnte*, Wien 1992. – R. Behrens: *Pop, Kultur, Industrie. Zur Philosophie
der populären Musik*, Würzburg 1996. – S. Lash: *Die globale K.*, FfM. 1998. – J.
Windrich: »Dialektik des Opfers. Das ›K.‹-Kapitel der *Dialektik der Aufklärung*
als Replik auf W. Benjamins Essay *Das Kunstwerk im Zeichen seiner technischen
Reproduzierbarkeit*«. In: *DVjs* 73 (1999) S. 92– 114. – M. Zuckermann: *Gedenken
und K.: Ein Essay zur neuen dt. Normalität*, Bln./Bodenheim 1999.   KPL

Kulturkritik, der Begriff ›K.‹ vereint auf spezifische Weise zwei eigenständige
Konzepte. Das ist erst mit Herausbildung des Kollektivsingulars ↗ ›Kultur‹ im
18. Jh. und einer gleichzeitigen Etablierung der ›kritischen‹ Rede möglich.
Synonyme Begriffe wie ›Kulturpessimismus‹, ›Reformismus‹, ›Irrationalismus‹,
›Gegenaufklärung‹ usw. sind immer schon (epochen-)politisch ausdifferenziert
und meinen eine bestimmte (reaktionäre) Gruppe, Generation oder Partei.
Genauso wie ›Kultur‹ als Wertbehauptung ein emphatischer undifferenzierter

Begriff ist, wahrt auch die K. die Chance einer generalisierenden Verwerfung
und referiert insgesamt auf Kultur als Einheit hochgradig ausdifferenzierter
Bereiche. Einerseits wird innerhalb einer Masse von Phänomenen mit asym-
metrischen Leit- und Großunterscheidungen operiert (↗ ›Natur‹/›Zivilisation‹,
›Zivilisation‹/›Kultur‹ usw.), so daß ein beständiger summarischer Verweis
auf das ›Echte‹, ›Richtige‹ oder ›Wertvolle‹ die Verwerfung motiviert. Auch
die suggerierte Autor- bzw. Leseridentifikation mit dem Kollektivsingular
›Menschheit‹ in der Nachfolge J.J. Rousseaus als Konstruktionsprinzip des
Diskurses (vgl. Schödlbauer/Vahland 1997) ist nur eine Variante. Inhaltlich wird ein bes. signifikanter, weil ›Kultur‹ grundlegend strukturierender
Bereich stellvertretend kritisiert. Die spezifisch kulturkritische Argumentation richtet sich gegen die (bestehenden) Kommunikationsverhältnisse:
Seit der Expansion des Buchmarktes in der zweiten Hälfte des 18. Jh.s
wird mit einem noch zu rekonstruierenden Apparat an metaphorischen
Zuschreibungen und Suggestionen die jeweils vorherrschende Kommunikation bzw. das Medium in einer aufrückenden Analogie als zu ›schnell‹
oder ›massenhaft‹ kritisiert. K. ist dann der rhetorisch aufwendige Rekurs
auf jeweils unmittelbare, nicht-mediale Kommunikationsverhältnisse und
eng an die Durchsetzung der hermeneutischen ↗ Episteme geknüpft, welche diese kommunikationspolitischen Wunschverhältnisse fordert. Außer
Darlegungen, die Programme der K. paraphrasieren oder sammeln, gibt es
keine grundlegende Darstellung.

Lit.: U. Schödlbauer/J. Vahland: *Das Ende der Kritik*, Bln. 1997. – G. Stanitzek:
»Im Medium der Medientheorie. Figuren der Eigentlichkeit, K.«. In: *Texte zur
Kunst* 8.32 (1998) S. 32–39. – F. Mulhern: *Culture/ Metaculture*, Ldn./N.Y. 2000.
– L. Heiler: *Regression und K. im brit. Gegenwartsroman. Kulturwissenschaftliche
Untersuchungen zu Romanen von Ian McEwan, Jim Crace, Irvine Welsh und Will
Self*, Tüb. 2004.   HCh

Kulturmaterialismus ↗ *Cultural Materialism*

Kulturökologie, (1) Naturökologie und Kulturökologie: Gewöhnlich wird
unter ›Ökologie‹ eine Teildisziplin der Biologie verstanden. Schon der
Biologe J. von Uexküll hat freilich darauf hingewiesen, daß bereits für die
Tierwelt eine subjektive, kognitiv strukturierte ›Merkwelt‹ von der objektiven, physikalisch geordneten ›Wirkwelt‹ unterschieden werden muß. Der
Umwelt steht mithin eine Innenwelt gegenüber, die den evolutionär wach-
senden psychischen Raum aufspannt, in dem Tiere und bes. wir Menschen
leben. ↗ Kultur ist also ein Evolutionsprodukt der ↗ Natur, und sie beginnt
schon vor dem Auftreten des Menschen. Leider wird Uexküll mit diesen
zukunftsweisenden Überlegungen bis heute von vielen Naturwissenschaft-
lern als Außenseiter abgestempelt, und die biologische Ökologie hat entsprechend bisher kaum einen Weg aus den physikalistischen Begrenzungen
ihres bisherigen Paradigmas heraus gefunden. Unerachtet dessen haben sich
immer wieder Forscher aus kultur- und sozialwissenschaftlichen Disziplinen
von der suggestiven Kraft der ökologischen Fragestellungen und Ideen zu

unorthodoxen Anwendungen auf Systeme im menschlich-kulturellen Raum anregen lassen. Ein heute recht verbreiteter Forschungszweig dieser Art ist die sog. Sozialökologie, in der soziale Prozesse in menschlichen Gesellschaften daraufhin untersucht werden, unter welchen Umweltbedingungen sie stattfinden und wie sie ihrerseits auf ihre soziale Umwelt zurückwirken. Ein Verbindungsglied zur Biologie stellt dabei die Humanökologie dar, die mit teilweise naturwissenschaftlichen, teilweise sozialwissenschaftlichen Methoden den Menschen in seiner Rolle zwischen natürlicher und kultureller Umwelt thematisiert. Weitere alternative Ökologien sind im Laufe der Zeit hinzugekommen, so daß die Biologie heute nicht mehr die Alleinvertretung für das ökologische Denken für sich in Anspruch nehmen kann. Ihrer ›Naturökologie‹ tritt damit immer deutlicher eine ›Kulturökologie‹ gegenüber, die die Innenwelten des Menschen mit seinen kulturellen Umwelten in Beziehung setzt und hierbei in erheblichem Umfange von den in der Biologie als speziellem Anwendungsfall erprobten Grundmustern ökologischen Denkens profitiert. Spätestens mit dieser Entwicklung gewinnt dieses Denken damit auch eine Bedeutung für das Verständnis von Sprache und Lit. (2) Konzeptionen der K.: Die älteste, heute schon ›klassisch‹ zu nennende Form der K. ist die cultural ecology des Ethnologen J.H. Steward, der Kulturen als Adaptionen an die natürlichen Biome der Erde zu verstehen versucht. V.a. in der am. ↗ Kulturanthropologie sind hierzu viele Nachfolge- und Alternativkonzeptionen entwickelt worden (vgl. Bargatzky 1986). In der Soziologie wurde die Sozialökologie zu einer frühen Form von K. Alle diese Ansätze finden ihren Zugang zu den Phänomenen der Kultur insbes. über den Umweltbegriff, indem sie zu erforschen versuchen, wie die spezifisch menschlichen Umwelten aussehen. Zu ihnen gehören zweifellos auch die natürlichen Lebensgrundlagen, aber eben auch kulturelle, die in erheblich variantenreicherer Form als jene entwickelt sein können. Typisch ist für diese Konzeptionen, daß in ihnen nicht der Kulturbegriff selber ökologisch zu verstehen versucht wird, sondern ein herkömmliches Kulturverständnis auf der Basis eines herkömmlichen naturwissenschaftlichen Verständnisses von Ökologie mit einem neuen, humanspezifischen Umweltverständnis zusammengeführt wird. Grundsätzlich anders gehen Ansätze vor, die die Reichweite ökologischer Überlegungen und Konzepte nicht von vorneherein auf ihren traditionellen biologischen Horizont beschränken. Die heute vielleicht bedeutendste und zukunftsträchtigste Forschungsrichtung der K. speist sich daher nicht nur aus der Biologie, sondern neben ihr überwiegend aus anderen Quellen: psychologischen, philosophischen und systemtheoretischen. Die biologische Hauptquelle ist die bereits erwähnte Innenwelttheorie Uexkülls, die psychologische *ecology of mind* G. Batesons und die philosophische *deep ecology* A. Naess'. Daneben hat die von verschiedenen Forschern entwickelte formale Theorie evolutionärer Systeme (z.B. Laszlo 1993) einen entscheidenden Einfluß. Je nachdem, welche dieser (und anderer) Quellen dominiert, ergeben sich verschiedene Perspektiven auf die Bereiche Geist, Mensch, Natur und Kultur, die auch unterschiedliche inhaltliche Schwerpunkte der K. zur Folge haben, z.B. in der Sprachökologie, der ökologischen Ökonomie, der Theorie sozialer Institutionen oder der politischen Ökologie. Eine eher integrative Position, die die verschiedensten Einflüsse dieser Art aufnimmt und zu einer einheitlichen Theorie von Materie und Geist, Leben und Handeln zu verarbeiten versucht, ist beispielsweise der Ansatz F. Capras. Obwohl die K. eine noch junge Wissenschaft ist, existiert sie bereits in einer Reihe mehr oder weniger unterschiedlicher Konzeptionen: ein Umstand, der aus konventioneller wissenschaftstheoretischer Sicht auf Grundlagenunsicherheit und ›Unreife‹ schließen läßt, aus kulturökologischer Sicht aber sehr begrüßenswert ist, da er von Ideenreichtum und kraftvoller Lebendigkeit einer neuen Disziplin zeugt, die weit davon entfernt ist, in einem Lehrgebäude fester Dogmen zu erstarren. (3) Theorie kultureller Ökosysteme: Ein Problem der allg. ↗ Kulturwissenschaft schleppen auch die meisten Ansätze der K. mit sich fort: die Vagheit und Ungreifbarkeit des Kulturbegriffs. Deshalb soll hier noch kurz die sog. Evolutionäre K. vorgestellt werden, die Kultur nicht nur als eine spezifische Form humaner Umwelt begreift, sondern ein selber mittels ökologischer Konzepte genauer als bisher beschreibbares System. Der Kulturbegriff wird hier also als fundamentaler theoretischer Begriff verstanden, der in der Kulturökologie einer (neuartigen) Klärung zugeführt werden kann. Die Theorie kultureller Ökosysteme (vgl. Finke 1993) versteht sich als eine Antwort auf dieses Problem. Grundlage ist die Beobachtung, daß bei einer tiefen Analyse kultureller Handlungsfelder und Prozesse Strukturen sichtbar werden, die den Binnenstrukturen und Außenbeziehungen von Ökosystemen auffällig ähneln und wahrscheinlich Relikte eines evolutionären Erbes sind, das die Kultur aus ihren Anfängen in der Natur bis heute mitgenommen und nur an der Oberfläche vielfach institutionell überformt hat. Zu dieser Erbschaft gehören z.B. die Umweltoffenheit der kulturellen Systeme, ihre energetische Nichtautonomie, ihre nachhaltige interne Organisation über Kreislaufprozesse der Herstellung, Aneignung und Wiederaufbereitung von Information, ein gewisses Maß an Fehlerfreundlichkeit oder das Management ihrer Systemgrenzen als mehr oder weniger breite Übergangszonen zu Nachbarsystemen. Auf diese Weise können Kulturen auf der ethnischen Ebene (›Kulturen der Völker‹), der sozialen Ebene (soziale Systeme, Institutionen: Wirtschaft, Politik, Wissenschaft, Kunst, Lit. usw.) und der personalen Ebene (individuelle Glaubens- und Überzeugungssysteme) in formal ähnlicher Weise als kulturelle Ökosysteme beschrieben werden. (4) Bezug zu Linguistik und Lit.wissenschaft: Das 1972 erschienene Buch *The Ecology of Language* des norwegischen Linguisten E. Haugen öffnete erstmals für die Linguistik eine ökologische Perspektive. Ein Vierteljahrhundert später hat sich die Sprachökologie als ein neues Teilgebiet der Linguistik fest etabliert (vgl. Fill 1996). Sprachen werden als Teile von Sprache-Welt-Systemen verstanden, auch eine neue Art von Sprachkritik, die in der Erhaltung der sprachlichen Kreativität ein übergeordnetes Ziel sieht, wurde möglich. Bes. interessant ist die Tatsache, daß die K. auch einige für die strukturelle Linguistik theoretisch neuartige und weiterführende Perspektiven auf Sprache und Sprechen eröffnet. So besagt beispielsweise die ›*missing-link*-Hypothese‹ (vgl. Finke 1996), daß die formale Organisation der natürlichen Sprachen sie bis heute als inter-

mediäre Systeme des evolutionären Übergangs zwischen den älteren natürlichen und den jüngeren kulturellen Systemen ausweist (Kontinuum sprachlicher Regularitäten von strikter Determination in der Phonetik bis zu
wenig verbindlichen Konventionen in der Stilistik mit vielen Zwischenstu-
fen in den verschiedenen Teilen der Grammatik). Im Unterschied zur
Linguistik existiert in der Lit.wissenschaft bislang noch keine kulturökolo-
gische Forschungstradition. Wo aber Lit.wissenschaft dezidiert als eine
↗ Kulturwissenschaft verstanden und versucht wird, Lit. als informations-
reiche Ausdrucksform kulturellen Lebens zu verstehen, ist die Einbettung
solcher Forschung in einen kulturökologischen Begriffsrahmen naheliegend.
Wenn Lit. selber als ein soziales System mit eigenen Konventionen beschrieben wird, führt seine ökologische und evolutionäre Erklärung zu einer
formal und inhaltlich wesentlich vertieften Perspektive. Das kulturelle
Ökosystem Lit. ist seit langem eine wichtige Quelle jener psychischen
Energie und kulturellen Kreativität, die der kulturellen Evolution nicht nur
Ausdruck verleihen, sondern den Prozeß ihrer weiteren Entwicklung an-
treiben. Seine Vielfalt, Offenheit und Wandlungsfähigkeit hat im Bereich
der Kultur einen Wert, der zeigt, daß diese Merkmale und Eigenschaften
der älteren natürlichen Lebensformen allg. Kennzeichen zukunftsfähiger
Systeme sind.

Lit.: J. v. Uexküll: *Umwelt und Innenwelt der Tiere*, Bln. 1908. – J.H. Steward: *Theory
of Cultural Change*, Urbana 1955. – G. Bateson: *Steps to an Ecology of Mind*, N.Y.
1972 (dt. *Ökologie des Geistes*, FfM. 1981). – E. Haugen: *The Ecology of Language*,
Stanford 1972. – Th. Bargatzky: *Einf. in die K.*, Bln. 1986. – A. Naess: *Ecology,
Community and Lifestyle*, Cambridge 1989. – B. Glaeser/P. Teherani-Krönner:
Humanökologie und K., Opladen 1992. – P. Finke: »Kultur als Ökosystem«. In:
Living 3 (1993). S. 56–59. – E. Laszlo: *The Creative Cosmos*, Edinburgh 1993.– A.
Fill (Hg.): *Sprachökologie und Ökolinguistik*, Tüb. 1996. – P. Finke: »Sprache als
missing link zwischen natürlichen und kulturellen Ökosystemen«. In: Fill 1996.
S. 27–48. – Zapf 2002. – P. Finke: »K.«. In: Nünning/Nünning 2003. S. 248–279.
– N. Yüce/P. Plöger (Hgg.): *Die Vielfalt der Wechselwirkung. Eine transdisziplinäre
Exkursion im Umfeld der evolutionären K.*, Freiburg 2003.   PF

Kultursemiotik (lat. *cultura*: Landbau, Pflege; gr. *s meíon*: Zeichen), die
theoretische Reflexion über ↗ Kultur läßt sich bis Cicero zurückverfolgen.
Sie ging lange von einseitigen Definitionen aus und beschränkte sich auf
bestimmte Aspekte von Kultur; erst die moderne Anthropologie und ↗ Semiotik untersuchen Kultur als einheitliches Phänomen. Die Anthropologie
unterscheidet soziale, materiale und mentale Kultur, und die Semiotik stellt
diese drei Gegenstandsbereiche in einen systematischen Zusammenhang,
indem sie eine soziale Kultur als eine strukturierte Menge von Zeichen-
benutzern (Individuen, Institutionen, Gesellschaft) definiert, die materiale
Kultur als eine Menge von Texten (Zivilisation) und die mentale Kultur
als eine Menge von Codes. – K. im engeren Sinn beginnt bei E. Cassirer,
der eine Kultur als Gesamtheit von ↗ symbolischen Formen charakterisiert
und diese zum zentralen Gegenstand der Semiotik erklärt. Der breitesten

und überaus produktiven Definition der Tartu-Moskauer Schule zufolge ist Kultur die hierarchisch geordnete Gesamtheit aller Zeichensysteme, die in der Lebenspraxis einer Gemeinschaft verwendet werden. Von diesen sind manche dauerhaft (Bild, Statue, Gebäude, Gesetzestext), andere nur in ihrem Vollzug wahrnehmbar, der entweder einmal (Happening) oder häufiger stattfindet (Gottesdienst). Auch elementare Verhaltensweisen sind kulturell geformt, da jede Kultur etwa festlegt, wie eine bequeme Ruhehaltung aussieht und wieviel Schmerz man artikulieren darf. – Dieser semiotische Ansatz ist in Fortführung des ↗ Strukturalismus holistisch und dynamisch; ihm zufolge gibt es weder isolierte noch statische Zeichensysteme. Er macht es möglich, die kulturelle Entwicklung als Übergang zu immer komplexeren Zeichenfunktionen zu verstehen. Unter evolutionärer Perspektive wird ein Kontinuum zwischen ↗ Natur und Kultur angenommen, so daß kulturelles Handeln oft als Fortsetzung von natürlichem Verhalten gilt (z.B. Nestbau – Hausbau). Nach Ju. Lotman ist jede Kultur als System konzentrischer Sphären rekonstruierbar, die von innen nach außen das kulturell Zentrale, kulturell Periphere, Nichtkulturelle und Außerkulturelle enthalten. Dieses Modell erlaubt es, den Mechanismus des Kulturwandels zu beschreiben, der in der zunehmenden Semiotisierung der Welt besteht und an den Grenzen dieser Sphären stattfindet. Der Übergang vom Außerkulturellen zum Nichtkulturellen setzt ein, wenn eine Kultur einen neuen Objektbereich entdeckt, ihn durch einen rudimentären Code erfaßt und zum bekannten Wissensbestand in Beziehung setzt. An der Grenze zwischen Kultur (Lotman spricht von ›Semiosphäre‹) und Nichtkultur entsteht ein Bedürfnis nach Übersetzung fremder Texte, die folglich Sinnbildungsprozesse in Gang setzen. Hier definiert eine Kultur ihre eigene Identität, so daß nach Einverleibung des vorher Fremden ein Bedarf nach neuen derartigen Herausforderungen entsteht. Im Inneren einer Kultur gibt es eine Binnengliederung in Zentrales und Peripheres. Hier entsteht Dynamik, weil jeder Code dazu tendiert, eine zentrale Stelle einzunehmen, die durch weite Verbreitung, häufige Verwendung und hohes Prestige gekennzeichnet ist. Zentrale Codes werden immer weiter verfeinert, standardisiert und automatisiert und greifen schließlich auf andere Zeichensysteme über. Sobald diese wachsende Dominanz sie starr und damit unattraktiv macht, werden sie wiederum von flexibleren Codes verdrängt. Dieser zyklische Prozeß verläuft in allen Bereichen, jedoch unterschiedlich schnell: natürliche Sprachen verändern sich viel langsamer als ideologische Systeme. Er läßt sich nur aufhalten, wenn alternative Codes für denselben Objektbereich nebeneinander bestehen. Günstig ist jeweils ein mittleres Ausmaß von innerer Vielfalt, da zu viele Codevarianten zu Chaos führen und zu wenige zu Stagnation. Kulturwandel mit vorhersagbaren Ergebnissen nennt Lotman ›Evolution‹. Den nicht-vorhersagbaren Fall bezeichnet er als ›Ausbruch‹ und lokalisiert ihn v.a. im Bereich von Kunst und Mode. Dieser semiotische Ansatz erlaubt es auch, interkulturelle Prozesse zu beschreiben, etwa die Integration des einzelnen in eine andere Kultur, die Übernahme fremder Artefakte und Wertsysteme sowie die Zitate fremdkultureller Zeichen. – Kultursemiotische Detailuntersuchungen beschäftigen sich mit bestimmten Arten des menschlichen Handelns und dessen Resultaten. Jedes

Werkzeug etwa ist eine Materialisierung von Erfahrungen, denn es weist bereits durch seine Gestaltung auf seine Funktion hin, wobei verschiedene Reflexionsstufen unterscheidbar sind. Auf der niedrigsten Stufe wird ein Gebrauchswert zufällig entdeckt: Man stellt etwa fest, daß sich ein Felsen zum Sitzen eignet. Das einfachste künstliche Pendant ist ein Hocker, während ein Stuhl bereits das zusätzliche Bedürfnis nach Bequemlichkeit erfüllt. Auf den nächsten Stufen wird der Zweck der Artefakte explizit gekennzeichnet (Sessel) oder gar zelebriert (Thron). Der Übergang zu höheren Stufen bewirkt eine Standardisierung der Objekte und zugleich eine Automatisierung des Umgangs mit ihnen. Zeitgenössische Kulturen können in ihrer Gesamtheit untersucht werden, zu der auch flüchtige Gebilde gehören wie Tischdekorationen, Fernsehinterviews oder Grußrituale. Die Archäologie hingegen kann sich oft nur auf materielle Zeugnisse stützen. Auch hier hat sich eine umfassendere Perspektive durchgesetzt, die von den Objekten auf ihre Hersteller schließt und auf die Kontexte, in denen sie verwendet wurden. Irrtümer sind nie auszuschließen, da Objekte oft mehrere Funktionen haben oder in einen anderen Kontext übernommen wurden. Ein bes. Typ von Artefakten sind Texte, d.h. Zeichenkomplexe, die durch eine festgelegte Bedeutung gekennzeichnet sind. Der Textbegriff, der urspr. nur geschriebene Texte umfaßte, wurde Anfang des 20. Jh.s zunächst auf mündliche Äußerungen ausgedehnt und dann immer weiter, so daß heute jedes codierte Zeichentoken als Text gilt, sei es Bild, Musikstück oder multimediale Installation. Das Zusammengehörigkeitsgefühl einer Gesellschaft wird durch ↗ Rituale und ↗ Inszenierungen stabilisiert, die oft eine Grenze zwischen semiotischen Sphären thematisieren, z.B. die zum Transzendenten (Gottesdienst), zur konkurrierenden Kultur (Sport, Quiz), zur Tierwelt (Zoo, Zirkus) oder zur Pflanzenwelt (Gärten, Parks).

Lit.: Koch 1986. – Ju. Lotman: »Über die Semiosphäre«. In: *Zs. für Semiotik* 12 (1990) S. 287–305. – R. Posner: »Was ist Kultur? Zur semiotischen Explikation anthropologischer Grundbegriffe«. In: M. Landsch et al. (Hgg.): *Kultur-Evolution. Fallstudien und Synthese*, FfM. 1992. S. 1–65. – ders. et al. 1997–2004. – ders.: »K.«. In: Nünning/Nünning 2003. S. 39–72.   RPo/DS

Kulturtheorien K. bieten aus unterschiedlichen theoretischen und disziplinären Perspektiven Erklärungsangebote sowohl für den Wirkungszusammenhang von ↗ Kultur und Gesellschaft als auch für Kultur als einen mehr oder weniger eigenständigen Phänomenbereich. Im Gegensatz zum oft diffusen Kulturbegriff der Alltagssprache gehen anthropologisch-soziologische K. von einem Kulturbegriff aus, dessen Kern sich in allen theoretischen Ansätzen findet. Traditionell besteht er aus den Annahmen, daß Kultur neben den Gegenständen der materiellen Kultur v.a. erlerntes Wissen und erlernte Fertigkeiten im Gegensatz zu angeborenem Wissen und angeborenen Fertigkeiten umfaßt, und kulturelles Wissen kein individuelles, sondern geteiltes Wissen ist. Anhand dieses Kernes läßt sich die Entwicklung und die Problematik von K. skizzieren. – Die Geschichte der K. ist die der Auseinandersetzung mit dem Kultur/↗ Natur-Dualismus. Von der Etymo-

logie des Kulturbegriffs her ist dieser Dualismus nicht zwingend, hatte sich
›Pflege‹ doch stets auch auf natürliche Gegenstände bezogen. Aufgrund der
›Verinnerlichung‹, den das Kulturkonzept im 19. Jh. außerhalb der Wis-
senschaft erlebte, wurde die Entgegensetzung von Natur und Kultur seit
den letzten Jahrzehnten des 19. Jh.s aber zu einem zentralen Thema der K.
Dafür war neben der Säkularisierung die Auseinandersetzung mit dem
Phänomen Gesellschaft/Nation wichtig. Als Ergebnis entstanden bis heute
diskutierte Fragen über die Natur von Gesellschaft, über ihr Verhältnis zu
Individuen und über die Rolle kollektiven und individuellen Wissens und
Handelns. Sie sind für K. unmittelbar wichtig. Es ist so kein Zufall, daß
u.a. die Sozialwissenschaften gegen Ende des 19. Jh.s entstehen (É.D.
Durkheim). Die sich institutionalisierenden neuen Disziplinen mußten
einen eigenen Gegenstandsbereich nachweisen, um einen Anteil an den
knappen Ressourcen zu erlangen. Die Soziologie steckte so ihr Terrain u.a.
mit ›die Gesellschaft‹ bzw. auch mit ›Kultur‹ ab, wobei es hier eine Arbeitsteilung mit der Anthropologie gab. In Deutschland erfolgte die Institutionalisierung in der Auseinandersetzung mit der schon eher etablierten Geschichtswissenschaft, den Sprachwissenschaften, der Wirtschaftswissenschaft
und der Philosophie. Umgekehrt grenzte man sich schnell von den Naturwissenschaften und bes. von der Biologie ab. In den USA bildete sich an
der Wende zum 20 Jh. eine starke eugenische Bewegung, die zusammen
mit Darwinisten, Lamarckisten und Mendelianern (die moderne Genetik
entstand erst seit 1915, die heutige Vereinigung zwischen Darwinismus und
Genetik erst in den 1930er Jahren) u.a. auch einen biologischen Determinismus vertrat, also die Auffassung, alle sozialen und kulturellen Phänomene seien biologische Epiphänomene. Diese Entwicklung hatte einen deutlich
rassistischen Bezug. Sie machte außerdem den entstehenden Sozialwissenschaften ihren Gegenstand streitig. Dagegen argumentierten in den USA
F. Boas, A. Kroeber und andere sowie in Deutschland F. Oppenheimer,
soziale und kulturelle Phänomene seien von der Biologie unabhängig. In
Deutschland lehnten die meisten Wissenschaftler biologische Argumente
jedoch v.a. unter dem Einfluß der Geschichtswissenschaft und der Philosophie ab. – Als Ergebnis dieser Bedingungen entstand der weit über die
K. hinausreichende Kulturismus. Er setzte dem biologischen einen sozialen
bzw. kulturellen Determinismus entgegen. Die Vertreter dieser Position (in
der Anthropologie z.B. Boas, M. Mead, R. Benedict, in der Soziologie etwa
M. Weber, die Durkheim-Schule, die Ethnomethodologie, viele gegenwärtige Systemtheoretiker oder Vertreter des ›social constructionism‹, letztlich
aber auch der Marxismus) gehen davon aus, daß die ›menschliche Natur‹
für das Verständnis sozialer und kultureller Phänomene vernachlässigbar
sei. Obwohl man sich vom Behaviorismus distanziert, steht der Kulturismus
letztlich in dieser Tradition. Menschliches Denken und Handeln, und damit
auch Kultur, wurde zunächst ausschließlich als Ergebnis von Lernen (Sozialisation) in einer sozialen Umwelt aufgefaßt, wobei man die Kultur einer
Gesellschaft auch als System der Einpassung in eine natürliche Umwelt
verstand. Mit dem Nachlassen behavioristischer Überzeugungen trat der
Aspekt der Konditionierung hinter den der aktiven Übernahme bzw. der

Aushandlung zurück. Damit war überdies kultureller Wandel besser zu erfassen. Differenzierte Annahmen über kulturrelevante menschliche Eigenschaften galten jedoch auch in der veränderten Perspektive als ›biologistisch‹. Man ging nach wie vor davon aus, daß es weder angeborene Interessen und Verhaltenspräferenzen, noch funktionale Notwendigkeiten gebe, die ›Übernahme‹ und Elaboration kulturellen Wissens oder gar kulturelle Innovationen in unter Umständen erheblichem Maße kanalisieren: neben einigen ›nur‹ physischen Grundbedürfnissen kennzeichne den Menschen v.a. eine anpassende Lernbereitschaft. Das kulturistische Forschungsprogramm dominierte bis in die späten 1970er Jahre. Dazu trugen die Erfahrungen mit dem Rassismus und seinen Mordprogrammen bei. Aber auch die Soziobiologie verlängerte das Fortbestehen der zementierten Positionen. Obwohl selber nicht rassistisch, steht sie doch in der Tradition des biologischen Determinismus und vertritt ihre eng am Darwinismus orientierten Überzeugungen teilweise so, daß alte Befürchtungen erneut geweckt werden. Seit den 1980er Jahren lösen sich die K. von der Alternative ›Kultur oder Natur‹. Während der biologische Determinismus schon lange als gescheitert gilt, wird nunmehr auch der Kulturismus problematisch. Für ihn wichtige Forschungsergebnisse wurden falsifiziert (vgl. Freeman 1983). Die ⁊ Globalisierung der letzten Jahre weckte das Interesse für vernachlässigte Befunde. Die Erkenntnis wächst, daß der Kulturismus nicht erklären kann, warum so viele Menschen und Gesellschaften so viel gemeinsam haben. Ohne individuelle und soziale Universalien müßten die Differenzen zwischen unterschiedlichen Kulturen erheblich größer sein (vgl. Brown 1991). Mit der Abwendung vom alten Dualismus gehen eine Reihe richtungweisender konzeptueller Entscheidungen einher. Die entstehenden modernen K. kennzeichnen so vier Merkmale: (a) Kultur als Gegenstand von K. wird präzisiert als Mengen von Konzepten, Wirklichkeitskonstrukten (⁊ Wirklichkeitskonstruktion) und ihnen zugeordnetes Handlungswissen. Kultur besteht danach aus ideationalen oder kognitiven Gegenständen, die von den Mitgliedern einer Gesellschaft oder sozialen Gruppe geteilt werden. Gegenstände der materiellen Kultur (literar. Werke, Bilder, Bauwerke usw.) sind Instantiierungen kulturellen Wissens, ohne das sie weder produziert noch als Kulturprodukte wahrgenommen werden können. (b) K. ist vom Typ der Dynamik her eine Evolutionstheorie. Sie bezieht sich auf Mengen von Einheiten. Diese werden variiert und unterliegen variationsabhängigen Selektionen. Dadurch verändert sich die Zusammensetzung und damit auch der Charakter der betreffenden Kultur. Variationen können aus der Selektivität mimetischer Prozesse, aus Anwendungserfahrungen oder aus Prüfungen der theoretischen Konsistenz resultieren. (c) Kultur wird von der Funktion her als ein zweites Vererbungssystem verstanden, das parallel zur genetischen Vererbung arbeitet. Im Unterschied zur langsamen vertikalen genetischen Vererbung arbeitet die kulturelle schneller (Medien!) und zusätzlich ›horizontal‹, ist also nicht auf biologische Nachkommen beschränkt. Kultur erlaubt, erfolgreich zu kommunizieren, Wissensbestände zu speichern und weiterzugeben. Schließlich stimuliert die Objektivierung kulturellen Wissens sein Reflexivwerden, d.h. die leistungssteigernde Anwendung von

Wissen auf Wissen. (d) Kultur/Gesellschaft und Biologie werden nicht gegensätzlich, sondern komplementär verstanden. Abweichend von den unspezifischen Lern- und Anpassungsannahmen des Kulturismus liegt es nahe, von evolvierten spezifischen kognitiven Mechanismen auszugehen. Danach sind nicht konkrete Vorstellungen, Präferenzen usw. angeboren, sondern die ihnen zugrundeliegenden kognitiven Mechanismen. Sie operieren stets unter historisch-kulturell wechselnden Bedingungen. Konkretes kulturelles Wissen (aber auch Verhalten) entsteht somit aus dem Zusammenwirken von Angeborenem und Gelerntem. Kultur berücksichtigt biologische und umweltspezifische Bedingungen, umgekehrt konnte und kann der Mensch nur dank Kultur seinen Lebensraum ausweiten und die heutige Populationsdichte erreichen.

Lit.: D. Freeman: *Liebe ohne Aggression. M. Meads Legende von der Friedfertigkeit der Naturvölker*, Mchn. 1983. – R. Boyd/P. J. Richerson: *Culture and the Evolutionary Process*, Chicago 1985. – F. Neidhardt et al. (Hgg.): *Kultur und Gesellschaft*, Opladen 1986. – D.E. Brown: *Human Universals*, N.Y. 1991. – W.H. Durham: *Coevolution. Genes, Culture, and Human Diversity*, Stanford 1991. – P.M. Hejl: »Kultur als sozial konstruierte Wirklichkeiten. Zur Analytik der ›dritten Ebene‹ aus systemtheoretischer Sicht«. In: *SPIEL* 12.1 (1993) S. 81–104. – E.-M. Engels (Hg.): *Die Rezeption von Evolutionstheorien im 19. Jh.*, FfM. 1995. – P. Weingart et al. (Hgg.): *Human by Nature. Between Biology and the Social Sciences*, Hillsdale 1997. – J.E. Elliott: »From Language to Medium. A Small Apology for Cultural Theory as Challenge to Cultural Studies«. In: *NLH* 29.3 (1998) S. 385–413. – Th. Jung: *Geschichte der modernen K.*, Darmstadt 1999. – C.-M. Ort: »K.«. In: Fricke 2000. S. 353–356. – A. Reckwitz: *Die Transformation der K.: Zur Entwicklung eines Theorieprogramms*, Weilerswist 2000. – M. Fleischer: *K.: Systemtheoretische und evolutionäre Grundlagen*, Oberhausen 2001. – Hetzel 2001. – Peper 2002. – Nünning/Nünning 2003.   PMH

Kulturtransfer, bezeichnet eine Methode, die Mitte der 1980er Jahre am Pariser CNRS von M. Espagne und M. Werner entwickelt wurde und neben der Vermittlung von Lit. auch die von Gebrauchsgütern untersucht. Sie entstand aus einer Kritik an der Komparatistik, deren Defizite sie zu umgehen sucht. – Vergleicht man diese, um Gemeinsamkeiten und Unterschiede zu verzeichnen, so setzt die Komparatistik unantastbare Eigenheiten und abgegrenzte Kulturräume voraus, die durch ihre Parallelisierung in der jeweiligen Eigenheit anerkannt werden und die nationale Fixierung verstärken. Demgegenüber versteht sich der K. als erweitertes Modell, das das Gewicht auf die Vermittlung zwischen den Kulturräumen legt und bilaterale Lit.geschichte zu schreiben versucht. Des weiteren parallelisiert die Komparatistik synchrone Konstellationen und semantische Ähnlichkeiten, ohne Wechselwirkungen und Traditionen zu berücksichtigen. Demgegenüber betrachtet der K. semantische und zeitliche Berührungspunkte, wobei bes. die Gruppe der Vermittler interessiert, die die Interferenzen deutlich zeigen. Zwei Momente stehen im Mittelpunkt: (1) Die Divergenz zwischen der Bedeutung eines Kulturexports im jeweiligen Kontext bzw. die bewußte

Umdeutung der Botschaft im neuen Umfeld, wobei ein dritter zusätzlich eingreifen kann. (2) Die Akkulturation des Importguts, d.h. das schöpferische Verfahren, das zur Übernahme und Vermittlung des fremden Guts hinzutritt. So kann die Praxis des Empfängers die Funktion und Finalität des Übernommenen verändern, was bis zur Aufgabe der charakteristischen Strukturmerkmale führt. Diese Umdeutung wird jedoch als bewußte Intentionalität des Rezeptionsprozesses aufgefaßt, und nicht als Defizit des Rezipienten. Der K. findet nicht nur in Publikationen des CNRS seinen Niederschlag, sondern auch in der Buchreihe *Dt.-Frz.-Kulturbibliothek.*

Lit.: M. Espage/M. Werner: »Dt.-franz. K. als Forschungsgegenstand«. In: dies.: *Les relations interculturelles dans l'espace franco-allemand (XVIIIe et XIXe siècle),* Paris 1988. S. 11–34. – M. Espagne: »Sur les limites du comparatisme en histoire culturelle«. In: *Genèses* 17 (1994) S. 112–121. – H. Paul/K. Kanzler (Hgg.): *Am. Populärkultur in Deutschland. Case Studies in Cultural Transfer Past and Present,* Lpz. 2002. – A. Ackermann: »Das Eigene und das Fremde. Hybridität, Vielfalt und K.s«. In: Jaeger/Rüsen 2004. S. 139–154.   JSt

Kulturwissenschaft, der Terminus K. läßt sich bislang trotz vielfältiger Bemühungen deshalb nicht eindeutig definieren, weil darunter eine Vielfalt von unterschiedlichen Forschungsrichtungen und Tendenzen in den Geisteswissenschaften subsumiert wird, weil er als Sammelbegriff für einen offenen und interdisziplinären Diskussionszusammenhang fungiert und weil seine Reichweite umstritten ist. Der inflationär gebrauchte Begriff K. wird in mindestens vier verschiedenen Bedeutungen verwendet: (a) In einem sehr weiten Sinne steht K. für einen fächerübergreifenden Bezugsrahmen, der das Spektrum der traditionellen geisteswissenschaftlichen Disziplinen integrieren soll. (b) Der Begriff K. fungiert zweitens als Schlagwort für die von verschiedenen Seiten erhobene Forderung nach einem Wandel und einer Erweiterung der traditionellen Philologien und Lit.wissenschaften (↗ Kulturgeschichtliche Literaturwissenschaft). (c) In einem noch engeren und spezielleren Sinne bezeichnet K. einen Teilbereich bzw. eine bestimmte Richtung innerhalb der einzelnen Philologien. (d) Der begrifflichen Klarheit wenig förderlich ist es, auch die Volkskunde oder Europ. Ethnologie als K. zu bezeichnen (vgl. Glaser/ Luserke 1996). Trotz einiger inhaltlicher und methodischer Parallelen ist K. zu unterscheiden von der in Großbritannien entwickelten Form von ↗ *Cultural Studies,* zu deren Merkmalen eine marxistische Gesellschaftstheorie, eine ideologisch geprägte Zielsetzung und eine weitgehende Eingrenzung des Gegenstands auf die ↗ Populärkultur (engl. *popular culture*) der Gegenwart zählen. Je nach den jeweils zugrunde gelegten Gegenstands- und Methodenbestimmungen der K. ergeben sich vielfältige Berührungspunkte mit der komparatistischen Imagologie, ↗ Kollektivsymbolik, ↗ Kulturökologie, literar. Anthropologie, Begriffs-, ↗ Geistes-, Ideen- und ↗ Mentalitätsgeschichte, ↗ *New Cultural History,* ↗ Xenologie und den ↗ *Gender Studies.* – Die verschiedenen Versuche, den Gegenstandsbereich und die Methoden von K. zu definieren, unterscheiden sich zum einen im Hinblick auf die verwendeten Kulturbegriffe (↗ Kultur) und ↗ Kulturtheorien; zum anderen variieren sie in bezug auf die jeweils vorgeschlagenen theoretischen Leitbegriffe und Verfahrensweisen. Trotz der Vielzahl unterschiedlicher Entwürfe wird ein der ↗ Kulturanthropologie und der ↗ Kultursemiotik verpflichtetes Verständnis von ›↗ Kultur als Text‹ (vgl. Bachmann-Medick 1996) und von K. als »ein interpretatives, bedeutungsgenerierendes Verfahren, das sozial signifikante Wahrnehmungs-, Symbolisierungs- und Kognitionsstile in ihrer lebensweltlichen [↗ Lebenswelt] Wirksamkeit analysiert« (Böhme/Scherpe 1996, S. 16), favorisiert. K. geht es v.a. um »ein Verständnis der Textvermitteltheit von Kulturen ebenso wie von kulturellen Implikationen literar. Texte« (Bachmann-Medick 1996, S. 45). – Zu den wissenschaftsgeschichtlichen Vorläufern einer so verstandenen K. zählen E.A. Cassirers Untersuchungen der ›↗ symbolischen Formen‹, das mit der Kulturwissenschaftlichen Bibliothek Warburg verbundene fächer- und epochenübergreifende Forschungsprogramm (A. Warburg), die soziologischen Arbeiten G. Simmels, die auf N. Elias zurückgehende ↗ Zivilisationstheorie und psychohistorische Verhaltensforschung, die kulturgeschichtlichen Arbeiten J. Burckhardts, G. Lukács', E.R. Curtius' und W. Benjamins sowie die frz. Mentalitätsgeschichte. Darüber hinaus haben der ↗ *linguistic turn*, das wachsende Interesse an den Wechselbeziehungen zwischen den verschiedenen Künsten und Medien sowie die zunehmende Internationalisierung und ↗ Interdisziplinarität der Geisteswissenschaften den Aufschwung der K. begünstigt. Wichtige theoretische und methodische Impulse für die Entwicklung innovativer Varianten von K. gehen zurück auf den ethnologischen und lit.wissenschaftlichen ↗ Strukturalismus (insbes. auf Cl. Lévi-Strauss und R. Barthes), die Lit.soziologie (namentlich die Studien P. Bourdieus), die Kultursemiotik (U. Eco), die am. Kulturanthropologie (allen voran die semiotische Erforschung kultureller Prozesse der Selbstauslegung durch C. Geertz), Studien zu den historisch variablen ↗ Aufschreibesystemen (F.A. Kittler), den *New Historicism* bzw. die ›Kulturpoetik‹ St. Greenblatts, neue ↗ Medientheorien sowie auf ↗ Diskurstheorien und historische Diskursanalysen, v.a. die Arbeiten M. Foucaults. – Die von verschiedenen Seiten erhobene Forderung nach einer kulturwissenschaftlichen Reformierung und Weiterentwicklung der Philologien hin zu interdisziplinären Formen von K. (vgl. Frühwald et al. 1991) gründet u.a. in der Kritik an der bisherigen institutionellen Aufteilung akademischer Disziplinen, dem verbreiteten Wunsch nach einer Kanonrevision und einer Ausweitung des Gegenstandsbereichs lit.wissenschaftlicher Forschung, der Skepsis gegenüber überkommenen Text- und Lit.begriffen, der Zurückweisung des normativ gefärbten Gegensatzes zwischen ↗ Hochlit. und Populärkultur, der Notwendigkeit der Einbeziehung der heutigen Medienkultur sowie der Abkehr vom ↗ Eurozentrismus und der interkulturellen Erforschung einer neuen ›Weltlit.‹. Für die verbreitete Ansicht, daß K. »das Fundament für die verschiedensten Reformbemühungen abgeben könnte«, gibt es eine Vielzahl von Gründen, welche sich H. Böhme und K. Scherpe (1996, S. 10) zufolge »in sechs Typen einer kulturwissenschaftlichen Entwicklung der Philologien ordnen lassen« (ebd., vgl. S. 10–13): (a) wissenschaftsimmanente Motive, die sich aus der Einsicht in das Mißverhältnis

zwischen Problementwicklung und disziplinärer Entwicklung ergeben; (b)
der allg. »Trend zur Pluralisierung der Quellen« (ebd., S. 11), der mit der
Ausweitung des Lit.begriffs, der Problematisierung und Revision des Kanons
verschiedener Nationalliteraturen sowie der Aufwertung der Populärkultur
und der ↗ Massenmedien einhergeht; (c) die Einsicht, daß durch die Ausdifferenzierung und Spezialisierung der Philologien vielfältige Erkenntnis-
grenzen (insbes. im Hinblick auf fächerübergreifende Fragestellungen)
entstanden sind, sowie die daraus abgeleitete Forderung, den Verlust an
wissenschaftlicher Wahrnehmungsfähigkeit durch eine interdisziplinäre
Neuorientierung zu überwinden; (d) ein »Veralten der philologischen Methoden gegenüber der Entwicklung der Künste selbst« (ebd., S. 12), ein v.a.
in der dialogischen Beziehung der Lit. zu anderen Medien zu beobachten-
der Prozeß, dem die K. durch die Entwicklung interdisziplinärer Ansätze
und Konzepte (z.B. ↗ Intermedialität) entgegenzuwirken versucht; (e) Motive, die weniger den Gegenstandsbereich als die Methoden und Forschungs-
perspektiven betreffen; K. wird dabei als »eine Form der Moderation« und
als »ein Medium der Verständigung« zwischen den hochspezialisierten
Einzelwissenschaften bzw. als »eine Metaebene der Reflexion« (ebd.) konzeptualisiert; (f) Versuche einer »gegenstandsbezogenen Selbstbegründung
von K.«, denen die Auffassung zugrunde liegt, daß K. »sehr wohl durch ein
eigenes Set von Fragestellungen, Methoden und Gegenstandsfeldern charakterisiert sei« (ebd., S. 13). Dazu zählen etwa die Entwicklung einer
↗ Medienkulturwissenschaft, die Forschungen zur kulturellen ↗ Erinnerung
und zum kollektiven ↗ Gedächtnis (vgl. J. Assmann/Hölscher 1988; A.
Assmann/Harth 1991; J. Assmann 1992), das von der ›anthropologischen
Wende in der Lit.wissenschaft‹ ausgehende Konzept einer »Lit.wissenschaft
als einer ethnologisch inspirierten K.« (Bachmann-Medick 1996, S. 18),
eine ›mentalitätsgeschichtlich orientierte K.‹ (vgl. Nünning 1998 [1995]),
eine ›textwissenschaftlich fundierte K.‹ (vgl. Grabes 1996) sowie die unter
dem Begriff *New Cultural History* subsumierten alltags- und kulturgeschichtlichen Studien. – Obgleich inzwischen ein breiter Konsens darüber besteht,
daß eine interdisziplinäre Erweiterung der Philologien auf eine K. hin
notwendig und daß eine stärkere Einbeziehung kulturgeschichtlicher Fragen
und neuer Medien wünschenswert sei, besteht bislang keine Klarheit über
die Abgrenzung des Gegenstandsbereichs einer K., über deren Verhältnis
zu traditionellen Formen von Lit.wissenschaft und über die theoretischen
Grundlagen oder die Methoden der Kulturanalyse. Einigkeit herrscht allenfalls darüber, daß die Hochkonjunktur des Themas ›K.‹ dem Interesse
an disziplinübergreifenden Fragestellungen entspringt und daß nach neuen
Möglichkeiten gesucht wird, die Analyse von Texten und anderen Mediener-
zeugnissen mit weiterreichenden kulturgeschichtlichen Fragestellungen zu
verknüpfen. Zu den weiteren Konvergenzpunkten der Debatten zählen: (a)
die »Anerkennung des Konstruktcharakters kollektiver Bedeutungssysteme«
(Bachmann-Medick 1996, S. 21), d.h. die Überzeugung, daß Kultur von
Menschen gemacht bzw. konstruiert wird; (b) die Erkenntnis, »daß es
›Kultur‹ nicht gibt, sondern nur ›Kulturen‹« (Böhme 1996, S. 62); (c) die
Auffassung, daß der Kulturbegriff weder auf ›hohe‹ Kultur eingeschränkt

noch mit den künstlerischen Lebensäußerungen einer Gemeinschaft gleichgesetzt werden darf; (d) die Einsicht, daß Kultur nicht nur eine materiale
Seite (die ›Kulturgüter‹ einer Nation) hat, sondern auch eine soziale und
mentale Dimension (vgl. Posner 1991). – Als bes. perspektiven- und an-
wendungsreich gilt eine textwissenschaftlich und kultursemiotisch fundierte K., die von einem bedeutungsorientierten und konstruktivistisch geprägten Kulturbegriff ausgeht und Kultur als einen symbolischen und textuell
vermittelten Prozeß der Selbstauslegung und Bedeutungskonstruktion bestimmt. Demzufolge wird Kultur als der von Menschen erzeugte Gesamt-
komplex von kollektiven Sinnkonstruktionen, Denkformen, Empfindungsweisen, Werten und Bedeutungen definiert, der sich in Symbolsystemen
materialisiert. ›Lit.‹ verkörpert einen zentralen Aspekt der materialen Seite
der Kultur bzw. der medialen Ausdrucksformen, durch die eine Kultur be-
obachtbar wird. K. muß von einem weiten Lit.begriff ausgehen, auf jede
wertbestimmte Eingrenzung verzichten und neben Texten auch mentale
Dispositionen (Vorstellungen, Ideen, Werte und Normen) und soziale
Praktiken berücksichtigen. Leitbegriffe einer historischen und mentalitätsgeschichtlich orientierten K. sind darüber hinaus die Konzepte der ↗ Alterität, Erinnerung, des kulturellen Gedächtnisses und der ↗ Mentalitäten.
Die Begriffe der kollektiven Erinnerung und des kulturellen Gedächtnisses
verweisen auf den gesellschaftlichen Rahmen von Kultur, auf die sozialen
Institutionen bzw. Kulturträger, die die Voraussetzungen für die kulturelle
Überlieferung schaffen, weil sie die Aneignung und Tradierung des kollektiven Wissens durch die Selektion und Speicherung von Texten sowie durch
die Kommunikation über Texte sicherstellen. Der Begriff der Mentalität
bezeichnet ein Ensemble von kollektiven Denkweisen, Gefühlen, Überzeugungen, Vorstellungen und Wissensformen, mithin die immaterielle Dimension von Kultur. – Angesichts der gegenwärtigen Hochkonjunktur der
Themen ›kulturelles Gedächtnis‹ und ›Erinnerungskulturen‹ spricht vieles
dafür, »daß sich um den Begriff der Erinnerung ein neues Paradigma der
K.en aufbaut« (J. Assmann 1992, S. 11). Als bes. fruchtbar haben sich
kulturwissenschaftliche Fragestellungen darüber hinaus im Kontext der
komparatistischen Imagologie, der Untersuchung von Kollektivsymbolen
und Metaphern, der interdisziplinären Fremdheitsforschung bzw. Xenologie,
der Medienkulturwissenschaft, der postkolonialen Lit.theorie und -kritik
sowie in Studien zur Entwicklung des kollektiven Bewußtseins und zur
Herausbildung von nationaltypischen Gewohnheiten und ↗ Identitäten
erwiesen (vgl. Berding 1994 und 1996). Ob K.en in Zukunft weiter an
Boden gewinnen werden, hängt aber nicht allein von der Konsistenz der
Theorieentwürfe oder der Produktivität der Forschung ab, sondern auch
von der institutionellen Verankerung einer interdisziplinär und historisch
ausgerichteten K. in geisteswissenschaftlichen Fakultäten. – Obgleich die
Frage, ob K. als eigenständige Disziplin institutionalisiert werden soll (vgl.
Böhme et al. 2000) oder ob K.en interdisziplinär in der Pluralität k.licher
Fächer betrieben werden sollten, weiterhin umstritten ist, gewinnen die
K.en im Zeitalter von ↗ Globalisierung, ↗ Interkulturalität und ↗ Massen-
medien in der heutigen Medienkulturgesellschaft »zunehmendes Gewicht

für die Prozesse der kulturellen Deutung und Orientierung gegenwärtiger
Gesellschaften« (Jaeger/Liebsch 2004, S. VII). Trotz der Vielfalt der Ansätze, Disziplinen und Konzepte (vgl. Nünning/Nünning 2003) zeichnen sich
das Profil, die Aufgabenfelder und die Funktionsbestimmungen der K.en
durch die systematische Reflexion und Verständigung über disziplinäre
Strukturen, theoretische Grundlagen, methodische Konzepte und Schlüsselbegriffe (vgl. Jaeger/Liebsch 2004) sowie durch die Vernetzung ihrer
trans- und interdisziplinären Fragestellungen inzwischen deutlicher ab.
Dabei kristallisieren sich theoretische Leitkategorien (z.B. Erfahrung, Sprache, Handlung, Geltung, Identität und Geschichte; vgl. ebd.), grundlegende Problemstellungen, Paradigmen, Ansätze und Methoden in den verschiedenen Disziplinen (vgl. Jaeger/Straub 2004) sowie bestimmte Themen und
Tendenzen heraus, die gegenwärtig in den Interpretationsmodellen von
Kultur, Wirtschaft, Gesellschaft, Politik und Recht favorisiert werden (vgl.
Jaeger/Rüsen 2004).

Lit.: H. Bausinger: »Germanistik als K.«. In: *Jb. Dt. als Fremdsprache* 6 (1980)
S. 17–31. – J. Assmann/T. Hölscher (Hgg.): *Kultur und Gedächtnis*, FfM. 1988.
– Frühwald et al. 1996 [1991]. – R. Posner: »Kultur als Zeichensystem. Zur semio-
tischen Explikation kulturwissenschaftlicher Grundbegriffe«. In: Assmann/Harth
1991. S. 37–74. – J. Assmann: *Das kulturelle Gedächtnis*, Mchn. 1997 [1992].
– K.P. Hansen (Hg.): *Kulturbegriff und Methode. Der stille Paradigmenwechsel in den
Geisteswissenschaften*, Tüb. 1993. – H. Berding (Hg.): *Nationales Bewußtsein und
kollektive Identität*, FfM. 1994. – A. Nünning: »Lit., Mentalitäten und kulturelles
Gedächtnis. Grundriß, Leitbegriffe und Perspektiven einer anglistischen K.«. In:
Nünning 1998 [1995]. S. 173–197. – Bachmann-Medick 1998 [1996]. – H.
Berding (Hg.): *Mythos und Nation*, FfM. 1996. – H. Böhme: »Vom Cultus zur
Kultur(wissenschaft). Zur historischen Semantik des Kulturbegriffs«. In: Glaser/Lu-
serke 1996. S. 48–68. – ders./Scherpe 1996. – Glaser/Luserke 1996. – H. Grabes:
»Textwissenschaftlich fundierte K./Landeskunde«. In: *Anglistik* 7 (1996) S. 35–40.
– D. Harth: »Vom Fetisch bis zum Drama? Anmerkungen zur Renaissance der
K.en«. In: *Anglia* 114.3 (1996) S. 340–375. – C. Winter (Hg.): *K.: Perspektiven,
Erfahrungen, Beobachtungen*, Bonn 1996. – Ausg. »Lit.wissenschaft und/oder K.«
der Zs. *Anglia* 114.3 (1996). – B. Henningsen/St. M. Schröder (Hgg.): *Vom Ende
der Humboldt-Kosmen. Konturen von K.*, Baden-Baden 1997. – B. Korte et al.: »K.«.
In: dies.: *Einf. in die Anglistik*, Stgt./Weimar 1997. S. 140–190. – W. Nell/W.
Riedel: *K.en. Geschichte, Grundlagen, Perspektiven*, Opladen 2000 [1997]. – U.C.
Steiner: »Können die K.en eine neue moralische Funktion beanspruchen?« In: *DVjs*
71.1 (1997) S. 3–38. – D. Harth: *Das Gedächtnis der K.en*, Dresden/Mchn. 1998.
– O.G. Oexle (Hg.): *Naturwissenschaft, Geisteswissenschaft, K.: Einheit – Gegensatz
– Komplementarität?*, Göttingen 1998. – J. Anderegg/E.A. Kunz (Hgg.): *K.en:
Positionen und Perspektiven*, Bielefeld 1999. – W. Haug: »Lit.wissenschaft als K.?«
In: *DVjs* 73.1 (1999) S. 69–93. – F.A. Kittler: *Eine Kulturgeschichte der K.*, Mchn.
1999. – G. von Graevenitz: »Lit.wissenschaft und K.en. Eine Erwiderung«. In:
DVjs 73.1 (1999) S. 94–115. – W. Voßkamp: »Lit.wissenschaft und K.en«. In: de
Berg/Prangel 1999. S. 183–199. – H. Böhme: »K.«. In: Fricke 2000. S. 356–359.
– ders. et al.: *Orientierung K.: Was sie kann, was sie will*, Reinbek 2000. – W.

Müller-Seidel: »K.en, Geisteswissenschaften, Humanwissenschaften. Eine kritische Einf.«. In: Themenheft »K.en, Geisteswissenschaften, Humanwissenschaften in der Diskussion« des *Akademie-Journal* 1 (2000) S. 2–9. – H. Appelsmeyer/E. Billmann-Mahecha (Hgg.): *K.: Felder einer prozeßorientierten wissenschaftlichen Praxis*, Weilerswist 2001. – M. Engel: »K./en – Lit.wissenschaft als K. – kulturgeschichtliche Lit.wissenschaft«. In: *KulturPoetik* 1 (2001) S. 8–36. – Stanitzek/Voßkamp 2001. – Ullmaier 2001. – C. Benthien/H.R. Velten (Hgg.): *Germanistik als K.: Eine Einf. in neue Theoriekonzepte*, Reinbek 2002. – L. Musner/G. Wunberg (Hgg.): *K.en. Forschung – Praxis – Positionen*, Freiburg 2003 [2002]. – Nünning/Nünning 2003. – Jaeger/Liebsch 2004. – Jaeger/Rüsen 2004. – Jaeger/Straub 2004. – K. Stegbauer et al. (Hgg.): *K.liche Frühneuzeitforschung. Beiträge zur Identität der Germanistik*, Bln. 2004. – Zs. *Kea. Zs. für K.* 1990ff. AN

L

Lebenswelt, E. Husserl hat in seinem Spätwerk, v.a. im postumen dritten Teil der *Krisis*-Schrift, den Begriff L. in einer Wendung gegen das objektivistische Selbstverständnis der abendländischen, bes. der cartesianischen Philosophie eingeführt, nachdem es bereits seit der Jh.wende unspezifische Verwendungen des Wortes gegeben hatte. L. bezeichnet als Grenzbegriff einen Bereich des Selbstverständlichen und Voraussetzungslosen, der jedem theoretischen Denken fundierend vorausliegt. Parallele Begriffsverwendungen finden sich in der *Philosophischen Anthropologie* bei M. Scheler, A. Gehlen und H. Plessner, teilweise mit stärkerer Betonung der ›Praxis‹-Komponente. – J. Habermas führt L. 1981 in seiner *Theorie des kommunikativen Handelns* neu ein: Die moderne Gesellschaft ist bestimmt durch die Opposition von ›System‹ und einer durch ›Kolonialisierung‹ bedrohten ›L.‹. Diese Auffassung hat dem Begriff eine neue soziologische, politische und hermeneutische Dimension verliehen, deren Diskussion noch nicht abgeschlossen ist. L. erscheint, anders als bei Husserl, implizit als wertbesetzter »Komplementärbegriff zum ›kommunikativen Handeln‹« (Habermas 1981, Bd. 2, S. 198). H.-G. Gadamer hat L. in seinen späteren Schriften aufgegriffen und ihn zu einem versteckten Zentralbegriff der Hermeneutik gemacht. Wie bei Habermas ist L. hier der jeder begrifflichen Verfügung entzogene Hintergrundkonsens, der allem Verstehen und aller Verständigung zugrunde liegt.

Lit.: E. Husserl: *Die Krisis der europ. Wissenschaften und die tanszendentale Phänomenologie* (Hg. W. Biemel) (Husserliana Bd. 6), Den Haag 1969 [1936/ 54]. – J. Habermas: *Theorie des kommunikativen Handelns*, 2 Bde., FfM. 1981. – U. Matthiesen: *Das Dickicht der L. und die Theorie des kommunikativen Handelns*, Mchn. 1983. – R. Welter: *Der Begriff der L.*, Mchn. 1986. – H.-G. Gadamer: *Das Erbe Europas*, FfM. 1989. – G. Preyer et al. (Hgg.): *Protosoziologie im Kontext*, Würzburg 1996. – E.W. Orth: *E. Husserls ›Krisis der europ. Wissenschaften und die transzendentale Phänomenologie‹*, Darmstadt 1999. PJB

Leib ↗ Körper/Leib

Lieux de mémoire/Erinnerungsorte, von P. Nora (1984–92) im Kontext eines großangelegten Projekts frz. Gedächtnishistorie geprägter Begriff (↗ Erinnerung, kulturelle; ↗ Gedächtnis, kulturelles). *L. de m.* sind Kristallisationspunkte nationaler Vergangenheit, die zwischen dem im Zuge der Modernisierung zerfallenen lebendigen kollektiven Gedächtnis (M. Halbwachs) und der wissenschaftlichen Geschichte angesiedelt sind. Nora (1998, S. 11) erläutert in eigenwilliger Etymologie: »Es gibt *l. de m.*, weil es keine *milieux de mémoire* mehr gibt.« – *L. de m.* weisen eine materielle, funktionale und symbolische Dimension auf. Sie sind als *loci* der kollektiven Erinnerung im weitesten Sinne zu verstehen: Geographische Orte (Paris), historische und mythische Persönlichkeiten (Jeanne d'Arc), Gebäude und Denkmäler (Eiffelturm), Texte (Prousts *Recherche*), Feste und Gedenktage (14. Juli) oder soziale Umgangsformen (Galanterie) werden als *l. de m.* zum Gegenstand erinnerungshistorischer Studien. – In Anlehnung an Noras Methode haben E. François und H. Schulze das Projekt *Dt. Erinnerungsorte* (2001) initiiert, das im Gegensatz zum frz. Vorbild jedoch stark europ. ausgerichtet ist.

Lit.: P. Nora (Hg.): *Les l. de m.*, Bd. 1: *La république;* Bd. 2: *La nation;* Bd. 3: *Les france,* Paris 1984, 1986, 1992. – ders.: *Zwischen Geschichte und Gedächtnis,* FfM. 1998 [1990]. – K. Große-Kracht: »Gedächtnis und Geschichte. Maurice Halbwachs – Pierre Nora«. In: *Geschichte in Wissenschaft und Unterricht* 47.1 (1996) S. 21–31. – E. François/H. Schulze (Hgg.): *Dt. Erinnerungsorte,* Bd. 1–3, Mchn. 2001. – P. Carrier: »Pierre Noras *Les l. de m.* als Diagnose und Symptom des zeitgenössischen Erinnerungskultes«. In: Echterhoff/Saar 2002. S. 141–162. – U. Hebel (Hg.): *Sites of Memory in American Literatures and Cultures,* Heidelberg 2003.   AE

Liminalität (lat. *limen*: Schwelle), zunächst die sog. Schwellenphase in der Mitte des Übergangsrituals (↗ Ritual), die von dem frz. Ethnologen A. van Gennep in seinem Hauptwerk *Les rites de passage* (1909) beschrieben worden ist. Übergangsrituale, die Veränderungsprozesse und sozialen Wandel in vielen Kulturen als räumlichen Grenzübertritt dramatisieren, zerfallen nach van Gennep weltweit in drei Phasen: (a) Trennung vom früheren Ort oder Zustand; (b) Übergang durch eine Zeit des Schwebens zwischen zwei Welten; (c) Angliederung an eine neue Seinsweise. Initiationsrituale entwickeln oft eine bes. ausgeprägte Schwellenphase mit sexueller Freizügigkeit der Initianden. Diese Beobachtungen wurden von V. Turner in den 1960er Jahren aufgegriffen und zu einer komplexen Theorie sozialer Veränderungsprozesse ausgebaut. – Von dem Geschöpf, das die Schwellenzeit eines Übergangsrituals durchläuft, spricht Turner als ›liminalem Wesen‹ und definiert es über die strukturelle Negativität völliger Besitzlosigkeit. Neben jedem materiellen Eigentum entbehrt es aller personenhaften Attribute wie Name, Stimme und Geschlecht. Symbolisch als tot oder unrein geltend, unterscheidet es sich in nichts von seinen Mit-Initianden. Der Autorität ritueller Führer ist es bedingungslos unterworfen. Die L. selbst ist das große Außerhalb von allen Hierarchien des sozialen Lebens. Jenseits vertrauter Raum- und Zeitbegriffe

(↗ Zeit) ermöglicht sie das Ausleben irrationaler, amoralischer und anarchistischer Verhaltensweisen, parodiert die Alltagswelt in grotesker Inversion (↗ Groteske, das) und bringt das charismatische Wir-Gefühl der *communitas* hervor. – Diese Terminologie macht das Entstehen sozialer Grenzsituationen transparent und plausibilisiert psychische und physische Zwischenzustände, die seit jeher integraler thematischer Bestandteil der Weltlit. sind. V.a. aber läßt die L. experimentelle Textformen, wie z.B. die narrative Besonderheit des Erzählens in der zweiten Person, als literar. ↗ Repräsentation kultureller Muster sichtbar werden (vgl. Wiest-Kellner 1999).

Lit.: A. van Gennep: *Les rites de passage*, Paris 1988 [1909] (dt. *Übergangsriten*, FfM. 1999 [1986]). – V. Turner: »Liminal to Liminoid, in Play, Flow, and Ritual. An Essay in Comparative Symbology«. In: *Rice University Studies* 60.3 (1974) S. 53–94. – ders.: »Variations on a Theme of Liminality«. In: S.F. Moore/B.G. Myerhoff (Hgg.): *Secular Ritual*, Amsterdam 1977. S. 36– 52. – ders.: »Images of Anti-Temporality. An Essay in the Anthropology of Experience«. In: *Harvard Theological Review* 75.2 (1982) S. 243–265. – R. Gehlen: »L.«. In: H. Cancik et al. (Hgg.): *Handbuch religionswissenschaftlicher Grundbegriffe*, Bd. 4, Stgt. et al. 1998. S. 58–63. – U. Wiest-Kellner: *Messages from the Threshold. Die You-Erzählform als Ausdruck liminaler Wesen und Welten*, Bielefeld 1999. – M. Aguirre Dabán et al. (Hgg.): *Margins and Thresholds. An Enquiry into the Concept of Liminality in Text Studies*, Madrid 2000. UWK

Linguistic turn, der Begriff bezeichnet eine Reihe von sehr unterschiedlichen Entwicklungen im abendländischen Denken des 20. Jh.s. Allen gemeinsam ist eine grundlegende Skepsis gegenüber der Vorstellung, Sprache sei ein transparentes Medium zur Erfassung und Kommunikation von Wirklichkeit. Diese Sicht wird durch die Auffassung von Sprache als unhintergehbare Bedingung des Denkens ersetzt. Danach ist alle menschliche Erkenntnis durch Sprache strukturiert; Wirklichkeit jenseits von Sprache ist nicht existent oder zumindest unerreichbar. Wichtigste Folgen sind, daß Reflexion des Denkens, bes. die Philosophie, damit zur Sprachkritik wird und daß Reflexion sprachlicher Formen, auch der Lit., nur unter den Bedingungen des reflektierten Gegenstandes, eben der Sprache, geschehen kann. – Deutliche Anklänge finden sich bereits bei antischolastischen Rhetorikern der ital. Renaissance, wie z.B. L. Valla; später wiederholt bei einzelnen Autoren wie G. Vico oder J.G. Hamann und, im 19. Jh., bes. in der Philosophie F.W. Nietzsches, der vom ›Zuchthaus der Sprache‹ schreibt (vgl. Jameson 1972), und in der Dichtung St. Mallarmés. Das Problem der Intransparenz des Mediums Sprache wurde dann zu Beginn des 20. Jh.s in paradigmatischer Weise von L. Wittgenstein in zwei kontrastiven Erklärungsversuchen angegangen. Sein Frühwerk des *Tractatus* trifft sich einflußreich mit der analytischen Philosophie um G. Frege, G.E. Moore, B. Russel und, später, dem ›Wiener Kreis‹ in dem Bestreben, erkannte Verzerrungen und Unschärfen der Sprache mit Mitteln der Logik (Russels *logical atomism*) zu beseitigen bzw. zu vermeiden. Die hier unterlegte Statik einer Abbildtheorie der Sprache revidiert Wittgenstein in seinen späteren Schriften zur Vorstellung von unabhängigen ↗ Sprachspielen, deren Regeln nur durch Erfahrung gesellschaftlich vermittelt, nicht aber auf eine logische Essenz reduziert werden können. Diese Abkehr von logischen Sprachidealen hin zur Betrachtung der Aussageweisen alltäglicher Sprache als menschlicher Tätigkeit und gesellschaftlicher Praxis kennzeichnet auch die v.a. mit J.L. Austin identifizierte *ordinary language philosophy*. Allg. verliert ein Text aus dieser Sicht seine unilineare Korrelierbarkeit mit einer bestimmten Bedeutung; diese wird vielmehr in den gesellschaftlich verorteten Prozessen von Produktion, Reproduktion und Rezeption verhandelt und bleibt multivalent. Sich ergebende Fragestellungen wurden u.a. von M.M. Bachtin, in der Hermeneutik H.-G. Gadamers und in der Rezeptionsästhetik der Konstanzer Schule thematisiert. Der individualisierenden Tendenz dieser Ansätze steht das Systemdenken der neueren frz. Sprachbetrachtung gegenüber, das sich, ausgehend von der ↗ Semiotik F. de Saussures, in ↗ Strukturalismus und später ↗ Poststrukturalismus auffächert. Sprache als Regelsystem von Zeichen, dem der Einzeltext gehorcht, ohne es je ganz zu realisieren, wurde im Strukturalismus zum linguistischen ↗ Paradigma, das anwendbar ist, wo immer sich ein Phänomen als Zeichensystem darstellen läßt. Intersubjektivität wird zur Intertextualität im weitesten Sinne, das Subjekt zur Schnittstelle disparater ↗ Diskurse, Geschichte zur Genealogie von ↗ Epistemen (vgl. M. Foucault); Regeln der Grammatik inspirieren Beschreibungsmodelle für Erzähltexte; Grundformen der Rhetorik firmieren als Prägemuster der Geschichtsschreibung (vgl. H. White). – Die Kritik des *l.t.* betont zum einen die fehlende Rückkoppelung an die sozio-materielle Realität als gefährliche Folge einer Auffassung, die Sprache als unhintergehbar und damit unhinterfragbar charakterisiert (vgl. z.B. J. Habermas); zum anderen sieht inzwischen R. Rorty mit der zunehmenden Entwertung des (sprachphilosophischen) Repräsentationsgedankens auch die mit ihm untrennbar verquickten Grundvoraussetzungen des *l.t.* in der Bedeutungslosigkeit verschwinden (vgl. Rorty 1992, S. 371–74).

Lit.: R. Rorty (Hg.): *The L.T.*, Chicago 1992 [1967]. – Jameson 1974 [1972]. – D. LaCapra: *History and Criticism*, Ithaca 1985. – K.L. Klein: »What Was the L.T.?«. In: *Clio* 30.1 (2000) S. 79–90. – R. Pordzik: »After the L.T.: Neo-Pragmatist Theories of Reading and the Interpretation of Modern Literature«. In: *AAA* 27.1 (2002) S. 3–14. – K. Rennhak: *Sprachkonzeptionen im metahistorischen Roman. Diskursspezifische Ausprägungen des L.T. in* Critical Theory, *Geschichtstheorie und Geschichtsfiktion (1970–1990)*, Mchn. 2002.   KSt

Logozentrismus (gr. *lógos*: die Rede, das Wort; gr. *kéntron*: Mittelpunkt eines Kreises), der L. ist ein von J. Derrida geprägter, für das Verständnis der ↗ Dekonstruktion zentraler Begriff, der sich im Anschluß an M. Heidegger auf eine Metaphysik der Präsenz bezieht. Derrida bezeichnet die Hauptströmungen westlichen Denkens als logozentrisch, da sie das Wort im Sinne von ›*lógos*‹, d.h. als metaphysische Einheit von Wort und Sinn, privilegieren. Laut Derrida ist logozentrisches Denken um ein transzendentales Zentrum bzw. ein übergeordnetes Konzept, wie z.B. Gott, ↗ Natur, Mensch oder Phallus (↗ Phallozentrismus), organisiert, dem eine absolute, außersprachliche Präsenz zugesprochen wird und das sprachliche Bedeutungen bestätigt und fixiert. Damit werde Sprache zum bloßen Mittel der (Suche nach) Erkenntnis. – Innerhalb des L. kritisiert Derrida eine weitere hierarchische Ordnung, nämlich den Phonozentrismus, d.h. die Privilegierung des Sprechens gegenüber der Schrift. Seit Platon gelte das gesprochene Wort als authentischer (Selbst-)Ausdruck und damit als Garant von Bedeutung, da es die Präsenz eines sprechenden ↗ Subjekts voraussetze, das den Ursprung des Textes konstituiere. Schreiben dagegen zerstöre das Ideal reiner Selbstpräsenz bzw. unmittelbarer Realisation von Bedeutung. Der Einsatz eines fremden, depersonalisierten (Schreib-)Mediums mache die Differenz zwischen einer Äußerung und deren Sinn deutlich, eine Differenz, die in jedem ↗ Diskurs eine *différance*, d.h. eine fortlaufende Verschiebung von Bedeutungen, bewirke. – Mit seiner Kritik am L. und der in ihm implizierten Möglichkeit eines stabilen Sinns von Diskursen versucht Derrida, die tradierten Systeme und Grenzen von Sprache und Denken zugunsten einer Grammatologie, d.h. eines dezentrierten Spiels der Signifikanten, zu öffnen.

Lit.: Derrida 1997a [1967]. – O. Kozlarek: *Universalien, Eurozentrismus, L.: Kritik am disjunktiven Denken der Moderne*, FfM. 2000. DF/HJ

M

Macht, der Einfluß, durch den Akteure anderen Personen erfolgreich Handlungen vorschreiben oder deren Handlungsmöglichkeiten einschränken. Man spricht dabei auch von M.verhältnissen oder M.beziehungen. – M. ist weder ein modernes Phänomen, noch sind M.verhältnisse auch nur für menschliche Gesellschaften spezifisch. M.beziehungen setzen soziale Verhältnisse voraus, in denen M. als ein Mittel der Regulierung von Interaktionsbeziehungen bzw. der Handlungskoordination auftritt. Damit geht einher, daß Mächtige und M.unterworfene in der Regel bestehende M.verhältnisse kennen und anerkennen. Fehlt diese Anerkennung, so handelt es sich um Gewaltverhältnisse. Die Anerkennung schließt jedoch nicht ein, daß M.verhältnisse als legitim anerkannt werden. Dies bleibt Herrschaftsverhältnissen vorbehalten, bei denen M.ausübung im Rahmen von Institutionen erfolgt. Die Anerkennung von M.verhältnissen fordert wegen ihrer Wechselseitigkeit eine gewisse Rücksicht von allen Beteiligten. Dies ist der Ansatzpunkt für ihre Veränderung. Die fehlende Anerkennung macht Versuche riskant, bestehende Gewaltverhältnisse zu ändern. Herrschaftsverhältnisse widerstehen Reformbestrebungen dagegen bereits deshalb, weil sie qua Institutionalisierung auf zeitliche Dauer angelegt sind und somit doppelt legitimiert erscheinen. Während reine Gewaltverhältnisse nur zeitlich beschränkt bestehen können, finden sich politische, wirtschaftliche und kulturelle und zunehmend auch mediengestützte M.differenzen in allen Gesellschaften. Historisch besteht eine Tendenz, M.verhältnisse in Herrschaftsbeziehungen zu überführen, den Zugang zu M.positionen von der Zugehörigkeit zu bestimmten Familien oder sozialen Schichten zu

lösen und statt dessen an die Erfüllung von Kriterien zu binden, die je nach
Bereich variieren. Politische M.positionen werden z.b. aufgrund anderer
Auswahlkriterien erlangt als wirtschaftliche oder wissenschaftliche. Im Zu-
ge der Demokratisierung werden v.a. politische M.positionen unabhängig
von allen anderen Überlegungen in regelmäßigen Abständen neu besetzt.
– Im Anschluß an die Arbeiten M. Foucaults wurde der M.begriff v.a. im
Kontext des angelsächsischen ↗ *Cultural Materialism*, der feministischen Lit.
theorie, der marxistischen Lit.theorie und des *New Historicism* aufgegriffen,
die mit unterschiedlichem Erkenntnisinteresse historische und aktuelle
Manifestationsformen von M. untersuchen.

Lit.: M. Weber: *Wirtschaft und Gesellschaft*, Tüb. 1980. – D. Rueschemeyer: *Power
and the Division of Labour*, Stanford 1986. – R. v. Heydebrand (Hg.): *Kanon, M.,
Kultur. Theoretische, historische und soziale Aspekte ästhetischer Kanonbildungen*,
Stgt. 1998. – R. Maresch/N. Werber (Hgg.): *Raum – Wissen – M.*, FfM. 2002.
– H.-G. Soeffner/D. Tänzler (Hgg.): *Figurative Politik. Zur Performanz der M.
in der modernen Gesellschaft*, Opladen 2002. – A. Epple: »Wahrheit, M., Subjekt.
Historische Kategorien im Werk Michel Foucaults«. In: Jaeger/Straub 2004.
S. 416–429.   PMH

Männlichkeit, analog zu den *Women's Studies*, die sich in den 1970er Jahren
etablierten und sich der Erforschung von ↗ Weiblichkeit widmeten, entstanden
die *Men's Studies* in den 1980er Jahren als eigener Forschungsbereich. Die
Notwendigkeit, M. auch wissenschaftlich zu thematisieren, wurde deutlich,
nachdem die Frauenbewegung und die damit einsetzende feministische
Lit.wissenschaft traditionelle Frauenbilder und Weiblichkeitsstereotypen,
und damit die bisherige Abgrenzungs- und Bezugsgröße von M., in Frage
stellten. Mit der Auflösung scheinbar natürlicher ↗ Geschlechterdifferenzen
und -hierarchien ging eine vielbeschworene ›Krise‹ der M. einher. Das
herkömmliche Schema, nach dem der Mann als Maß für den Menschen
und als Inbegriff der menschlichen Natur galt, mußte aufgegeben werden.
Entsprechend ist M. in den *(New) Men's Studies* kein essentialistisches Konzept
(↗ Essentialismus) mehr, sondern wird als ein variables Bündel kultureller
Normen begriffen, das jeweils historisch verschieden verkörpert wird. So geht
es in der M.sforschung um die Analyse von M.sbildern und -stereotypen,
um die Demontage heroischer M.smythen sowie um die Erforschung von
male bonding bzw. männlichen Bindungen und Gemeinschaften, welche
die Vielschichtigkeiten und Differenzen von M. sowie die hierarchischen
Machtverhältnisse innerhalb dieser M.en sichtbar werden lassen. – Als kulturell
produziertes und historisch variables Zeichenkonstrukt ist M. v.a. zum kultur-
und lit.wissenschaftlichen Forschungsobjekt avanciert. Wie in der frühen
Phase der *Women's Studies* verfahren die Untersuchungen dabei weitgehend
in geschlechtsspezifischer Exklusivität. Zunächst waren es v.a. anglo-am.
Lit.wissenschaftler, welche danach fragten, wie literar. Texte M.skonzepte
reflektieren, modifizieren und selbst wiederum neue M.sfiktionen formen.
Dabei wurde, wie in den ↗ *Gender Studies* inzwischen üblich, zunehmend
auch das Zusammenspiel von M. mit anderen gesellschaftlich-kulturellen

Kategorien wie ↗ Klasse, ethnische Zugehörigkeit (↗ Ethnizität), religiöse, politische und, v.a. in den *Gay Studies*, sexuelle Ausrichtung berücksichtigt. Inwieweit die geschlechterspezifische Differenzierung zwischen der Erforschung von M. und Weiblichkeit in einer künftigen Geschlechterforschung aufgehoben sein wird, muß sich erst noch zeigen.

Lit.: H. Brod (Hg.): *The Making of Masculinities. The New Men's Studies*, N.Y. 1987. – K. Clatterbaugh: *Contemporary Perspectives on Masculinity. Men, Women, and Politics in Modern Society*, Boulder 1997 [1990]. – H. Brod/M. Kaufman (Hgg.): *Theorizing Masculinity*, Ldn. 1994. – R.W. Connell: *Masculinities*, Cambridge 1995 (dt. *Der gemachte Mann. Konstruktionen und Krise von M.en*, Opladen 2000 [1999]). – Ausg. »Masculinities« der Zs. *Journal for the Study of British Cultures* 3.2 (1996). – W. Erhart/B. Herrmann (Hgg.): *Wann ist der Mann ein Mann? Zur Geschichte der M.*, Stgt./Weimar 1997. – B. Schoene-Harwood: *Writing Men. Literary Masculinities from Frankenstein to the New Man*, Edinburgh 2000. – W. Erhart: *Familienmänner. Über den literar. Ursprung moderner M.*, Mchn. 2001. – R. Adams/D. Savran (Hgg.): *The Masculinity Studies Reader*, Malden/Oxford 2002. – Th. Steffen (Hg.): *Masculinities. Mythos, Realität, Repräsentation, Rollendruck = Maskulinitäten*, Stgt./Weimar 2002. – C. Benthien/I. Stephan (Hgg.): *M. als Maskerade. Kulturelle Inszenierungen vom MA. bis zur Gegenwart*, Köln et al. 2003. – M. Kessel: »Heterogene M.: Skizzen zur gegenwärtigen Geschlechterforschung«. In: Jaeger/Rüsen 2004. S. 372–384. – St. Horlacher: *Masculinities. Konzeptionen von Maskulinität im Werk von Thomas Hardy und D.H. Lawrence*, Tüb. 2005. DF/SSch

Maskerade/Geschlechtermaskerade (allg. Verkleidung; Mummenschanz; Vortäuschung), ist ein semantisch weitgefaßter Begriff, der urspr. aus dem volkstümlich rituellen Bereich des Karnevals (vgl. M. Bachtin) stammt und in Theater-, Film- und Lit.wissenschaft, Philosophie und Psychoanalyse v.a. Phänomene der verstellten Präsentation von Geschlechterdefinitoren bezeichnet. – Ab dem 18. Jh. finden sich Konzepte, die M. und ↗ Weiblichkeit in Beziehung setzen (u.a. bei J. Rousseau, F. Nietzsche und G. Simmel), wobei das M.-Konzept im 20. Jh. eine Theoretisierung in der Psychoanalyse erfährt. In Abgrenzung zu S. Freud setzt J. Riviere in ihrer Analyse bewußten Aufführens (↗ Inszenierung) ›weiblichen Verhaltens‹ beruflich erfolgreicher Frauen Weiblichkeit mit M. gleich. Im Rahmen seines psychoanalytischen Strukturmodells einer phallogozentristischen Gesellschaft (↗ Phallozentrismus; ↗ Logozentrismus) definiert J. Lacan M. hingegen als »eine ›Zurückbannung‹ von Weiblichkeitsanteilen, mit dem Ziel, Phallus sein zu können« (Benthien 2003, S. 48). Beide betonen allerdings die Weiblichkeit als Mangelhaftigkeit, die einer M. bedarf. Aus dieser psychoanalytischen Verankerung erklärt sich sowohl die Nähe des M.-Konzeptes zu ↗ Mimikry, Mimesis und ↗ Theatralität als auch zum Fetischismus. Außerdem zeigt sich, daß der Begriff M. nicht problemlos auf Konzepte von ↗ Männlichkeit übertragbar ist (vgl. Benthien/Stephan 2003). – Seit den 1990er Jahren wird M. in den ↗ *Gender Studies* als ambivalentes Konzept kontrovers diskutiert (vgl. u.a. J. Butler 1990, S. 55–73), wobei das Konzept der M. mit Hinweis auf die Konstruktion von ↗ Geschlechtsidentität essentialistischen Positionen (↗ Essentialismus) einerseits widerspricht und andererseits »eine sexuelle Identität voraussetzt, die maskiert werden kann« (Weissberg 1994, S. 11).

Lit.: J. Riviere: »Womanliness as a Masquerade«. In: *International Journal of Psychoanalysis* 10 (1929) S. 303–313. – St. Heath: »Joan Riviere and the Masquerade«. In: V. Burgin et al. (Hgg.): *Formations of Fantasy*, Ldn. 1986. S. 45–61. – Butler 1990. – L. Weissberg: »Gedanken zur ›Weiblichkeit‹. Eine Einf.«. In: dies. (Hg.): *Weiblichkeit als M.*, FfM. 1994. S. 7–33. – J. Funk/E. Bettinger (Hgg.): *M.: Geschlechterdifferenz in der literar. Inszenierung*, Bln. 1995. – C. Öhlschläger: »Mimesis. Mimikry. M.: Szenen einer Theatralisierung von ›Subjekt‹ und ›Geschlecht‹ bei J. Lacan und J. Butler«. In: G. Neumann et al. (Hgg.): *Szenographien. Theatralität als Kategorie der Lit.wissenschaft*, Freiburg 2000. S. 343–363. – C. Liebrand: »M.«. In: Kroll 2002. S. 255–256. – C. Benthien: »Das M.-Konzept in der psychoanalytischen und kulturwissenschaftlichen Theoriebildung«. In: dies./Stephan 2003. S. 36–59. – C. Benthien/I. Stephan (Hgg.): *Männlichkeit als M.: Kulturelle Inszenierung vom MA. bis zur Gegenwart*, Köln et al. 2003. NS

Maskulinität ↗ Männlichkeit

Massenkommunikation ↗ Kommunikationstheorie; ↗ Massenmedien

Massenmedien (lat. *medium*: Mitte, in der Mitte Befindliches, ab etwa 17. Jh. neulat. instrumentale Bedeutung: Mittel, vermittelndes Element; lat. *massa*: Teig, Klumpen, Haufen, daraus im Dt., Engl., Frz. die Bedeutung ungegliederte, große Menschenmenge, engl. Entsprechung: *the [mass] media,* frz.: *les médias,* Sg. *le média* häufiger als der Anglizismus *les mass média*) haben in den ↗ Medientheorien und der gegenwärtig entstehenden Medienwissenschaft (↗ Medienkulturwissenschaft) sehr unterschiedliche Definitionen erfahren. Wegen der hohen Komplexität der Ansätze mag hier eine schlichte, wortgeschichtlich inspirierte Definition genügen: Ein Massenmedium ist ein Mittel, mit dem ein Adressant einer großen Menge von Adressaten eine (prinzipiell beliebige) Botschaft (*message*) oder Summe von Botschaften ausrichtet, unabhängig davon, ob die Erwartungen der Adressaten darin berücksichtigt sind oder nicht. Der Begriff M. thematisiert als Wortzusammensetzung von den mindestens vier Handlungsbeteiligten, nämlich Adressant, Botschaft, Mittel bzw. ›Bote‹ und Adressat, nur die beiden letzteren, läßt also das in Wirklichkeit vielgestaltige Produzentenseite offen und ist schon deshalb sehr vage. Im übrigen hat die Vorstellung einer eher undifferenzierten Publikumsmasse eigentlich nie zugetroffen. Jedes Medium mußte sich nach seiner Etablierung auf bestimmte Publikumsegmente spezialisieren. Das haben viele Wirkungsanalysen (meist im Auftrag der Werbewirtschaft) gezeigt (vgl. Noelle-Neumann/Schulz/Wilke [Hgg.] 1994, S. 518–571). Alle Leerstellen wurden daher in der obigen Definition möglichst generalisierend aufgefüllt. Eben wegen der Offenheit des Begriffs M., die aber auch positiv als Plastizität und als Disponibilität für historische Wandlungen empfunden werden kann, existiert bis heute

keine allg. anerkannte und umfassende Theorie der M. – Unterschiedlich
waren die Ausgangspunkte schon 1910–30: konservative Kulturkritik oder
Bejahung der Moderne. Seit den 1960er Jahren dominieren einerseits de-
mokratietheoretische und ideologiekritische (↗ Ideologie und Ideologiekritik)
Ansätze, welche die M. als Ausdruck bestehender, demokratiefremder
Machtverhältnisse und Mittel zur Entpolitisierung, ja Verdummung der
Massen ansehen. Sie haben v.a. in der Medienpädagogik der Schulfächer
eine beachtliche Resonanz gefunden. Zunehmende Bedeutung gewinnen
andererseits die medienkritischen Ansätze der Philologien und der ↗ Semiotik. Ihre Sichtweise der M. ist durchweg ambivalent. Sie betrachten die M.
einerseits als prägende und z.T. faszinierende Faktoren der Gegenwartskom-
munikation und -kultur, andererseits als mit vielen Fehlern behaftete
Phänomene, als durchaus bewegungsfähiges und optimierbares ›System‹,
gerade im Hinblick auf das Konzept freier, mündiger, mitbestimmender
Staatsbürger. Dieser Ambivalenz entspricht das halb ästhetisch, halb kritisch
gemeinte Schlagwort von der Macht der Zeichenwelten, namentlich in den
sich angleichenden Großstadtkulturen. Die medienkritischen Ansätze zielen
u.a. auf die bessere Verständlichkeit von Text und Bild wie auch gegen
deren Divergenz (sog. ›Text-Bild-Schere‹), auf die deutlichere Strukturierung
der Angebotspaletten durch Verweistechniken (↗ Hypertext), auf den sorg-
fältigeren Umgang mit der Sprache wegen der Rückwirkungen auf die
Gemeinsprache und das sprachvermittelte Weltbild (Sprachkritik), auf den
Nachweis und den Abbau der ›transportierten‹ Völker-, Gruppen- und
↗ Geschlechterstereotypen bzw. zumindest einen distanzierteren Umgang
mit ihnen, und allgemeiner (gegen die Tendenzen zur ›Verflachung‹ und
›Kürze‹) auf mehr Raum für eine niveauvolle, orientierende und zugleich
anregende Hintergrundinformation. Im Interesse der Rezipienten wie der
Produzenten geht es hier also v.a. um die Effizienzsteigerung sowohl der
Kommunikation selbst als auch der medial inszenierten Wirklichkeitser-
schließung. – Unterschiedlich wie diese Ansätze waren und sind auch die
Perspektiven, je nachdem, ob man die M. aus der Sicht ihrer Produzenten
(der ›Macher‹) betrachtet (so im dt.-frz. Vergleich Koch/ Schröter/Albert
[Hgg.] 1993 und hinsichtlich der ›koproduzierenden‹ am. Werbe- und
Medienwirtschaft Bogart 1995), sich auf die ›Produkte‹ bzw. die technischen
›Kanäle‹ konzentriert (z.B. Burger 1990) oder aber die ›Optik der Rezipi-
enten‹ untersucht und v.a. der Frage einer Änderung ihrer Wissensstruktu-
ren und Einstellungen nachgeht (Wirkungsforschung, beispielhaft u.a. in
Früh 1994). So ergibt sich eine (wenn auch begrenzte) Parallelität zu eini-
gen lit.wissenschaftlichen Vorgehensweisen, schlagwortartig gesagt zur
Produktions-, Text- und Rezeptionsästhetik. – Historisch lassen sich mindestens drei Entwicklungsstufen der Medien unterscheiden (Faulstich 1994,
S. 26–40, im folgenden stark modifiziert). Von alters her gibt es neben der
(grundlegenden) *face-to-face communication* die primären Medien, die ohne
technische Hilfsmittel auskommen: nämlich an den Körper gebundene
›Mensch-Medien‹, die ihre Wirkungen der Stimme und der sog. Körper-
sprache, nicht nur ihrer Botschaft, verdanken. Zu ihnen gehören seit
Menschengedenken die Prediger, die Redner, die herumziehenden Geschich-

tenerzähler oder Epensänger vor größerem Publikum. Das primäre Medium
ist ›berufen‹, es legitimiert sich meist aus einem höheren Auftrag, etwa als
Sprachrohr Gottes, des Staatswohls, der geschichtlich begründeten Mission
eines Volkes, wobei diese höheren Instanzen der Legitimation (wie auch die
Produzenten und Reproduzenten von Texten) oft miteinander verschmelzen.
Die sekundären Medien erfordern technische Hilfsmittel bei der Zeichenproduktion, nicht aber bei den Zeichenempfängern. Ihr Ausgangspunkt
liegt in der Erfindung des Buchdrucks im 15. Jh., sieht man einmal von
den Vorstufen der Briefe und der Vervielfältigung von Manuskripten in
Schreiberwerkstätten ab. Erste ›Zeitungen‹ entwickeln sich mit dem neuen
Informationsbedarf des frühkapitalistischen Fernhandels, das Buch, noch
immer ein elitäres Medium, wird u.a. durch die Reformation popularisiert,
Flugblätter, gedacht zum Vorlesen durch Schriftkundige, gelangen ins Volk.
Zu M. werden die sekundären Medien erst mit der Ausbreitung der Lese-
fähigkeit im 18. und 19. Jh., und zwar phasenverschoben von Land zu
Land. Nun steigert sich neben der Produktion der Bücher und Periodika
auch die der populären, preiswerten Heftchen (Kolportageromane, Alma-
nache, Ratgeber), die den Wünschen und Möglichkeiten eines breiten
Publikums angepaßt sind. Die Annahme des Anglisten H.M. McLuhan
(1962), allein mit dem Buchdruck beginne ein völlig neues Zeitalter (dessen Ende nun gekommen sei), gilt heute als simplifizierend. Sie ist geprägt
vom monokausalen (daher fragwürdigen) Charakter seiner Konzeption, die
Mittel des Austausches zwischen den Menschen bestimmten die Inhalte
ihrer Kommunikation und Kultur; folglich ziehe der Wandel der Mittel
(Medien) unweigerlich den Wandel der gesamten Kultur nach sich. Die
tertiären Medien erfordern im Unterschied zu den sekundären nicht nur
bei der Herstellung und Übertragung der Kommunikationsinhalte, sondern
auch bei deren Empfang technische Einrichtungen. Es handelt sich u.a. um
Radio, Tonträger (Schallplatte, MC, CD) und Fernsehen mit entsprechenden Empfangsgeräten, in neuester Zeit auch Multimedia-Computer. Die
M. werden durch diese Volltechnisierung des Zeichenprozesses zu einem
gigantischen Geschäft, in dem neben den Zeichenproduzenten und -rezi-
pienten immer mehr ›fremde‹ Wirtschaftssektoren mitspielen und sich (über
ihr Kapital und die Pressionen der Profitmaximierung) ›engagieren‹. – Durch
die tertiären Medien sind die goldenen Jahre der Presse (ca. 1880–1920)
und wohl auch des Buches unwiderruflich zur Vergangenheit geworden.
Zunächst kam das Radio auf (Vorgeschichte der drahtlosen Telegraphie,
dann M. seit Mitte der 1920er bzw. 1930er Jahre), etwa gleichzeitig der
Film, später das Fernsehen (Vorgeschichte: 1930er Jahre, TV als M. in den
USA seit den 1940ern, in Europa den 1950er bis 1970er Jahren). Doch ist
die immer noch weit verbreitete Annahme einer einfachen Abfolge Presse
→ Rundfunk → Fernsehen (als sog. ›Leitmedien‹) in zweierlei Hinsicht zu
korrigieren: (a) Rundfunk und Film waren gleichermaßen die Leitmedien
der 1930er Jahre, und beide wurden sehr effizient als Propagandainstru-
mente benutzt. (b) In Wirklichkeit koexistieren und ergänzen sich die älteren (schriftlich-graphischen) M., die sich zu Printmedien wandeln (der
Begriff beinhaltet den qualifizierten Bilddruck und damit frequente Text-

Bild-Ensembles statt der früheren Schrifttextdominanz) und die neueren audiovisuellen (hinsichtlich der Kanäle elektronischen) M. Die älteren M. überleben durch diverse Strategien der Anpassung an die neueren, jeweils herrschenden M., etwa die Bücher mit den ↗ Innovationen erst die Taschenbuchs, nun der CD-ROM-Paralleleditionen. Ebenso der Film: Puttnam (1997) hat bes. nachdrücklich mit der Legende von der Verdrängung des Films durch das Fernsehen aufgeräumt. Dasselbe gilt für die Printmedien. Wir sind direkte Zeugen ihrer Anpassung an die ›TV-Ära‹: im Layout, in der Visualisierung von Information, in ihren Textsorten und v.a. ihren Inhalten (TV-Seiten der Zeitungen und TV-Zs.en als Auflagen-Spitzenreiter), aber auch im Ausbau der komplementären Hintergrundinformation und der spezialisierten lebenspraktischen Ratgebung. Es findet also eine Neuverteilung der Funktionen statt, mit gleichen Tendenzen auf dem Büchermarkt. Eben deshalb sind viele Verlage (z.B. Bertelsmann) unter Umstrukturierung und internationaler Expansion ihres Printsektors zu Multimedienkonzernen geworden. Treffender als das Bild einer historischen Abfolge der M. dürfte deshalb ein historisch-›geologisches‹ Stratifikationsmodell sein (allmähliche Aufeinanderschichtung, mit entsprechenden Wandlungen durch Druck der Superstratmedien auf die Substratmedien), ein Modell, das in Treppenform vorstellbar ist. Beim Vergleich der Wirkungspotentiale von Druckmedien und Fernsehen kommt im übrigen eine Zehnjahresstudie u.a. zu dem Ergebnis, daß »Leser bessere Rezipienten als Zuschauer« sind (Früh 1994, S. 163). – Man kann sich fragen, ob mit dem 20. Jh. nicht auch die Ära bzw. die Dominanz der M. zu Ende geht. Das künftige Multimedia-Zeitalter stellt im Grunde nur eine Modifizierung der tertiären Medien dar, allerdings eine weitreichende. Diese Ära steht im Zeichen der Re-individualisierung, der Spartenprogramme und einer zwar gesteuerten, aber nicht mehr peripheren (bisher eher zur Demonstration der ›Bürgernähe‹ dienenden) Direktbeteiligung der Rezipienten. Die nun anbrechende Epoche wird hinsichtlich der M. v.a. vom Pay-TV und seinen (von der Digital-Technologie ermöglichten) Programmbouquets geprägt. Das Pay-TV ist nicht werbe-, sondern abonnentenfinanziert. Damit erlischt der z.Zt. bestehende Einfluß der Werbung auf die Programmgestaltung. Die Umstellungen werden gewaltig sein und die dann älteren M. einschließlich der TV-Vollprogramme als ›Dinosauriermedien‹ erscheinen. Im bereits weltweiten Kampf weniger finanzkräftiger Großkonzerne um die Vorherrschaft, namentlich im Filmsektor seit den GATT-Verhandlungen 1993 (vgl. Puttnam 1997), kann der einzelne ›Nutzer‹ allerdings nicht mitreden. Insofern sehen die Perspektiven der Zukunftskultur weniger interaktiv aus, als sie in Unkenntnis der Hintergründe gepriesen wurden. Dennoch zeichnet sich für das dritte Jahrtausend, gleichzeitig mit den von Konzernen kontrollierten Datentransporten aller Art, ein (nun computergestützter) neuer Zyklus ab, der mit dichter globaler *face-to-face*-Kommunikation und entsprechend expansiven primären Medien (s. oben) einsetzt. Er wird die Ex-M. des ›ersten Zyklus‹ überlagern und dadurch deren Wandlungen beschleunigen.

Lit.: H.M. McLuhan: *The Gutenberg Galaxy*, Toronto 1962 (dt. *Die Gutenberg-Galaxis*, Düsseldorf 1968). – H. Burger: *Sprache der M.*, Bln./N.Y. 1990 [1984]. – U.E. Koch et al. (Hgg.): *Dt.-frz. Medienbilder*, Mchn. 1993. – W. Faulstich (Hg.): *Grundwissen Medien*, Mchn. 1994. – W. Früh: *Realitätsvermittlung durch M.*, Opladen 1994. – E. Noelle-Neumann et al. (Hgg.): *Fischer Lexikon Publizistik/Massenkommunikation*, FfM. 1994. – L. Bogart: *Commercial Culture. The Media System and the Public Interest*, Oxford/N.Y. 1995. – D. Puttnam: *The Undeclared War. The Struggle for Control of the World's Film Industry*, Pymble 1997. – K. Merten: *Einf. in die Kommunikationswissenschaft*, Münster 1999. – Stanitzek/Voßkamp 2001. – Schanze 2002. – Fohrmann/Schüttpelz 2004.   EUG

Matriarchat (lat. *mater*: Mutter, Genitiv *matris*; gr. *árchein*: anführen, herrschen; dem älteren Begriff ↗ Patriarchat nachgebildet), bezeichnet die gesellschaftliche Vorrangstellung bzw. Herrschaft der Frau im Allg. (Gynäkokratie) oder der Mutter im Bes. (Mutterrecht). Das Phänomen, für das seit der Antike (z.B. bei Aristoteles und Herodot) Beschreibungen vorliegen, wird bei J.J. Bachofen (*Das Mutterrecht*, 1861) und L.H. Morgan (*Ancient Society*, 1877) erstmals systematisch behandelt. Im Gegensatz zum ethnologischen Sachverhalt der Matrilinearität, d.h. der Regelung von Abstammung und Erbfolge über die weibliche Linie, ist die evolutionsgeschichtliche These einer Stufenfolge von urspr. Promiskuität über den matriarchalen Klan hin zur vaterrechtlichen Familie sehr umstritten. Als kultureller ↗ Mythos wurde die Vorstellung von einem M. jedoch enorm populär. Sie beeinflußte politisch-soziale Utopien einer egalitären Gesellschaft (F. Engels) ebenso wie psychoanalytische Vorstellungen von einem im kollektiven ↗ Unbewußten wirkenden weiblichen Archetypus (C.G. Jung) und stellte das Dogma von der Ursprünglichkeit und Universalität männlicher Autorität und patrizentrischer Strukturen in Frage. Feministische Lit.- und Kulturtheorien haben die Idee vom M. aufgegriffen, um das M. als ideologiekritische Antipode zum Patriarchat zu setzen (↗ Ideologie und Ideologiekritik) und eine bewußte Frontstellung gegen traditionelle ↗ Geschlechterrollen bzw. ↗ Geschlechterstereotypen zu evozieren. M.sphilosophien der Gegenwart (H. Göttner-Abendroth) zielen v.a. darauf ab, männliche Sichtweisen in der Wissenschaft (↗ Misogynie) aufzudecken und alternative Konzepte von ↗ Weiblichkeit zu entwerfen. Im Bereich der ↗ *Gender Studies* sind M.stheorien aufgrund der Fortschreibung essentialistischer Positionen (↗ Essentialismus) und binärer Strukturen äußerst umstritten.

Lit.: B. Wagner-Hasel (Hg.): *M.stheorien der Altertumswissenschaft*, Darmstadt 1992. – E. Fromm: *Liebe, Sexualität und M.: Beiträge zur Geschlechterfrage*, Mchn. 1997 [1994]. – H. Laugsch: *Der M.s-Diskurs (in) der Zweiten Dt. Frauenbewegung. Die (Wider)Rede von der ›anderen‹ Gesellschaft und vom ›anderen‹ Geschlecht*, Mchn. 1995. – B. Wagner-Hasel: »M.«. In: R.W. Brednich et al. (Hgg.): *Enzyklopädie des Märchens. Handwörterbuch zur historischen und vergleichenden Erzählforschung*, Bd. 9, Bln./N.Y. 1999. Sp. 407–415.   DF/SSch

Medien, neue, n.M. bestehen aus einem multifunktionalen Verbund, der digitale und herkömmliche Medien mittels Computer verbindet. Der digitale Code ist universell und kann alle analogen Zeichensysteme verarbeiten, deshalb ist er nicht nur intermedial (↗ Intermedialität), sondern transmedial. Dabei ist ›neu‹ in diesem Kontext eine unscharfe Bezeichnung. Lokal und global vernetzt durch Telekommunikationskanäle, konstituieren die n.M. das ↗ Internet. Es handelt sich bei diesen um eine Vielzahl von Medien, die durch eine Schnittstelle wie die graphische Benutzeroberfläche des *World Wide Web* oder einen Datenanzug zugänglich sind. – Das Internet basiert auf dem am. ARPAnet der 1960er Jahre, welches zur dezentralen Organisation von militärischer Information entwickelt wurde. Die dafür eingesetzte elektronische Post- und Datenfernübertragung ermöglichte die computergestützte Online-Kommunikation zwischen Menschen. Erste Hypertextsysteme (↗ Hypertext) wurden in den 1990er Jahren mit Graphik, Ton und Animation zu komplexen, multimedialen Formen erweitert bis hin zu künstlichen, im Computer generierten, virtuellen Welten, die ihren Ursprung in Simulationsprogrammen haben. Die mittels n.M. durchgeführten literar. und künstlerischen Experimente sind noch in den Anfängen und wurden wenig analysiert, systematisiert oder theoretisch erforscht. Das Schreiben verläßt die Buchform, wie das von J.-F. Lyotard konzipierte kollektive Schreibexperiment, »Die Immaterialien« (1985), im Centre Pompidou zeigt. H.M. McLuhans Vorstellung von den Medien als ›Extensionen des menschlichen Körpers‹, F.A. Kittlers Begriff der ›Telematik‹ und V. Flussers Idee der ›digitalen Umkodierung der Weltlit.‹ haben der Begriffsbildung für die Analyse der neuen Medienlandschaft vorbereitet. Zuerst wurde die ↗ Medientheorie von Film und Fernsehen auf die n.M. angewandt, später wurden Begriffe aus poststrukturalistischen und semiotischen Theorieansätzen (↗ Poststrukturalismus; ↗ Semiotik) abgeleitet, z.B. die Simulation (J. Baudrillard) oder die aus dem ›Tod des Autors‹ (R. Barthes) gezogenen Konsequenzen zur Auffassung von Text als ›lesbar‹ und ›schreibbar‹. Herkömmliche Theorien der ↗ Massenmedien sind auf die n.M. nicht anwendbar, da wir es mit ausdifferenzierten Gemeinschaften und unterschiedlichsten Gebrauchsformen zu tun haben. Von Seiten des Feminismus wird v.a. der Mythos der Immaterialität angefochten, der die Entgrenzung von Mensch und Maschine, verbildlicht durch die Figur des Cyborgs (↗ *cyberpunk*), positiv für die Diskussion der Subjektbildung und Körperlichkeit besetzt. Es zeichnen sich Tendenzen in der Praxis der n.M. ab, die als Konkretisierung der theoretischen Forderungen der ↗ Postmoderne aufgefaßt werden können, bes. von J. Derridas Kritik des ↗ Logozentrismus. Aus konstruktivistischer Sicht (↗ Konstruktivismus, radikaler) verstehen sich die n.M. nicht als Repräsentation der Wirklichkeit, sondern als künstliche Welten, von denen der Benutzer umgeben ist (↗ Wirklichkeitskonstruktion). Als Folge von Entterritorialisierung und Dezentralisierung der Informationsspeicher sowie der Telepräsenz von geographisch entfernten Kommunikationspartnern entsteht eine neue Kommunikationssituation, die die Bedeutung von Autor, Text und Leser grundlegend verändert. Autorität, Originalität und Kreativität des Autors werden hinterfragt und zugunsten des aktiven, selektierenden, schreibenden und performativen Lesers, wie ihn die Rezeptionsästhetik skizziert, verlagert. Neben dem Sehen spielen andere Sinne wie Hören und Tasten eine große Rolle für die Wahrnehmung in den multimedialen Räumen. Für das literar. Schreiben werden verstärkt Kollaborationsformen und ↗ hybride Genres gebraucht, die ein Netz von Erzählelementen mit multilinearen Verzweigungen im offenen, veränderbaren Raum jenseits von Schrift und Druck entwerfen.

Lit.: K. Kanzog: »M. (und Lit.)«. In: Borchmeyer/Žmegač 1994 [1987]. S. 268–273. – N. Bolz: *Theorie der n.M.*, Mchn. 1990. – P. Delany/G.P. Landow (Hgg.): *Hypermedia and Literary Studies*, Cambridge 1991. – N. Bolz et al. (Hgg.): *Computer als Medium*, Mchn. 1994. – St. Bollmann (Hg.): *Kursbuch n.M.*, Mannheim 1995. – E. Schütz/Th. Wegmann: »Lit. und M.«. In: Arnold/Detering 1997 [1996]. S. 52–78. – K. Beck/G. Vowe (Hgg.): *Computernetze – ein Medium öffentlicher Kommunikation?*, Bln. 1997. – N. Gabriel: *Kulturwissenschaft und n.M.: Wissensvermittlung im digitalen Zeitalter*, Darmstadt 1997. – J.H. Murray: *Hamlet on the Holodeck. The Future of Narrative in Cyberspace*, N.Y. 1997. – J. Griem (Hg.): *Bildschirmfiktionen. Interferenzen zwischen Lit. und n.M.*, Tüb. 1998. – S. Krämer (Hg.): *M., Computer, Realität. Wirklichkeitsvorstellungen und n.M.*, FfM. 1998. – Schmidt 2000. – McGann 2001. – M.-L. Ryan: *Narrative as Virtual Reality. Immersion and Interactivity in Literature and Electronic Media*, Baltimore et al. 2001. – Schanze 2002. – U. Jochum: *Kritik der n.M.: Ein eschatologischer Essay*, Mchn. 2003. – T.W. Keenan/ W.H.C. Kyong (Hgg.): *New Media, Old Media. Interrogating the Digital Revolution*, N.Y./Ldn. 2003. – M. Lister et al. (Hgg.): *New Media. A Critical Introduction*, Ldn./N.Y. 2003.   SH

Medienereignis (ahd. *irougen*: vor Augen stellen), im Unterschied zum Begriff des ↗ Ereignisses in Erzähltheorien zeigt das M. im allg. die Existenz eines ihm vorgängigen, wenn auch in ihm selbst abwesenden, Geschehens an. Der Bezug auf dieses »real event« (White 1981) fundiert die konstative oder informative Funktion von M., »die historischen Ereignisse so zu beschreiben, wie sie sich zugetragen haben« (Derrida 2003, S. 21). – Mit Medien sind für das M. sowohl spezifische Materialitäten der Kommunikation verbunden, die die technische Reproduzierbarkeit des Ereignisses begründen, als auch institutionelle Praxen des Öffentlich-Machens (↗ Massenmedien), die ein bes. Format für M.se vorsehen können, wie im Falle des »television genre« (Dayan/ Katz 1992) der *media events*. Das Ereignis zeigt sich erst *im* M., es konstituiert sich als solches erst *als* M., »indem es ›von sich reden macht‹« (Rathmann 2003, S. 14). Darin gründet die performative Funktion (↗ *Performance*/Performativität) von M.sen, derzufolge die medialen ↗ Repräsentationen »das Ereignis *machen*, anstatt es bloß abzubilden« (Derrida 2003, S. 22). Im Zuge der Entwicklung der Techniken der Ereignis-Wiedergabe in der Moderne gewinnt diese Konstruktionsleistung (↗ Konstruktivität) an Bedeutung, so daß das M. die Form des Ereignisses vorab mitbestimmen kann (Mediatisierung des Ereignisses) oder die referentiellen Eigenschaften des M.ses grundsätzlich in Frage stehen (virtuelles Ereignis).

Lit.: H. White: »The Narrativization of Real Events«. In: *Critical Inquiry* 7.4 (1981) S. 793–798. – D. Dayan/ E. Katz: *Media Events. The Live Broadcasting of History*, Cambridge 1992. – J. Derrida: *Eine gewisse unmögliche Möglichkeit, vom Ereignis zu sprechen*, Bln. 2003. – Th. Rathmann: »Ereignisse Konstrukte Geschichten«. In: ders. (Hg.): *Ereignis. Konzeption eines Begriffs in Geschichte, Kunst und Lit.*, Köln et al. 2003. S. 1–19.   GI

Medienkulturwissenschaft, die Forderung nach Etablierung einer M. wurde Anfang der 1990er Jahre von S. J. Schmidt erhoben, der auch erste Vorschläge zur Konzeption einer solchen Disziplin vorlegte. Zur Begründung dieser Forderung wurden sowohl gesellschaftliche als auch wissenschaftliche Entwicklungen angeführt, die kurz so zusammengefaßt werden können: Mit Blick auf die gegenwärtige Gesellschaft ist kaum zu bestreiten, daß wir in einer Mediengesellschaft leben, in der telematische Maschinen Wahrnehmungen und Gefühle, Wissen und Kommunikation, Sozialisation und Interaktion, ↗ Gedächtnis und Informationsverarbeitung, Politik und Wirtschaft beeinflussen, wenn nicht gar dominieren. Medien sorgen durch die Pluralisierung von Beobachtungsmöglichkeiten dafür, daß Kontingenzerfahrungen zur Alltäglichkeit werden. Unsere Wirklichkeitserfahrungen werden transformiert durch virtuelle Realitäten, Simulationen und weltweit operierende Netzwerke, in denen die schier unendliche Transformierbarkeit von Datenströmen in temporalisierbare Oberflächenzustände und Aggregate Prozessualität über ↗ Identität obsiegen lassen. Die traditionellen Konzepte von Autor und Rezipient, von Information und Kommunikation, von Sinn und Bedeutung, von Kreativität, Rezeptivität und Interaktion werden radikal umgeschrieben. – Die Mediengeschichte zeigt nun deutlich, daß sich die einzelnen Mediensysteme im Gesamtmediensystem einer Gesellschaft gegenseitig in ihren Funktionsmöglichkeiten definieren. ↗ Neue Medien verdrängen nicht etwa die bereits vorhandenen. Sie zwingen vielmehr die Gesellschaft zu einer Respezifikation des Gesamtmediensystems, erhöhen die kommunikative Komplexität und modifizieren das Verhältnis zwischen personaler und medienvermittelter Kommunikation. Für medienwissenschaftliche Forschungen folgt aus dieser gesellschaftlichen Entwicklung, daß die Beobachtung und Analyse einzelner Mediensysteme und ihrer spezifischen Medienangebote notwendigerweise differenztheoretisch erfolgen muß, da Medienspezifik nur im Vergleich zu jeweils konkurrierenden Medienangeboten beobachtet werden kann. Das bedeutet, daß einschlägige wissenschaftliche Analysen systemorientiert operieren müssen, um die Co-Evolution wie die funktionsspezifizierende Konkurrenz der Mediensysteme und -angebote in der Gesellschaft in den Blick zu bekommen. – Während über das Faktum der Mediengesellschaft relativ rasch Einigkeit erzielt werden kann, scheiden sich die Geister bei der Beantwortung der Frage, ob wir auch in einer Medienkulturgesellschaft leben; denn für viele sind Medien negativ konnotiert, was mit dem meist vorausgesetzten engen Kulturbegriff (Stichwort: ›Hochkultur‹; ↗ Hochlit.; ↗ Kultur) nicht zusammenpaßt. Vertritt man dagegen einen weiten Kulturbegriff, der nicht auf ein Medium allein oder auf die bloße Orientierung an Kunst oder ›Hochkultur‹ zugeschnitten

ist, dann gewinnt die Hypothese von der Medienkulturgesellschaft erheblich
an Plausibilität. Ein solcher weiter Kulturbegriff kann von der Beobachtung
ausgehen, daß alle uns bekannten sozialen Gemeinschaften kognitiv wie
kommunikativ mit Systemen von Dichotomien operieren, um sich in ihrer
Umwelt zu orientieren, um sozial zu interagieren, Norm- und Wertprobleme
zu lösen oder Gefühle und deren Ausdruck zu inszenieren. Aus solchen
Systemen von Dichotomien bauen sich die ↗ Wirklichkeitsmodelle (im
Sinne von Modellen für Wirklichkeit) sozialer Gemeinschaften und Gesellschaften auf, die als Systeme kollektiver Wissensbestände beschrieben
werden können. Erst über solches kollektives Wissen (und d.h. über die
Vermaschung reflexiver Strukturen) wird Kommunalisierung als Grundlage
von Kommunikation und Vergemeinschaftung möglich. Dieses kollektive
Wissen wird in der Sozialisation reproduziert, per Kommunikation über
Erwartungserwartungen stabilisiert und in für wesentlich erachteten Bereichen an soziale Institutionen gebunden, die spezifische Wissensbestände
verwalten und entwickeln. Dieses kollektive Wissen muß in genügender
Intensität, hinreichend oft und in Form gesellschaftlich verbindlicher Se-
mantik kommunikativ thematisiert werden, um im Bewußtsein der Gesell-
schaftsmitglieder Bestand zu haben und die Doppelaufgabe der Reproduktion von Gesellschaft und der Kontrolle von Individuen erfüllen zu können.
Das Programm dieser Thematisierung kann dann sinnvoll als Kultur einer
Gesellschaft konzipiert werden. Dieses Programm, das aufgrund der operationalen Geschlossenheit kognitiver Systeme immer wieder neu von
Aktanten angewandt werden muß, ist ausdifferenziert nach Handlungs- und
Wissensbereichen, die gesellschaftlich relevant und eigenständig geworden
sind, bzw. nach gesellschaftlichen Teilsystemen, die sich im Zuge funktio-
naler Differenzierung herausgebildet haben (↗ Systemtheorie). Solche
Kultur(teil)programme lassen sich unter verschiedenen Gesichtspunkten
beobachten und miteinander vergleichen; so etwa nach Verbreitungsbereich
und repräsentativer Trägerschaft, nach Sozialsystem-Spezifik und der Bindung
an Betreuungsinstitutionen (wie z.B. Museen oder Universitäten), nach dem
Typ von Manifestationen dieses Programms (z.B. als ↗ Riten, Kunstwerke,
Werkzeuge, ↗ Diskurse) usw. Vergleiche basieren dann auf der Beobachtung
der spezifischen Komplexität der jeweiligen Programme, ihrer Lernfähigkeit
und Dynamik (Aufnahmekapazität und Anpassungsflexibilität), ihrer Ka-
pazitäten der Lösung von spezifischen Legitimations-, Regelungs- und
Kontrollproblemen, ihrer Fähigkeit zur Selbstbeobachtung und Selbstthe-
matisierung. Konzipiert man ›Kultur‹ dergestalt als (ausdifferenziertes)
Gesamtprogramm der gesellschaftlich relevanten Thematisierung des sozial
verbindlichen Wirklichkeitsmodells und berücksichtigt man, daß diese
Thematisierung weitestgehend und notwendigerweise in den Mediensystemen abläuft, dann liegt der Schluß nahe, daß wir in der Tat in einer Medienkulturgesellschaft leben. – Akzeptiert man solche Überlegungen einmal
als Ausgangspunkt, dann läßt sich das Layout einer künftigen M. wie folgt
skizzieren. Zunächst ist zu berücksichtigen, daß eine, wie auch immer
konzipierte M. notwendig autologisch und selbstreferentiell operieren muß;
denn nur im Rahmen von Kultur kann über Kultur im Rahmen einer

Wissenschaft gesprochen werden. Von einer M. ›objektive‹ Aussagen über Medienkultur erwarten zu wollen, wäre illusorisch; erwarten kann man bestenfalls Aussagen und Analysen, die sich im medienkulturwissenschaftlichen Diskurs als anschlußfähig erweisen, womit man in das zweite Paradox steuert, daß man nur in Kommunikation und mit Hilfe von Medienangeboten über Medienkultur sprechen kann. Mit Blick auf die gegenwärtige Situation der Medienforschung im weiteren Sinn liegt es nahe, M. als ein Interaktionsplafond für alle Disziplinen zu konzipieren, die sich mit Medien beschäftigen. Alles dort bisher erarbeitete Wissen kann sich dabei für eine M. als nützlich erweisen. M. ihrerseits kann für andere medienerforschende Disziplinen zwei wichtige Funktionen übernehmen: (a) die Erarbeitung von Grundlagenwissen in den Bereichen ↗ Kognitions-, ↗ Kommunikations-, ↗ Medien- und ↗ Kulturtheorie, und (b) die Beobachtung, Integration und Evaluation einzelwissenschaftlicher Forschungsergebnisse unter generalisierten medienkulturwissenschaftlichen Perspektiven. Solche Perspektiven betreffen u.a. die Erarbeitung eines konsensfähigen allg. Medienbegriffs, Probleme der Kopplung von Kognition und Kommunikation durch Medien(angebote), die Geschichte der Wahrnehmungsmodifikationen durch die spezifischen Konstruktions- und Selektionsbedingungen der einzelnen Medien, die Entstehung und Funktion komplexer Mediensysteme in unterschiedlichen Gesellschaftstypen und Entwicklungsformen, den Zusammenhang zwischen Medien(systemen) und der Ausdifferenzierung von Kultur(en) als Programm(en) gesellschaftlicher Selbstbeschreibung usw. Um solche Perspektiven nicht rein additiv zu handeln, empfiehlt sich eine Systematisierung, die zugleich die Teilbereiche einer entwickelten M. markieren. Dabei können etwa vier Teilbereiche unterschieden werden: (a) Medienepistemologie als systematische Erforschung der diachronen und synchronen Möglichkeiten bzw. Erscheinungsformen kognitiver wie kommunikativer ↗ Wirklichkeitskonstruktion unter den Bedingungen der Nutzbarkeit spezifischer Medien(systeme) bis hin zu Netzwerken und Hybridsystemen; (b) Mediengeschichte in diversen Ausprägungen, also z.B. als Technikgeschichte, als Wahrnehmungs-, ↗ Mentalitäts- oder Kommunikationsgeschichte, wobei diese verschiedenen Beobachtungsaspekte koordiniert und integriert werden müssen, um aus einem bloßen Neben- oder gar Gegeneinander herauszukommen; (c) Medienkulturgeschichte im engeren Sinn als (Re-)Konstruktion der Co-Evolution von Medien(systemen), Kommunikations- und Diskurstypen (Stichworte: Mediengattungstheorie, Kanonisierungsprozesse in Mediensystemen) und einzelnen Kulturteilprogrammen wie z.B. Kunst oder Wissenschaft; (d) Trans- und Interkulturalitätsforschung (↗ Interkulturalität) als Beobachtung und Analyse der Interaktionsmöglichkeiten zwischen Kulturen, spezifischer Möglichkeiten und Erscheinungsformen von Kulturprogrammen (Mono-, Multi-, Transkulturalität), Formen kultureller (Ent-)Kolonialisierung, kultureller Ausdifferenzierung und Entdifferenzierung unter spezifischen Mediensystem-Bedingungen, ↗ Identität und Fremdheit unter Globalisierungsansprüchen, internationaler Kommunikation usw. – M. kann nur in interdisziplinärer Form arbeiten (↗ Interdisziplinarität). Wünschenswert wäre darüber hinaus auch eine interkulturelle Orientierung, um die spezifischen blinden Flecken des eigenen Beobachterstandpunktes relativieren zu können und Latenzbeobachtungen zu ermöglichen. – Eine Ausbildung in M. (ein erster Studiengang dieses Namens ist von R. Viehoff an der Universität Halle inzwischen eingerichtet worden; vgl. Viehoff 1997) soll zu einer kompetenten Analyse wie zur kreativen Teilnahme an medienkulturellen Aktivitäten befähigen. Die Themen werden der M. nicht ausgehen, da Entwicklungen wie Migration, ↗ Globalisierung der Kommunikation und deren Kommerzialisierung, *cybersociety*, Inter- und Multikulturalität (↗ Multikulturalismus) ständig neue Problemfelder eröffnen, die bearbeitet werden müssen.

Lit.: s. auch ↗ Medientheorien. – Schmidt 1996 [1994]. – ders.: »Medien – Kultur – Gesellschaft. Medienforschung braucht Systemorientierung«. In: *Medien Journal* 4 (1995) S. 28–35. – ders.: *Die Welten der Medien*, Braunschweig/Wiesbaden 1996. – ders.: »M.: Interkulturelle Perspektiven«. In: A. Wierlacher/G. Stötzel (Hgg.): *Blickwinkel. Kulturelle Optik und interkulturelle Gegenstandskonstitution*, Mchn. 1996. S. 803– 810. – J. Schönert: »Lit.wissenschaft – Kulturwissenschaft – M.«. In: Glaser/Luserke 1996. S. 192–208. – ders.: »Transdiszipinäre und interdisziplinäre Entwicklungen in den Sprach-, Lit.-, Kultur- und Medienwissenschaften.« In: G. Jäger/ders. (Hgg.): *Wissenschaft und Berufspraxis*, Paderborn et al. 1997. S. 17–29. – R. Viehoff: »›Mord und Totschlag‹ als Voraussetzung der Medienwissenschaft. Zur Einrichtung einer kommunikationswissenschaftlichen Professur und zur Entwicklung des Studiengangs ›M.‹ an der Universität Halle«. In: Jäger/Schönert 1997. S. 269–280. – Ludes 1998. – B. Großmann: *Medienrezeption. Bestehende Ansätze und eine konstruktivistische Alternative*, Opladen 1999. – G. Rusch (Hg.): *Einf. in die Medienwissenschaft*, Opladen 1999. – Schmidt 2000. – G. Stanitzek/W. Voßkamp (Hgg.): *Schnittstelle. Medien und kulturelle Kommunikation*, Köln 2001. – Schanze 2002. – K. Hickethier: *Einf. in die Medienwissenschaft*, Stgt./Weimar 2003. – S.J. Schmidt: »M.«. In: Nünning/ Nünning 2003. S. 351–370. – W. Wende: *Kultur – Medien – Lit.: Lit.wissenschaft als M.*, Würzburg 2004.   SJS

Medientheorien, der Gegenstand von M. erscheint auch heute noch nicht genau umrissen. Das Wort ›*medium*‹ bedeutete im Lat. ›Mittel, Mittler, Vermittelndes‹ und wird in grammatikalischen, psychologischen bzw. parapsychologischen und spiritistischen Kontexten verwendet. Im pädagogischen Wortgebrauch gelten Lehrmittel und Methoden als Medien; in den Geisteswissenschaften werden sowohl Gegenstandsbereiche wie Musik oder Lit. als auch Bedeutungsträger wie Ton oder Sprache als Medien bezeichnet. M. sind heute Gegenstand von Soziologie, Publizistik, Kommunikationswissenschaft, Lit.wissenschaft und einer eher ↗ empirisch ausgerichteten Medienwissenschaft. – Historisch gesehen entwickelten sich M. (a) aus Einzelmedientheorien, wie z.B. B. Brechts Radiotheorie oder B. Balázs' Filmtheorie; (b) aus der Informationstheorie bzw. Kybernetik, deren Medienbegriff C.E. Shannon und W. Weaver 1949 als Zeichenvorrat bzw. zu interpretierende und manipulierende Datenmenge modelliert haben (↗ Kommunikationstheorie); (c) aus kritischen Ansätzen, wie z.B. W. Benjamins »Kunstwerk«-Aufsatz oder M. Horkheimers und Th.W. Adornos

»Kulturindustrie«-Kapitel in der *Dialektik der Aufklärung* (1944/47), die
ideologische Funktionen von Medien in größeren gesellschaftlichen und
kulturellen Kontexten betrachten; (d) schließlich aus T. Parsons zwischen
1931 und 1959 ausgearbeiteter soziologischer ↗ Systemtheorie, mit der er
ausgehend von kybernetischen und linguistischen Überlegungen Medien als
Zusatzeinrichtungen von Sprache beschrieb, die Handlungs- und Sozialsy-
steme strukturieren, indem sie Erlebens- und Handlungszusammenhänge
sowie Problemlösungen als Informationen rekonstruierbar machen. – Während sich in den USA in den 1940er und 1950er Jahren eine größtenteils
affirmativ-positivistische Kommunikationsforschung entwickelt hatte, die
Effekte von Medien statistisch zu belegen suchte, rückte H.M. McLuhan zu
Beginn der 1960er Jahre im Kontext neuerer Forschungen zu ↗ Mündlichkeit und Schriftlichkeit (E. Havelock, H. Innis, J. Goody, W.J. Ong) das
technische Eigenleben von Medien als ›Prothesen des Menschen‹ in den
Mittelpunkt. Mit Hilfe eingängiger Slogans (›the medium is the message‹)
und oft willkürlich anmutender Definitionen konstruierte McLuhan ein
mediengeschichtliches Szenario, in dem die neuen elektrischen Medien (v.a.
das Fernsehen) eine *retribalization* bewirken sollten, die das einseitig visuell
ausgerichtete Gutenberg-Zeitalter beenden und zu einer wieder mündlich
geprägten, taktil-gemeinschaftlichen Gesellschaftsform zurückführen würde.
Der mit McLuhan populär gewordenen Medien-Determinismus provozierte
weiterentwickelte medientheoretische Ansätze, die Medienhandeln stärker zu
kontextualisieren und zu differenzieren versuchten. So entwickelte sich z.B.
in Großbritannien im Umfeld der Glasgow University Media Group und
des Birmingham Center for Cultural Studies (↗ *Cultural Studies*) ein von L.
Althusser und A. Gramsci inspirierter neomarxistischer Kulturmaterialismus
(↗ *Cultural Materialism*), dessen Vertreter v.a. am Beispiel des Fernsehens
medial vermittelte Ideologien und politische Spielräume sowie den sozialen,
geschlechtertypischen und interkulturellen Gebrauch von ↗ Massenmedien
untersuchten (R. Williams, St. Hall, J. Fiske). In Frankreich knüpfte J.
Baudrillard ebenfalls an Marxismus und Strukturalismus an und entwarf
eine polemisch formulierte Medientheorie, die McLuhans Optimismus in die
apokalyptische Vision einer totalitären Mediengesellschaft wendete, in der
sich die Kategorien des Sozialen, Politischen und Wirtschaftlichen aufgelöst
haben und nur noch referenzlose Zeichen und unendliche Tauschprozesse
von einer schweigenden Masse konsumiert werden. In der Bundesrepublik
wurden McLuhan sowie die brit. und frz. Theoretiker anfänglich kaum rezipiert und zunächst die am. Kommunikationsforschung durch G. Maletzkes
Theorie vom »Feld der Massenkommunikation« zugänglich gemacht. Einen
wichtigen Einfluß bildeten die Medienkonzepte der ↗ Kritischen Theorie, die
sich in H.M. Enzensbergers »Baukasten zu einer Theorie der Medien« und
in D. Prokops Untersuchungen zur Unterhaltung als systemstabilisierendem
Medium des Kapitalismus niederschlugen. In seiner *Theorie des kommunikativen Handelns* (1981) entwickelte J. Habermas auf der Grundlage von
Ideen der ↗ Frankfurter Schule sowie der Systemtheorie Parsons' sein Konzept
einer ↗ Lebenswelt, in der Medien zwar wie bei Parsons an Sprache gebunden
bleiben, aber nicht mehr in ihrer kollektiv-systemerhaltenden Funktion,

sondern als Instrumente der Verständigung mündiger Subjekte modelliert werden. Ebenfalls in Anlehnung an Parsons entwickelte N. Luhmann ein systemtheoretisches Kommunikationsmodell, das sich allerdings nicht mehr an Informationsübermittlung orientiert, sondern die Kontingenz aller Kommunikation konstatiert: Es ordnet Medien nicht dem Telos rationaler Verständigung unter, sondern beschreibt sowohl symbolische Medien wie Geld, Recht und Liebe als auch die auf technischen Vervielfältigungsmitteln basierenden Massenmedien als Faktoren, die Realität konstruieren, indem sie Selektionen organisieren und Komplexität reduzieren. Ab Mitte der 1970er Jahre wurde das Thema Medien in der Bundesrepublik v.a. innerhalb der Germanistik diskutiert. Neben den Studien H. Kreuzers, W. Faulstichs und anderen gewannen Mitte der 1980er Jahre die Arbeiten F. Kittlers an Einfluß, der durch einen an Psychoanalyse und Nachrichtentechnik ausgerichteten, polemisch erweiterten Medienbegriff die Geisteswissenschaften zu entzaubern suchte. Gleichzeitig kam es zu einer verstärkten Rezeption postmoderner Medientheoretiker wie P. Virilio und V. Flusser. In einer ähnlich zwischen Euphorie und Apokalypse schwankenden Rollenverteilung wie bei McLuhan und Baudrillard boten sich ihre Schriften an, den durch elektronische Medien ausgelösten Strukturwandel auf den jeweiligen Begriff zu bringen: Während Flusser die neuen Medien als Faktoren begrüßt, die uns von physischen Begrenzungen zu befreien vermögen, warnt Virilio vor immer effektiveren Wahrnehmungs- und Wissensprothesen, die unser Reaktions- und Handlungsvermögen in Kürze verdrängt haben werden. – Angesichts der Komplexität gegenwärtiger multimedialer Vernetzungsprozesse sind aktuelle M. nicht mehr vorrangig an verbaler Kommunikation ausgerichtet, sondern an Visualität und an Möglichkeiten interessiert, die zeitgenössische ›Grammatiken‹ von Bildern, Texten und ihren Mischformen entziffern helfen könnten. Unter dem Einfluß von Rezeptionsforschung und Systemtheorie haben sich die Fragestellungen aktueller M. neu orientiert: Es wird nicht mehr in traditionell gesellschaftskritischer Manier gefragt ›was die Medien mit den Menschen machen‹, sondern danach ›was Menschen mit Medien machen‹; es wird weniger versucht, die ›wahre‹ von der ›falschen‹ Mediendarstellung zu unterscheiden, sondern untersucht, wie Medien Realität konstruieren. Konstruktivistische Ansätze haben zudem das Bewußtsein für die Historizität der Kommunikationsmodelle geschärft, mit denen Theorien Medienhandeln und Medienwirklichkeiten konzeptualisieren.

Lit.: W. Faulstich: *M.: Einf. und Überblick*, Göttingen 1991. – K. Merten et al. (Hgg.): *Die Wirklichkeit der Medien. Eine Einf. in die Kommunikationswissenschaft*, Opladen 1994. – D. Kloock: *Von der Schrift- zur Bild(schirm)kultur. Analyse aktueller M.*, Bln. 1995. – N. Stevenson: *Understanding Media Cultures. Social Theory and Mass Communication*, Ldn. 1997 [1995]. – N. Luhmann: *Die Realität der Massenmedien*, Opladen 1996. – Kloock/Spahr 1997. – M. Faßler/W. Halbach (Hgg.): *Geschichte der Medien*, Mchn. 1998. – H.H. Hiebel et al.: *Große Medienchronik*, Mchn. 1999. – Pfeiffer 1999. – Jahraus 2001. – A. Kümmel/P. Löffler (Hgg.): *M. 1888–1933. Texte und Kommentare*, FfM. 2002. – Schanze 2002. – F. Hartmann: *Mediologie. Ansätze einer Medientheorie der Kulturwissenschaften*,

Wien 2003. – R. Leschke: *Einf. in die Medientheorie*, Mchn. 2003. – D. Mersch (Hg.): *Die Medien der Künste. Beiträge zur Theorie des Darstellens*, Mchn. 2003. – K. Williams: *Understanding Media Theory*, Ldn. 2003. – Fohrmann/Schüttpelz 2004. – R. Lüdeke/E. Greber (Hgg.): *Intermedium Lit.: Beiträge zu einer M. der Lit.wissenschaft*, Göttingen 2004.   JG

Men's Studies ↗ Männlichkeit

Mentalität (lat. *mens*: Geist), M. ist der Gegenstand der ↗ M.sgeschichte, die es sich zum Ziel setzt, die M. einer Epoche oder eines gegebenen historischen Zeitraums zu erforschen. Unter M. versteht man ein komplexes Phänomen, das sowohl Konzepte und Ideen als auch unbewußte Motive umfaßt. Der Begriff der M. läßt sich also nicht festlegen auf die vorherrschenden Denkfiguren und mentalen Strukturen einer Epoche, sondern er schließt vielmehr auch die psychischen Faktoren, die unbewußten und halbbewußten Beweggründe in sich ein, die bestimmte soziale Handlungsmuster und kulturelle Ausdrucksformen prägen. Damit steht M. im Gegensatz zum Objektbereich der älteren ↗ Geistes- und Ideengeschichte, die sich ausschließlich für den intellektuellen Horizont, verkörpert in den philosophischen und literar. Dokumenten einer gegebenen Zeitspanne, interessierte. M. läßt sich hingegen definieren als ein heterogenes Ensemble aus kognitiven und intellektuellen Dispositionen, Denkmustern und Empfindungsweisen, aus denen sich die teilweise unbewußten Kollektivvorstellungen einer Gesellschaft zusammensetzen. Von der Ideengeschichte divergierend, begreift die Schule der *Annales* die M. als eine Kollektivvorstellung, als Gemeingut einer Epoche, und erzielt so eine größere Flexibilität, als es die ausschließliche Orientierung am kulturellen Höhenkamm erlauben würde. Der M.shistoriker begegnet indes der nicht zu unterschätzenden Schwierigkeit, ausgehend von der irreduziblen Vielfalt der überlieferten Dokumente einer vergangenen Epoche, deren mentale und emotive Voraussetzungen zu rekonstruieren. Er sieht sich mit keiner geringeren Aufgabe konfrontiert, als den überlieferten empirischen Daten, unter denen sich alltägliche praxisbezogene Schriftstücke wie Testamente, Gerichtsprotokolle, Meßkataloge, Handelsverträge, Inventarlisten, Flugblätter, Tagebuchnotizen ebenso finden wie literar. Texte und Kunstwerke, die Funktionsweise und die jeweiligen Mechanismen eines kollektiven ↗ Unbewußten zu entlocken. Es stellt sich dabei die Frage, inwieweit überhaupt und auf welchem Wege von den überlieferten Zeugnissen einer Periode auf die zugrundeliegende M. hochzurechnen ist. Es liegt auf der Hand, daß die Arbeit des M.shistorikers in weit höherem Maße als die der traditionellen Geschichtsschreibung einer interdisziplinären Zusammenarbeit bedarf mit so unterschiedlichen Forschungszweigen wie der kulturellen Anthropologie (↗ Kulturanthropologie), der Ethnologie, der Mythenforschung (↗ Mythos), der Ikonologie, der Psychoanalyse und nicht zuletzt der Lit.wissenschaft. In vielfacher Hinsicht ergeben sich Berührungspunkte zwischen dem M.sbegriff und den z.T. enger gefaßten Konzepten des kulturellen Symbols, der Idee, des Geistes, der ↗ Ideologie und des ↗ Diskurses. – Ging die frühere M.sgeschichte noch von der Leitvorstellung einer *histoire totale* aus, der Möglichkeit, Geschichte in ihrer vollen Komplexität und Totalität zu rekonstruieren, so ist sie von jener ambitionierten Zielsetzung inzwischen eher abgerückt, nicht zuletzt, um Verwechslungen mit älteren Vorschlägen wie demjenigen des ›Zeitgeists‹ vorzubeugen. In diesem Sinne warnt J. Le Goff (vgl. 1992, S. 167) davor, daß der Begriff M. zu einer ›gefährlichen Abstraktion‹ werden kann, wenn er allzu schnell vereinheitlicht wird und nicht auf die historischen Wirklichkeiten in ihren heterogenen Ausprägungen bezogen bleibt.

Lit.: J. Le Goff: *Histoire et mémoire*, Paris 1988 [1977] (dt. *Geschichte und Gedächtnis*, FfM/N.Y. 1992). – V. Sellin:»M. und M.sgeschichte«. In: *Historische Zs.* 241 (1985) S. 555–598. – E. Flaig:»Habitus, M.en und die Frage des Subjekts. Kulturelle Orientierungen sozialen Handelns«. In: Jaeger/Rüsen 2004. S. 356–371. – Zs. *Mentalities/Mentalités. An Interdisciplinary Journal* (1986ff.).   AS

Mentalitätsgeschichte, die Geburtsstunde der modernen M. (frz. *histoire de mentalités*) fällt zusammen mit der Gründung der Zs. *Annales. Economies-Sociétés-Civilisations* durch M. Bloch und L. Febvre im Jahre 1929, wenn auch mit dieser Periodisierung wichtige, richtungweisende Vorläufer wie etwa J. Michelets *Histoire de France* (1833–67) und J. Huizingas Studie *Herbst des MA.s* (1919) nicht verleugnet werden sollen. Die von Frankreich ausgehende kulturhistorische Bewegung, die mit nichts weniger als dem Gedanken einer umfassenden Reform historiographischer Arbeit assoziiert ist, wurde zunächst in England und Italien rezipiert, während sie Deutschland, wie die relativ späten Übersetzungen frz.sprachiger mentalitätsgeschichtlicher Werke zeigen, erst mit merklicher Verzögerung erreichte und dort nur sehr zögernd Fuß fassen konnte. – Die M. ist von Anfang an durch eine polemische Haltung gegenüber der in der Tat überholungsbedürftigen, da einseitig ereignisorientierten, politischen Geschichte gekennzeichnet, wie sie von der traditionellen Historiographie lange Zeit bevorzugt bzw. als die einzig mögliche Form der Geschichtsschreibung angesehen wurde. Demgegenüber betont die M. die entscheidende und epochenkonstitutive Bedeutung von kollektiven Vorstellungen, zeittypischen Anschauungen, latenten Dispositionen und aus diesen hervorgehenden Verhaltensmustern, die dem ereignisverhafteten Beobachter des geschichtlichen Verlaufs notwendig entgehen. Die ↑ Mentalität einer Epoche läßt sich weit eher an den alltäglichen Umgangsformen, sozialen Praktiken und volkstümlichen Gebräuchen ablesen, als daß sie sich in einmaligen Begebenheiten oder einschneidenden politischen Zäsuren bemerkbar macht. Um sich ihrem eigentlichen Untersuchungsgegenstand, der spezifischen Mentalität einer historischen Epoche zu nähern, muß sich der Historiker auf das Gebiet der Alltagsgeschichte im Schatten der spektakulären politischen Daten begeben. Es ist der M. nicht zuletzt darum zu tun, die dem Blick der traditionellen Geschichtsschreibung verborgenen bzw. unbeachteten Dokumente der schriftlichen und kulturellen Überlieferung ausfindig zu machen und deren systematischen Stellenwert im sozialen Gefüge einer Epoche zu erkunden. Daraus ergeben sich Überschneidungsfelder und Berührungspunkte mit der in mancher Hinsicht verwandten Sozialgeschichte, die sich indessen einer stärker empirisch-positivistischen Forschungsrichtung verpflichtet weiß. Mit dem Bemühen, die mentalen Eigenheiten und psychischen Dispositionen in einem gegebenen historischen Zeitraum zu beschreiben, gerät die M. unvermeidlich in die Nähe der Ideengeschichte, ja sie weist sogar gewisse Ähnlichkeiten mit der ↗ Geistesgeschichte traditioneller Herkunft auf. Es lassen sich indessen bei genauerer Betrachtung entscheidende Unterschiede hinsichtlich der jeweils gewählten Methodik sowie des anvisierten Objektbereichs entdecken. Während die älteren ideen- und geistesgeschichtlichen Arbeiten ein unverkennbar esoterisches bzw. am kulturellen und literar. ›Höhenkamm‹ (↗ Hochlit.) orientiertes Erkenntnisinteresse verfolgen, untersucht die neuere M. das Zusammenspiel von Elite- und ↗ Populärkultur, die Verflechtung von exoterischen und esoterischen Tendenzen, die den intellektuellen Horizont einer Epoche prägen. Zudem sucht die M. nicht allein die ideellen Konstrukte und die ihnen zugrundeliegenden Denkfiguren zu erfassen, sondern sie berücksichtigt ebenso die psychologischen Motivationen und die emotionellen Komponenten, die an der Bewußtseinsbildung teilhaben. Insofern überschneidet sich der Gegenstandsbereich der M. mit dem Forschungsgebiet der Psychohistorie. Die in einer Kulturgemeinschaft verbreiteten Verhaltensmuster und Ausdrucksformen erlauben, so die Annahme, Rückschlüsse auf ein kollektives ↗ Unbewußtes, dessen Wirkungspotential sich darüber hinaus in den geläufigen Vorstellungsbildern und den charakteristischen kulturellen Artefakten historischer Epochen sedimentiert. In den Schriften von Ph. Ariès und J. Le Goff gewinnen die mentalitätsgeschichtlichen Studien ungeachtet der oft mit kompromißloser Akribie zusammengetragenen Materialbasis ein beeindruckendes anthropologisches und philosophisches Format. Beliebte Themen mentalitätsgeschichtlicher Forschungen sind das Verhältnis zur ›Kindheit‹ und zum ›Tod‹ (Ariès), ↗ Zeit und ↗ Gedächtnis, das Verhältnis der Geschlechter, die Struktur der Familie, die Geschichte der gesellschaftlich Marginalisierten, der Prostitution, des Wahnsinns und des Verbrechens, um nur die wichtigsten thematischen Schwerpunkte zu nennen. Es handelt sich also um ein insgesamt höchst heterogenes Untersuchungsfeld, innerhalb dessen die Skala der Erkenntnisrichtungen weitgespannt ist; der derzeitige Interessen reichen von spektakulären Themen wie Hexenprozessen zu unscheinbareren Objekten wie Ernährung und Mode. Neben ambitionierten, ins Spekulative ausgreifenden Entwürfen, wie dem Versuch einer Rekonstruktion des ma. Traumerlebens anhand der überlieferten Bilddokumente (Le Goff 1985) finden sich auch nüchternere, aber nicht minder aufschlußreiche Projekte wie Untersuchungen zu den historischen Behandlungsmethoden und dem Umgang mit Krankheiten. – Da die M. in der traditionellen Geschichtsschreibung neben ihrer Fixierung auf Ereignisse und Zäsuren eine Überschätzung der Institutionen und ihrer Geschichte zu erkennen glaubt, setzt sie dieser die Konstruktion einer Art innerer Geschichte, einer ›Geschichte des privaten Lebens‹ entgegen, die den kollektiven Symbolen und Ausdrucksformen gewidmet ist. Dabei stößt sie auf die Frage, wie die Genese und die weitere Entwicklung eines solchen soziokulturell verankerten Vorstellungsfundus

zu denken und darzustellen ist. Zunächst gingen die Mentalitätsgeschicht-
ler von der Annahme einer recht hohen Kontinuität in der Vorstellungswelt
einer Gesellschaft bzw. Kulturgemeinschaft aus, die sich, wenn überhaupt,
nur langsam über sehr große Zeiträume hinweg entwickelte. F. Braudel
prägte in einem Aufsatz von 1956 den Begriff der ›*longue durée*‹, der langen
Dauer, der zu einem Schlüsselkonzept mentalitätsgeschichtlicher Forschung
avancierte. Häufig umfaßten die in der Folgezeit vorgelegten Studien nicht
weniger als drei oder vier Jh.e. Die Idee einer solchen konservativen Behar-
rungskraft der Mentalitäten birgt indes ein systematisches Problem, denn
es stellt sich angesichts der sehr hoch veranschlagten kulturellen und intellektuellen Kontinuität die Frage, wie politische und gesellschaftliche Revo-
lutionen erklärt werden können, ja wie überhaupt geschichtlicher Wandel
möglich ist. Die zunächst propagierte und begrüßte Vorstellung der ›*histoire
immobile*‹, der erstarrten Geschichte, hat sich als zunehmend prekär und
anfechtbar erwiesen. Die moderne M. konnte bei dieser Konzeption nämlich nicht stehenbleiben, liefe sie doch in letzter Instanz auf ein im Grunde
ahistorisches Modell hinaus, das nurmehr nach überzeitlich gültigen, ar-
chetypischen Denkmustern und Verhaltensregeln Ausschau hält. Als auf-
schlußreiches und notwendiges Pendant der ›langen Dauer‹ wurde die
Konzeption der Krisen, der kurzen Zeiten, entwickelt. Die Krisenmomen-
te sind die weiteren geeignet, die angenommene Kontinuität und die anfänglich vorherrschende Idee des linearen Zeitverlaufs aufzusprengen und
zu modifizieren. Schon Ariès geht von der, im Vergleich zu Braudels Vorschlag, sehr viel komplexeren Annahme einer Überlappung verschiedener
Zeitrhythmen und Zeitordnungen aus. – Die nunmehr seit ca. neunzig
Jahren bestehende M. hat nicht zuletzt dadurch ihre bleibende Anschluß-
fähigkeit in der neueren Theoriebildung unter Beweis gestellt, daß sie der
↗ Diskurstheorie, der ↗ Kulturanthropologie, dem *New Historicism* und der
Entwicklung einer interdisziplinären ↗ Kulturwissenschaft wegweisende
Anstöße vermittelt hat. Indem die M. das Augenmerk u.a. auf die kultu-
rellen Artefakte und Gebrauchsgegenstände aller Art lenkt, kann sie zudem
dort als ein ergänzendes Korrektiv fungieren, wo sich die historische Dis-
kursanalyse einseitig auf die sprachlich-literar. Überlieferung konzentriert.
Nicht zufällig beschäftigte sich M. Foucault in *Surveiller et punir* (1975, dt.
Überwachen und Strafen) und in der *Histoire de la sexualité* (1976–84, dt.
Geschichte der Sexualität) mit Kontexten und Problemen, die durchaus in
das bevorzugte Terrain der Mentalitätsforscher fallen. – Die Leitbegriffe,
Methoden und Einsichten der M. eröffnen vielfältige lit.- und kulturwissenschaftliche Anschluß- und Anwendungsmöglichkeiten, insbes. für die
Entwicklung einer »historisch-soziologischen Lit.wissenschaft« (Jöckel 1987)
und einer interdisziplinär (↗ Interdisziplinarität) und ›mentalitätsgeschichtlich orientierten Kulturwissenschaft‹ (vgl. Nünning 1998 [1995]).

Lit.: Ph. Ariès: *L'enfant et la vie familiale sous l'Ancien Régime*, Paris 1973 (dt. *Geschichte der Kindheit*, Mchn. 1996 [1975]). – ders.: *L'homme devant la mort*, Paris
1977 (dt. *Geschichte des Todes*, Mchn. 1980). – M. Bloch: *Schrift und Materie der
Geschichte* (Hg. C. Honegger), FfM. 1987 [1977]. – J. Le Goff et al.: *La nouvelle*

histoire, Paris 1978 (dt. *Die Rückeroberung des historischen Denkens. Grundlagen der Neuen Geschichtswissenschaft*, FfM. 1994 [1990]). – Ph. Ariès: *Un historien du dimanche*, Paris 1980 (dt. *Ein Sonntagshistoriker. Ph. Ariès über sich*, Mchn. 1990). – J. Le Goff: *La naissance du purgatoire*, Paris 1981 (dt. *Die Geburt des Fegefeuers*, FfM. 1983). – Ph. Ariès/G. Duby (Hgg.): *Histoire de la vie privée*, 5 Bde., Paris 1985–87 (dt. *Geschichte des privaten Lebens*, 5 Bde., FfM. 1990–93). – J. Le Goff: *L'imaginaire médiéval*, Paris 1985. – H. Schulze: »M. – Chancen und Grenzen eines Paradigmas der frz.Geschichtswissenschaft«. In: *Geschichte in Wissenschaft und Unterricht* 36 (1985) S. 247–270. – J. Le Goff: *Histoire et mémoire*, Paris 1986 (dt. *Geschichte und Gedächtnis*, FfM. 1992). – A. Burguière et al.: *Mentalitäten-Geschichte. Zur historischen Rekonstruktion geistiger Prozesse* (Hg. U. Raulff), Bln. 1987. – S. Jöckel: »Die ›histoire des mentalités‹. Baustein einer historisch-soziologischen Lit.wissenschaft«. In: *Romanistische Zs. für Lit. geschichte* 11 (1987) S. 146–173. – A. Dörner/L. Vogt: »Kultursoziologie (Bourdieu – Mentalitätengeschichte – Zivilisationstheorie)«. In: Bogdal 1997 [1990]. S. 134–158. – P. Dinzelbacher (Hg.): *Europ. M.*, Stgt. 1993. – A. Nünning: »Lit., Mentalitäten und kulturelles Gedächtnis. Grundriß, Leitbegriffe und Perspektiven einer anglistischen Kulturwissenschaft«. In: Nünning 1998 [1995]. S. 173–197. – O.G. Oexle: »M«. In: Fricke 2000. S. 566–569. – Zs. *Mentalities/Mentalités. An Interdisciplinary Journal* (1986ff.). AS

Misogynie (gr. *misógynos*: Frauenhasser; von gr. *mísos*: Haß, Abscheu; gr. *gynē*: Frau), unter Misogynie wird in der Medizin bzw. Psychologie der krankhafte Haß von Männern gegenüber Frauen verstanden; verallgemeinert bezeichnet der Begriff Frauenfeindlichkeit bzw. Verachtung gegenüber Frauen. – V.a. von frühen Richtungen des Feminismus wurde M. als ein Merkmal patriarchaler Kulturen (↗ Patriarchat) identifiziert, welches das abendländische Denken seit der Antike prägt. Eine explizite Form von M. wird in der Gewalt gegen Frauen und der Abwertung von Frauen gesehen; doch gleichzeitig wird M. auch als Ursache für die Unterdrückung weiblicher Bildung, weiblichen Begehrens und weiblicher Subjektivität erachtet. M. ist sowohl biologistisch (als ›männliche Natur‹, in der eine grundsätzliche Angst vor dem Weiblichen und dem Mütterlichen zum Ausdruck komme) wie soziologisch (als Rationalisierung und Naturalisierung männlicher Herrschaft) erklärt worden. In ihrer Studie *The Troublesome Helpmate. A History of Misogyny in Literature* (1966) untersucht K. Rogers M. in der Lit. Rogers versteht M. als Abwehr von Sexualität, als Gegenbewegung zur Idealisierung von Frauen und als Versuch, Frauen der männlichen Herrschaft zu unterwerfen. K. Milletts *Sexual Politics* (1969) und A. Dworkins *Pornography* (1979) konzentrieren sich auf diesen dritten Aspekt. Sie untersuchen Degradierungen von Frauen, wie sie sich insbes. im Bereich der Sexualität und ihren ↗ Repräsentationen in der (pornographischen) Lit. manifestieren. Neuere Studien analysieren dagegen die Gleichzeitigkeit von Begehren und Gewalt in der M. und verweisen auf Brüche bzw. das Scheitern der Repräsentation. Gleichwohl wird der Begriff wegen seiner Nähe zu essentialistischen Erklärungen (↗ Essentialismus) der ↗ Geschlechterdifferenz nur noch selten verwendet und eher durch Begriffe wie Sexismus oder ↗ Phallozentrismus ersetzt.

Lit.: R.H. Bloch/F. Ferguson (Hgg.): *Misogyny, Misandry, and Misanthropy*, Berkeley 1989. – K.A. Ackley (Hg.): *Misogyny in Literature. An Essay Collection*, N.Y. 1992.   DF/SSch

Modernisierung und Modernisierungstheorien, im Alltagsgebrauch ist die Bedeutung des Wortes M. verengt auf technische oder organisatorische Verbesserung. So spricht man von der M. eines veralteten Heizungssystems oder einer rückständigen Landwirtschaft. Diese Alltagsbedeutung ist indes nur die triviale Reduktionsform umfassender, von den Sozialwissenschaften entwickelter und debattierter Theorien des sozialen Wandels, welche das seit dem 18. Jh. übliche Fortschritts- und Evolutionsdenken beerben, ohne mit ihm identisch zu sein. Der Begriff M. beschreibt in idealtypischer Weise soziokulturelle bzw. zivilisatorische Wandlungen der Menschheit, für die je nach Theoriezusammenhang zwei (traditionale vs. moderne Gesellschaft) oder drei (primitive, zivilisierte und moderne Gesellschaft; vgl. *Encyclopaedia Britannica*) Stufen unterschieden werden. Mit solchen Stufen ist neuerdings keine Wertung verbunden, man betont vielmehr den offenen und ›paradoxen‹ (van der Loo/van Reijen 1997) Charakter des M.sprozesses zumal im Zeitalter der ↗ Globalisierung. Die klassische MT. ist weitgehend identisch mit den zahlreichen im 19. Jh. einsetzenden (K. Marx, A. Comte, F. Tönnies, É.D. Durkheim, G. Simmel u.a.) und bei M. Weber (Rationalisierung) und später J. Habermas gipfelnden Versuchen, die Besonderheit der (west)europ. Entwicklung zu erfassen, d.h. Diagnosen von Modernität zu liefern. Historischer Ausgangspunkt der neuzeitlichen M. ist die spätestens seit der Renaissance dynamische Kultur Westeuropas. – M. setzt die Wirksamkeit von vier Faktoren und Prozessen voraus: kulturell die Ablösung magisch-metaphysischer Weltbilder durch Rationalisierung und Säkularisierung, strukturell eine Leistungssteigerung durch Arbeitsteilung bzw. Differenzierung, d.h. durch die Entstehung autonomer Teilsysteme wie z.B. Forschungseinrichtungen, personal die Entstehung eines neuen, selbstverantwortlich handelnden, d.h. nicht mehr traditionsbestimmten Persönlichkeitstyps im Prozeß der Individualisierung und anthropologisch die zunehmende Domestizierung bzw. technische Beherrschung der Natur durch den Menschen. Sozial- und technikgeschichtlich wird die feudale Agrargesellschaft durch eine marktwirtschaftlich geprägte Wettbewerbs- und Industriegesellschaft abgelöst, in der die gezielte Produktion von Wissen, seine Vermittlung durch Bildungssysteme und die Produktion von Waren und Konsumgütern mehr und mehr gleichsam zusammengeschaltet werden. – Die Nutzung des M.skonzepts für die Beschreibung und Erklärung literar. Wandlungen steckt erst in den Anfängen, breitet sich aber rasch aus. In der Lit.geschichtsschreibung (vgl. Seeber 1999) wurde der Versuch gemacht, mit Hilfe des M.skonzepts plausible literarhistorische Kohärenzen und Entwicklungen sichtbar zu machen. Gattungen und literar. Wandlungen lassen sich als zustimmende (z.B. Science Fiction, Krimi), ablehnende (z.B. Idylle, Utopie, Romantik) oder, was ohnehin die Regel ist, vermischt-komplexe (z.B. moderner Roman) Reaktionen auf den M.sprozeß verstehen. Individualisierungsprozesse im Blick, hat man von der ›M. des Ich‹ (Pfister 1989) gesprochen. Die lit.wissenschaftliche Debatte über die Moderne orientiert sich neuerdings stark am konzeptionellen Vorbild der sozialwissenschaftlichen Forschung (vgl. v. Graevenitz 1999). Neuere Varianten der M.sforschung, welche die durch Entwurzelung und Wertpluralismus erzeugten negativen Bewußtseinsfolgen des M.sprozesses in den Blick nehmen (*homeless mind*; vgl. Berger et al. 1973), sind an die Lit.forschung bes. gut anschließbar, ist es doch eine der Funktionen von Fiktionen, ästhetische Illusionen von Bewußtseinsrealitäten zu erzeugen.

Lit.: P.L. Berger et al.: *The Homeless Mind. Modernization and Consciousness*, Harmondsworth 1977 [1973]. – Eintrag »Modernization and Urbanization«. In: *The New Encyclopaedia Britannica*, Bd. 24, Ldn. 1985. S. 255–266. – J. Schönert: »Gesellschaftliche M. und Lit. der Moderne«. In: Wagenknecht 1989 [1988]. S. 393–413. – M. Pfister (Hg.): *Die M. des Ich. Studien zur Subjektkonstitution in der Vor- und Frühmoderne*, Passau 1989. – H.U. Seeber (Hg.): *Engl. Lit. geschichte*, Stg. 1999 [1991]. – H. van der Loo/W. van Reijen: *M.: Projekt und Paradox*, Mchn. 1997 [1992]. – U. Beck et al.: *Reflexive M.: Eine Debatte*, FfM. 1996. – von Graevenitz 1999. – W. Göbel et al. (Hgg.): *M. und Lit.: Fs. für H.U. Seeber zum 60. Geburtstag*, Tüb. 2000. – U. Beck/W. Bonß (Hgg.): *Die M. der Moderne*, FfM. 2001. – J. Raab/H.-G. Soeffner: »Lebensführung und Lebensstile. Individualisierung, Vergemeinschaftung und Vergesellschaftung im Prozess der M.«. In: Jaeger/Rüsen 2004. S. 341–355. HUS

Multikulturalismus, Konzept, das die ethnische Vielfalt und das Nebeneinander heterogener sozialer und kultureller Muster in einer Gesellschaft beschreibt. M. bezeichnet auch die politischen Bemühungen von Regierungen und ethnischen Organisationen, die Gleichberechtigung der in einer Gesellschaft vertretenen Kulturen zu gewährleisten und Kontakte zwischen ihnen zu fördern. M. ist einer der zentralen Begriffe in der Diskussion über postkoloniale Literaturen (↗ Postkolonialismus/Postkolonialität), da er ein Phänomen beschreibt, das ein typisches Erbe des ↗ Kolonialismus darstellt und daher in den kulturellen Produkten ehemaliger Kolonien immer wieder auftaucht. Die pluralistische ↗ Hybridität des M. kontrastiert dabei oft mit der monozentrischen Assimilation an eine als dominant gesetzte Kulturform. Als das Konzept eines postkolonialen Synkretismus konkurriert M. aber auch häufig mit den Theorien radikalerer ethnischer Vertreter, die die einseitige Wiederbelebung präkolonialer kultureller Strukturen befürworten. Ersterer Ansatz wird z.B. im karib. bzw. afr. Raum von Schriftstellern wie W. Harris aus Guyana und dem Nigerianer W. Soyinka verfolgt, während Autoren wie der karib. Historiker und Dichter E. Brathwaite und der nigerian. Dichter Chinweizu Anhänger letzterer kultureller Strategie sind. Dabei versucht z.B. Brathwaite, die multikulturelle Vielheit der karib. Gegenwart mit einer Privilegierung der afr. Wurzeln gegenüber dem europ. Superstrat zu verbinden. M. betont die kulturellen Unterschiede in einem egalitären Kontext im Sinne der Bereicherung der gesamten Gesellschaft durch die Heterogenität ihrer Bestandteile. Dies wird allerdings von einigen Vertretern der ↗ postkolonialen Lit.theorie als lediglich kaschierte Form eines europ.

Kosmopolitismus und daher als monokulturelle Vereinnahmung kritisiert. Aus diesem Grund zeigen sich austr. Kritiker wie S. Gunew dem Konzept des M. gegenüber skeptisch. Sie sehen in der austr. M.-Politik ein Instrument, das den Kampf der Aborigenes um Landrechte mittels einer eurozentrisch geprägten ideellen Fassade erschwert. So verstanden kann M. also auch als diskursive Formation empfunden werden, die bestimmten ideologischen und ethnischen Interessen dient, wenngleich der Begriff gemeinhin als Konzept zur Bezeichnung von Bemühungen zur Eliminierung der Rassendiskriminierung benutzt wird. Gleichzeitig fungiert M. aber auch als wichtiges Konzept bei der Konstruktion des Nationenbegriffes in heterogenen postkolonialen Gesellschaften und dient als Klammerbegriff, der Ängste in bezug auf Separatismus und Zersplitterung beruhigen soll. M. ist z.B. im ehemals klassischen Einwanderungsland Kanada von bes. Bedeutung. Seit 1971 bezeichnet der Begriff die offizielle Regierungspolitik, und seit 1972 gibt es dort einen Staatsminister für M. Der *Canadian Multiculturalism Act* von 1988 stellt die Prinzipien des gleichberechtigten Nebeneinanders und Miteinanders in der ethnischen Heterogenität der kanad. Gesellschaft im Sinne einer Politik der gegenseitigen Anerkennung und des Respekts auf eine gesicherte juristische Basis. M. ist auch ein wichtiger Faktor in der Diskussion über die oft komplizierten Mechanismen postkolonialer Identitätskonstitution, wobei zwischen der kollektiven ↗ Identität z.B. einer ethnischen Gruppe in der multikulturellen Gesellschaft und der persönlichen ↗ Identität innerhalb einer solchen Gruppe zu unterscheiden ist. Für beide jedoch ist die ›*politics of recognition*‹ (vgl. Taylor 1994, S. 25–73) von entscheidender Bedeutung.

Lit.: S. Gunew: »Denaturalizing Cultural Nationalisms. Multicultural Readings of ›Australia‹«. In: H. Bhabha (Hg.): *Nation and Narration*, Ldn./N.Y. 1990. S. 99– 120. – Ch. Taylor: *Multiculturalism. Examining the Politics of Recognition* (Hgg. A. Gutmann et al.), Princeton 1994. – E. Bronfen et al. (Hgg.): *Hybride Kulturen. Beiträge zur anglo-am. M.debatte*, Tüb. 1997. – C. Willett (Hg.): *Theorizing Multiculturalism. A Guide to the Current Debate*, Oxford 1998. – Carey/ Snodgrass 1999. – C.W. Watson: *Multiculturalism*, Buckingham/Philadelphia 2000. – P. Kelly (Hg.): *Multiculturalism Reconsidered. ›Culture and Equality‹ and Its Critics*, Malden/Cambridge 2002. – C.J. Trotman (Hg.): *Multiculturalism. Roots and Realities*, Bloomington 2002.   HA

Mündlichkeit (engl. *orality*), der Gebrauch der mündlichen Sprache gegenüber der schriftlichen Sprache im Kontext ihrer gesellschaftlichen Bedingungen und Konsequenzen. Im Rahmen eines Modells mündlicher Kommunikation wird die Produktions- von der Rezeptionsseite mit Sprechen vs. Hören von Schreiben vs. Lesen unterschieden. – (1) In sprachwissenschaftlichen Ansätzen wird die M. über die spezifischen Merkmale der mündlichen Sprache als ›Sprache der Nähe‹ gegenüber der schriftlichen Sprache als ›Sprache der Distanz‹ (vgl. Koch/Oesterreicher 1985) u.a. durch ihre Situationsgebundenheit und das implizite Sprechen, durch deutliche Sprecher-Hörer-Signale, expressive Formen und lexikalische Armut be-

schrieben. (2) In historischer, ethnologischer und soziologischer Sicht wird
die M. im Blick auf die Erforschung traditioneller ›mündlicher Kulturen‹
vor aller Schriftlichkeit im Sinne der *primary orality* (vgl. W. J. Ong 1982)
mit entsprechenden Denkstrukturen und Einstellungen verbunden, die
z.T. in Merkmalslisten wie ›konservativ‹, ›redundant‹, ›homöostatisch‹,
›partizipatorisch‹ usw. erfaßt werden (vgl. ebd.). So ist in der selektiven
Anpassung der Vergangenheit an die Erfordernisse der Gegenwart in der
mündlichen Kultur die ›strukturelle Amnesie‹, das gezielte Löschen und
Vergessen von Vergangenem und von alten Wissensstrukturen, möglich
(vgl. Goody/Watt 1968). Rein mündliche Kulturen zeichnen sich durch
bes. Formen der Wissensspeicherung und der Bildung des kulturellen
↗ Gedächtnisses aus, wie auch allg. dem ↗ Gedächtnis und den gedächtnis-
fördernden Techniken jenseits der Möglichkeit schriftlicher Abstützung ein
hoher Wert zugesprochen wird. Der M. kommt in historischer Ausrichtung
zum einen als Ausgangsstadium für die Feststellung der Veränderungen von
Kulturen durch die Einführung von Schrift eine große Bedeutung zu, zum
anderen ist M. immer integraler Bestandteil aller modernen Bemühungen
um die Erforschung der jeweils epochenspezifischen Schnittstellen zwischen
Schriftlichkeit und M., und zwar jenseits einer bloßen Restkategorie wie
in Ongs Begriff der *residual orality*. Eine Aufwertung der M. liegt auch in
der *oral history* als Zugang zur Erfahrung und Erinnerung noch lebender
Informanten, unterstützt durch Interviews und Tonbandaufnahmen, vor
(vgl. Bommes 1982). (3) Aus lit.historischer Sicht wird in diachroner wie
synchroner Perspektive im Anschluß an die Theorie der mündlichen ›Produktion‹ von Dichtung am Beispiel von Homer (vgl. Parry 1930/32) und des
serbo-kroatischen *guslar* (vgl. Lord 1960) zum einen die Möglichkeit einer
rein mündlichen Überlieferung von Dichtung diskutiert wie in der älteren
mediävistischen ›Liedertheorie‹, zum anderen auch die Erforschung eines
spezifisch mündlichen Stils der Dichtung intensiviert, in deren Zentrum
die dichterische Formel als Ermöglichung der erstaunlichen Gedächtnislei-
stungen der Dichter steht. Der Begriff *oral literature* wird angesichts seiner
Widersprüchlichkeit (lat. *littera*: der Buchstabe) zugunsten von *oral poetry*
abgelehnt (vgl. Zumthor 1987). In der Diskussion um die *oral-formulaic
poetry*, wie sie z.B. zum altengl. Dichter Cædmon oder zum Sänger (*scop*)
im *Beowulf* (8. Jh.) geführt wird, hat sich inzwischen die Notwendigkeit zu
weiteren Differenzierungen ergeben, indem z.B. zwischen dem *oral-memorial
poet* und dem in der Situation vor Hörern improvisierenden *oral-formulaic
poet* (vgl. Coleman 1996, S. 43–51) unterschieden wird. Zudem hat sich
zwar die Formel als Merkmal eines erkennbaren mündlichen Dichtungs-
stils als brauchbares Analyseinstrument erwiesen, aber dieser formelhafte
Stil ist keineswegs immer ein Beweis für eine rein mündliche Produktion
des Textes, wie es die Verwendung solcher Stilelemente durch eindeutig
schriftlich orientierte Autoren zeigt. In der neueren Diskussion zur ma. Lit.
wird angesichts der *transitional literacy* schon für die frühmittelalterliche
Zeit von Mischformen ausgegangen, die in Begriffen wie ›*aurality*‹ (vgl.
Coleman 1996) und ›Vokalität‹ (vgl. Schaefer 1992) faßbar werden. In der
Diskussion um die hoch- und spätmittelalterliche Lit. geht es v.a. um das

Zusammenspiel von Schriftlichkeit und M., z.B. in der Möglichkeit der
Verwendung eines mündlichen Stils im Sinne einer rein ›fingierten M.‹
mit der ihr zugeordneten Hörerfiktion, die sich auch in der modernen Lit.
finden läßt. Für die hoch- und spätmittelalterliche Lit. reduziert sich die M.
auf den Performanzaspekt, d.h. den mündlichen Vortrag (*oral delivery*) im
Rahmen von geselligen Vorlesesituationen, und zeigt damit Ähnlichkeiten
mit der hörer- und wirkungsorientierten Rhetorik. Angesichts des sich im
MA. entwickelnden privaten und stillen Lesens von literar. Texten als Alternative zum geselligen Vorlesen und Zuhören kommt der Frage nach dem
vom Autor intendierten primären Rezeptionsmodus im Sinne von ›Hören
und/oder Lesen‹ bes. Bedeutung zu (vgl. Scholz 1980; Green 1994).

Lit.: M. Parry: »Studies in the Epic Technique of Oral Verse-Making«. In: *Har-
vard Studies in Classical Philology* 41 (1930) S. 73–147 und 43 (1932) S. 1–50.
– A.B. Lord: *The Singer of Tales*, Cambridge 1980 [1960] (dt. *Der Sänger erzählt*,
Mchn. 1965). – J. Goody/I. Watt: »The Consequences of Literacy«. In: J. Goody
(Hg.): *Literacy in Traditional Societies*, Cambridge 1981 [1968]. S. 27–68 (dt.
Literalität in traditionellen Gesellschaften, FfM. 1981). – R. Finnegan: *Oral Poetry*,
Bloomington 1992 [1977]. – E. Haymes: *Das mündliche Epos*, Stgt. 1977. – N.
Voorwinden/M. de Haan (Hgg.): ›*Oral Poetry*‹. *Das Problem der M. ma. epischer
Dichtung*, Darmstadt 1979. – J. Opland: *Anglo-Saxon Oral Poetry*, New Haven
1980. – M.G. Scholz: *Hören und Lesen*, Wiesbaden 1980. – M. Bommes: »Gelebte
Geschichte. Probleme der *Oral History*«. In: *LiLi* 12 (1982) S. 75–103. – Ong
1996 [1982]. – P. Goetsch: »Fingierte M. in der Erzählkunst entwickelter Schrift-
kulturen«. In: *Poetica* 17 (1985) S. 202–218. – P. Koch/W. Oesterreicher: »Sprache
der Nähe – Sprache der Distanz«. In: *Romanistisches Jb.* 36 (1985) S. 15–43. – P.
Zumthor: *La lettre et la voix*, Paris 1987. – U. Schaefer: *Vokalität*, Tüb. 1992.
– D.H. Green: *Medieval Listening and Reading*, Cambridge et al. 1996 [1994].
– J. Coleman: *Public Reading and the Reading Public in Late Medieval England and
France*, Cambridge/N.Y. 1996. – T. Kurzrock: *Neue Medien und Deutschdidaktik.
Eine empirische Studie zu M. und Schriftlichkeit*, Tüb. 2003.   GMO

Mythos (gr. *mýthos*: Erzählung, Fabel, Sage; lat. *mythus*), unter M. versteht
man meist mündlich tradierte Erzählungen, die im Dienste einer vorwissen-
schaftlichen Erklärung und Beschreibung der ↗ Lebenswelt stehen und sich
meist vor der Folie eines kosmischen oder übernatürlichen Bezugsrahmens
abspielen. Mythentraditionen finden sich v.a. bei den antiken Hochkulturen
und den sog. Naturvölkern. Von der gr. Philosophie wurde der M. mit Skepsis
betrachtet. Als symptomatisch für seine Geringschätzung darf Platons Urteil
im 2. Buch der *Politeía* (ca. 380–70 v.Chr.) gelten, das die gr. Göttermythen,
überliefert durch Homer und Hesiod, als Lügenmärchen abstempelte und
nicht zuletzt aus moralischen Gründen für verwerflich erachtete. Somit
waren die Vorzeichen für die Aufnahme des M. in der abendländischen
Theoriediskussion eher ungünstig. Doch verwendet auch Platon selbst in
seinen Dialogen mythische Einlagen, um seine Philosopheme zu veran-
schaulichen. – Im 18. Jh. war es v.a. K.Ph. Moritz, der im Rahmen seiner
Götterlehre (1791) dem M. eine erkenntnisleitende Funktion zuerkannte. F.v.

Schlegels »Rede über die Mythologie« (1800) erkundet den wechselseitigen
Zusammenhang zwischen M. und Poetik. Die romantische Mythenforschung
(Arnim, Grimm) meinte im M. urspr. volkstümliche Denkweisen und
Ausdrucksformen zu entdecken, in denen sich ein unverstelltes, da von der
modernen Zivilisation noch nicht überformtes, anthropologisches Wissen
bekundete. Im 20. Jh. setzte E. Cassirer die begonnene Aufwertung des M.
fort, indem er in ihm eine menschliche Kulturleistung eigener Art, eine bes.
↗ symbolische Form erkannte, die den Zeichensystemen der Sprache und der
Geschichte vergleichbar und mit ihnen grundsätzlich gleichwertig sind. Dank
Cassirers richtungweisendem Beitrag wurde das ›mythische Denken‹ für die
neuere ↗ Kulturwissenschaft interessant. Die gesteigerte Aufmerksamkeit auf
den M. erhielt durch die strukturalistische Ethnologie zusätzliche Impulse.
In Cl. Lévi-Strauss' Studien gewinnt die Mythenforschung erstmals ein
modernes spezialwissenschaftliches Format. Es ist das Verdienst Lévi-Strauss',
mittels formalistischer Analysemethoden nachgewiesen zu haben, daß die
mythische Denkform keine ungeordnete und regellose ist, sondern eine
von der rationalistischen Logik zwar verschiedene, aber nichtsdestoweniger
komplexe Struktur aufweist, die in der Idee eines prädiskursiven ›wilden
Denkens‹ ihren angemessenen Ausdruck findet.

Lit.: E. Cassirer: *Sprache und M.: Ein Beitrag zum Problem der Götternamen*, Lpz.
1925. – D. Borchmeyer: »M.«. In: ders./Žmegač 1994 [1987]. S. 292– 308. – G.v.
Graevenitz: *M.: Zur Geschichte einer Denkgewohnheit*, Stgt. 1987. – U. Heidmann
Vischer: »M.«. In: Fricke 2000. S. 664–668. – M. Schmitz-Emans (Hg.): *Komparatistik als Arbeit am M.*, Heidelberg 2003. – A. Simonis/L. Simonis (Hgg.): *Mythen
in Kunst und Lit.: Tradition und kulturelle Repräsentation*, Köln et al. 2004.   AS

N

Narrativistische Ansätze, n.A. setzen sich mit Formen und Mechanismen der narrativen Organisation von symbolischen und mentalen
↗ Repräsentationen wie ↗ Diskursen, Texten oder kognitiven Strukturen
(↗ Kognitionstheorie) auseinander. N.A. konzeptualisieren die Narration als
anthropologisch ubiquitäres Muster der Formgebung, das für die menschliche Erfahrungsbildung unverzichtbar ist. Dieser Befund konkretisiert sich
exemplarisch in Bestimmungen des Menschen als »storytelling animal«
(MacIntyre 1984, S. 216) bzw. als *homo narrator* (Boesch 2000). Seit den
1980er Jahren ist in den ↗ Kulturwissenschaften eine derart verstärkte Beschäftigung mit Erzählungen zu verzeichnen, daß von einem ›narrativistischen
↗ Paradigma‹ (vgl. Meuter 2004) bzw. von einer ›narrativen Wende‹ die
Rede ist. N.A. sind keiner Einzeldisziplin zuzuordnen, sondern erstrecken
sich über ein Spektrum von Disziplinen: Arbeiten aus der Geschichtstheorie und sprachanalytischen Philosophie etwa richten ihr Interesse auf die
Funktionen der Narration für die Darstellung der Wirklichkeit und bemühen sich um die Klärung des Zusammenhangs von ↗ Zeit und Erzählung
(White 1987; Ricœur 1988, 1989). Beiträge aus der lit.wissenschaftlichen

Erzählforschung untersuchen die formalen Organisationsprinzipien eines Textes als kohärente Geschichte und richten das Augenmerk auf die »Mittelbarkeit« (Stanzel 1995 [1979], S, 15ff.) des Erzählens als konstitutives Merkmal narrativer Texte. Ansätze der narrativen Psychologie analysieren Erzählungen als inhärentes Format für psychische Aktivität und als universellen Modus von Erfahrung, Wissen und Handeln. Sie machen darauf aufmerksam, daß bereits psychische Strukturen und kognitive Erfahrungsbestände narrativ überformt sind und Erzählungen somit nicht auf die sprachlich-kommunikative Praxis zu reduzieren sind. Der Großteil heutiger n.A. nimmt auf verschiedene disziplinäre Herangehensweisen Bezug und zeichnet sich damit durch seinen transdisziplinären Charakter aus (vgl. Straub 1998; Brockmeier 1999; Echterhoff 2002). N.A. nehmen Erzählungen demnach sowohl als sprachliches Produkt als auch als psychisch mentales Organisationsformat in den Blick (vgl. Echterhoff/Straub 2003). – Als zentrale Herausforderung für n.a. gilt die formale und funktionale Bestimmung des Prädikators ›narrativ‹. Eine viel beachtete Definition hat der Kulturpsychologe Bruner (1986) mit der Unterscheidung zwischen dem narrativen und dem paradigmatischen Modus des Denkens vorgelegt. Danach beschäftigen sich Narrationen stets mit dem Verlauf von intentionalen Bemühungen, der Realisierung oder dem Scheitern von planvollem menschlichen Handeln. Im Gegensatz zum paradigmatischen Modus, der durch Operationen der deduktiven Logik zu allg. und überprüfbaren Erkenntnissen zu gelangen versucht, besteht die angestrebte Wirkung von Narrationen darin, durch die Darstellung von subjektiven Erfahrungen die Rezipienten zu faszinieren und in den Handlungsverlauf zu verwickeln. Die Herstellung einer subjektiv nachvollziehbaren Ähnlichkeit mit lebensweltlichen Begebenheiten, die Erzählungen als besonderes Leistungsvermögen zugeschrieben wird, beruht gerade auf der Bezugnahme auf menschliche Absichten und Motive (vgl. Echterhoff 2002, S. 270). Die Erzählung ist dabei nicht mit den realen Ereignissen identisch, sondern greift auf diese zurück und überführt sie in ein symbolisches Repräsentationsformat. Der Vorgang, durch den vorerst unverbundene Elemente in die Form einer Erzählung gebracht werden, wird in Anlehnung an den Geschichtstheoretiker Hayden White (1973) als ↗ Emplotment bezeichnet. Das Emplotment verknüpft heterogene Erfahrungs- und Wissenselemente zu einer mehr oder weniger einheitlichen Ganzheit, die eine kontinuierliche Abfolge einzelner Ereignisse suggeriert. Die narrative Syntheseleitung, die das Emplotment impliziert, begründet den konstruktiven Charakter von Erzählungen. Aus demselben Repertoire vorgängiger Ereignisse können durch unterschiedliche Formen der narrativen Konfiguration verschiedenartige Erzählungen konstruiert werden (↗ Konstruktivität). – Die Stiftung eines kohärenten und kontinuierlichen Zusammenhangs zwischen heterogenen Elementen gilt als Hauptfunktion und zugleich psychologisch wesentliches Merkmal von Narrationen. Dieser Zusammenhang wird gemeinhin als eine bedeutungsstrukturierende Synthese wahrgenommen, da ein ↗ Ereignis temporal und logisch zu anderen in Beziehung gesetzt wird. In Anlehnung an systemtheoretische Ansätze (↗ Systemtheorie) ist Narrativität somit als eine bedeutsame

Form der Kontingenzreduktion anzusehen (vgl. Echterhoff 2002, S. 268).
So gewinnt ein zeitlich und sequentiell nachgeordnetes Ereignis allein durch
seine narrative Einbettung einen höheren Grad an Wahrscheinlichkeit
als andere mögliche, nicht-kontextualisierte Ereignisse. Es verliert seine
urspr. Kontingenz, wird also vorhersehbarer und plausibler. Narrationen
transformieren »Unwahrscheinlichkeit in Wahrscheinlichkeit« (Ernst 2001,
S. 403) bzw. verwandeln »Zufall in ein Geschick« (Ricœur 1996, S. 182).
Erzählungen gelten daher als prototypische Weise der menschlichen Sinnstiftung. – Je nach disziplinärem Erkenntnisinteresse untersuchen n.A.
neben diesen universellen Funktionen auch die Facetten eines Spektrums
spezifischer Funktionen von Erzählungen. Mit der grundlegenden Rolle,
die der narrativen Formgebung für die Verarbeitung und Rezeption neuer Informationen zukommt, beschäftigen sich kognitionspsychologische
Ansätze. Im Zentrum stehen dabei die Prozesse, durch die eine Person
sprachlich dargebotene Informationen im Sinne einer Geschichte verarbeitet. Zentrale Prämisse der psychologischen Forschung zum Textverstehen
ist die Annahme der kognitiven Konstruktivität, die auf das von Frederic
Bartlett (1932) postulierte Prinzip des *effort after meaning* zurückgeht.
Demnach rezipieren und interpretieren Personen fremde Texte auf der Basis
kulturspezifischer Geschichtenschemata (↗ Schema und Schematheorie).
Bei diesem Verstehensprozeß werden Leerstellen gefüllt, Unverständliches
oder Unpassendes wird ausgespart, und ambivalenten Aussagen wird eine
eindeutige Bedeutung zugewiesen. Aus kognitionspsychologischer Sicht sind
die Bedingungen für die Aktualisierung bestimmter narrativer Schemata nie
ausschließlich in den Merkmalen des Inputmaterials zu verorten, sondern
stets im Zusammenspiel von subjektiven Verarbeitungsmodi und den Text-
eigenschaften. – Zu den komplexesten Funktionen von Erzählungen zählen
Identitätsbildung und -repräsentation (↗ Identität, persönliche), derer sich
die Autobiographieforschung (vgl. Brockmeier 1999; Eakin 1999; Ricœur
1996) annimmt. Die Einsicht in die herausragende Bedeutung der Erzählung
für das eigene Selbstverständnis hat das Konzept der narrativen Identität
hervorgebracht. Erst die sprachliche Praxis ermöglicht die Bearbeitung von
temporaler Differenz und damit biographische Kontinuität. Selbsterzählungen
bilden keinen festen Wesenskern der Persönlichkeit ab, sondern schaffen
Kontinuität und die damit verbundenen Identitätsaspekte. Sie sind daher
als stets vorläufige Antworten auf die Frage nach dem Gewordensein der
individuellen Identität anzusehen. Ansätze zum sozialen bzw. kollektiven
↗ Gedächtnis (vgl. J. Assmann 1992; Welzer 2001) setzen sich schließlich
mit der Bedeutung von Narrationen für die Tradierung von Vergangenem
und die Stiftung von kollektiver ↗ Identität auseinander. Ihnen liegt die
Einsicht zugrunde, daß Erzählungen aufgrund ihres Detailreichtums ausgezeichnete Instrumente für den Aufbau von Gemeinschaft sind. Die für das
Kollektivgedächtnis typische Narration ist der ↗ Mythos, aus dem sich für
die Gruppe normative Wertehierarchien und Identitätskonzepte ableiten.
– Grundsätzlich können n.A. hinsichtlich der postulierten Reichweite von
Narrativität unterschieden werden. Während sog. schwache Thesen die
Erzählung als retrospektiven Modus der Bedeutungsstiftung konzeptuali-

sieren und auch andere, nicht-narrative Repräsentationsformate in ihrer medialen Spezifität anerkennen, gehen Vertreter der starken These davon aus, daß alle psychischen und kulturellen Kodierungsformate in Form von Geschichten angelegt sind (vgl. Schank/Abelson 1995). Gemäß dieser Position sind unterschiedlichste Repräsentationen, seien es wissenschaftliche Texte, kulturelle Diskurse, mentale Konzepte oder Bilder, immer schon narrativ verfaßt. Während die schwache These insgesamt eine große Zustimmung findet, muß die starke Narrativitätsthese einige Vorbehalte hervorrufen. So macht sie zwar zu Recht darauf aufmerksam, daß auch nicht-sprachliche Medien wie die bildende Kunst und Musik narrative Strukturen bzw. Erzählmuster evozieren können. Allerdings unterstellt sie einen semantisch uferlosen Begriff der Narration, der die je symbolspezifischen Besonderheiten einzelner Medien zu verdecken und Unterschiede zwischen verschiedenartigen Geschichten wie fiktionalen und nicht-fiktionalen Erzählungen zu nivellieren droht.

Lit: F.C. Bartlett: *Remembering. A Study in Experimental and Social Psychology*, Cambridge 1932. – White 1973. – Stanzel 1995 [1979]. – A. MacIntyre: *After Virtue. A Study in Moral Theory*, Notre Dame 1984 [1981]. – J.S. Bruner: *Actual Minds, Possible Worlds*, Cambridge, Mass. 1986. – White 1987. – P. Ricœur: *Zeit und Erzählung*, Bd. 1: *Zeit und historische Erzählung*, Mchn. 1988. – ders.: *Zeit und Erzählung*, Bd. 2: *Zeit und literarische Erzählung*, Mchn. 1989. – J. Assmann 1992. – R. Schank/R.P. Abelson: »Knowledge and Memory. The Real Story«. In: R. Wyer (Hg.): *Knowledge and Memory. The Real Story*, Hillsdale, N.J. 1995. S. 1-85. – P. Ricœur: *Das Selbst als ein Anderer*, Mchn. 1996. – J. Straub: »Geschichten erzählen, Geschichten bilden. Grundzüge einer narrativen Psychologie historischer Sinnbildung«. In: ders. (Hg.): *Erzählung, Identität und historisches Bewusstsein. Die psychologische Konstruktion von Zeit und Geschichte*, FfM. 1998. S. 81-169. – J. Brockmeier: »Erinnerung, Identität und autobiographischer Prozeß«. In: *Journal für Psychologie. Theorie, Forschung, Praxis* 7.1 (1999) S. 22-42. – P.J. Eakin: *How Our Lives Become Stories. Making Selves*, Ithaca, NY 1999. – E.E. Boesch: »Homo narrator – der erzählende Mensch«. In: *Handlung, Kultur, Interpretation. Zeitschrift für Sozial- und Kulturwissenschaften* 9 (2000) S. 205-230. – E. Ernst: »Narration in der Kulturwissenschaft«. In: Pethes/Ruchatz 2001. S. 402-405. – H. Welzer (Hg.): *Das soziale Gedächtnis. Geschichte, Erinnerung, Tradierung*, Hbg. 2001. – G. Echterhoff: »Geschichten in der Psychologie. Die Erforschung narrativ geleiteter Informationsverarbeitung«. In: V. Nünning/A. Nünning 2002. S. 265-290. – G. Echterhoff/J. Straub: »Narrative Psychologie: Facetten eines Forschungsprogramms. Erster Teil«. In: *Handlung, Kultur, Interpretation. Zeitschrift für Sozial- und Kulturwissenschaften* 12.2 (2003) S. 317-342. – N. Meuter: »Geschichten erzählen, Geschichten analysieren. Das narrativistische Paradigma in den Kulturwissenschaften«. In: F. Jaeger/J. Straub (Hgg.): *Handbuch der Kulturwissenschaften*. Bd. 2: *Paradigmen und Disziplinen*, Stgt. 2004. S. 140–155   BNe

Natur, gemeinsam mit dem Gegenbegriff der ↗ Kultur ist N. ein Schlüsselkonzept jedes Weltbildes und spiegelt grundsätzliche Vorannahmen kulturell spezifischer Realitätsentwürfe. Vier abendländische Konzeptualisierungen von N. sind: (a) das präsentisch und essentialistisch gedachte Wesen eines Phänomens; (b) eine untergründige Dynamik, welche den Lauf der Welt und/oder das individuelle Schicksal des Menschen steuert; (c) die gesamte Welt irdischer Phänomene in ihrer Materialität; (d) das unabhängig vom Menschen Entstandene und nicht Veränderte. – Verschiedene Konzepte existieren häufig historisch synchron und werden den jeweils dominanten ↗ Diskursen entsprechend semantisch unterschiedlich gefüllt und bewertet, wobei der Konstruktcharakter zeitgenössischer N.konzepte schwer durchschaubar ist. Im Zentrum gegenwärtiger Theorien steht diese Funktionalisierung historisch spezifischer N.konzepte als Matrix und implizite Legitimation historisch spezifischer, dominanter Weltbilder und Diskurse. Rassismus und Sexismus z.B. legitimieren sich durch den Rekurs auf einen meist diffusen N.begriff, insofern ethnische und Geschlechtsdifferenzen unter Verweis auf die N. als unhinterfragbare Gegebenheiten postuliert werden (↗ Geschlechterdifferenz). – In tiefenhermeneutisch angelegten Analysen werden kulturell codierte Verhaltens- und Denknormen von Schamgefühlen bis Realitätsentwürfen, die dem Einzelnen ›natürlich‹ erscheinen, auf ihre kulturell-historische Relativität hin untersucht.

Lit.: R.G. Collingwood: *The Idea of Nature*, Ldn. 1986 [1945]. – Sh.B. Ortner: »Is Female to Male as Nature is to Culture?« In: M.Z. Rosaldo/L. Lamphere (Hgg.): *Woman, Culture, and Society*, Stanford 1974. S. 67–87. – W. Lepenies: *Das Ende der N.geschichte. Wandel kultureller Selbstverständlichkeiten in den Wissenschaften des 18. und 19. Jh.s*, FfM. 1978 [1976]. – J. Zimmermann (Hg.): *Das N.bild des Menschen*, Mchn. 1982. – R. Groh/D. Groh: *Weltbild und N.aneignung. Zur Kulturgeschichte der N.*, FfM. 1991. – K. Groß et al. (Hgg.): *Das N./Kultur-Paradigma in der engl. sprachigen Erzähllit. des 19. und 20. Jh.s. Fs. zum 60. Geburtstag von P. Goetsch*, Tüb. 1994. – H. Böhme: »Vom Cultus zur Kultur(wissenschaft). Zur historischen Semantik des Kulturbegriffs«. In: Glaser/Luserke 1996. S. 48–68. – G. Schiemann: »N.: Kultur und ihr Anderes«. In: Jaeger/Liebsch 2004. S. 60–75.   AHo

Négritude, Konzept des postkolonialen Diskurses, mittels dessen die Intellektuellen v.a. schwarzafr. ehemaliger Kolonien ihre kulturelle Unabhängigkeit und Eigenständigkeit betonen und gegen deren Assimilation durch die Kultur der weißen Kolonialherren behaupten wollen (↗ postkoloniale Lit.theorie). – Die Ursprünge des Begriffs gehen auf eine Bewegung schwarzer Studenten aus den frz. Kolonien zurück, die 1932 mit dem Konzept der *n.* gegen die offizielle frz. Kolonialpolitik protestierten, die Kultur der Weißen offensiv in die von Frankreich verwalteten abhängigen Regionen Schwarzafrikas zu tragen. Die Vertreter der *n.*, z.B. der senegalesische Staatsmann und Dichter L.S. Senghor, betonten die Gesamtheit der zivilisatorischen Werte Afrikas und der schwarzen Welt, v.a. Konzepte wie intuitive Vernunft oder kosmischen Rhythmus, die auch in einer spezifisch schwarzen Lit. zu finden seien. Für Senghor stellte die *n.* einen neuen dialogischen Humanismus des 20. Jh.s dar. Senghor versuchte allerdings gleichzeitig, die Opposition zwischen Afrika und Europa zu unterminieren, indem er auf zahlreiche Parallelen zwischen der Philosophie der *n.* und modernen Entwicklungen in der weißen Welt hinwies. Ein weiterer wichtiger Vertreter der *n.* war A. Césaire aus Martinique, der wie Senghor ebenfalls Dichter und Staatsmann war und mit *Cahier d'un retour au pays natal* (1938) einen wichtigen Beitrag zur Popularisierung des Begriffes leistete. Die 1947 gegründete Zs. *Présence Africaine* trug entscheidend zur Verbreitung der Idee der *n.* bei. Trotz seiner Ursprünge im frankophonen schwarzen Kontinent, spielt *n.* auch in pan-afr. anglophonen Bewegungen in der Karibik und in den USA und in deren Lit. eine große Rolle. Die *n.*-Bewegung ist zwar ein Meilenstein auf dem Wege der Emanzipation der Schwarzen, wurde aber auch von schwarzen Intellektuellen kritisiert. So attackierte der Südafrikaner E. Mphalele die *n.* als Ausdruck eines Minderwertigkeitskomplexes, während der Nigerianer W. Soyinka eine radikalere Position einnimmt und eine aggressivere Interessenvertretung der Schwarzen fordert. Andere afr. Kritiker, unter ihnen F. Fanon, lehnen das Konzept der *n.* mit seiner Betonung der intuitiven Veranlagung des Afrikaners als statische und essentialistische Fortschreibung (↗ Essentialismus) westlicher ↗ Stereotype ab.

Lit.: L.S. Senghor: *The Africa Reader. Independent Africa*, Ldn. 1970. – H.-J. Heinrichs: *»Sprich deine eigene Sprache, Afrika!« Von der N. zur afr. Lit. der Gegenwart*, Bln. 1992.   HA

Neue Medien ↗ Medien, neue

***New Cultural History*/Kulturgeschichte,** Sammelbegriff für neue kulturgeschichtliche Tendenzen der am. und brit. Geschichtswissenschaft seit den 1980er Jahren. Die *NCH* entwickelte sich als eine Art Erweiterung der *New Social History*, die die Geschichtsschreibung in den 1960er und frühen 1970er Jahren dominierte. Ebenso wie diese beschäftigt sich die *NCH* v.a. mit den Erfahrungen ›einfacher Leute‹; im Gegensatz zur *New Social History* schließt sie aber auch die Kulturen der Eliten ein und verwendet kaum quantifizierende Methoden. Statt dessen wird versucht, anhand von signifikanten Einzelfällen allg. Phänomene zu erhellen. Ausgehend von einem weiten Begriff von ↗ Kultur (↗ Kulturtheorien; ↗ Kultursemiotik) begreift die *NCH* die den Menschen umgebende ↗ Lebenswelt als ein kulturelles und soziales Konstrukt; die Institutionen und Artefakte sind ebenso wie die Codes, die menschliches Handeln leiten und Sinngebungsprozesse prägen, Produkte der jeweiligen Kulturen und als solche historisch wandelbar. Daher sind v.a. ehemals als unveränderlich erachtete Phänomene wie Krankheit, Kindheit, Sexualität oder der ↗ Körper Gegenstände der *NCH*, die wie die ↗ Mentalitätsgeschichte davon ausgeht, daß auch menschliches Denken und Fühlen historischen Veränderungen unterliegt. – Innerhalb der *NCH* werden unterschiedliche Konzepte und Methoden benutzt, um ein breites Spektrum von Gegenständen zu erforschen. Maßgeblich für die Entwicklung der in sich heterogenen *NCH* waren v.a. folgende Komponenten, die in der Anwendung vielfach Überschneidungen aufweisen: (a) ein marxistischer Revisionismus, der, im Gefolge von E.P. Thompsons *The Making of the English Working Class* (1963), die Erfahrungen und Bewußtseinsveränderungen von Menschen aus den unteren Schichten zum Gegenstand der Forschung erhob; (b) eine neue Betrachtungsweise in der Geschichte der politischen Philosophie, die im Anschluß an J.G.A. Pocock und Q. Skinner dem historischen Kontext und den jeweils verbreiteten Argumentationsmustern große Bedeutung für die Ermittlung des Gehalts politischer Ideen und Handlungen beimaß; (c) Veränderungen innerhalb der ↗ Geistesgeschichte, die seit den späten 1970er Jahren zunehmend den sozialen Kontext berücksichtigte, der wirklichkeitskonstituierenden Bedeutung von Sprache sowie ↗ Diskursen größere Bedeutung zuschrieb, die bedeutungskonstituierende Funktion von Rezipienten anerkannte und die wechselseitigen Einflüsse von ›hoher‹ und ›niederer‹ Kultur untersuchte (↗ Hochlit.; ↗ Triviallit.); (d) ein intensiveres Interesse an der *popular culture* (↗ Populärkultur) und den Formen der Rezeption dieser Kultur; (e) J. Habermas' Konzeption von öffentlichem und privatem Bereich; (f) diskursanalytische Arbeiten im Gefolge von M. Foucault, die zwar oft einzelnen seiner Thesen kritisch gegenüberstehen und von unterschiedlichen Diskursbegriffen ausgehen, aber Gemeinsamkeiten im Hinblick auf die Auffassung von der prägenden, wenn auch nicht deterministischen, Bedeutung von Diskursen und auf die Betonung diskursiver Praktiken und der Herrscher sowie Beherrschte einschließenden Machtbeziehungen aufweisen; (g) A. Gramscis Konzept der ↗ Hegemonie; (h) neuere Untersuchungen zur *material culture*, die die von Menschen geschaffenen oder bearbeiteten Gebrauchs- oder Kunstgegenstände (etwa Maschinen, Geschirr, Kleidung, Möbel, Häuser, Reliquien und Gemälde, inklusive sog. ↗ ›Kitsch‹) für die Analyse von Einstellungen, Werten und Lebensweisen nutzen; (i) Studien zu Freizeitaktivitäten und der ›Kultur des Konsums‹, die wirtschafts- und kulturgeschichtliche Fragestellungen miteinander verbinden. Die Mentalitätsgeschichte frz. Provenienz übte hingegen nur wenig Einfluß auf die *NCH* aus. Für die engl. *NCH* sind über die genannten Komponenten hinaus noch zwei weitere Faktoren bedeutsam, die Einsichten des *New Historicism* und die Übernahme von Konzepten und Methoden der ↗ *Cultural Studies*. – Die am. *NCH*, die zunehmend auch in Großbritannien und Deutschland rezipiert wird, prägen einige weitere bedeutende Komponenten: (a) der *linguistic turn*, wie die auf den ↗ Poststrukturalismus gründende intensivere Beschäftigung mit Sprache genannt wird, die nicht mehr als durchlässiges Medium angesehen wird, das einen unverstellten Blick auf die Wirklichkeit erlaubt. Die Einsicht, daß Texte Re-präsentationen vergangener Wirklichkeiten darstellen, schlägt sich v.a. in einer differenzierteren Auseinandersetzung mit der Sprache schriftlicher Quellen und mit Metaphern nieder; (b) die Anwendung anthropologischer Methoden, die als das wichtigste Merkmal der am. *NCH* gelten und aufgrund des Mangels an schriftlichen Eigenaussagen insbes. verwendet werden für die Analyse der Erfahrungen von Frauen und Arbeitern, die Erforschung afro-am. Kulturen während und nach der Sklaverei sowie der Lebenswelten von Indianern. Am. Historiker beziehen sich dabei hauptsächlich auf die Konzepte der ↗ Kulturanthropologie, vorwiegend auf die Werke von M. Douglas, V. Turner, M. Sahlins und insbes. C. Geertz, dessen Vorgehensweise der ↗ ›dichten Beschreibung‹ großen Anklang findet, obgleich Historiker den gruppenspezifischen Differenzierungen von Kulturen

sowie vorherrschenden Machtverhältnissen und Kämpfen um Status meist
größere Bedeutung beimessen als Geertz; (c) die Einsichten der ↗ *Gender
Studies*, die bei der Untersuchung von Konstruktionen der ↗ Geschlechtsidentitäten und Geschlechterrollen sowie deren Wechselbeziehungen zu
sozialen Institutionen und zur Politik auf anthropologische Einsichten
ebenso zurückgreifen wie auf Konzepte Foucaults und die in den USA an
der Spitze der Entwicklungen in der *NCH* stehen; (d) die Differenzierung
in unterschiedliche Ethnien und die Berücksichtigung der Faktoren von
Rasse (↗ *race*), ↗ Klasse (*class*) und Geschlecht. – Viele Studien der *NCH*
teilen eine Reihe von Prämissen. Für die Analysen werden ein breites Spektrum unterschiedlichster Quellen, von Gerichtsakten bis zu Karikaturen,
hinzugezogen; insbes. werden zuvor vernachlässigte mündliche Traditionen,
Legenden oder populäre Lit. berücksichtigt. Außerdem besteht starkes
Interesse an Kommunikationsformen von Einblattdrucken über Almana-
che bis zu Medien wie Fernsehen und Kino sowie an der Geschichte des
Alltags, an Freizeitaktivitäten und Festkulturen. Darüber hinaus wird den
Beziehungen zwischen der Produktion und dem Konsum von kulturellen
Gütern sowie den jeweiligen Vermittlungsinstanzen große Aufmerksamkeit
gewidmet. Weitere Gemeinsamkeiten liegen in der Deutung von rituellem
und alltäglichem Verhalten und der Anlage von Gärten oder Gebäuden als
›Texte‹, aus denen Aufschluß über Einstellungen und Motivationen von
Zeitgenossen gewonnen werden kann. Beachtung findet eine Vielzahl von
früher marginalisierten Gruppen, die nicht mehr als ohnmächtige Opfer
eingestuft werden, sondern als eigenständige Akteure, die ihr Schicksal im
Rahmen der ihnen zur Verfügung stehenden Möglichkeiten beeinflußten.
– Die *NCH* der 1990er Jahre ist in mehrfacher Hinsicht von Grenzüberschreitungen gekennzeichnet: Zum einen werden in noch stärkerem Maße
als zuvor Methoden aus unterschiedlichen Disziplinen nebeneinander
verwendet, zum anderen besteht eine Tendenz zur Wiedereingliederung der
Politik und zur sozialen Verankerung kulturgeschichtlicher Phänomene. Ihre
gegenwärtige Bedeutung verdankt die *NCH* nicht nur der Tatsache, daß
sie die bislang neueste und momentan einflußreichste Entwicklung in der
Geschichtswissenschaft darstellt, sondern v.a. ihren integrativen Tendenzen
und den zunehmend genutzten Möglichkeiten, zuvor fragmentarisierte
Teilbereiche der Geschichtswissenschaft in neuen Synthesen (↗ Kulturwissenschaft) zu vereinigen.

Lit.: L. Hunt (Hg.): *The NCH*, Berkeley et al. 1989. – Th. Bender: »Intellectual
and Cultural History«. In: E. Foner (Hg.): *The New American History*, Philadelphia
1997 [1990]. S. 181–202. – P. Burke (Hg.): *New Perspectives on Historical Writing*, Cambridge et al. 1995 [1991]. – L.W. Levine: »The Folklore of Industrial
Society. Popular Culture and Its Audiences«. In: *American Historical Review* 97
(1992) S. 1369–1399. – V. Nünning: »Wahrnehmung und Wirklichkeit. Perspektiven einer konstruktivistischen Geistesgeschichte«. In: G. Rusch/S. J. Schmidt
(Hgg.): *Konstruktivismus. Geschichte und Anwendung*, FfM. 1992. S. 91–118.
– H. Lehmann (Hg.): *Wege zu einer neuen Kulturgeschichte*, Göttingen 1995. – W.
Hardtwig/H.-U. Wehler (Hgg): *K. Heute*, Göttingen 1996. – U. Daniel: »Clio

unter Kulturschock. Zu den aktuellen Debatten der Geschichtswissenschaft«. In: *Geschichte in Wissenschaft und Unterricht* 48 (1997) S. 195–219, 259–278. – Ausg. »Wege zur K.« (Hg. W. Hardtwig) der Zs. *Geschichte und Gesellschaft* 23.1 (1997). – Huber/Lauer 2000. – U. Daniel: *Kompendium K.*, FfM. 2004 [2001]. – Ausg. »Literary History/Cultural History. Force-Fields and Tensions« (Hg. H. Grabes) des Jb.s *REAL* 17 (2001). – A. Erll/S. Roggendorf: »Kulturgeschichtliche Narratologie. Die Historisierung und Kontextualisierung kultureller Narrative«. In: A. Nünning/V. Nünning: 2002. S. 73–114. – Eibach/Lottes 2002. S. 179–260. – U. Daniel: »K.«. In: Nünning/Nünning 2003. S. 186–204.   VN

O

Objektivität, »die Eigenschaft von Aussagen, unabhängig von wertenden Einstellungen der Subjekte zu gelten, die diese Aussagen machen oder an die sie gerichtet sind« (Rüsen 1985, S. 153). Das O.sproblem, das sowohl in den Geistes- und Sozialwissenschaften als auch in den Naturwissenschaften virulent ist, hat v.a. im historischen Denken (L.v. Ranke, G.G. Gervinus, K. Marx) und in der Geschichtsphilosophie eine lange Tradition, ist aber auch für viele Bereiche der Lit.- und Kulturtheorie von zentraler Bedeutung. Schon J.G. Droysen erteilte in seiner *Historik* (1858) der Vorstellung von O. eine Absage und betonte, daß der Sinn von historischer O. nur in den Methoden gründen könne. Die Debatten über O. und Parteilichkeit in der Geschichtswissenschaft, die an M. Webers Forderung nach Wertfreiheit anknüpfen, haben nicht nur zu einer verstärkten Reflexion über die subjektiven Voraussetzungen (↗ Subjekt und Subjektivität) der Historie sowie über Wahrheits- bzw. Angemessenheitskriterien im historischen Wissen geführt, sondern auch zur Einsicht in die Standortgebundenheit und den perspektivischen Charakter menschlicher Wahrnehmung und historischer Erkenntnis. Im Zuge der Kontroversen zwischen ›Objektivisten‹ und ›Relativisten‹, zu denen Geschichtstheoretiker wie Ch. Beard, R.G. Collingwood, H.M. Baumgartner, R. Koselleck, W.J. Mommsen, J. Rüsen, A.C. Danto, D. LaCapra und H. White wichtige Beiträge geleistet haben und die P. Novick (1988) nachgezeichnet hat, ist das O.sideal des ↗ Historismus durch die Einsicht in die Subjektabhängigkeit, Theoriegebundenheit und ↗ Konstruktivität der Historiographie ersetzt worden. – Der ↗ Kognitionstheorie des ↗ Konstruktivismus zufolge ist O. der Erkenntnis prinzipiell nicht erreichbar, weil O. »nichts anderes als eine Art *Intersubjektivität* ist, die sich den kognitiven Parallelen menschlicher Organismen (insbes. innerhalb sozialer und kultureller Gemeinschaften) und den sich daraus ergebenden Parallelitäten in ihren konstruktiven Aktivitäten, d.h. ihrer *Ko-Konstruktivität* verdankt« (Rusch 1987, S. 400). Wenn man das Problem der O. und Faktizität »als Problem der Fabrikation von Wissen formuliert« (Knorr-Cetina 1991, S. 22), so sind »die O.sansprüche der Naturwissenschaften letztlich nicht viel besser begründet [...] als die der sog. Geisteswissenschaften« (Rusch 1987, S. 450). Auch aus der Sicht der modernen Geschichtstheorie und der ↗ *New Cultural History* erscheint die Vorstellung von historischer O. als ein

unerfüllbarer ›edler Traum‹ (Beard 1936; Novick 1988), der gleichwohl als
regulative Idee und Ideal wissenschaftlicher Arbeit in der Historiographie
und Lit.geschichte eine wichtige Rolle spielt. – Im engl. und am. *literary
criticism* erreichte die auf M. Arnold zurückgehende und von H. James,
T.S. Eliot, P. Lubbock und I.A. Richards aufgegriffene Vorstellung von O.
im formalästhetischen *close reading* des *New Criticism* einen ersten Höhepunkt. Auch strukturalistische und linguistische Ansätze orientieren sich mit
ihrem Anspruch auf Theoretizität, Systematik, Explizität und Deskriptivität
an O.svorstellungen. Hingegen ist die Möglichkeit lit.kritischer O. nicht
bloß vom ↗ Dekonstruktivismus und ↗ Poststrukturalismus, sondern auch
vom *Ethical Criticism*, der feministischen Lit.theorie, der ↗ postkolonialen
Lit.theorie sowie von kreativen und performativen Ansätzen entschieden
negiert worden (vgl. Poovey 2000).

Lit.: Ch.A. Beard: »That Noble Dream«. In: *The American Historical Review* 41.1
(1936) S. 74–87. – J. Rüsen (Hg.): *Historische O.: Aufsätze zur Geschichtstheorie*,
Göttingen 1975. – W. Becker/K. Hübner (Hgg.): *O. in den Natur- und Geisteswissenschaften*, Hbg. 1976. – D. Junker/P. Reisinger: »Was kann O. in der Geschichtswissenschaft heißen, und wie ist sie möglich?« In: Th. Schieder/G. Gräubig
(Hgg.): *Theorieprobleme der Geschichtswissenschaft*, Darmstadt 1977. S. 420–471.
– R. Koselleck et al. (Hgg): *O. und Parteilichkeit in der Geschichtswissenschaft*, Mchn.
1977. – J. Rüsen: »O.«. In: K. Bergmann et al. (Hgg.): *Handbuch der Geschichtsdi-
daktik*, Düsseldorf 1985 [1979]. S. 153–156. – K. Knorr-Cetina: *Die Fabrikation
von Erkenntnis. Zur Anthropologie der Naturwissenschaft*, FfM. 1991 [1981]. – H.
Nagl-Docekal: *Die O. der Geschichtswissenschaft*, Wien/Mchn. 1982. – J. Rüsen:
Historische Vernunft. Die Grundlagen der Geschichtswissenschaft, Göttingen 1983.
– Rusch 1987. – P. Novick: *That Noble Dream. The ›Objectivity Question‹ and the
American Historical Profession*, Cambridge 1988. – J.T. Kloppenberg: »Objectivity
and Historicism. A Century of American Historical Writing«. In: *The American
Historical Review* 94.4 (1989) S. 1011–1030. – Th.L. Haskell: »Objectivity is not
Neutrality. Rhetoric vs. Practice in P. Novick's *That Noble Dream*«. In: *History and
Theory* 29 (1990) S. 129–157. – »AHR Forum: P. Novick's *That Noble Dream*. The
Objectivity Question and the Future of the Historical Profession«. In: *The American
Historical Review* 96.3 (1991) S. 675– 708. – M. Waechter: »Die O.s-Frage und
die am. Geschichtswissenschaft«. In: *Geschichte in Wissenschaft und Unterricht* 44.3
(1993) S. 181–188. – R.F. Berkhofer: *Beyond the Great Story. History as Text and
Discourse*, Cambridge/Ldn. 1995. – Mohanty 1997. – J.R. Flynn: *How to Defend
Humane Ideals. Substitutes for Objectivity*, Lincoln 2000. – M. Poovey: »Creative
Criticism. Adaptation, Performative Writing, and the Problem of Objectivity«.
In: *Narrative* 8.2 (2000) S. 109–133. – Ausg. »Objectivity in Ethics, Politics, and
Aesthetics« der Zs. *NLH* 32.4 (2001). – U.Th. Franz: *Erkenntnis und O.*, Münster
2002. – M. Kölbel: *Truth Without Objectivity*, Ldn./N.Y. 2002.   VN/AN

Ökokritik ↗ *Ecocriticism*/Ökokritik

Oral poetry ↗ Mündlichkeit

Oralität ↗ Mündlichkeit

Orientalism, herkömmliche engl. Bezeichnung für die Orientalistik, die durch die gleichnamige Schrift von E.W. Said (1978) die neue Bedeutung eines kolonialismuskritischen Schlüsselbegriffs gewonnen hat. Unter dem Einfluß von M. Foucault und A. Gramsci versteht Said *o.* als einen vom Okzident entwickelten Diskurs über den Orient, der durch die abwertende Darstellung des Anderen die eigene ↗ Identität profiliert und privilegiert, um imperiale ↗ Hegemonieansprüche auf die so abgegrenzte Welt zu rechtfertigen (↗ Zentrum und Peripherie). Der orientalistische ↗ Diskurs umfaßt weit mehr als die philologischen, historischen oder anthropologischen Sparten der Orientalistik: die Vorstellungsmuster und Darstellungsweisen in einem breiten Spektrum von Texten (literar. Werke, Reiseführer, journalistische Berichte, politische Traktate, naturwissenschaftliche Studien, philosophische und religionskundliche Schriften), die v.a. seit dem 18. Jh. in England und Frankreich und seit dem Zweiten Weltkrieg in den USA den Orient bevormundet und vereinnahmt haben, in einer Tradition, die letztlich bis in die Antike zurückzuverfolgen ist. Mit dem Autoritätsanspruch der überlegenen Kultur entwirft darin der Westen auf dichotomisch manipulierter Vergleichsbasis und mit Hilfe einer heterogenen Stereotypik (↗ Stereotyp) ein quasi-mythisches Bild vom Osten, das diesem eine Disposition zur Sensualität, Irrationalität, Dekadenz, Femininität, Korruption und Brutalität unterstellt. Der diskursiv ›orientalisierte‹ Orient ist eine bewußte oder unbewußte Projektion, die latent oder manifest zum Ausdruck kommt, gegenteiligen Realitäten mit bemerkenswerter Konsistenz trotzt und direkt oder indirekt der kolonialen Kontrolle dient. Ausgehend von einem politisch kontextualisierten Lit.- und Kulturverständnis zielt Said in der Analyse des *o.* auf die Offenlegung solcher Zusammenhänge, indem er durch strategische Lesarten die Positionen der Autoren und die intertextuell sich abzeichnenden referentiellen Konstituenten ermittelt. – Nach Wegbereitern wie F. Fanon hat Said mit seiner systematischen, facettenreichen Kritik des *o.* das einflußreiche Modell der Analyse des ›kolonialen Diskurses‹ eingeführt und maßgebliche Grundlagen für die ↗ postkoloniale Lit.theorie geschaffen. So umstritten seine Studie bleibt, wo sie zu Pauschalurteilen über die Komplizenschaft der Orientalistik, undifferenzierten und damit homogenisierenden historischen und kulturräumlichen Vergleichen und einem europ. Philosophien verpflichteten Eklektizismus neigt (vgl. die Kritik bei J.M. MacKenzie, A. Ahmad), so wegweisend war sie interdisziplinär und international für die postkoloniale Theoriebildung, die von G.Ch. Spivak und H.K. Bhabha, wie auch im späteren Werk von Said, in Einzelaufsätzen und Aufsatzsammlungen modifiziert werden sollte, und für die bereits existierende postkoloniale Lit. kritik, der sie einen theoretischen Bezugsrahmen bot.

Lit.: E.W. Said 1995 [1978]. – A. Ahmad: *In Theory. Classes, Nations, Literatures,* Ldn./N.Y. 1992. Kap. 5. – Williams/Chrisman 1996 [1993]. Bes. Teil II. – J.M. MacKenzie: *Orientalism. History, Theory, and the Arts,* Manchester 1995. – P. Childs/P. Williams: *An Introduction to Post-Colonial*

Theory, Ldn. 1997. Bes. Kap. 3. – B. Moore-Gilbert: *Postcolonial Theory.
Contexts, Practices, Politics*, Ldn. 1997. Bes. Kap. 2. – A.L. Macfie (Hg.):
O.: A Reader, N.Y. 2000. – M. Dobie: *Foreign Bodies. Gender, Language,
and Culture in French O.*, Stanford 2001. – S. Kohlhammer: »Populistisch,
antiwissenschaftlich, erfolgreich. Edward Saids Orientalismus«. In: *Merkur*
56.4 (2002) S. 289–299.   EK

P

Paradigma (gr. *parádeigma*: Beispiel), der P.-Begriff bezeichnet ein Konzept
aus der Wissenschaftstheorie, das sich teilweise mit dem Begriff einer wissenschaftlichen Theorie überschneidet. Der Begriff P. wurde von dem am.
Wissenschaftshistoriker Th.S. Kuhn 1962 geprägt, als er sich mit Fragen
der Entwicklung wissenschaftlichen Wissens und des wissenschaftlichen
Fortschritts auseinandersetzte. – Ganz allg. ist P. bestimmbar als gemeinsam
geteilte Vorstellungen einer Gruppe von Wissenschaftlern in einer Disziplin.
Mit de Mey (1982) lassen sich verschiedene Ebenen und Reichweiten von
Paradigmen unterscheiden: von den gemeinsamen, tragenden Normen,
Werten, Einstellungen und Handlungsweisen einer Kultur über das wissenschaftliche Weltbild in den Naturwissenschaften bis zu Gemeinsamkeiten
einer Wissenschaftlergruppe eines speziellen Forschungsfeldes. Als Antwort
auf seine vielen Kritiker präzisiert Kuhn 1969 in einem Postskriptum u.a.
seinen Begriff von P., indem er sich auf einen doppelten Sprachgebrauch
beschränkt. Einerseits steht P. für ein Bündel von Werten, Methoden,
Ansichten usw., das er als ›disziplinäre Matrix‹ bezeichnet. Andererseits
meint P. ein bes. Element dieser Matrix. Als erstes Element verfügt eine
disziplinäre Matrix über symbolische Verallgemeinerungen, die in ihrer
Funktion Naturgesetzen ähneln. Das zweite Element sind bestimmte Modelle, die der Forschergruppe gängige Metaphern und Analogien liefern.
Gemeinsame Werte bezüglich der Güte von Voraussagen oder von ganzen
Theorien bilden eine dritte Komponente. Die vierte und letzte Größe besteht
aus Musterbeispielen konkreter Problemlösungen, die nun ebenfalls als P.
bezeichnet werden. Unter Anwendung dieser disziplinären Matrix lassen sich
Disziplinen in paradigmatische und vor-paradigmatische einteilen, wobei
die letzteren dadurch gekennzeichnet sind, daß sie noch nicht über ein P.
verfügen. Diese Trennung hat in den sog. Geisteswissenschaften zu einer
weicheren Verwendung des P.-Begriffs geführt.

Lit.: Th.S. Kuhn: *The Structure of Scientific Revolutions*, Chicago 1996 [1962]. – K.
Bayertz: *Wissenschaftstheorie und P.begriff*, Stgt. 1981. – M. de Mey: *The Cognitive
Paradigm*, Chicago 1992 [1982]. – E. von Dietze: *Paradigms Explained. Rethinking
Thomas Kuhn's Philosophy of Science*, Westport 2001.   AB

Patriarchat (Patriarch: Stammvater, Erzvater, Vorsteher mehrerer Kir-
chenprovinzen; gr. *patriárchēs*: Stammvater eines Geschlechts; aus gr. *patḗr*,
Genitiv *patrós*: Vater; gr. *archós*: Anführer, Oberhaupt; gr. *árchein*: der erste

sein, herrschen), in feministischen Lit.- und Kulturtheorien wird mit P. die Herrschaft des Mannes über die Frau in der Familie und der Gesellschaft bezeichnet und damit an die Verwendung des Begriffs in Anthropologie, Marxismus und Psychoanalyse angeknüpft. P. meint hier entweder die nach dem Vaterrecht organisierten Sozialstrukturen in unterschiedlichen Gesellschaften, den Zusammenhang zwischen der bürgerlichen Kleinfamilie und dem Aufkommen des Privateigentums oder die Rolle der väterlichen Autorität bei der Herausbildung der sexuellen ↗ Identität des Kindes. Bei S. Freud besitzt das P. nicht nur ontogenetische Bedeutung, sondern löst auch in der stammesgeschichtlichen Entwicklung des Menschen das ↗ Matriarchat, die Mutter- oder Frauenherrschaft, ab und leitet damit den Beginn der Zivilisation ein. M. Weber spricht dagegen in bezug auf vormoderne Gesellschaften mit großfamilialen Strukturen von P. – Den Ausgangspunkt für feministische Diskussionen um das P. bildete K. Milletts grundlegende Studie *Sexual Politics* (1969), in der sie die hierarchische Beziehung zwischen den Geschlechtern als ›Sexualpolitik‹ bezeichnet und für alle Bereiche der Kultur die Unterwerfung der Frau durch männliche Sexualität feststellt. Bei Millett wie auch bei vielen anderen frühen Feministinnen (z.B. Sh. Firestone, S. Brownmiller) wird das P. als monolithische und universale Ordnung begriffen, die in der biologischen Natur des Mannes begründet zu sein scheint. In psychoanalytisch orientierten feministischen Theorien (vgl. J. Mitchell, L. Irigaray) wird unter P. dagegen die Struktur der symbolischen, d.h. sprachlich-kulturellen Ordnung verstanden. Kritik wurde v.a. an dem ahistorischen und essentialistischen Charakter von P.stheorien geäußert, die andere Unterdrückungskategorien wie v.a. ↗ Klasse und ›Rasse‹ (↗ *race*) ignorieren. Aus der Sicht der Frauen- und Geschlechtergeschichte (↗ *Gender Studies*) ist das Interpretationsmuster des P.s sogar als die »wirkungsvollste Sichtblende gegen eine differenzierende Wahrnehmung von Geschlechterverhältnissen in der Geschichte« (Hausen/Wunder 1992, S. 23) bezeichnet worden.

Lit.: G. Lerner: *The Creation of Patriarchy*, N.Y./Oxford 1986 (dt. *Die Entstehung des P.s*, FfM. 1991). – S. Walby: *Theorizing Patriarchy*, Oxford 1990. – K. Hausen/H. Wunder (Hgg.): *Frauengeschichte – Geschlechtergeschichte*, FfM./N.Y. 1992. – I. Praetorius: *Zum Ende des P.s. Theologisch-politische Texte im Übergang*, Mainz 2000. – H. Helfrich (Hg.): *P. der Vernunft – Matriarchat des Gefühls? Geschlechterdifferenzen im Denken und Fühlen*, Münster 2001. – J. Bornemann (Hg.): *Death of the Father. An Anthropology of the End in Political Authority*, N.Y. 2003.   DF/SSch

Performance/Performativität (engl. *to perform*: ausführen, aufführen), ein interdisziplinäres Konzept, das seit den 1950er, und verstärkt seit den 1970er und 1980er Jahren in den Geistes-, ↗ Kultur- und Sozialwissenschaften zu einem Schlüsselbegriff geworden ist. Entlang seiner beiden semantischen Hauptachsen, ›Ausführung‹ und ›Aufführung‹, hat er sich in den verschiedenen Wissenschaften und kulturellen Praktiken unterschiedlich entfaltet, ohne daß dabei jedoch der Zusammenhang zwischen den diversen Begriffsprägungen unerkennbar geworden wäre. (1) Ein erstes Anwendungsfeld, das modellbildend auch in andere Bereiche hineingewirkt hat, sind Theater und darstellende Künste, die *performing arts*: *Performance* (*p.*) verweist hier zunächst auf die Aufführung eines Stücks, im Gegensatz zu dessen schriftlich fixiertem Text. In traditioneller Arbeitsteilung beschäftigte sich bislang die Philologie mit dem Text, die Theaterwissenschaft mit der Aufführung, doch hat inzwischen auch die Lit.wissenschaft die *p.* und ihre ↗ Kontexte als unabdingbares Element ihres eigenen Gegenstands entdeckt; die Konjunktur von Studien zu ›Shakespeare in P.‹ etwa ist ein Indiz dafür. ›*P. Studies*‹ weisen jedoch auch über das Theater hinaus und zielen auf multimediale ↗ Repräsentationen in Film, Fernsehen, neuen ↗ Medien und in der Alltagswirklichkeit ab. *P.* und performativ in diesem Sinne ist alles, was durch theatralische Zurschaustellung, durch Inszeniertheit geprägt ist, bis hin zu den Inszenierungen der Politik oder des Lifestyle. (2) Da das Performative an einer *p.* gerade das ist, was nicht Text ist, über diesen hinausschießt und von ihm nicht eingeholt werden kann, kommt der idealiter skriptlosen und zwischen den Künsten agierenden Avantgarde-Kunst der ›*p. art*‹ spätestens seit den 1970er Jahren eine modellbildende Rolle zu, und dies nicht nur für die darstellenden Künste. In ihrem Verwischen der Grenzen zwischen Realität und ↗ Inszenierung trifft sie, selbst wo sie auf Unmittelbarkeit und Authentizität pocht, kritisch die Bedingungen einer postmodernen Kultur der *events* und des Spektakels. (3) Die Ethnologie außereurop. Gesellschaften sieht, schon wegen des Fehlens oder der Kargheit von Texten, ihr eigentliches Untersuchungsfeld in dem, was M. Singer in den 1950er Jahren als ›*cultural p.*‹ bezeichnet hat, d.h. in Festen, Umzügen, Wettkämpfen, Aufführungen, Konzerten, Initiations-, Hochzeits- oder Begräbnisriten (↗ Ritual), in denen eine Kultur ihre ↗ Identität dar- und ausstellt, ja sie sich eigentlich erst erspielt. Inzwischen ist dieser Ansatz auch auf die westlichen, von Texten und Monumenten bestimmten Kulturen der Vergangenheit oder der Gegenwart zurückprojiziert worden, die damit in ihrer ↗ Theatralität als Kulturen des Performativen neu beschreibbar werden. Von hier aus schlägt V. Turner den Bogen zurück zum Drama und Theater: Im ›*social drama*‹ gesellschaftlicher Krisensituationen folgt auf den Bruch der etablierten Normen eine ›liminale‹ Phase (↗ Liminalität), in der in oft gewagten Spielen Neuorientierungen erprobt werden. Für den Theaterpraktiker und -theoretiker R. Schechner liegt in solch liminalen *p.s* die anthropologische Wurzel des Theaters; theatralische *p.* ist ihm ›*restored behavior*‹, das in der Aktualisierung immer neu modifiziert wird und damit gerade zum Medium des Experiments und der Innovation werden kann. Der Zusammenhang mit J. Butlers Vorstellungen von der ›Performativität‹ (P.) von Geschlecht (↗ Geschlechtsidentität und Geschlechterrolle) und Identität liegt auf der Hand. (4) Auch die Linguistik und Sprachphilosophie hat eine, in ihren einschneidenden Konsequenzen dem ↗ *linguistic turn* vergleichbare, ›performative Wende‹ vollzogen, wobei hier P. weniger auf Auf-, denn auf Ausführung verweist. N. Chomskys Unterscheidung von Performanz und Kompetenz, lenkt (auch wenn er selbst hierin nicht sehr weit geht) die Aufmerksamkeit auf die performative Aktualisierung des Sprachsystems in situationsgebundener Artikulation. Und wenn L. Wittgenstein nicht mehr fragt, was ein Wort an sich bedeutet, sondern wie man es in ↗ Sprachspielen gebraucht, und wenn J.L. Austin (und in Anschluß an ihn J.R. Searle) im Rahmen der Sprechakttheorie sich bes. für die performative Dimension von Äußerungen interessiert (nicht dafür, was Wörter bedeuten, sondern wie man mit ihnen handelt), so wird hier eine Wende von der ↗ Semantik zur Pragmatik vollzogen. Sprechakte sind als Sprechhandlungsschemata, wie eine Theateraufführung oder ein Ritual, auf Wiederholbarkeit angelegt, doch ist gerade diese *iterabilité*, wie J. Derrida betont, die Bedingung ständiger Veränderung, des Spiels der *différance*. An diesem Punkt schließt wieder Butlers Theorie performa-tiver Identitätskonstitution an: (Geschlechts-) Identität sei weder biologisch-materiell noch transzendental vorgegeben, sondern wird immer neu erspielt (↗ Identitätstheorien). (5) Mit J.-F. Lyotard wird der Begriff auch in die ↗ Postmoderne-Diskussion eingeführt: So wie Ökonomie und Technologie von der *p.* einer Aktie oder eines Motors sprechen und damit deren Effizienz oder Leistungs- und Durchsetzungsvermögen in Konkurrenzsituationen meinen, sieht er auch die gegenwärtige Organisation des Wissens durch einen ›generalisierten Geist der P.‹ gekennzeichnet, in der das Ziel nicht länger Wahrheit, sondern P. und Machtzuwachs ist. Dem steht jedoch in der Postmoderne ein inkommensurables Nebeneinander der *p.* gegenüber, das geschlossene Systeme aufbricht und für Differenz und Differenzierung sensibilisiert. Hierin liegt der andere Pol einer Analyse der Postmoderne als einer Kultur des Performativen, deren ästhetische Bestimmung im Zeichen der Simulacra (↗ Simulakrum), Inszenierungen und Spektakel, der ausgestellten Zitate, des verändernden Durchspielens traditioneller Schemata und einer prozeßhaften Offenheit. – Im Rückblick auf diesen *tour d'horizon* lassen sich tentativ folgende Neuorientierungen der Lit.- und Kulturwissenschaften unter der Perspektive von P. benennen: (a) plurimediale Aufführung statt Text; (b) Inszeniertheit und Theatralisierung (gerade auch außerhalb des Theaters); (c) Affinität mit Ritualen, Zeremonien und anderen Handlungsschemata; (d) *showing*, oder *showing off*, im Gegensatz zum *telling*; (e) Ausspielen und Überspielen der Relation zwischen Aufführenden und Publikum; (f) die Aktualisierung eines Systems in konkreten Handlungszusammenhängen statt dieses selbst; (g) der Körper eher als die Sprache, und die körperliche Seite der Sprache (Stimme, Gebärde) eher als die Sprache als abstraktes Referenzsystem; (h) Hervorkehren der Materialität des Mediums, u.a. auch durch eine nichtintegrative Multimedialität; (i) Handlungsvollzug, nicht Referenz oder Darstellung: der Akt des Sprechens oder Schreibens, nicht der Text; (j) der offene Prozeß, nicht das fixe Produkt; (k) Verhandlungen, nicht Setzungen; (l) Legitimation durch Erfolg, nicht vorgegebene transzendentale Legitimation.

Lit.: E. Goffman: *The Presentation of Self in Everyday Life*, N.Y. 1999 [1959]. – M. Singer (Hg.): *Traditional India. Structure and Change*, Philadelphia 1959. – Austin 1990 [1962]. – U. Rapp: *Handeln und Zuschauen*, Darmstadt 1973 [1971]. – J. Derrida: *Marges de la philosophie*, Paris 1997 [1972]. – Lyotard 1994 [1979]. – M. de Certeau: *The Practice of Everyday Life*, Berkeley 1984. – R. Schechner: *Between Theater and Anthropology*, Philadelphia 1985. – V. Turner: *Vom Ritual zum Theater*, FfM. 1995 [1989]. – D. Conquergood: »Rethinking Ethnography. Towards a Critical Cultural Politics«. In: *Communication Monographs* 58 (1991) S. 179–194. – H. Joas: *Die Kreativität des Handelns*, FfM. 1992. – Butler 1993. – A. Parker/E. Kosofsky Sedgwick (Hgg.): *Performativity and P.*, N.Y. 1995. – M. Carlson: *P.: A Critical Introduction*, N.Y./ Ldn. 1996. – J. Butler: *Excitable Speech. A Politics of the Performative*, N.Y./Ldn. 1997. – G. Gebauer/C. Wulf: *Spiel, Ritual, Geste. Mimetisches Handeln in der sozialen Welt*, Reinbek 1998. – Ausg. »Kulturen des Performativen« (Hgg. E. Fischer-Lichte/D. Kolesch) der Zs. *Paragrana* 7.1 (1998). – St. Jaeger/St. Willer (Hgg.): *Das Denken der Sprache und die Performanz des Literar. um 1800*, Würzburg 2000. – Ausg. »Theorien des Performativen« (Hgg. E. Fischer-Lichte/Ch. Wulf) der Zs. *Paragrana* 10.1 (2001). – J. Eming et al. (Hgg.): *Mediale Performanzen. Historische Konzepte und Perspektiven*, Freiburg et al. 2002. – D. Mersch: *Ereignis und Aura. Untersuchungen zu einer Ästhetik des Performativen*, FfM. 2002. – E. Fischer-Lichte (Hg.): *Performativität und Ereignis*, Tüb./Basel 2003. – M. Erstic et al. (Hgg.): *Avantgarde – Medien – P.: Inszenierungs- und Wahrnehmungsmuster zu Beginn des 20. Jh.s*, Bielefeld 2004. – Ausg. »Praktiken des Performativen« (Hgg. E. Fischer-Lichte/Ch. Wulf) der Zs. *Paragrana* 13.1 (2004). – Fohrmann 2004.   MP

Peripherie ↗ Zentrum und Peripherie

Phallozentrismus (gr. *phallós*: männliches Glied; gr. *kéntron*: Mittelpunkt eines Kreises), (1) der Begriff bezeichnet die patriarchale Struktur (↗ Patriarchat) der sprachlich-kulturellen Ordnung, die den Phallus als Symbol und Quelle der Macht setzt. In der Psychoanalyse J. Lacans (»La signification du phallus«, 1958) fungiert der Phallus als primärer Signifikant. Er ist nicht mit dem Penis gleichzusetzen, impliziert jedoch die Projektion biologischer auf kulturelle Aspekte, wie z.B. im maskulinen Kreativitätsmythos. Zudem nehmen Frauen und Männer innerhalb des Symbolischen unterschiedliche Positionen zum Phallus ein. So legt Lacan in *Encore* (1973) dar, daß die Frau keinen Ort in der phallischen Ordnung habe. Der Feminismus kritisiert den P. kultureller Diskurse, durch den die Frau nur als Mangel gedacht werden kann. L. Irigaray verweist in *Speculum de l'autre femme* (1974) auf die phallozentrische Struktur der Psychoanalyse von S. Freud und Lacan. Der Phallus fungiere hier als Garant für männliche Herrschaft, durch den die Frau nur über männliches Begehren, als das ›Andere‹, nicht aber als Frau repräsentiert werde. (2) Der verwandte Begriff des Phallogozentrismus geht aus einer Kombination von P. und ↗ Logozentrismus hervor und verbindet somit Psychoanalyse, Feminismus und ↗ Dekonstruktion. Unter Logozentrismus versteht J. Derrida das Phantasma einer unvermittelten metaphysischen Präsenz von Bedeutung im gesprochenen Wort. Dieser Logos gilt im Gegensatz zur Schrift als Garant von Authentizität, Wahrheit und Kohärenz. Phallogozentrismus verweist auf die analoge Struktur von P. und Logozentrismus, die Privilegierung des Phallus als Ursprung und Zentrum aller Signifikanten. Insbes. der frz. Feminismus setzt dagegen Strategien wie *écriture féminine* (H. Cixous) oder *parler femme* (Irigaray) als Kritik und Subversion der phallogozentrischen symbolischen Ordnung.

Lit.: J. Gallop: *The Daughter's Seduction. Feminism and Psychoanalysis*, Ithaca 1982.   DF/SSch

Populärkultur, der Begriff ›P.‹ (engl. *popular culture*) umfaßt die sich überschneidenden Räume der Volkskultur, der Massenkultur und der ↗ Subkulturen, wobei je nach Definition der Aspekt der aktiv zugreifenden Alltagspraxen oder der Aspekt der gleichschaltenden Konsumtion betont wird. – Die Konzeptionsgeschichte der P. ist engstens mit der der Hochkultur verwebt, zu der P. seit dem 19. Jh. den meist wertend verwendeten Gegenbegriff darstellt. Die Abgrenzung eines privilegierten Raums der Hochkultur (Theater, klassische Lit., klassische Musik) gegenüber der P. (Vaudeville/Kabarett, Triviallit., Populärmusik) vollzieht sich im engl.-sprachigen Raum im Laufe des 19. Jh. im Zuge sozialer und ethnischer Ausdifferenzierungen. Die Fähigkeit, zwischen ›wahrer Kunst‹ und ↗ ›Kitsch‹ oder ›Schund‹ zu unterscheiden, wird damit nicht als erlernte und sozial bedingte Kompetenz begriffen, sondern zur natürlichen Begabung stilisiert, so daß sich die Trennlinie zwischen Hochkultur und P. gleichermaßen ›naturalisiert‹ und ideologisch verfestigt. Die Unterscheidungskompetenz selbst wird mithin zum ›kulturellen Kapital‹ im Sinne P. Bourdieus. Die Skepsis gegenüber P. als oberflächlichem Massenvergnügen am. Ursprungs erreichte im berühmten Manifest zur kapitalistischen ↗ Kulturindustrie der aus dem faschistischen Deutschland emigrierten marxistischen Kritiker M. Horkheimer und Th. W. Adorno 1944 ihren Höhepunkt. Die Autoren konfrontieren eine triviale (amerikanische) Massenkultur einer im Untergang begriffenen (europ.) Volkskultur und kommen zu dem Schluß, daß die pervertierende und gleichschaltende Wirkung Hollywoods, der Medien und populärer Musik allein über eine intellektuelle Hochkultur zu bewältigen sei. – Die brit. ↗ *Cultural Studies* in der Folge von R. Hoggart, R. Williams und E.P. Thompson versuchten diesem elitären Kulturverständnis eine positivere Vorstellung von P. als Volks- und Massenkultur gegenüberzustellen, die die Rezipienten als aktiv teilnehmende Kommunikationspartner eher denn als willenlos den ↗ Massenmedien ausgelieferte Opfer begreifen läßt. Der Kulturtheoretiker St. Hall verwies dann in seinem zentralen Aufsatz »Encoding, decoding« auf das ungleichmäßige Verhältnis von Produktion und Rezeption und auf die prinzipielle Möglichkeit der Rezipienten, die vorgefertigten Phrasen der Kulturindustrie gegen den Strich zu lesen, kritisch zu kommentieren oder zu ignorieren und so durch das Rezeptionsverhalten die dominanten Bilder neu zu interpretieren oder die Produktion zu beeinflussen. Dieser Ansatz wurde durch den am. Medienwissenschaftler J. Fiske noch radikalisiert, der P. als allg. Rezeptionspraxis begreift, die sich der gleichschaltenden Maschinerie der kommerziellen Massenkultur grundsätzlich widersetzt. Fiskes sehr optimistische Vision einer umfassend subversiven P. wurde in jüngeren *Cultural Studies*-Arbeiten etwa von M. Morris oder L. Grossberg wiederum skeptisch angegangen, die auf die gegenseitige Durchdringung von P. einerseits und Konsum- und Massenkultur andererseits hinwiesen und somit kulturelle Austauschprozesse als immer auch kommerzielle und ideologische Aneignungsstrategien präsentierten. Bei aller Skepsis wird P.

aber dennoch auch von diesen Kritikern als eine kulturelle Sphäre verstanden, die aufgrund ihrer Flexibilität und Dynamik gerade gesellschaftlich marginalisierten Gruppen Ausdrucks- und Repräsentationsmöglichkeiten bietet und damit das Verständnis von kultureller ↗ Identität wesentlich und konstruktiv prägt.

Lit.: St. Hall: »Encoding, decoding«. In: ders. et al. (Hgg.): *Culture, Media, Language*, Ldn. 1987 [1980]. S. 128–140. – W. Brückner: »*Popular Culture*. Konstrukt, Interpretament, Realität«. In: *Ethnologia Europaea* 14 (1984) S. 14–24. – L.W. Levine: *Highbrow/Lowbrow*, Cambridge 1988. – J. Fiske: *Understanding Popular Culture*, Boston 1989. – A. Ross: *No Respect. Intellectuals and Popular Culture*, N.Y. 1989. – J. Fiske: »Popular Culture«. In: Lentricchia/McLaughlin 1995 [1990]. S. 321–335. – L. Grossberg: *We Gotta Get out of this Place*, N.Y. 1992. – T. Holert/M. Terkessidis (Hgg.): *Mainstream der Minderheiten*, Bln. 1996. – D. Strinati: *An Introduction to Studying Popular Culture*, Ldn. et al. 2000. – U. Göttlich et al. (Hgg.): *Populäre Kultur als repräsentative Kultur. Die Herausforderungen der Cultural Studies*, Köln 2002. – H. Paul/K. Kanzler (Hgg.): *Am. P. in Deutschland. Case Studies in Cultural Transfer Past and Present*, Lpz. 2002. – G. Klein/M. Friedrich: *Is This Real? Die Kultur des HipHop*, FfM. 2003.   RM

Popular culture ↗ Populärkultur

Posthistoire (frz., ›Nach-Geschichte‹), der von A. Gehlen 1962 dem frz. Philosophen und Mathematiker A.A. Cournot zugeschriebene Begriff ist neben ›post-human‹ die umfassendste Variante zeitgenössischer ›Post-‹Präfixe. Bei Cournot herrschte Mitte des 19. Jh.s in Weiterentwicklung von I. Kants aufklärerischem Vernunftbegriff noch die Hoffnung auf eine frühpositivistische Überwindung der geschichtlichen Wirrnis im Aufstieg des Bürgertums vor. – Wiederentdeckt wurde die These vom Verschwinden der Geschichte v.a. seit den 1970er Jahren, wo sie ein Windschattendasein zwar häufiger, aber beiläufiger Erwähnung fristete, nun im Zusammenhang mit postrationalistischen Ideen geschichtlicher Narrativität (H. White; ↗ narrativistische Ansätze), postmarxistischer Enttäuschung klassenbestimmter Geschichtsdynamik, postnuklearer Dauerapokalypse und ahistorischen Sichtweisen bes. des am. ↗ Poststrukturalismus. Nach dem Ende des kalten Krieges und der Systemkonfrontation entspann sich dann um die Thesen F. Fukuyamas eine breitenwirksamere politische Debatte um das *p.*, die zuletzt in die Auseinandersetzung um den Kampf der Kulturen mündete. – Im Zentrum geschichtsphilosophischer Fragestellungen nach Sinnhaftigkeit, Fortschritt und Determinismus in historischem Geschehen werden posthistorische Entwürfe auf G.W.F. Hegel zurückgeführt, der angesichts Napoleons zu Pferde während der Schlacht von Jena in diesem die Weltseele erkannt hatte, die Auflösung von Herr- und Knecht-Antagonismen im Bürger-Soldaten konstatierte und später in Europa ein vernunftbestimmtes Ende der Geschichte sah, den Triumph des Weltgeistes. Bes. A. Kojève reklamierte und aktualisierte Hegel für seine Version des Geschichtsendes, nämlich die Befriedigung der menschlichen Begierde bis 1943 im universalen und homogenen Staat des Stalinismus und ab 1945 in der europ. Integration und der Klassenlosigkeit des Kapitalismus. – Trotz der Abkehr von Cournots Progressionsautomatismen ist der Begriff auch bei Gehlen und anderen zeitgenössischen Versionen des *p.* abhängig von Prozessen der Verbürgerlichung, der verbreiterten Allgemeinbildung, der Entrevolutionierung der Welt. Gehlen sieht die Ereignisse überraschungslos und die Ideologien analog zu den Weltreligionen erstarrt, ›kulturell kristallisiert‹. Für N.O. Brown ist es die Neurose, J. Rifkin die Entropie, E.P. Thompson der Exterminismus, M. Serres die Thanatokratie, J. Ellul die Technokratie, L. Mumford die Mega-Maschine, J. Baudrillard die Prozession der Simulakra (↗ Simulakrum), V. Flusser die Photographie und F. Jameson die perpetuierte Gegenwart, in der sich die Geschichte auflöst: letztlich in beschleunigten Varianten des Immergleichen. Fukuyama belebte dagegen mit Hegel die teleologische und optimistische Version des Geschichtsendes, das er im tendenziell universellen Sieg des liberalen und demokratischen Staates erblickt, und rief damit heftige Kritik und Gegenentwürfe hervor (z.B. P. Andersons Vision einer sozialökologischen Umstrukturierung). – Es erscheint folgerichtig, daß die geschichtstheoretische Diskussion zuletzt die Frontlinien neu gezogen hat, die nicht mehr in der Kategorie des Staates, sondern zwischen lokalen Kulturen und globalen Zivilisationen (↗ Globalisierung und Globalisierungstheorien) verlaufen (S.P. Huntington). Zudem wird der ewigen Gegenwart des elitären Medienzynismus eine neue Erinnerungskultur und eine Renaissance geschichtlichen Bewußtseins entgegengesetzt (V. Sobchack; vgl. auch Tendenzen im *New Historicism*) und die Universalität des *p.*-Denkens mit postmoderner Fragmentierung und Pluralität kontrastiert.

Lit.: D. Attridge et al. (Hgg.): *Poststructuralism and the Question of History*, Cambridge 1987. – L. Niethammer: *P.*, Reinbek 1989. – F. Fukuyama: *Das Ende der Geschichte*, Mchn. 1992. – P. Anderson: *Zum Ende der Geschichte*, Bln. 1993. – M. Meyer: *Ende der Geschichte?*, Mchn. 1993. – C. Conrad/M. Kessel (Hgg.): *Geschichte schreiben in der Postmoderne*, Stgt. 1994. – T. Diehl/C. Feller (Hgg.): *Das Ende der Geschichte?!*, Gießen 1994. – J. Lukacs: *Die Geschichte geht weiter*, Mchn. 1996 [1994]. – R. Rotermundt: *Jedes Ende ist ein Anfang. Auffassungen vom Ende der Geschichte*, Darmstadt 1994. – V. Sobchack (Hg.): *The Persistence of History*, N.Y./Ldn. 1996.   EVV

Postkoloniale Literaturtheorie und -kritik, Theorie und Kritik, die aus Ansätzen des ↗ Postkolonialismus heraus die vom ↗ Kolonialismus beeinflußten bzw. sich von ihm absetzenden Literaturen zum Gegenstand hat. Die Theorie wurde v.a. von E.W. Said, G.Ch. Spivak und H.K. Bhabha, Lit.wissenschaftlern aus der ›Dritten Welt‹, in den USA und England seit den späten 1970er Jahren entwickelt, wobei der frz. ↗ Poststrukturalismus entscheidende Anstöße gab und auch einige Affinitäten zu ↗ Postmoderne/Postmodernismus bestehen. Die Kritik hat wesentlich früher eingesetzt, ist breiter angelegt und ungleich produktiver, bleibt häufig aber traditionellen Interpretationsmethoden verhaftet. Auch wo sie nicht theoretisch reflektiert erscheint, nähert sich die Kritik allerdings wie die Theorie in der kontextbewußten Lit.analyse kulturhistorischen Betrachtungsweisen. Im weitesten Sinne ist die (von der Theorie auch zunehmend beeinflußte) Kritik definierbar als » a set of reading practices [...] preoccupied principally with analysis of cultural forms which mediate, challenge or reflect upon the relations of domination and subordination – economic, cultural and political – between (and often within) nations, races and cultures, which characteristically have their roots in the history of modern European colonialism and [...] continue to be apparent in the present era of postcolonialism« (Moore-Gilbert 1997, S. 12). Schon vor F. Fanon gab es eine Reihe lit.- und kulturkritischer Autoren von W.E.B. Du Bois über C.L.R. James bis zu A. Césaire, die sich mit solchen Fragestellungen beschäftigten, aber auf breiterer Basis setzte die Kritik erst im Gefolge der Entstehung oder Erneuerung der Literaturen der aus den Kolonien hervorgegangenen Nationen in den 1960er Jahren ein. In der engl.sprachigen Welt begann man sich den Literaturen des Commonwealth zu widmen und zeigte retrospektiv ein verstärktes Interesse an der Lit. engl. Autoren über die (ehemaligen) Kolonien. Die Studien zur ›Commonwealth-Lit.‹, wie die anglophonen Literaturen Kanadas, der Karibik, West-, Ost- und Südafrikas, Indiens und Südostasiens, Australiens und Neuseelands lange bezeichnet wurden, waren, abgesehen von der ungenauen Bezeichnung für eine (schon durch die wechselnde Mitgliedschaft der einzelnen Länder) kaum zutreffende Einheit, durch die Vorstellung von den Verzweigungen der engl. Lit. beeinträchtigt, die das Mutterland angelsächs. Kultur letztlich zum Maßstab machten. Erst durch den Theorieschub der 1980er Jahre wurde der Blick für die postkoloniale Problematik geschärft, die man mit Begriffen wie ↗ *Orientalism*, ↗ Alterität, Subalternität, ↗ Hybridität, ↗ Mimikry oder ↗ Zentrum/Peripherie zu erfassen suchte. – Die bekannteste Schrift zur p.L., die v.a. das Verhältnis zur literar. Praxis beleuchtet, ist das Gemeinschaftswerk *The Empire Writes Back* (1989) der Australier B. Ashcroft, G. Griffiths und H. Tiffin. Es bietet einen Forschungsbericht zur Theoriebildung, der auch die poetologischen Konzepte der Autoren einschließt, und eine komparatistische Synopse der Schreibansätze und Strategien in den Literaturen, die nach einem eigenen Modell als Ausdruck eines Dezentralisierungsprozesses gesehen werden. In der subversiven Verweigerung des imperialen ↗ Diskurses (*abrogation*) und der Aneignung eines indigenen Diskurses (*appropriation*) entsteht eine dialektisch dynamische Hybridität, die in der fortwährenden Auseinandersetzung mit der ›aufgepfropften‹ Kultur kreative Energien freisetzt, wobei den Methoden des umdeutenden *rereading* und neuschaffenden *rewriting* eine wichtige Funktion zukommt. Die literar. Entkolonisierung beginnt bei der Sprache, die dem privilegierten Standard des brit. Engl. eigene Varietäten entgegensetzt. – In der Theoriebildung werden drei Modelle unterschieden: (a) nationale oder regionale Theorien, die sich den Wesensmerkmalen etwa der kanad. oder karib. Lit. widmen; (b) ethnische Theorien, die sich auf die Lit. ethnischer Gruppen (↗ Ethnizität; ↗ *race*) wie das ›*black writing*‹ konzentrieren; (c) komparatistische Theorien, die den Wechselwirkungen und Affinitäten zwischen diversen Literaturen etwa der ›Dritten Welt‹ gelten. Wo diese Theorien ↗ Essentialismen wie *Canadianness* oder *pan-*

Africanism abstrahieren, ist freilich Skepsis angebracht, auch wenn entsprechende Orientierungsversuche z.T. bei den Schriftstellern selber eine große Rolle spielen. – Ist *The Empire Writes Back* deutlich dem postkolonialen Konzept verpflichtet, so rückt eine weitere Bezeichnung des expansiven Lit. gebiets sowohl vom unstimmigen Begriff der ›Commonwealth-Lit.‹ als auch von der ideologiekritischen Programmatik der p.L. ab: Der Begriff ›*New English Literatures*‹ (oder genauer: ›*New Literatures in English*‹) kennzeichnet etwas neutraler die betreffenden Literaturen, deren Neuheit allerdings z.T. recht unterschiedlichen Entwicklungsphasen entspricht und allenfalls in der späten internationalen Rezeption hervortritt. Typische Schwerpunkte der Kritik, die sich den *New English Literatures* widmet, sind etwa folgende: die literar. Reflektion der individuellen wie kollektiven Problematik kultureller ↗ Identität; die Entwicklungsmuster der Emanzipation von der Kolonial- zur Nationallit. und die Synchronie der internationalen Berührungspunkte zwischen diesen, von der Fixierung auf engl. Vorbilder sich lösenden Literaturen; die Konditionen des oft noch beherrschenden Lit.markts Europas und der USA; das Dilemma der Sprachenwahl in multilingualen Kulturen und Aspekte der varietätenspezifischen Stilisierung; die Wiederbelebung autochthoner Traditionen, v.a. in den Formen einer für den Vortrag bestimmten oder mündlich geprägten Lit.; die Entwicklung eigenständiger, von europ. Stilrichtungen divergierender Schreibweisen wie der des magischen Realismus in der ›Dritten Welt‹; die kreative Revision des Kanons europ. Klassiker mit kolonialgeschichtlichen Implikationen durch Gegendarstellungen; die literar. Erschließung als Leerräume aufgefaßter Territorien in den Siedlerkolonien zum Zwecke der geistigen Anverwandlung und kulturellen Vereinnahmung; die Perspektivenwechsel in der Rekonstruktion der Kolonialgeschichte wie in der desillusionierten Bloßstellung der nachkolonialen Fehlentwicklungen in der ›Dritten Welt‹; die Dramatisierung kolonialgeschichtlich bedingter interner Konflikte zwischen unterschiedlichen Rassen (Konstellation Siedler/Eingeborene) oder Lebensweisen (Gegensatz archaische/moderne Welt); die Beschreibung der ›doppelten‹ Kolonialisierung der Frau durch die angestammte patriarchalische (↗ Patriarchat) wie die von der Imperialmacht ausgeübte Repression und die Anfänge einer emanzipatorischen Frauenlit.; das Aufkommen ethnischer Minoritätenliteraturen der Ureinwohner in den USA und anderen einstigen Siedlerkolonien oder der Diaspora aus der ›Dritten Welt‹ in England. – Neben der Kritik der *New English Literatures* gibt es die weiter zurückreichende Kritik der lateinam. Literaturen und seit einiger Zeit auch die Kritik der frz.sprachigen Literaturen außerhalb Europas. In all diesen Entwicklungen ist der Einfluß der p.L. gegenwärtig unübersehbar; er reicht durch seine vielseitigen Ansätze einer globalen Komparatistik und die anderen Künste einbeziehenden ↗ Intermedialität sowie seine Affinität zu den ↗ *Cultural Studies*, *Ethnic Studies* und *Women's Studies* weit über die Lit. hinaus. Die postkolonialistische Fokussierung bringt allerdings auch die Gefahr der kritischen Verengung der Lesarten und einer Verkürzung der Literaturen. Es fragt sich, inwieweit die Mehrheit der Autoren zwischen Kanada und Neuseeland tatsächlich das Primärinteresse am anti-kolonialen Diskurs und an der transkulturellen

Hybridität teilt oder ob sie nicht mindestens so sehr an der Problematik des Individuums in seiner unmittelbaren Umwelt und vor dem Hintergrund der sich wandelnden modernen Welt interessiert ist, in die solche Fragen nur sekundär hineinspielen. Auf jeden Fall aber sind von der Theorie wichtige Impulse ausgegangen, die sowohl dazu anhalten, die europ. Lit. stärker ›gegen den Strich zu lesen‹ als auch die Literaturen der (ehemaligen) Kolonien differenzierter aus ihren historischen ↗ Kontexten heraus zu begreifen.

Lit.: B. Ashcroft et al.: *The Empire Writes Back. Theory and Practice in Post-Colonial Literatures*, Ldn. 2002 [1989]. – Williams/Chrisman 1996 [1993]. Teile IV, V. – B. Ashcroft et al. (Hgg.): *The Post-Colonial Studies Reader*, Ldn. 1997 [1995]. – E. Boehmer: *Colonial and Postcolonial Literature. Migrant Metaphors*, Oxford 1995. – E. Kreutzer: »Theoretische Grundlagen postkolonialer Lit.kritik«. In: Nünning 1998 [1995]. S. 199–213. – Mongia 1996. – P. Childs/P. Williams: *An Introduction to Post-Colonial Theory*, Ldn. 1997. Kap. 1, 2, 6. – B. Moore-Gilbert: *Postcolonial Theory. Contexts, Practices, Politics*, Ldn. 1997. Kap. 1, 5. – ders. et al. (Hgg.): *Postcolonial Criticism*, Ldn. 1997. – Ashcroft et al. 2000 [1998]. – L. Gandhi: *Postcolonial Theory. A Critical Introduction*. Edinburgh/N.Y. 1998. – A. Loomba: *Colonialism/Postcolonialism*, Ldn. 1998. – R.J.C. Young: *Postcolonialism. An Historical Introduction*, Oxford 2000 [1998]. – B. Ashcroft: *Post-Colonial Transformation*, Ldn. et al. 2001. – A. Dietrich: *Differenz und Identität im Kontext postkolonialer Theorien. Eine feministische Betrachtung*, Bln. 2001. – J.C. Hawley (Hg.): *Encyclopedia of Postcolonial Studies*, Westport et al. 2001. – H. Birk/B. Neumann: »Go-between. Postkoloniale Erzähltheorie«. In: A. Nünning/V. Nünning 2002. S. 115–152. – F. Schulze-Engler: »Exceptionalist Temptations – Disciplinary Constraints. Postcolonial Theory and Criticism«. In: *EJES* 6.3 (2002) S. 289–305.   EK

Postkolonialismus/Postkolonialität, Postkolonialismus (P.) ist ein dem engl. *postcolonialism* entsprechender Begriff, meist synonym mit Postkolonialität (*postcoloniality*) verwandt, gelegentlich als programmatisch konnotierter vom deskriptiv verstandenen Alternativbegriff abgesetzt, zur Bezeichnung der diskursiv zum Ausdruck kommenden, v.a. kritisch Distanz schaffenden Reaktion auf den ↗ Kolonialismus in einer noch nicht abgeschlossenen Periode, die weltweit auf die endgültige Emanzipation vom Kolonialerbe zielt. Das Präfix ›post‹ kennzeichnet unterschiedlich markierte nachkoloniale, ausgeprägt anti-koloniale und einem Zustand jenseits des Kolonialismus geltende Tendenzen, die zugleich nicht immer frei von Anpassungszwängen sind. Die impliziten Mehrdeutigkeiten haben P. zu einem umstrittenen Grundbegriff der ↗ postkolonialen Lit.theorie gemacht. Im weitesten Sinne bestimmt als »all the culture affected by the imperial process from the moment of colonization to the present day« (Ashcroft et al. 1989, S. 2), bezieht P. prinzipiell beide Seiten des Wechselverhältnisses zwischen (ehemaligem) Kolonisator und (ehemaligem) Kolonisiertem ein und bezeichnet mit dem ›post‹ einen schon in der Frühzeit des Kolonialismus einsetzenden Prozeß fortwährender Auseinandersetzung mit der kolonialen Konstellation, der eine (bezweifelbare) historische Linearität hypostasiert.

Im engeren Sinne bezieht sich P. auf die Zeit nach der Unabhängigkeit der Kolonien, die meist nicht einfach chronologisch aufgefaßt wird (analog zu *post-colonial,* mit Bindestrich, als Synonym von *post-independent*), sondern mit der Verarbeitung des nachwirkenden oder wiederbelebten Kolonialismus assoziiert wird. Zur Problematik des Begriffs gehört, daß er unterscheidbare oder sich überlagernde Zustände und Vorgänge erfaßt. Schon nach dem geläufigen Modell des Spannungsverhältnisses zwischen metropolitanem Zentrum und kolonialer Peripherie ergeben sich komplexe Verschiebungen und Verschränkungen. Das gilt für das ambivalente Kolonialerbe der Verbreitung europ. Sprachen, Denkweisen, Wissenssysteme und Kunstformen in nicht-europ. Regionen der Welt, mit denen sich die unabhängig werdenden Kolonien in der Bemühung um kulturelle Eigenständigkeit kontrovers auseinandersetzen. Geschieht dies verstärkt in nachkolonialer Zeit, so gibt es andererseits neokoloniale Zwänge, wie sie von den USA ausgeübt werden, die selbst einmal aus einer Siedlerkolonie hervorgegangen sind, aber mit der Entwicklung zur führenden Industrienation die imperiale Rolle Europas übernommen haben, wenn sie weltweit politisch intervenieren, wirtschaftlich dominieren und kulturell Einfluß nehmen. Andererseits gibt es globale Migrationsbewegungen (↗ Globalisierung und Globalisierungstheorien), zumal der Diasporas aus der ›Dritten Welt‹, die als unübersehbare ethnische Minoritäten etwas von dem kolonialen Konfliktpotential an die imperialen Zentren zurückgegeben und diese multikulturell zu verändern begonnen haben. Ein Beispiel für solche Entwicklungen bietet Kanada, dessen Lit. und Kultur nur sehr allmählich Abstand zu den brit. Vorbildern gewann, ohne sich dem zunehmenden Einfluß des übermächtigen Nachbarn USA entziehen zu können. Außerdem ist die Nation durch die kulturelle Kluft zwischen Anglokanadiern und Frankokanadiern, Nachkommen der einst auf am. Boden rivalisierenden Kolonialmächte Europas, immer wieder Zerreißproben ausgesetzt. Schließlich hat man erst seit der Anerkennung der multikulturellen Zusammensetzung der kanad. Bevölkerung auch der Lit. und Kultur der kolonialistisch marginalisierten Eingeborenenvölker und der diskriminierten Einwanderer aus der ›Dritten Welt‹ mehr Aufmerksamkeit gewidmet. Generell spielen kosmopolitische Repräsentanten der Diasporas aus der ›Dritten Welt‹ in einer sich wandelnden Weltlit. als Lit.theoretiker wie Schriftsteller eine maßgebliche Rolle. Nicht von ungefähr hat S. Rushdie mit dem Bonmot ›the empire writes back‹ die Devise von der Gegenbewegung einer Lit. ausgegeben, die von der anderen Seite des Planeten her dem bislang dominanten europ. Kanon den Rang streitig macht.

Lit.: B. Ashcroft et al.: *The Empire Writes Back. Theory and Practice in Post-Colonial Literatures*, Ldn. 2002 [1989]. – Williams/Chrisman 1996 [1993]. Bes. Teil IV. – P. Childs/P. Williams: *An Introduction to Post-Colonial Theory*, Ldn. 1997. Bes. die Einl. – Moore-Gilbert 1997. Bes. Kap. 1. – A. Loomba: *Colonialism/ Postcolonialism*, Ldn. 1998. – Ausg. »Postcolonial Literary Strategies« (Hg. J.-L. Giovannangeli) der Zs. *EJES* 2.1 (1998). – D. Brydon (Hg.): *Postcolonialism. Critical Concepts in Literary and Cultural Studies*, 5 Bde., Ldn. et al. 2000. – A. Quayson: *Postcolonialism. Theory, Practice or Process?*, Cambridge 2000. – S. Ray/H. Schwarz (Hgg.): *A*

Companion to Postcolonial Studies. A Historical Introduction, Malden et al. 2000. – R.J.C. Young: *Postcolonialism. An Historical Introduction*, Oxford et al. 2001. – ders.: *Postcolonialism. A Very Short Introduction*, Oxford et al. 2003.   EK

Postmoderne/Postmodernismus, ›Postmoderne‹ (P.) ist die Bezeichnung für die kulturgeschichtliche Periode nach der Moderne bzw. für ästhetisch-philosophische Ansätze und kulturelle Konfigurationen dieser Zeit. Meist gelten die künstlerischen, politischen und medialen Umbrüche der 1960er Jahre in den USA als Ausgangspunkt für die P., die nicht von ungefähr als ›am. Internationale‹ (A. Huyssen) bezeichnet wurde. Hingegen bezeichnet der Begriff ›Postmodernismus‹ die für diese Epoche typischen literar. Stilrichtungen und kulturellen Phänomene. – Während die P. in vieler Hinsicht als Fortsetzung und Radikalisierung der in der Moderne angelegten Erkenntnisskepsis und Repräsentationskrise gesehen werden kann, markiert sie andererseits den Bruch mit dem elitären Kunstverständnis und Wissensbegriff der Moderne: ›Hochkultur‹ und ⁊ Populärkultur greifen ineinander, eine Vielzahl von Minderheiten- und ⁊ Subkulturen stellen dominante Wertmaßstäbe und Konzepte in Frage, Politik und ⁊ *performance* werden von den omnipräsenten Medien nahtlos verwoben, und die ›Logik des Spätkapitalismus‹ (F. Jameson) bestimmt Kunst und Kommerz gleichermaßen. Ein wichtiger Bezugspunkt für die epistemologische Krise der P. ist so der bereits in der Moderne angelegte Bruch mit dem aufklärerischen Projekt einer umfassenden Erfassung und Erklärung der Welt, die Ablösung der sinnstiftenden ›großen Erzählungen‹ (J.-F. Lyotard) der Religion und der Wissenschaft durch fragmentarische und vorläufige Wissensmodelle. – Der daraus folgende Orientierungsverlust findet auch in theoretischen Reflexionen zum Wirklichkeitsverlust Ausdruck, wie z.B. in der Feststellung, Realität werde durch multimediale Technologien der Simulation (J. Baudrillard; ⁊ Simulakrum) verdrängt und schließlich ersetzt, und jegliches Geschichtsbewußtsein verliere sich in der Oberflächenästhetik der Konsumgesellschaft. Die Wertungen dieser Entwicklung variieren dabei von kulturpessimistischem Skeptizismus angesichts einer gleichschaltenden Kommerzialisierung bis zur euphorischen Verkündigung eines neuen Zeitalters der Dehierarchisierung und Liberalisierung. – Künstlerisch fand die P. in zahllosen Projekten von Architektur (Ch. Jencks, R. Venturi, F. Gehry) über bildende Kunst (A. Warhol, J. Beuys, C. Sherman), Film (J.-L. Godard, D. Lynch) und nicht zuletzt Lit. (Th. Pynchon, K. Acker, R. Coover, J. Fowles) Ausdruck. Viele der höchst unterschiedlichen Künstler, die der P. zugerechnet werden, betreiben den provokativ oder spielerisch inszenierten Bruch mit tradierten Kunstkonzepten und Weltanschauungen (*anything goes*). Daneben erweist sich die teils apokalyptisch, teils ironisch gefärbte Rede vom Ende der Kunst (*nothing new*) als dominantes Thema, das im Zitat- und Verweischarakter postmoderner Kunst und Lit. reflektiert wird. Beide Positionen führen zur Verarbeitung etablierter Codes und Stile durch die formalen Mittel von Parodie, Plagiat, Pastiche und Collage. Kunstprojekte seit den 1960er Jahren setzten immer wieder die Einsicht um, daß zentrale kunsttheoretische Konzepte (Schönheit, Wahrheit, Authentizität, Genialität usw.) keinerlei transhistorische Gültigkeit oder transkulturelle Verbindlichkeit haben, sondern durch soziale Institutionen (Schule, Akademie, Museum, Medien) geprägt und vermittelt werden. Ästhetische Urteile erweisen sich so nicht als interesselos, sondern als wesentlich durch ↗ Ideologien und sozio-kulturelle Rahmenbedingungen bestimmt. V.a. Film und Lit. reflektieren ein verändertes Verständnis von Kunst als Experimentierfeld eher denn als Sinnfindungsinstanz, so daß sich phantastische Handlungselemente, me-tafiktionale Verweise, absurde ↗ Sprachspiele und Genre-Brüche (↗ hybride Genres) häufen, wie die Erzählungen J.L. Borges', die Romane Th. Pynchons oder die Filme P. Greenaways und D. Cronenbergs deutlich machen. Jün-gere Arbeiten der P. setzen diese Ansätze oft multimedial in Installationen, Netzprojekten, Pop-Events usw. um, wobei weiterhin das Interesse an der Mitarbeit der Rezipienten und an der spielerischen Unterwanderung eta-blierter Konzepte und Konventionen zentral ist.

Lit.: Lyotard 1994 [1979]. – A. Huyssen/K.R. Scherpe (Hgg.): *P.*, Reinbek 1997 [1986]. – D. Borchmeyer: »P.«. In: ders./Žmega 1994 [1987]. S. 347–360. – B. McHale: *Postmodernist Fiction*, N.Y. 1987. – Hutcheon 1996 [1988]. – M. Sarup: *An Introductory Guide to Poststructuralism and Postmodernism*, Athens 1995 [1989]. – F. Jameson: *Postmodernism, or, The Cultural Logic of Late Capitalism*, Durham 1991. – Z. Bauman: *Intimations of Postmodernity*, Ldn. 1992. – McHale 1992. – H. Bertens: *The Idea of the Postmodern. A History*, Ldn./N.Y. 1995. – D.L. Madsen: *Postmodernism. A Bibliography, 1926– 1994*, Amsterdam/Atlanta 1995. – T. Eagleton: *The Illusions of Postmodernism,* Oxford 1996 (dt. *Die Illusionen der P.*, Stgt. 1997). – St. Connor: *Postmodernist Culture. An Introduction to Theories of the Contemporary*, Oxford 1997. – Zima 1997. – Ausg. »Postmodernism« (Hg. C. Bernard) der Zs. *EJES* 1.2 (1997). – P. Bürger: *Ursprung des postmodernen Denkens*, Weilerswist 2000. – Ch.E. Winquist/V.E. Taylor (Hgg.): *Encyclopedia of Postmod-ernism*, N.Y./Ldn. 2000. – Bertens/Natoli 2002. – Ch. Butler: *Postmodernism. A Very Short Introduction*, N.Y./Oxford 2002. – G. Hoffmann/A. Hornung (Hgg.): *Postmodernism and the Fin de Siècle*, Heidelberg 2002. – J. Alber/M. Fludernik (Hgg.): *Moderne/P.*, Trier 2003. – M. Drolet (Hg.): *The Postmodernism Reader. Foundational Texts in Philosophy, Politics and Sociology*, Ldn./N.Y. 2003. – H.U. Gumbrecht: »P.«. In: Müller 2003. S. 136–140. – K. O'Donnell: *Postmodernism*, Oxford 2003. – K. Stierstorfer (Hg.): *Beyond Postmodernism. Reassessments in Literature, Theory, and Culture*, Bln./N.Y. 2003. – H. Grabes: *Einf. in die Lit. und Kunst der Moderne und P.: Die Ästhetik des Fremden*, Tüb. 2004. – W. Thompson: *Postmodernism and History,* Basingstoke 2004. RM

Poststrukturalismus, unter dem Begriff P., der oft fälschlicherweise als Synonym zum Begriff ↗ Postmoderne gehandelt wird, werden eine Anzahl von Philosophen (G. Deleuze, J. Derrida, M. Foucault, L. Irigaray, J.-F. Lyotard), Lit.kritikern (R. Barthes), Soziologen (J. Baudrillard) und Psycho-analytikern (F. Guattari, J. Kristeva, J. Lacan) gebündelt. Entwickelt wurde der P. zum großen Teil in Frankreich; insbes. in einem kleinen Zirkel von sich gegenseitig befruchtenden Denkern im Paris der späten 1960er-1980er Jahre (man spricht daher oft vom P. als ›frz. Schule‹), wobei der Höhepunkt

der internationalen Rezeption des P. in den 1980er Jahren liegt. Wie sein
Name besagt, entwickelt sich der P. aus einer komplexen Revision und
Neudefinition des wiederum insbes. frz. Strukturalismus (Cl. Lévi-Strauss,
F. de Saussure, R. Jakobson, L. Althusser). Bedeutend beim P., der den
Strukturalismus modifizierend kritisch weiterentwickelt, ist der Rekurs auf
die linguistische Wende (↗ *linguistic turn*), d.h. auf die Beeinflussung verschie-
dener Wissenschaften durch Linguistik und ↗ Semiotik. Diese gemeinsame
Basis erlaubt eine starke ↗ Interdisziplinarität, da alle Spielarten des P., ob
nun Philosophie, Soziologie oder Psychoanalyse, ihre spezifischen Theorien
aus einer rigorosen Semiotisierung der Welt und der Wissenschaft heraus
entwickeln. So ist den, sich teilweise kritisch voneinander abhebenden,
Versionen des P. gemeinsam der Rückgriff auf die, insbes. Saussuresche,
Zeichentheorie, in der sich das Zeichen aus der Triade Signifikat (Vorstellung,
Bezeichnetes), Signifikant (Lautbild, Bezeichnendes) und Referent (Ding,
Objekt) zusammensetzt, wobei der Referent als ›ausgeschlossenes Element‹
fungiert, welches der Zeichenproduktion zwar unterliegt (als Vakuum, das
es zu füllen gilt), sie aber nicht direkt beeinflußt (vgl. dazu bes. U. Eco).
In den verschiedenen Versionen des P. wird durchgehend die Idee, der zufolge das Signifikat höher zu bewerten ist als der lediglich ›supplementäre‹
Signifikant, einer rigorosen Kritik unterzogen. Bei Derrida geschieht dies
mittels einer ↗ Dekonstruktion (ein Begriff der, obwohl genaugenommen
nur auf die Derridasche Form des P. anwendbar, weithin synonym mit der
Verfahrensweise des P. verwendet wird) ›logozentrischer‹ (↗ Logozentrismus),
d.h. in der Metaphysik verhafteter, Texte. Die dekonstruktive Analyse legt in
den untersuchten Texten die ›Verdrängung‹ des Sprachmaterials zugunsten der
Illusion unkontaminierter Bedeutung offen. In rhetorisch und konzeptuell
höchst komplexen Texten führt Derrida die untersuchten Texte bis an die
Grenze, an der sich die Ideen von Ursprung, reiner Bedeutung sowie von
gedanklicher und textueller Geschlossenheit auflösen. In einem im Laufe
seiner Entwicklung immer verspielter und freier werdenden Duktus, der sich
bewußt den Gesetzen eines philosophisch-wissenschaftlichen Textes entzieht,
werden Derridas Schriften zu Abbildern eines Denkens, das sich dezidiert
innerhalb der Spaltung von Signifikat und Signifikant ausbreitet. Die durch
die ›Durchstreichung‹ der Ontologie und der Metaphysik erreichte Freiheit
wird dem P. oft als Verspieltheit angelastet. Bei Lacan, der stärker im Strukturalismus verwurzelt ist als Derrida, zeigt sich eine ähnliche Aufwertung
des Sprachmaterials, die Lacan aus der Freudschen Theorie (vgl. S. Freud)
heraus erarbeitet. Zurückgreifend auf die Theorien Jakobsons bildet Lacan
die linguistischen Begriffe Metapher und Metonymie auf die psychoanalytischen Begriffe Verdichtung und Verschiebung ab. Aus dieser Analogie
entwickelt er den Begriff eines ↗ Unbewußten, das ›strukturiert ist wie eine
Sprache‹. In der Kritik von Deleuze und Guattari wird die Lacansche Theorie
gegen sich selbst gelesen, wobei bes. das Gefangensein der Theorie in dem
sozialen Projekt der Ödipalisierung hervorgehoben wird. War das Ergebnis
der psychoanalytischen Kur ein ↗ Subjekt, das sich mit seiner Gespaltenheit
abgefunden hat, so propagieren Deleuze und Guattari ein Subjekt, das sich
in Felder und Ströme von Intensitäten auflöst. Auch Baudrillard macht sich

in seiner Kritik des klassischen Marxismus die Linguistik zunutze. Laut
Baudrillard sind alle ökonomischen Gesetze dem Gesetz und der Struktur
des arbiträren Codes, d.h. der Sprache, unterworfen und spiegeln dieses
wider. Baudrillards Theorie zufolge ist in der postkapitalistischen Welt die
Realität ausgelöscht und in eine hyperreale Simulation überführt worden
(↗ Simulakrum). Diese ist künstlich geschaffen und vollständig den Werten
des Kapitalismus unterworfen. Wichtig für das Projekt des P., sowie für
seine Rezeption, ist im bes. Maße seine sowohl implizite als auch explizite
Neudefinition des Subjektsbegriffs, der sich nicht mehr in einen humanistischen Rahmen zwängen läßt, obwohl die Aversion zwischen P. und
Humanismus oft auf Mißverständnissen beruht. Das poststrukturalistische
Subjekt ist ohne Ursprung und ohne Einheit. Es ist ›im tiefsten Inneren‹
ein Zeichenprodukt; ein in der Sprache gefangenes und durch Sprache, im
weiteren Sinne durch ↗ Kultur definiertes Wesen. Insbes. der Feminismus
hat sich diese Sichtweise zunutze gemacht, um die Stellung der Frau (als
dem Signifikat eines phallokratischen Systems und einer phallokratischen
Sprache) frei- und umzuschreiben. Solche Neudefinitionen sind möglich,
da der P. die Realität als ein künstlich erzeugtes Produkt versteht und somit
als inhärent fiktiv. Ein der Logik der Sprache unterworfenes Subjekt ist
unweigerlich ein eminent literar. Dies ist wohl der Grund dafür, daß der
P. insbes. die Lit.theorie beeinflußt hat, die in diesem Subjekt das literar.
Subjekt wiederfand. Im Gegensatz zum Strukturalismus, dem es darum
ging, aus verschiedenen Oberflächenstrukturen eine Tiefenstruktur zu
abstrahieren und somit aus verschiedenen Texten eine allg. Bedeutung zu
destillieren (im Bereich der Lit.theorie und der Anthropologie denke man
z.B. an die Mytheninterpretationen Lévi-Strauss'; ↗ Mythos), geht es dem P.
gerade darum zu zeigen, daß eine solche Trennung nicht aufrechtzuerhalten
ist (ein Schlüsselwerk in diesem Übergang ist Foucaults Buch *Les mots et
les choses*, 1966, dt. *Die Ordnung der Dinge*). Generell propagiert der P. die
Gleichstellung der Ebenen des Signifikanten und des Signifikats bei gleichzeitiger Auslassung des Referenten als einem erst nachträglich erstellten,
immer schon versprachlichten Begriff. In der Lit.theorie, z.B. in Barthes' *S/Z*
(1970), führt dies dazu, daß verschiedene Lese- und Interpretationsebenen
parallel zueinander oder, wie Deleuze und Guattari sagen würden, ›trans-
versal‹ einen Text durchkreuzen, ohne ihn auf eine spezifische Bedeutung
zu reduzieren. – Dieser Rekurs auf anscheinend frei flottierende, oder in
Derridas Vokabular ›disseminierende‹ (↗ *dissémination*), Leseversionen, in
deren Licht selbst die aufgefächertsten Interpretationen der hermeneutischen
Schule noch zu zentriert erscheinen, haben den P. sowohl der im engeren
Sinne lit.theoretischen Kritik einer ›anything-goes-Attitüde‹ ausgesetzt als
auch im weiteren Sinne dem Vorwurf, elitär und unpolitisch zu sein. Bes.
in letzter Zeit gibt es Versuche des P., sich eben diesen Kritiken zu stellen.
So werden insbes. in den Kulturwissenschaften Versuche unternommen,
Spannungen zwischen Kulturen und innerhalb kultureller Gruppen als
Konflikte zwischen verschiedenen Zeichensystemen zu behandeln. Selbst
der Marxismus, der seit jeher am stärksten auf einer zeichenlosen, realen
Basis ›unterhalb‹ des kulturellen Überbaus insistiert, hat sich in letzter

Zeit mit dem P. auseinandergesetzt (Baudrillard; F. Jameson; S. Žižek) und
Strömungen des P. in sein Denkbild integriert.

Lit.: Harari 1989 [1979]. – R. Young (Hg.): *Untying the Text*, Boston 1981.
– Frank 1997 [1983]. – Horstmann 1983. – R. Harland: *Superstructuralism.
The Philosophy of Structuralism and Post-Structuralism*, Ldn. 1994 [1987]. – M.
Sarup: *An Introductory Guide to Post-Structuralism and Postmodernism*, N.Y. 1988.
– Zapf 1996. S. 189–204. – G. Neumann (Hg.): *P.: Herausforderung an die Lit.
wissenschaft*, Stgt./Weimar 1997. – Selden et al. 1997. – J. Bark/J. Förster (Hgg.):
Schlüsseltexte zur neuen Lesepraxis. Poststrukturalistische Lit.theorie und -didaktik,
Stgt. et al. 2000. – J. Bossinade: *Poststrukturalistische Lit.theorie*, Stgt./Weimar 2000.
– St. Münker/A. Roesler: *P.*, Stgt./Weimar 2000. – C. Belsey: *Poststructuralism.
A Very Short Introduction*, N.Y./Oxford 2002. – C. Davis: *After Poststructuralism.
Reading, Stories and Theory*, Ldn./ N.Y. 2003. – J. Fohrmann: »P.«. In: Müller
2003. S. 140–144. – M. Frank: »Was ist Neostrukturalismus? Derridas sprach-
philosophische Grundoperation im Ausgang vom klassischen Strukturalismus«.
In: Jaeger/Straub 2004. S. 364–376. – B. Korte: »P. und Dekonstruktion«. In:
Schneider 2004. S. 41–59.   HB

R

Race (engl., Rasse), biologische und anthropologische Differenzierungska-
tegorie, die im Rahmen der Klassifikationsprojekte der Aufklärung zentral
relevant für die Beschreibung und Erfassung des Menschen wurde. – Mit den
darwinistischen Theorien des späten 19. Jh.s wurde *r.* endgültig zur Leitme-
tapher für human- wie sozialwissenschaftliche Diskurse, zum Bezugspunkt
für hierarchisierende Modelle von Natur und Gesellschaft. Ideologische und
wissenschaftliche Interessen liefen ineinander und die Argumentationsmuster
vermischten sich bis zur Ununterscheidbarkeit. Obwohl von den seriösen
Sozial- und Humanwissenschaften schon in den 1930ern in ihrer Aussa-
gekraft in Frage gestellt, wurde die wertende Verwendung von *r.* bis Mitte
des 20. Jh.s durch (pseudo)wissenschaftliche Erklärungsmuster legitimiert.
Inzwischen ist der Begriff in bezug auf den Menschen wissenschaftlich
weitgehend diskreditiert, erweist sich aber weiterhin als ideologisch höchst
wirksame »trope of ultimate, irreducible difference between cultures, linguistic groups, or adherents of specific belief systems which [...] also have
fundamentally« opposed economic interests« (Gates 1986, S. 5). – Aufgrund
der Einsicht, daß *r.* eher kulturell denn biologisch kodiert ist, kommt die
Begriffsdefinition der der Ethnie (↗ Ethnizität) oft sehr nahe. Der Forderung,
den Begriff *r.* durch den der ›ethnischen Differenz‹ zu ersetzen, begegnen
allerdings gerade Vertreter von ethnischen Minderheiten äußerst skeptisch.
Viele argumentieren für die Beibehaltung des Begriffs, der schließlich als
Konzept weiterhin gesellschaftlich wirksam sei. Solange rein äußerliche Unterschiede, z.B. Hautfarbe und Physiognomie, Diskriminierung bedingten
und nicht wertfrei begriffen würden, erübrige sich auch der Begriff *r.* nicht.
– Eine Reaktion auf diese Einsicht in die ungebrochene Wirksamkeit des

Begriffs ist seine Neubesetzung im Engl. Anders als ›Rasse‹ wird *r.* v.a. von schwarzen Kritikern nicht rein pejorativ gebraucht, sondern als Mittel der Selbstsetzung und Abgrenzung gegenüber dem weißen *mainstream* affirmiert. So basiert die ›neue kulturelle Politik der Differenz‹, für die der afro-am. Kritiker C. West plädiert, u.a. auf einem positiven Verständnis von *r.* als gemeinschaftsstiftendem Bezugspunkt für minoritäre Emanzipationsbestrebungen. – Die ungebrochene ideologische Relevanz des Begriffs macht auch den Fokus der lit.wissenschaftlichen Debatten um *r.* aus, die von afro-am. Kritikern die wohl wichtigsten Impulse erfuhren und in der ↗ postkolonialen Lit.theorie und -kritik intensiv geführt werden. So wies K.A. Appiah auf die intrikaten Bezüge zwischen den Konzepten *r.* und *nation* hin, die gerade durch literar. Texte hergestellt und kontinuierlich neu verhandelt werden. Für Appiah ebenso wie für H.L. Gates wird *r.* zum ›Gerüst‹ für die literar. Inszenierung von Geschichte, Kultur und nationaler ↗ Identität. T. Morrison ging in ihrer Untersuchung zur am. Lit. noch weiter und erklärte *r.* zum uneingestandenen und ungenannten ›Betriebssystem‹ des literar. Kanons, das nicht länger expliziert werden muß, um kulturell wirksam zu werden. Das Verschweigen des Begriffs allein könne also keinesfalls zum Mittel der Bewältigung des Phänomens werden. Morrison war überdies eine der ersten Kritikerinnen, die ihre Aufmerksamkeit von *blackness*, d.h. schwarzer Differenz, auch auf *whiteness*, d.h. den weißen Status quo, ausweitete, und damit die Konstruiertheit sämtlicher ethnischer ↗ Stereotype zum Ausgangspunkt ihrer Untersuchung machte. Diese Wendung kennzeichnet eine der wichtigsten aktuellen Tendenzen in diesem Feld.

Lit.: Gates 1995 [1986]. – C. West: »The New Cultural Politics of Difference«. In: R. Ferguson et al. (Hgg.): *Out There. Marginalization and Contemporary Cultures*, N.Y. 1990. S. 16–36. – D. LaCapra (Hg*.): The Bounds of R.*, Ithaca 1991. – J. Donald/A. Rattansi (Hgg.): ›*R.*‹, *Culture and Difference*, Ldn. 1992. – T. Morrison: *Playing in the Dark. Whiteness and the Literary Imagination*, Cambridge 1992. – D.T. Goldberg: *Racist Culture*, Cambrigde 1993. – K.A. Appiah: »*R.*«. In: Lentricchia/McLaughlin 1995 [1990]. S. 274–287. – Sh. Raman: »*The Racial Turn.* ›*R.*‹, Postkolonialität, Lit.wissenschaft«. In: Pechlivanos et al. 1995. S. 241– 255. – W. Lubiano (Hg.): *The House that R. Built*, N.Y. 1997. – D.M. Guss: *The Festive State. R., Ethnicity, and Nationalism as Cultural Performance*, Berkeley et al. 2000. – P. Boi/S. Broeck (Hgg.): *CrossRoutes. The Meanings of* ›*R.*‹ *for the 21st Century*, Münster/Ldn. 2003. – B. Niro: *R.*, Basingstoke 2003.   RM

Race-Class-Gender-Analyse ↗ Geschlechtsidentität und Geschlechterrolle; ↗ Klasse; ↗ *Race*

Radikaler Konstruktivismus ↗ Konstruktivismus, radikaler

Rasse ↗ *Race*

Repräsentation (lat. *repraesentatio*: Darstellung/Vertretung), der Begriff läßt sich im weitesten Sinn definieren als ein Prozeß der Sinnkonstituierung,

in in dessen Verlauf die Komponenten Referenz und Performanz insofern eine
eminente Rolle spielen, als sie Ambiguität und Neues schaffen. R. ist ein
wesentliches Merkmal sprachlicher Prozesse, deren semiotische Dimensionen
von F. de Saussure und Ch.S. Peirce ausgelotet und systematisiert wurden. Als
Vermittlungsvorgang, der durch Verweisen und ›Stellvertreten‹ funktioniert, ist
die R. ein integraler Bestandteil der Sprache(n) und Zeichensysteme in Kunst
und Musik. Gleichzeitig bezeichnet sie in der Philosophie ein umstrittenes
epistemologisches Problemfeld und betrifft in ihrer medialen Funktion eine
große Bandbreite von Fächern: Seit der Antike ist R. ein Grundkonzept der
Ästhetik (der allg. Theorie der Künste), der ↗ Semiotik (der allg. Theorie
der Zeichen) und seit etwa 300 Jahren der Politik und Staatskunde. Die
gemeinsame Struktur der semiotischen und politischen R. besteht in einer
Dreiecksbeziehung (vgl. Mitchell 1995): R. ist jeweils eine Darstellung von
etwas/jemand durch etwas/jemand für etwas/jemand. Die bei R. benutzten
Zeichen gewinnen Bedeutung im Rahmen von Codes bzw. Systemen. Stil
und Genre sind z.b. institutionalisierte Arten der Beziehung zwischen
R.smaterial und Repräsentiertem. – Historisch gesehen erstreckt sich die
umfangreiche Diskussion der R. als Problembegriff von Platon, der R. als
künstlerisch falsch ablehnt, über die Tabus der Religionen (Bilderfeindlichkeit
und Ikonoklasmus) bis hin zu modernen Phänomenen wie Pornographie (R.
sexueller Akte zur Stimulation) und den postmodernen Thesen (↗ Postmoderne), die Realität sei ein Netzwerk von ›Artefaktualitäten‹ und virtuellen
R.en (vgl. J. Derrida 1996) und die Kunst eine Schrift, welche die Differenz
zwischen Wahrnehmung und Kommunikation überbrücke (vgl. N. Luhmann
1995). Psychologen und Neurowissenschaftler haben im Rahmen der sog.
›imagery debate‹ erkannt, daß interne, mentale R.en sowohl propositional
(sprachartig) als auch bildhaft sind. Psychoanalytisch argumentierende Post-
strukturalisten (↗ Poststrukturalismus) bezweifeln schließlich das Vermögen
der Sprache schlechthin, Erfahrungen zum Ausdruck zu bringen (vgl. J.
Kristeva 1997). Faszination und Problematik der R. liegen darin, daß wir
mit ihr unseren Willen kundtun, während sie gleichzeitig im politischen und
ästhetischen Bereich diesen Willen von uns trennt. Jede R. führt zu einem
Verlust, zu einer Kluft zwischen Intention und Realisation, Original und
Kopie. Der Gewinn bei der R. sind die Werke der Kunst, Musik und Lit.
– In der Lit. verweisen Wörter bzw. Texte auf die externe Welt, auf andere
Wörter/Texte, auf sich selbst oder auf den Verweisprozeß an sich. W. Iser
(1989) führt aus, daß der engl. Terminus *representation* mehrdeutig ist und
die Vorstellung des Wiederholens und Abbildens beinhaltet. Er verwendet
R. daher im Sinne des dt. Konzeptes der Darstellung, um die Performanz
(und nicht die Referenz) beleuchten zu können. Iser unternimmt eine
Archäologie des R.saktes und zeigt, wie bei der Aktualisierung/Rezeption
von Texten Vielstimmigkeit entsteht. Zwar erkennt er die Tatsache an,
daß sich R. nur im Geist des Rezipienten entfalten kann und daher nicht
Mimesis ist, sondern ein performativer Akt. Bedenklich ist jedoch Isers
Tendenz (die in der Ablehnung des ↗ Dekonstruktivismus begründet ist),
den Aspekt der Referenz auszuschließen und damit auch die Differenz, die
Kunst und Lit. erst schafft.

Lit.: M. Krieger (Hg.): *The Aims of Representation*, N.Y. 1987. – W. Iser: »Repräsentation. A Performative Act«. In: ders. 1989. S. 236–248. – W. J.T. Mitchell: »Representation«. In: Lentricchia/McLaughlin 1995 [1990]. S. 11–23. – T.V.F. Brogan: »Representation and Mimesis«. In: Preminger/Brogan 1993. S. 1037–1044. – Th. Metzinger: *Subjekt und Selbstmodell*, Paderborn 1993. – N. Luhmann: *Die Kunst der Gesellschaft*, FfM. 1995. – J. Derrida: *Echographies de la télévision*, Paris 1996. – R. Eldridge (Hg.): *Beyond Representation. Philosophy and Poetic Imagination*, Cambridge 1996. – J. Kristeva: *Pouvoirs et limites de la psychanalyse*, Bd. 2: *La révolte intime*, Paris 1997. – Weimann 1997. – Scholz 1998. – B. Sabel: »Szene, *non-art*, R.: Die Wiederentdeckung der Ekphrasis im *New Historicism*«. In: Glauser/Heitmann 1999. S. 135–155. – Ausg. »E. Auerbach and Literary Representation« der Zs. *Poetics Today* 20.1 (1999). – Ch. Prendergast: *The Triangle of Representation*, N.Y. 2000. – F.R. Ankersmit: *Historical Representation*, Stanford 2001. – Ausg. »The Crisis of Representation. Semiotic Foundations and Manifestations in Culture and the Media« (Hgg. W. Noth/Ch. Ljungberg) der Zs. *Semiotica* 143 (2003). – J. Schönert/U. Zeuch (Hgg.): *Mimesis – R. – Imagination. Lit.theoretische Positionen von Aristoteles bis zum Ende des 18. Jh.s*, Bln. 2004.   HPW

Ritual, seit den 1970er und 1980er Jahren Leitbegriff eines interdisziplinären wissenschaftstheoretischen und -praktischen Forschungskonzepts (↗ Interdisziplinarität), »an object for and method of analysis« (Bell 1992, S. 14), v.a. in Sozial-, Religions-, Altertums-, ↗ Kulturwissenschaften, dessen Begrifflichkeit ›Performanz, Normativität, Reinigung, Liturgie, ↗ Zeit, ↗ Konstruktivität, Repetitivität, Formalisierung, Liminalität, Übergang, Kontextualität, Prozeß‹ neue Phänomenzusammenhänge und Wissensbestände erschließt. R.forschung hat mit dem Verhältnis von Normativität und Normalität zu tun, mit dem Kanon des Wissens- und Wünschenswerten einer Gemeinschaft und unterscheidet sich damit grundsätzlich vom Forschungskonzept ↗ Theatralität, dem es um das ästhetische Erfahrungsfeld geht. Die Normativitätsvermittlung verschafft R.en einen Bezug zur ↗ Macht; R.dynamik entsteht durch den Legitimationsbedarf neuer Systeme (↗ Systemtheorie), wobei ältere R.elemente im neuen Kontext aufgrund ihrer mitgebrachten Bedeutung kontrastiv eingesetzt werden, aber auch eine das R. sprengende Eigendynamik entfalten können. – R.e betreffen Konstitutionsprozesse des Eigenen in bezug auf Religion, Nation, politische Bewegung, Geschlechterrolle usw. Sie vergegenwärtigen eine als urspr. gesetzte Anfangsnormativität einer Gemeinschaft, die als Orientierungsnorm für individuelles und gesellschaftliches Handeln durchgesetzt werden soll. Die gegenwartsspezifische Normalität ist der Normativität des urspr. Anfangs anzugleichen, dem die Umwandlung eines vorkulturellen Chaos oder Paradieses in historische ↗ Kultur mit räumlicher und zeitlicher Ordnung sowie sozialen Strukturen zugeschrieben wird. Daher lassen sich Raum-, Zeit- und Sozial- bzw. Machtrituale unterscheiden. – Wegen der Vermittlungsfunktion des R.s zwischen zwei gesellschaftlichen Zeitordnungen, der Gegenwart und der ihres Ursprungs, zwischen Varianz und Invarianz, wird von der Ambivalenz des R.s gesprochen. In der Vergegenwärtigung des Konstitutionsprozesses der eigenen Ordnung und Gemeinschaft, ihrer urspr.

Formativität und Normativität, d.h. in der Anwesenheit einer fundierenden
Legitimationsinstanz wie Gott, der Idee des Ursprungs, des Volks, der Nation usw. liegt die konstitutive soziale Funktion des R.s für die Gegenwart:
»Ritual is seen as a definitive component of the various processes that are
deemed to constitute religion, or society, or culture.« (Bell 1992, S. 16; vgl.
É.D. Durkheim 1912) Im Vorgriff auf die ideale Gemeinschaft des Anfangs
hebt das R. gesellschaftliche Ambivalenz temporär auf und unterbricht
die temporale Alltagsordnung mit der Geltung sozialer Hierarchien und
leistungsorientierter, termingebundener Arbeit. Gleichwohl besteht kein
Gegensatz zwischen gesellschaftlicher Ordnung und ihren R.en, da diese
die Ordnung bestätigen und so deren Funktionieren unterstützen. Ebenso
sichern die zeitlich begrenzten Gegenrituale wie Karneval (↗ Karnevalismus) und andere Formen der verkehrten Welt die Ordnung durch ihre
Ventilfunktion für die Abfuhr von Unruhe- und Konfliktpotential. – Der
kulturkonstitutive Verwandlungs- bzw. Übergangsgestus prägt die Struktur
des R.s, wie A. van Gennep (1909) im Dreiphasenschema des R.s dargestellt hat: (a) Der Loslösung aus einem alten Zustand wie Lebensabschnitt,
religiöser, jahreszeitlicher usw. Festzyklus kommt die Vorbereitungsfunktion
des Neuen zu; diese Phase ist bes. durch Dekonstruktionsprozesse wie
Suspendierung der alten Regeln gekennzeichnet. (b) Die liminale Phase
oder Übergangsphase (↗ Liminalität) bildet mit V. Turner das Zentrum
des R.s, weil hier für die Initianden die Distanz zu Herkunft und Ziel in
Prozessen der Reinigung, Prüfung, Askese und des Unterrichts über die
Anfangsnormativität am ausgeprägtesten in Erscheinung tritt. Daher scheint
diese Phase für eine Entscheidung gegen die intendierte Integration bes.
anfällig. (c) Die Aufnahme oder Integration, die Transformation des Wissens in eine einheitliche kollektive Wahrnehmungs- bzw. Glaubensform ist
durch Akte der Konstruktion wie Geschenke, öffentliche Präsentation der
Neophyten vor der Gemeinschaft, Zuteilung von Aufgaben, Rechten und
Pflichten, Segen, Eid, Gelübde usw. ausgezeichnet. Vorkultureller Zustand,
Anfang und R. sind interessenabhängige Konstruktionen; in Analogie zu
E. Hobsbawms ›invention of tradition‹ spricht Bell (1997) von ›invention
of ritual‹. R.e beziehen sich aus retrospektiver Perspektive auf etwas, das
immer schon verloren und nur als utopische Zielprojektion zu haben ist.
Gerade aus dieser Konstellation bezieht das R. seine Unverzichtbarkeit: Es
dient der Orientierung bzw. Disziplinierung der Gemeinschaft, indem es
deren kollektives Konstrukt eines konfliktfreien Anfangs mit der Identität
von Normativität und Normalität sowie unverbrauchter Möglichkeitsfülle
als Anspruch an die Gegenwart wiederholt. – R.aufführungen umfassen
verbale und nonverbale Bestandteile, die in bezug auf Text, Reihenfolge und
Ablauf tendenziell unverändert sind, Funktion der R.handbücher, aber in der
jeweiligen rituellen Performanz (↗ *performance*) gegenwartsspezifisch inszeniert
werden. Das Flüchtige der Präsenzkultur setzt die Invarianz und Dauer der
Anfangsnormativität als Prätext voraus, dessen Bedeutung das R. re-präsentiert.
Rappaport (1999, S. 24) definiert R. zunächst formal als »the performance
of more or less invariant sequences of formal acts and utterances not entirely
encoded by the performers«, weil R. sich nicht ausschließlich durch eines

seiner Elemente, wohl aber durch die von diesen gebildete Struktur definiert, so daß R. durchaus Form, Struktur, Funktion und Bedeutung zukommen. Dies verweist auf die Diskussion über Bedeutungsleere (Humphrey/Laidlaw [1994] definieren rituelles Handeln als nicht-intentional, regelhaft festgelegt, elementar, wiederholbar) und Bedeutungshaftigkeit (vgl. Michaels 1999) von R.en. – R.situationen sind jahreszeitlich (z.B. Sonnenwenden), religiös (z.B. Lebensstationen des Religionsstifters), lebens- (z.B. Geburt, Mündigkeit, Heirat, Bestattung), kultur- (z.B. Jubiläen), allgemeingeschichtlich (z.B. Staatsgründung, Revolution), politisch (z.B. Aushandlung von Verträgen, Politikertreffen) privilegierte Situationen, die einen Übergang markieren und daher als ungewiß, bedrohlich und geheimnisvoll gelten. Hier kann das R. auch die Funktion einer Konfliktlösungs- oder Begrenzungsstrategie haben. In der öffentlichen Sprache der Medien ist eine hohe Verwendungsfrequenz von R. bei gleichzeitiger breiter Bedeutungsstreuung festzustellen. Begründet scheint dies durch die Isolierung des Segments der Repetition vom normativen Anspruchsbezug, so daß R. hier die bloße Wiederholung einer bedeutungsarmen Alltagshandlung bezeichnet. Dafür wird häufig der von T.F. Driver vorgeschlagene Begriff ›Ritualisierung‹ verwendet. Nicht selten ist R. in den Medien negativ konnotiert und dient dann als Zuschreibungsbegriff für das Andere (↗ Alterität, kulturelle), von dem man das Eigene durch eigensprachliche Ersatzbegriffe bekenntnisbezogener Intensität und zielorientierter Dynamik distanziert. Dies kann angesichts von ↗ Globalisierung und dadurch bedingten Einstellungswechseln als erhöhter Bedarf an gruppenspezifischer Binnenintegration und Abgrenzung nach außen identifiziert werden.

Lit.: A. van Gennep: *Les rites de passage*, Paris 1988 [1909] (dt. *Übergangsriten*, FfM. 1999 [1986]). – E.D. Durkheim: *Les formes élémentaires de la vie religieuse*, Paris 1991 [1912] (dt. *Die elementaren Formen des religiösen Lebens*, FfM. 1998 [1981]). – T.F. Driver: *The Magic of Ritual*, San Francisco 1991. – C. Bell: *Ritual Theory, Ritual Practice*, Oxford 1992. – C. Humphrey/J. Laidlaw: *The Archetypal Actions of Ritual. A Theory of Ritual Illustrated by the Jain Rite of Worship*, Oxford 1994. – C. Bell: *Ritual. Perspectives and Dimensions*, Oxford 1997. – A. Michaels: »Le rituel pour le rituel oder wie sinnlos sind R.e?« In: C. Caduff/J. Pfaff-Czarnecka (Hgg.): *R.e heute. Theorie, Kontroversen, Entwürfe*, Bln. 1999. S. 23–47. – R.A. Rappaport: *R. and Religion in the Making of Humanity*, Cambridge 1999. – D. Harth/G. Schenk (Hgg.): *R.dynamik. Kulturübergreifende Studien zur Theorie und Geschichte rituellen Handelns*, Heidelberg 2003. – Ausg. »Rituelle Welten« der Zs. *Paragrana* (Hgg. Ch. Wulf/J. Zirfas) 12.1–2 (2003). – D. Kolesch: »Rollen, R.e und Inszenierungen«. In: Jaeger/Straub 2004. S. 277–292.   BD

Rollentheorien, über das Konzept der sozialen Rolle versuchen soziologische Theorien, das Verhältnis zwischen Individuum und Gesellschaft bzw. gesellschaftlichen Systemen (↗ Systemtheorie) zu beschreiben. R. können Erklärungsansätze für Gesetzmäßigkeiten und Dynamik sozialer Beziehungen und sozialen Handelns liefern. Die Rolle entspricht der Summe jener Erwartungen, die seitens der Gesellschaft oder sozialer Gruppen an

das Individuum als Inhaber einer sozialen Position gestellt werden. Die
Erwartungen können sich auf Verhalten (Rollenverhalten) und äußere
Erscheinung (Rollenattribute) beziehen. Rollenkonformes Verhalten wird
durch negative und positive Sanktionen seitens der sozialen Umwelt sowie
durch eine Internalisierung der Rollen durch den Rollenträger bewirkt.
Widersprüche und Inkompatibilitäten können sowohl zwischen den Rollen
eines Individuums auftreten (Interrollenkonflikt) als auch innerhalb einer
Rolle (Intrarollenkonflikt). – Zwar finden sich schon etwa bei K. Marx
Ansätze für ein Konzept der sozialen Rolle (in der Vorstellung von ›Cha-
raktermasken‹), doch setzt die eigentliche Diskussion über das Konzept in
den 1930er Jahren ein, insbes. mit den Arbeiten von R. Linton und G.H.
Mead. Im dt.sprachigen Raum wurde die R. v.a. durch R. Dahrendorfs Werk
Homo Sociologicus (1958) bekannt, das eine Theoriediskussion auslöste. In
den 1960er und 1970er Jahren erlebten die R. einen Höhepunkt, stagnierten
jedoch bereits Ende der 1970er Jahre. – In den verschiedenen R. wird das
Konzept der sozialen Rolle mit divergierenden Bedeutungen und Wertungen
belegt. In der strukturell-funktionalen Richtung der Soziologie (T. Parsons)
fungiert die soziale Rolle als kleinste Einheit gesellschaftlicher Systeme. In
Dahrendorfs konflikttheoretischem Ansatz hingegen ist die Vorstellung
von einer Einbindung in Rollen gleichbedeutend mit einer Entfremdung
des Rollenträgers von seinem eigentlichen Wesen, d.h. Rollen erscheinen
als sozialer Zwang. In den symbolisch-interaktionistischen Ansätzen (G.H.
Mead, E. Goffmann, L. Krappmann) werden Rollen als Bedingung und Folge
interaktiven Handelns gesehen; sie werden aufgefaßt als »sozial definierte und
institutionell abgesicherte Verhaltenserwartungen [...], die komplementäres
Handeln von Interaktionspartnern ermöglichen« (Krappmann 1982, S. 98).
In Interaktionen, in denen Rollen durch die Interaktionspartner immer
wieder neu ausgehandelt werden, ist neben rollenkonformem Verhalten auch
ein gewisses Maß an Rollendistanz erforderlich, d.h. die »Fähigkeit, sich
über die Anforderungen von Rollen zu erheben, um auswählen, negieren,
modifizieren und interpretieren zu können« (ebd., S. 133). – Das Konzept
der sozialen Rolle hat in der Soziologie nahezu flächendeckende Verbreitung
gefunden und ist darüber hinaus Gegenstand interdisziplinärer Anleihen
(↗ Interdisziplinarität) geworden, wenn es darum geht, das Verhältnis
zwischen Individuum und Gesellschaft zu beschreiben. In dieser Funktion
taucht es in lit.wissenschaftlichen Arbeiten auf (vgl. z.B. Mengel 1978) und
nimmt in feministischen Lit.theorien anglo-am. Provenienz einen wichtigen
Stellenwert ein, da die Auseinandersetzung mit weiblichen Rollenmustern
und mit dem Zusammenhang von ↗ Geschlechtsidentität und Geschlechterrolle für die Beschäftigung mit dem weiblichen Lebenszusammenhang
und mit geschlechtsabhängiger sozialer Ungleichbehandlung unmittelbar
relevant ist.

Lit.: G.H. Mead: *Mind, Self, and Society*, Chicago 1934. – R. Linton: *The Study
of Man*, N.Y. 1936. – T. Parsons: *The Social System*, Ldn. 1991 [1951]. – R.
Dahrendorf: *Homo Sociologicus. Ein Versuch zur Geschichte, Bedeutung und Kritik
der Kategorie der sozialen Rolle*, Opladen 1977 [1958]. – E. Goffman: *Encounters*,

Indianapolis 1981 [1961]. – H. Popitz: *Der Begriff der sozialen Rolle als Element der soziologischen Theorie*, Tüb. 1967. – L. Krappmann: *Soziologische Dimensionen der Identität. Strukturelle Bedingungen für die Teilnahme an Interaktionsprozessen*, Stgt. 1982 [1969]. – H.P. Dreitzel: *Die gesellschaftlichen Leiden und das Leiden an der Gesellschaft. Vorstudien zu einer Pathologie des Rollenverhaltens*, Stgt. 1980 [1972]. – H. Griese et al. (Hgg.): *Soziale Rolle*, Opladen 1977. – G. Wiswede: *R.*, Stgt. 1977. – E. Mengel: *H. Pinters Dramen im Spiegel der soziologischen R.*, FfM. et al. 1978. – D. Kolesch: »Rollen, Rituale und Inszenierungen«. In: Jaeger/Straub 2004. S. 277–292.   MG

S

Schema und Schematheorie (lat. *schema*; gr. *schḗma*: Haltung, Gebärde, Gestalt, Erscheinung, geometrische/rhetorische Figur), ein vorwiegend in der ↑ Kognitionstheorie und -psychologie verwendeter Begriff, der einen hypothetisch angenommenen Baustein der Kognition bezeichnet. Sch. ta sind fundamentale Elemente, auf denen alle Informationsprozesse beruhen. Sie repräsentieren als ganzheitliche Strukturen Wissen auf allen Stufen der Abstraktion, z.B. Sinneseindrücke, Szenerien, Gestalttypen, institutionelle Strukturen, Emotionen, Interaktionen usw. In bezug auf Sprachproduktions- und Verstehensprozesse wird dafür in der Linguistik und Künstlichen-Intelligenz (KI)-Forschung der Begriff *frame* verwendet. Nur auf Handlungen und Ereignisse beziehen sich die Termini *script* und *scenario*. – Die Sch.-Theorie hat ihre Grundlagen in der Gestalttheorie (vgl. M. Wertheimer, W. Köhler, K. Koffka und andere) und in den darauf aufbauenden Ansätzen der experimentellen Psychologie (vgl. O. Selz) und der Entwicklungspsychologie (vgl. Handlungs- und Assoziationsschemata bei J. Piaget). Der Begriff Sch. findet sich jedoch bereits in einer ähnlichen Verwendung bei I. Kant (sog. ›transzendentales Sch.‹, ein Verfahren der Einbildungskraft, bei dem nach einer allg. Regel ein bes. Bild hergestellt wird, das nicht mit dem konkreten Bild des Begriffes identisch ist) und bei H. Bergson (Konzept der ›dynamischen Sch.‹ als Abstrahierung von konkreten Bildern beim Lernen und ein ›Rückübersetzen‹ beim Erinnern). Als eigentlicher Begründer der Sch.theorie gilt der Experimentalpsychologe Sir F. Bartlett (1932). Bartlett kritisiert am bisherigen Sch.-Begriff, daß er zu statisch sei, und stellt seinen Sch.-Begriff unter drei Prämissen: (a) Sch. ta sind bewußte und aktive Prozesse; sie reduzieren Komplexität und konstituieren Sinn. (b) Sch.ta bestehen nicht aus einzelnen Elementen, sondern bilden ganzheitliche Strukturen, die komplexes Wissen repräsentieren. (c) In den Sch.ta sind nicht nur kognitive Wissensbestandteile integriert, sondern auch soziale und affektive. Nach einer Phase der Ablehnung und Zurückweisung vor dem Hintergrund des Introspektionismus und Behaviorismus erfuhr die Sch.-Theorie in den 1970er Jahren eine Neubelebung durch nahezu gleichzeitig erschienene Publikationen der kognitiven Psychologie (vgl. D.E. Rumelhart), KI-Forschung (vgl. M. Minsky), Linguistik (vgl. Ch. Fillmore), Theorie der Motorik (vgl. R.A. Schmidt), die alle auf der

Sch.theorie aufbauen. Sie ist seither ein fester Bestandteil dieser Forschungs-
gebiete. – Die Sch.theorie ist im Grunde eine Theorie über Wissen, enthält
aber auch Informationen darüber, wie man das Wissen anwenden kann.
Dem Sch.-Begriff liegen folgende Prinzipien zugrunde: Sch.ta sind aktive
Prozesse, die der Informationsherstellung und -verarbeitung dienen. Sie sind
Hilfen bei der Wahrnehmung (z.b. das Gesichtsschema), beim Verstehen
eines Diskurses (z.B. Sch. einer Szenerie), beim Erinnern, beim Lernen und
Problemlösen. Sie sind verantwortlich für die Interpretation sensorischer
Daten, die Organisation von Handlungen, das Bestimmen von Zielen und
Teilzielen und kontrollieren die mentale Verarbeitung. Sch.ta bestehen aus
mehreren Leerstellen oder Rollen. Diese können wieder aus einem ande-
ren Sch. bestehen. Die Füllungen der Leerstellen können sich gegenseitig
beeinflussen. Sch.ta sind also hierarchisch strukturiert; Sch.ta, die keine
Subschemata mehr einbetten, werden als sog. *primitives* bezeichnet. Die
Sprach- und Textverstehensforschung versteht Sch.ta im engeren Sinne als
Gedächtnisinhalte (↗ Gedächtnis) oder mentale Repräsentationen, die die
wichtigsten Eigenschaften eines Gegenstandes oder stereotype Handlungs-
sequenzen abbilden. Diese im Langzeitgedächtnis gespeicherten Einheiten
werden bei der Sprachproduktion und -rezeption zusammen mit einem
Begriff aufgerufen. Neben dem Terminus *frame* werden auch die Begriffe
script (vgl. Schank/Abelson 1977) oder *scenario* (vgl. Sanford/Garrod 1981)
verwendet, um die Repräsentation von stereotypen Handlungsabfolgen oder
Ereignissen mit jeweils festgelegten Rollen für die Akteure zu bezeichnen.
Beispiel dafür ist der Besuch im Restaurant, bei dem ein bestimmter Hand-
lungsablauf, wie Bestellen, Servieren, Essen, Bezahlen, und eine bestimmte
personage in ihrer jeweiligen Rolle, wie Gäste, Kellner/in, Koch, assoziiert
werden. Nicht erwähnte Handlungsabläufe und/oder Personen können mit
Hilfe solcher Sch.ta inferiert werden. Die auf der Sch.theorie basierenden
Ansätze sehen damit in den Sch.ta eine entscheidende Grundlage für das
Verstehen von Äußerungen und Texten. Indizien für das erst in letzter Zeit
erkannte lit.wissenschaftliche Anwendungs- und Leistungspotential der Sch.
theorie sind innovative Ansätze der Erzähltheorie, insbes. der kognitiven
Narratologie (vgl. Jahn 1997), die unter Rückgriff auf das Konzept der
frames zu einer Neukonzeptualisierung der Konstitution von Erzählsitua-
tionen vorgedrungen ist.

Lit.: F.C. Bartlett: *Remembering. A Study in Experimental and Social Psychology*,
Cambridge 1995 [1932]. – R.C. Schank/R.P. Abelson: *Scripts, Plans, Goals and
Understanding*, Hillsdale 1977. – D.E. Rumelhart: »Schemata. The Building Blocks
of Cognition«. In: R. J. Spiro et al. (Hgg.): *Theoretical Issues in Reading Comprehen-
sion*, Hillsdale 1980. S. 33–58. – A. J. Sanford/S.C. Garrod: *Understanding Written
Language*, Chichester 1981. – M.R. Waldmann: *Sch. und Gedächtnis*, Heidelberg
1990. – K.-P. Konerding: *Frames und lexikalisches Bedeutungswissen*, Tüb. 1993.
– M. Jahn: »Frames, Preferences, and the Reading of Third-Person Narratives.
Towards a Cognitive Narratology«. In: *Poetics Today* 18.4 (1997) S. 441–468.
– Stockwell 2002.   CR

Semantik, strukturale und historische (gr. *sêma*: Zeichen), innerhalb der Linguistik untersucht die Teildisziplin S. als Subkategorie der ↗ Semiotik die Bedeutung sprachlicher Zeichen. Je nach Forschungsinteresse geschieht dies auf Mikroebene in bezug auf Wörter, Sätze, Äußerungen und Texte, auf Makroebene in bezug auf verschiedene Einzelsprachen, beides sowohl in diachroner wie synchroner Hinsicht. Die Forschung geht dabei als deskriptive, empirische, kombinatorische oder komparatistische Analyse in Form von Wort-S., Satz-S., sprachphilosophischer S. und logischer S. vor. Grundlegend geprägt hat den mitunter deckungsgleich mit Semasiologie verwendeten Terminus erst M. Bréal (1897), doch reicht sein Gegenstand bis zu den sprachphilosophischen Schriften von Platon und Aristoteles und deren konträren Grundauffassungen vom naturalistisch-ostentativen (Platon) bzw. konventionalistisch-konzeptionellen (Aristoteles) Abbildungsverhältnis der Wörter zu ihren Inhalten zurück. Die Universalität des Begriffs der S. ist erkennbar in seiner Definition als »a set of studies of the use of language in relation to many different aspects of experience, to linguistic and non-linguistic context, to participants in discourse, to their knowledge and experience, to the conditions under which a particular bit of language is appropriate« (Palmer 1993, S. 206). S. ist ein äußerst komplexes und heterogenes Arbeitsfeld, das eine Affinität zu einer Reihe weiterer Disziplinen aufweist, was durch die Vielzahl von Studien mit kombinatorischem Ansatz dokumentiert wird (z.B. ›Syntax und S.‹, ›S. und Pragmatik‹, ›Generative S.‹, ›Interpretative S.‹, ›Logische S.‹, ›Psychologische S.‹, ›Textsemantik‹, ›*truth-conditional semantics*‹ usw.; vgl. Lyons 1977). – In der Formierungsphase der Disziplin seit dem frühen 19. Jh. stand v.a. die historische S. im Mittelpunkt. Diese besteht weitgehend im diachronen Studium von Bedeutungswandel, oft veranschaulicht durch morphologisch und phonologisch minutiös durchgeführte Etymologie von z.T. rekonstruierten Protoformen einzelner Lexeme (vgl. Fisiak 1985). Historische S. ist somit ein zentrales Aufgabengebiet der historisch-vergleichenden Sprachwissenschaft und der Indogermanistik. Während der Blütezeit von ca. 1880 bis 1940 erstellte sie eine Reihe von Klassifikationen zur diachronen Erklärung von lexikalischen Innovationen, Transformationen und Neologismen (vgl. Sappan 1983). Hiervon profitieren zeitgenössische Arbeiten zur Sprachverbund-, Sprachtypologie- und Universalienforschung ebenso wie die eher praxisorientierte Aktualisierung und Konzipierung von Wörterbüchern. Ihre Ergebnisse liefern darüber hinaus wichtige Grundlagen für die Arbeitsbereiche der affektiven Stilistik, der Metaphern- und Übersetzungstheorien sowie der Rhetorik. Derzeit in rascher Fortführung begriffen befindet sich daneben die für die erst in Ansätzen geleistete Systematisierung des Phänomens linguistischer Kategorisierung wichtige Forschungsrichtung der Prototypen-S. Nicht zu vergessen ist die politische Relevanz bzw. die ›Warnfunktion‹ der historischen S. mit Blick auf die Prozesse des Sprachverfalls und des Sprachtods. – Von entscheidender Prägung sowohl für die Linguistik als auch für die Lit.wissenschaft war das 1923 erstmals publizierte, bis heute mehrfach neu aufgelegte und immens einflußreiche Buch *The Meaning of Meaning* von C.K. Ogden und I.A. Richards, dessen Titel sprichwörtlich zur Ausgangsfrage v.a. wortsemantischer Analyse geworden ist. In diesem Werk wird u.a. das Modell des semantischen (auch semiotischen) Dreiecks entworfen, das auch die derzeitige Auffassung der Dependenzrelationen zwischen Signifikant und Signifikat noch bestimmt:

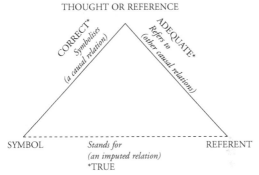

THOUGHT OR REFERENCE

SYMBOL   *Stands for*   REFERENT
                (an imputed relation)
                *TRUE

Semantisches Dreieck nach Ogden/Richards (1923, S. 11)

Zwischen *symbol* (linguistisches Element, Signifikant, Bezeichnung) und *referent* (reales Objekt, Gegenstand, Denotat, Designat, Bezeichnetes) existiert eine als wahr angenommene, konzeptionelle und vereinbarte Relation. Diese ist konventionalisiert und im Prinzip austauschbar (Arbitrarität des Zeichens). Zwischen *symbol* und *thought or reference* (Konzept, Begriff, Sinn, Bedeutung) besteht dagegen eine korrekte, d.h. zutreffende kausale Relation, zwischen *thought or reference* und *referent* eine weitere kausale Relation von adäquatem, d.h. zulänglichem Charakter. Jedes Element des Dreiecks definiert sich also jeweils über die Beziehung zu zwei Relata, und nur über begriffliche Konzepte lassen sich sprachliche Ausdrücke auf Objekte der außersprachlichen Realität beziehen. Ausschlaggebend für ›korrektes‹ Sprachverständnis ist statt einer direkt relevanten Beziehung die mittelbare Interpretation via das Konzept. V.a. für das Anliegen der Lit.wissenschaft, nicht-eindeutige sprachliche Einheiten zu interpretieren, ist die durch das Modell ermöglichte strukturell präzise Differenzierung von denotativer und assoziativer bzw. konnotativer Bedeutung ein sinnvolles Analyseinstrument. Die sprachphilosophische S. seit R. Carnap (1891–1970), G. Frege (1848–1925), B. Russell (1872–1970), H. Putnam (*1926) und L. Wittgenstein (vgl. ↗ Sprachspiel), auch etabliert unter dem Terminus der ›Philosophie der normalen Sprache‹ (›*ordinary language philosophy*‹), bemüht sich nachhaltig um weitere definitorische Präzisierung der Konzepte Sinn und Bedeutung und hat hierzu eine Reihe fruchtbarer Systematiken (Abbildtheorie; Intension vs. Extension; Verifikation vs. Falsifikation; Wahrheitswerttheorie) entwickelt, die wichtige Arbeitsgrundlagen für die Computerphilologie, Informationstechnologie und Forschung zur Künstlichen Intelligenz bereitstellen. – Seit ca. 1930 trat im Anschluß an F. de Saussure und L. Hjelmslev ein verstärktes synchron und strukturalistisch motiviertes Interesse zutage (vgl. Nerlich 1992), das z.B. durch Komponentenanalyse die systematische Strukturiertheit von Wort- und Satzbedeutungen, ihre Motivation und, in jüngerer Zeit, auch ihre emotiv-affektiven Charakteristika im Blickfeld hat (vgl. Osgood et al. 1975). Als bes. vielversprechend sind hier die Ansätze der lexikalischen S. hervorzuheben, welche die dominanten Regeln zur ↗ paradigmatischen und syntagmatischen Kombinierbarkeit von Lexemen funktional erfassen. Bisweilen sehr komplexe semantische Relationen wie Antonymie, Homonymie, Hyponymie, Kollokation und Polysemie zwischen Wörtern bzw. Wortgruppen als lexikalischen Feldern werden so in Hinsicht auf semantische Kompatibilität, und Kongruenz untersucht (vgl. Wunderlich 1980). – In der modernen S. steht dagegen eher die praktische Referenz im Mittelpunkt, d.h. die Frage, mittels welcher semantischer Organisationsprinzipien Sprecher verschiedener Sprachen die Welt ›aufteilen‹, sich linguistische und in der Folge perzeptive und kognitive Orientierungsschemata schaffen (↗ Kognitionstheorie). Die S. zeigt so fließende Grenzen zur linguistischen Pragmatik, d.h. sie konzentriert sich auf das Verhältnis zwischen Zeichen und Zeichenbenutzer und fokussiert den tatsächlichen Sprachgebrauch gegenüber der theoretischen Sprachfähigkeit. Literar. S. (z.T. auch literar. Semiotik) wird seit den 1960er Jahren (vgl. Eaton 1966) bes. in Großbritannien unter Einfluß des frz. Strukturalismus (R. Barthes, A.J. Greimas) als eigenständige Subdisziplin der Lit.theorie betrieben. Die derzeit vielversprechendsten Ansätze versuchen, unter den Begriffen der ›possible‹ bzw. ›text world(s) semantics‹, als Subform der Textlinguistik (vgl. Gülich/Raible 1977), die epistemischen, ontologischen und psychologischen Bedingungen der Bedeutungskonstitution in literar. Texten zu eruieren, und vor kommunikativ-handlungstheoretischem Hintergrund repetitive Strukturen der Etablierung, Markierung und Manipulation textueller Kohärenz zu erarbeiten.

Lit.: M. Bréal: *Essai de sémantique*, Brionne 1983 [1897]. – C.K. Ogden/I.A. Richards: *The Meaning of Meaning*, Ldn. 1994 [1923]. – T. Eaton: *The Semantics of Literature*, Den Haag 1966. – Ch.E. Osgood et al.: *Cross-Cultural Universals of Affective Meaning*, Urbana 1975. – F.R. Palmer: *Semantics*, Cambridge et al. 1993 [1976]. – Gülich/Raible 1977. – J. Lyons: *Semantics*, 2 Bde., Cambridge 1977. – D. Wunderlich: *Arbeitsbuch S.*, FfM. 1991 [1980]. – R. Sappan: *The Rhetorical-logical Classification of Semantic Changes*, Braunton 1987 [1983]. – J. Fisiak (Hg.): *Historical Semantics and Historical Word Formation*, Bln. 1985. – B. Nerlich: *Semantic Theories in Europe 1830–1930*, Amsterdam/Philadelphia 1992. – R. Eßer: »H.S.«. In: Eibach/Lottes 2002. S. 281–292. – J. Gutierrez-Rexach (Hg.): *Semantics. Critical Concepts in Linguistics,* 6 Bde., Ldn./N.Y. 2003. – Holl 2003. – S. Löbner: *S.: Eine Einf.*, Bln. et al. 2003. – F. Vollhardt: »Von der Rezeptionsästhetik zur H.S.«. In: W. Adam et al. (Hgg.): *Wissenschaft und Systemveränderung. Rezeptionsforschung in Ost und West – eine konvergente Entwicklung?* Heidelberg 2003. S. 189–209.   GN

Semiologie ↗ Semiotik

Semiotik (gr. *sēmeíon*: Zeichen), Wissenschaft von den Zeichen(prozessen).
– Ch.S. Peirce (1993, Bd. 3, S. 259) definiert die S. als die »Lehre von der
wesentlichen Natur und den grundlegenden Arten der möglichen Semiose«.
Als solche untersucht die S. alle Arten von Zeichenprozessen, wie sie z.B.
zwischen oder innerhalb von Menschen, nichtmenschlichen Organismen
und Maschinen (z.B. Computer-S., Maschinensemiose) stattfinden. Die
S. vereinigt somit »die wissenschaftliche Erforschung aller verbalen und
nicht-verbalen Kommunikationssysteme in sich« und befaßt sich »mit der
Formulierung von Nachrichten durch Quellen, der Übermittlung dieser
Nachrichten über Kanäle, der Dekodierung und Interpretation dieser
Nachrichten durch Empfänger und der Signifikation« (Sebeok 1984, S. 232).
– Nach T. Todorov (1977) speist sich die S. historisch aus der ↗ Semantik/
Sprachphilosophie, Logik, Rhetorik und Hermeneutik; man unterscheidet
auch zwischen einer medizingeschichtlichen, einer philosophischen und
einer linguistischen Tradition. Reflexionen über Zeichengebrauch finden
sich bereits früh in verschiedenen Disziplinen. Sie reichen über die Antike
(Platon, Aristoteles), Augustinus, die ma. Scholastik (R. Bacon, J. Duns
Scotus, W.v. Ockham), die Renaissance (J. Poinsot, Th. Campanella) und
die Aufklärung (J. Locke spricht in seinem *Essay Concerning Human Understanding* [Buch IV, Kap. xxi, § 4] von »σημειωτική, or *the Doctrine of
Signs*«) bis zur Konstituierung der S. als eigenständiger Wissenschaft im 20.
Jh. In die hier nur ansatzweise skizzierte Tradition reihen sich die Gram-
matiker von Port Royal genauso ein wie G.W. Leibniz, J.H. Lambert, E.B.
de Condillac, J.M. Degérando, W.v. Humboldt, J.G. Herder, I. Kant und
G.W.F. Hegel. – Die moderne S. speist sich unter linguistischen Gesichtspunkten aus F. de Saussures strukturalistischer Sprachtheorie sowie seinem
der Sozialpsychologie zugeordneten Projekt der *sémiologie*. Dieses konzipiert
Saussure (1967 [1916], S. 33) als *»une science qui étudie la vie des signes au
sein de la vie sociale«*, innerhalb derer der Linguistik eine bes. Rolle zukommt.
Seit den 1970er Jahren verringert sich jedoch der Einfluß der strukturalistisch
orientierten linguistischen Ausrichtung der S. zugunsten eines von Peirce
dominierten philosophisch fundierten Entwicklungsstrangs, der sich durch
eine umfassendere Semiotik- und Zeichenkonzeption auszeichnet. – Peirce
entwickelt 1867/68 ein System von drei ›Universalkategorien‹, die für seinen
Zeichenbegriff, der den funktionalen und relationalen Charakter des Zeichens
betont, von zentraler Bedeutung sind. Für Peirce bildet das Zeichen eine
triadische Relation aus Repräsentamen (Zeichen als ›Vehikel‹ des Semiose-
prozesses), Interpretant (Zeichenbedeutung/-wirkung im Bewußtsein des
Interpreten) und dargestelltem, nicht notwendigerweise materiellem Objekt.
Bei seinem Zeichenbegriff unterscheidet Peirce zwischen dem emotionalen/
unmittelbaren, dem energetischen/dynamischen und dem logischen/nor-
malen/finalen Interpretanten sowie zwischen dem unmittelbaren (zeichen-
internen) und dem dynamischen (zeichenexternen) Objekt. Da für ihn
Denken in Zeichen erfolgt und der Interpretant somit selbst ein zu interpretierendes ›Gedankenzeichen‹ darstellt, eröffnet die Interpretation eines
Zeichens ein Universum potentiell unendlicher Semiose. Entsprechend
seinem Dreierschema der Universalkategorien unterteilt Peirce den Zei-

chen-, Interpretanten- und Objektaspekt der ›Zeichentriade‹ in drei Tricho-
tomien. Unter dem Aspekt des Zeichens als Repräsentamen unterscheidet
er zwischen dem Quali-, dem Sin- und dem Legizeichen, bezüglich des
Interpretantenbezugs differenziert er zwischen Rhema, Dicent und Argument,
bezüglich des Objektbezugs zwischen ↗ Ikon, Index und Symbol. – Unter
Anlehnung an Peirces Arbeiten rückt Ch.W. Morris das beobachtbare
›Zeichenverhalten‹ in den Vordergrund, da er die (deskriptive) S. als ›Teil
der naturwissenschaftlichen Verhaltensforschung‹ betrachtet. Das von
Morris entwickelte Zeichenmodell umfaßt den einer Zeichenklasse ange-
hörenden Zeichenträger, das Designat als Klasse oder Gesamtheit aller
möglichen Denotate/Referenten sowie den Interpretanten. Dieser wird als
Disposition aufgefaßt, auf ein Zeichen mit einem bestimmten Verhalten zu
reagieren. Auf Morris geht auch die auf die Basis der drei Zeichenaspekte
von Peirce vorgenommene Unterteilung der S. in eine syntaktische, eine
pragmatische und eine semantische Dimension zurück. – In der Lit.wissen-
schaft finden sich strukturalistisch inspirierte semiotische Ansätze seit den
1920er Jahren bei V. Propp, im Russ. Formalismus sowie in der Prager
Schule, weshalb man auch von einem dritten, russ.-tschech. Hauptstrang
in der Entwicklung der S. sprechen kann. In den 1930er und 1940er Jahren wird Saussures Projekt einer *sémiologie* von L. Hjelmslev aufgenommen.
Z.T. darauf aufbauend, allerdings weniger formalistisch als Hjelmslev,
entwickelt A. J. Greimas Saussures Projekt im Sinne einer strukturalen, auf
Texte (im weitesten Sinne) angewandten ↗ Semantik weiter. Mit Hilfe von
carrés sémiotiques versucht er, die Sinn-Achsen von Texten herauszuarbeiten
und ›Sinnbezirke‹ durch binäre Oppositionen in ›konträre‹ und ›kontradik-
torische‹ semantische Einheiten zu strukturieren. Neben Greimas findet die
S. in Frankreich in den 1960er und 1970er Jahren v.a. in den Untersuchungen zur Narrativik von R. Barthes, Todorov, Cl. Bremond und G. Genette
bedeutende Vertreter. Da sich der vorliegende Überblick im folgenden auf
ausgewählte Aspekte der Lit.semiotik, die ein Teilgebiet der Textsemiotik
darstellt, beschränken muß, kann auf die Entwicklung der S. in der ehemaligen UdSSR (M.M. Bachtin; Tartu-Moskauer Schule), in Italien (F.
Rossi-Landi, U. Eco, C. Segre) und den USA (R. Scholes, M. Riffaterre)
nur verwiesen werden. Dasselbe gilt auch für viele text- und lit.semiotisch
interessante multimediale Bereiche, wie z.B. für Comic, Theater oder Werbung. – In der Lit.wissenschaft führt die S., die in Deutschland erst ab
Mitte der 1960er Jahre Bedeutung erlangt, zu mehr Systematik, Wissen-
schaftlichkeit und Methodenreflexion. Dabei ermöglichen die zunehmende
Verwendung des triadischen Zeichenmodells von Peirce und die Differenzierung zwischen ›Ko- und ↗ Kon-Text‹ sowohl einen ›dynamischen Struk-
turbegriff‹ als auch die ›Immanenz der Textstruktur‹ transzendierende
Fragestellungen. Vereinfachend kann zwischen einer deduktiven, an einer
wissenschaftstheoretischen Fundierung der Lit.wissenschaft arbeitenden,
und einer deskriptiven oder angewandten Lit.-S. unterschieden werden,
welche »die Frage nach Erkenntnisverfahren und -funktion von Dichtung«
(Kloepfer 1977, S. 252) in den Vordergrund stellt. In lit.semiotischen Arbeiten finden sich somit sowohl Versuche, ›Textgrammatiken der Lit.‹ und

›universelle Poetiken‹ zu erstellen als auch Untersuchungen zur ↗ Dialogizität, Mehrfachkodiertheit, zum Zeichencharakter sowie zu den Prozessen der Leserlenkung und der Bedeutungsproduktion literar. Texte. Diese können von einer diskursanalytisch erweiterten S. auf ihre Interaktion mit anderen kulturellen Teilsystemen sowie auf die Charakteristika literar. Zeichen untersucht werden. Unter diesem Aspekt versucht die S., die Fragestellung nach der ›Literarizität/Poetizität‹ literar. Diskurse durch das Herausarbeiten ihrer Spezifika wie ›Autofunktionalität‹, ›Verfremdung/Deautomatisierung‹, ›Multiplikation konnotativer Signifikate/Polysemie bzw. Polyisotopie‹, ›Zeichenmotivierung‹ und ›Symbolik‹ zu beantworten. Dabei wird die Frage nach kleinsten ›literar.‹ Elementen um die Frage nach der Existenz semiotischer Regeln ergänzt, welche »die syntagmatische Fügung literar. Texte in ihrer Gesamtheit« (Link 1990, S. 531) erklären. Die Struktur des literar. Diskurses wird dadurch zumindest vorläufig als »paradigmatisch generiertes und paradigmatisch expandiertes Syntagma« (ebd., S. 536) faßbar, dessen Mehrstimmigkeit sowohl aus den ihm immanenten semiotischen Strukturen als auch aus seinem Status als je nach ›Kulturtyp‹ mehr oder weniger institutionalisiertem und elaboriertem ↗ Interdiskurs resultiert. – Andere lit.semiotische Ansätze sehen in der S. v.a. eine ›Wissenschaft von den Codes‹ oder privilegieren den kommunikativen und prozessualen Aspekt des Rezeptionsvorgangs, indem sie z.B. untersuchen, inwiefern der Text als komplexes semiotisches System/›Superzeichen‹ nicht nur Einfluß auf den Akt der Lektüre nimmt, sondern auch nur eine gewisse Anzahl an Interpretationen (›type-token‹-Relation) zuläßt. So erscheint die Lektüre z.B. bei Eco als Code- und Spurensuche, als zeichengesteuert-kreativer Konstruktionsvorgang, der von den Strategien des Textes vorgesehen ist und durch eine ›Logik der Signifikanten‹ sowohl stimuliert als auch kontrolliert wird. – Doch die Frage nach der Begrenzung der Interpretationsmöglichkeiten eines Textes ist seit der Infragestellung strukturalistischer Prinzipien durch die ↗ Dekonstruktion umstritten. Seit Mitte der 1960er Jahre kann von der Herausbildung einer ›poststrukturalen‹ S. gesprochen werden (↗ Poststrukturalismus), welche die diskursive Produktion von Sinn, die Signifikanten(kette), Prozesse wie Aufschiebung und Weiterverweisung sowie die Materialität und Intertextualität der Zeichen privilegiert. Zu dieser innerhalb der S. umstrittenen Ausrichtung (vgl. Posner 1993) werden u.a. die (sich durchaus strukturalistischer Erkenntnisse bedienenden) Arbeiten von J. Lacan, spätere Arbeiten von Barthes, J. Kristevas ›Sémanalyse‹ und J. Derridas ›Grammatologie‹ gerechnet.

Lit.: Saussure 1967 [1916]. – Eco 1994 [1972]. – J. Trabant: *Elemente der S.*, Tüb. 1996 [1976]. – R. Kloepfer: »Tendenzen der Lit.semiotik in der BRD. Eine Skizze«. In: *Romanistische Zs. für Lit.geschichte* 1.2 (1977) S. 247–264. – T. Todorov: *Théories du symbole*, Paris 1977 (dt. *Symboltheorien*, Tüb. 1995). – P.V. Zima (Hg.): *Textsemiotik als Ideologiekritik*, FfM. 1977. – U. Eco: *The Role of the Reader. Explorations in the Semiotics of Texts*, Bloomington 1984 [1979]. – Eschbach/Rader 1980. – Th. Sebeok: »Die Büchse der Pandora und ihre Sicherung. Ein Relaissystem in der Obhut einer Atompriesterschaft«. In: *Zs. für S.* 6.3 (1984)

S. 229–252. – Blonsky 1991 [1985]. – Eco 1985. – Merrell 1985. – Nöth 2000 [1985]. – Ch.S. Peirce: *Semiotische Schriften*, 3 Bde. (Hg. Ch. J. Kloesel), FfM. 1986–93. – Sebeok 1994 [1986]. – Eco 1991 [1987]. – J.K. Sheriff: *The Fate of Meaning. Ch. Peirce, Structuralism, and Literature*, Princeton 1989. – J. Link: »Lit.wissenschaft und S.«. In: Koch 1990. S. 521–564. – ders./R. Parr: »S. und Interdiskursanalyse«. In: Bogdal 1997 [1990]. S. 108–133. – Nöth 1990. – P.V. Zima: »Die Ästhetiken der S.: Drei Modelle«. In: ders. 1995 [1991]. S. 264–314. – Merrell 1992. – R. Posner: »S. diesseits und jenseits des Strukturalismus. Zum Verhältnis von Moderne und Postmoderne, Strukturalismus und Poststrukturalismus«. In: *Zs. für S.* 15.3–4 (1993) S. 211–233. – Moriarty 1996. – B.v. Heusden: *Why Literature? An Inquiry into the Nature of Literary Semiosis*, Tüb. 1997. – Nöth 1997. – R. Posner et al. 1997–2004. – G. Schönrich: *S. zur Einf.*, Hbg. 1999. – J.D. Johansen/S.E. Larsen: *Signs in Use. An Introduction to Semiotics*, Ldn./N.Y. 2002. – U. Volli: *S.: Eine Einf. in ihre Grundbegriffe*, Tüb. et al. 2002. – Ch. Ohno: *Die semiotische Theorie der Pariser Schule*, Bd. 1: *Ihre Grundlegung und ihre Entfaltungsmöglichkeiten*, Würzburg 2003.   StH

Simulakrum (lat. *simulacrum*: Bild, Abbild, Nachbildung, Gebilde; kann aber auch mit Statue, Götterbild, Bildsäule, Traumbild, Schatten und Gespenst übersetzt und als Produkt oder Gegenstand einer Simulation [vgl. lat. *simulatio*: Vortäuschung, Verstellung, Schein oder Vorwand] verstanden werden), in aktuellen medientheoretischen Kontexten gilt ein S. als eine ›Kopie ohne Original‹, als eine Darstellung, die sich auf ein reales Vorbild zu beziehen scheint, diese Referenz aber nur noch simuliert. – Der Begriff verdankt seine medien- und kulturtheoretische Karriere im wesentlichen den Schriften J. Baudrillards. Dieser verwendet den Begriff (frz. *simulacre*) in *Der symbolische Tausch und der Tod* (1991) zunächst noch als beschreibend-neutrale Bezeichnung für die Produkte der Repräsentationsordnungen verschiedener symbolischer Kulturen. Er beschreibt im Rahmen seiner Revision der marxistischen Werttheorie ›drei Ordnungen der Simulakren‹, in deren Verlauf dem klassischen und industriellen ein gegenwärtiges Zeitalter folgt, in dem die Prinzipien Imitation und Produktion dem S. weichen und Werte allein aufgrund von Strukturgesetzen kursieren. In Baudrillards späteren Schriften, v.a. in dem Essay »Die Präzession der Simulakren« (1978), umfaßt der Begriff des S.s ⌐ Repräsentationen und Artefakte, die sich nicht mehr auf Vorbilder, Substanzen, Zwecke und Ideale zurückführen lassen, sondern mit Hilfe von Modellen und Codes Realitätseffekte simulieren und operationalisierbar machen. Mit der Popularisierung von Baudrillards fatalistischer Medientheologie ist das S. zu einem Inbegriff eines gegenwärtigen Zeitalters der Digitalisierung, zur vielzitierten Chiffre einer Medienwelt geworden, in der die Authentizität künstlich hergestellt wird und sich Opposition und ⌐ Ideologiekritik überlebt haben, weil die Unterscheidungen von ›wahr‹ und ›falsch‹, Sein und Schein längst implodiert sind. Will man diese allerdings weiterhin als S. beschreiben, empfiehlt es sich, den Begriff von den Konzepten Illusion, Fiktion und Repräsentation sowie ihren jeweiligen wissenschaftsgeschichtlichen Implikationen abzugrenzen und zudem die Produktion und den Gebrauch von S. genauer ins Auge zu fassen.

Lit.: J. Baudrillard: *Der symbolische Tausch und der Tod*, Mchn. 1991 [1976].
– ders.: »Die Präzession der Simulakren«. In: ders.: *Agonie des Realen*, Bln. 1978.
– A. Kablitz/G. Neumann (Hgg.): *Mimesis und Simulation*, Freiburg 1998. – M.W.
Smith: *Reading Simulacra. Fatal Theories for Postmodernity*, Albany 2001.   JG

Spiel, hat sich insbes. auch angesichts der Selbstreflexion postmoderner Lit.
(↗ Postmoderne) zu einem Universalbegriff für die Entstehung, Seinsweise,
Eigenart und Rezeption von literar. Texten entwickelt. Seine Bedeutung ist
damit umfassender als der von L. Wittgenstein geprägte Begriff des ↗ Sprach-
spiels, der jedoch die poetologische Verwendung von Sp. beeinflußt hat.
– Platon wertet zwar lit.-künstlerische Tätigkeit unter Verweis auf deren Sp.-
Charakter ab (*Politeía* 288b-c, *Politikós* 602b), doch initiiert er gerade damit
die Reflexion von Dichtung als Sp. Gleichzeitig verweist seine Vorstellung
vom Menschen als Spielzeug Gottes (*Nómoi* 803c-804b) auf die Universalität
des Sp.s. Diese kommt auch in der Auffassung vom Leben als Schauspiel
zum Ausdruck, die in der Antike und insbes. in der frühen Neuzeit immer
wieder formuliert wird. Im dt. Idealismus werden Freiheit und Harmonie
bzw. Regelhaftigkeit des Sp.s zu wesentlichen Kriterien der Ästhetik. So beruht
für I. Kant in der *Kritik der Urteilskraft* (§ 9) das Geschmacksurteil auf dem
freien Sp. der Einbildungskraft und des Verstandes im übereinstimmenden
Verhältnis zueinander; für F.v. Schiller erlangt der Mensch erst durch den
Sp.-Trieb seine ganze Bestimmung, da dessen Gegenstand die lebende Gestalt
oder Schönheit ist (*Über die ästhetische Erziehung des Menschen*, 15. Brief).
– H.-G. Gadamer steht in der Tradition Schillers, wenn er das künstlerische
»Gebilde« als Vollendung des Sp.s betrachtet, in dem sich »das bleibende
Wahre« darstellt, das aber seinerseits »nur im jeweiligen Gespieltwerden sein
volles Sein erlangt« (*Wahrheit und Methode*, Bd. 2, 1). Demgegenüber wird
die Offenheit und Formlosigkeit des Sp.s von denjenigen Theoretikern betont,
die den Gedanken eines universalen Welt-Sp.s aufgreifen, wie er von den
Romantikern (Schlegel, Novalis) und von F.W. Nietzsche formuliert wurde.
So ist für J. Derrida das Sp. der Welt ein Sp. der Sprache, das durch kein
transzendentales Signifikat begrenzt wird. Für W. Iser (1991) kennzeichnet
Sp. das Mit- und Gegeneinander von Fiktivem und ↗ Imaginärem im literar.
Text, ohne daß ein transzendentaler Standpunkt postuliert werden müßte.

Lit.: J. Huizinga: *Homo Ludens. Vom Ursprung der Kultur im Sp.*, Hbg. 1987
[1956]. – J. Derrida: »Die Struktur, das Zeichen und das Sp. im Diskurs der
Wissenschaften vom Menschen«. In: W. Lepenies/ H.H. Ritter (Hgg.): *Orte des
wilden Denkens*, FfM. 1970. S. 387–412. – J.A.G. Marino: »An Annotated Bibliog-
raphy of Play and Literature«. In: *Canadian Review of Comparative Literature* 12.2
(1985) S. 306– 358. – Iser 1993 [1991]. – R. Burke: *The Games of Poetics. Ludic
Criticism and Postmodern Fiction*, N.Y. 1994. – A. Assmann: »No Importance in
Being Earnest? Literary Theory as Play Theory«. In: *REAL* 13 (1997) S. 175–184.
– St. Matuschek: *Literar. Sp.theorie*, Heidelberg 1998. – R. Sonderegger: *Für eine
Ästhetik des Sp.s*, FfM. 2000. – Ausg. »[(v)er]SPIEL[en]« (Hgg. E. Fischer-Lichte/
G. Lehnert) der Zs. *Paragrana* 11.1 (2002). – Th. Anz: »Sp.«. In: Müller 2003.
S. 469– 472.   MB

Sprachspiel, der Begriff wird von L. Wittgenstein in seinen späten Schriften, v.a. in Teil I der *Philosophischen Untersuchungen* verwendet. Sp.e sind linguistische ›Tätigkeiten‹, die nach festgelegten Regeln und Konventionen durchgeführt werden. Im Gegensatz zu seiner in der *Logisch-philosophischen Abhandlung* (1921) vertretenen früheren These, daß die Sprache dazu diene, nur *ein* bestimmtes Spiel zu spielen, nämlich die Abbildung von Fakten, hebt Wittgenstein (1971, S. 300, Satz 23) in den *Untersuchungen* (1953) die Mannigfaltigkeit der Sp.e hervor. Diese ist nichts ein für allemal Gegebenes; neue Sp.e können vielmehr jederzeit entstehen, während andere veralten. Die vielen verschiedenen Sp.e, die sich denken lassen, haben nichts Gemeinsames, sondern sind lediglich miteinander ›verwandt‹. Wegen dieses ›Netzes von Ähnlichkeiten‹ ist es möglich, von dem Wesentlichen des Sp.s Rückschlüsse auf das Wesentliche der Sprache zu ziehen (Wittgenstein 1971, S. 65–66). – Wittgenstein verwendet Beispiele dafür, wie ein Kind seine Muttersprache lernt, um zu zeigen, wie Gegenstände und Worte miteinander verbunden werden (ebd., S. 7). In einer ›primitiven Sprache‹ würde man sowohl die Verbindung von Wort und Gegenstand als auch das einfache Benennen von Gegenständen durch einen ›Lehrer‹ und das Nachsprechen durch einen ›Schüler‹ Sp. nennen. In komplexen Sprachen dagegen werden die Sp.e erweitert und verschiedenen Sphären des Alltags zugeordnet, z.B. dem Hausbau oder der Schauspielerei. – Ein Philosoph, der der Frage nachgeht, was ein Wort ist, darf Wittgenstein zufolge den vielschichtigen Gebrauch der Sprache untersuchen, er darf ihn aber nicht zu erklären versuchen und erst recht keine Theorie darüber entwickeln; lediglich eine Beschreibung sei erlaubt. Ihr Zweck ist die Lösung philosophischer Probleme durch eine Einsicht in das Arbeiten unserer Sprache: »Die Probleme werden gelöst, nicht durch Beibringen neuer Erfahrung, sondern durch Zusammenstellen des längst Bekannten. Die Philosophie ist ein Kampf gegen die Verhexung unseres Verstandes durch die Mittel unserer Sprache« (ebd., S. 109).

Lit.: L. Wittgenstein: *Philosophische Untersuchungen.* In: *W. Schriften*, Bd. 1 (Hgg. G. Anscombe/R. Rhees), FfM. 1971 [1953] S. 279–544. – J. Churchill: »The Coherence of the Concept ›Language-Game‹«. In: *Philosophical Investigations* 6 (1983) S. 239–258. – E. Fermandois: *Sp.e, Sprechakte, Gespräche. Eine Untersuchung der Sprachpragmatik*, Würzburg 2000. – A. Spree: »Sp.«. In: Müller 2003. S. 482–484. MSp

Stereotyp (gr. *stereós*: starr, fest; frz. *stéréotype*: mit feststehenden Typen gedruckt), der aus dem Druckwesen und der Pressetechnik stammende Begriff wird sowohl in der Sozialwissenschaft als auch in der Lit.- und ↗ Kulturtheorie in übertragenen und meist pejorativen Bedeutungen zur Bezeichnung von stark vereinfachten, schematisierten (↗ Schema und Schematheorie), feststehenden und weit verbreiteten Vorstellungen einer Gruppe von einer anderen (Hetero-St.) oder von sich selbst (Auto-St.) verwendet. St.e bilden sich aufgrund weniger, meist oberflächlicher Merkmale; sie zeichnen sich »durch Konstanz und Universalität« aus, »sind schwer beeinflußbar und veränderbar und durchziehen alle Lebens- und Themenbereiche« (Kleinsteuber 1991,

S. 63); St.e sind zu unterscheiden von ›Images‹, ›Klischees‹ und ›Vorurteilen‹ (vgl. ebd.). – Das Konzept des St.s wurde durch den am. Journalisten W. Lippmann in dem einflußreichen Buch *Public Opinion* (1922), das die Rolle der von den ↗ Massenmedien konstruierten Bilder für die öffentliche Meinung behandelt, in den Diskurs der ↗ Medien-, ↗ Kultur- und Sozialwissenschaften eingeführt. Seit Lippmann gilt die Bildung von St.en als eine (zumeist unbewußte) kognitive Strategie der selektiven Wahrnehmung und Komplexitätsreduktion. – Eine bedeutende Rolle spielt die Untersuchung von St.en, die sich in literar. Texten v.a. in der Figurendarstellung manifestieren (Charakter und Typ), auf dem Mimesischarakter von Lit. gründen (Mimesis; vgl. Leerssen 1991) und u.a. von der Stoff- und Motivgeschichte erforscht werden, in der Sozialpsychologie sowie in verschiedenen Ansätzen der Lit.- und Kulturtheorie: Der Begriff ↗ Geschlechterstereotyp zählt zu den zentralen Konzepten feministischer Lit.theorien; die ↗ postkoloniale Lit. theorie und -kritik (vgl. H. Bhabha 1994; E.W. Said; G.Ch. Spivak) deckt die ideologischen Prozesse kolonialistischer und rassistischer Stereotypisierung (↗ Kolonialismus; ↗ *race*) auf, die sich auf ethnische Zugehörigkeit gründen (↗ Alterität, kulturelle; ↗ Ethnizität; ↗ *orientalism*); und die komparatistische Imagologie untersucht festgefügte Vorstellungen über die eigene Nation und über andere Völker, die als nationale Selbst- und Fremdbilder bzw. nationale Auto- und Hetero-St.e bezeichnet werden und die v.a. in der Reiselit. eine große Rolle spielen. In der Kulturwissenschaft stehen kulturelle St.e sowie die Frage nach der Bedeutung von nationalen und ethnischen St.en für das kollektive ↗ Gedächtnis und das Verstehen fremder Kulturen (↗ Fremdverstehen) im Mittelpunkt.

Lit.: s. auch ↗ Geschlechterstereotyp; ↗ postkoloniale Lit.theorie und -kritik. – W. Lippmann: *Public Opinion*, N.Y. 1922 (dt. *Die öffentliche Meinung*, Mchn. 1964). Bes. S. 79ff. – W. Manz: *Das St.: Zur Operationalisierung eines sozialwissenschaftlichen Begriffs*, Meisenheim 1968. – G. Blaicher (Hg.): *Erstarrtes Denken. Studien zu Klischee, St. und Vorurteil in engl.sprachiger Lit.*, Tüb. 1987. – H.J. Kleinsteuber: »St.e, Images und Vorurteile. Die Bilder in den Köpfen der Menschen«. In: G. Trautmann (Hg.): *Die häßlichen Deutschen? Deutschland im Spiegel der westlichen und östlichen Nachbarn*, Darmstadt 1991. S. 60–68. – J. Leerssen: »Mimesis and Stereotype«. In: ders./M. Spiering (Hgg.): *National Identity. Symbol and Representation*, Amsterdam/Atlanta 1991. S. 165–175. – H. Bhabha: »The Other Question. Stereotype, Discrimination and the Discourse of Colonialism«. In: ders. 1995 [1994]. S. 66–84. – J.-Ph. Leyens et al.: *Stereotypes and Social Cognition*, Ldn. 1994. – C.C. Barfoot (Hg.): *Beyond Pug's Tour. National and Ethnic Stereotyping in Theory and Literary Practice*, Amsterdam/Atlanta 1997. – F.K. Stanzel: *Europäer. Ein imagologischer Essay*, Heidelberg 1998 [1997]. – Horatschek 1998. – R. Florack (Hg.): *Nation als St.: Fremdwahrnehmung und Identität in dt. und frz. Lit.*, Tüb. 2000. – dies.: *Tiefsinnige Deutsche, frivole Franzosen. Nationale St.e in dt. und frz. Lit.*, Stgt./ Weimar 2001. – M. Pickering: *Stereotyping. The Politics of Representation*, Basingstoke et al. 2001. – H.-H. Hahn (Hg.): *St., Identität und Geschichte. Die Funktion von St.en in gesellschaftlichen Diskursen*, FfM. et al. 2002.   AN

Subjekt und Subjektivität   (lat. *subiectum*: das Unterworfene), obwohl die urspr. lat. Wortbedeutung Passivität suggeriert, wird das Substantiv S. (ebenso wie das Deadjektivum Subjektivität) üblicherweise mit der Vorstellung aktiven Handelns verbunden. So entspricht auf der grammatischen Ebene das S. meist dem Agens eines Satzes. Für die philosophische Tradition der Neuzeit ist die von R. Descartes vertretene Auffassung eines denkenden S.s als Träger oder Quelle von Bewußtsein und Intentionalität (*cogito ergo sum*) grundlegend. Mit der nachidealistischen Philosophie des 19. Jh.s (vgl. A. Schopenhauer, F.W. Nietzsche, K. Marx) und mit dem Beginn der Psychoanalyse S. Freuds setzt jedoch eine kritische Hinterfragung des Begriffs des rational-autonomen S.s ein, die bis in die jüngere Kultur- und Lit.theorie fortwirkt, wo das S. nicht mehr als selbständig handelndes, sondern als Wirkung von Handlungen, als Konstrukt oder Effekt von ↗ Ideologie und Sprache konzeptualisiert wird. – Die einflußreichste Darstellung des S.s als ideologisches Konstrukt ist die des marxistischen Philosophen L. Althusser. Die Ideologie (für Althusser die Summe der imaginären Beziehungen, die den Einzelnen an seine realen Existenzbedingungen knüpfen) ruft »die konkreten Individuen als konkrete S.e an« (Althusser 1977, S. 142). Schon indem er auf diese Anrufung (*Interpellation*) reagiert, identifiziert sich der Einzelne mit der ihm von der Ideologie benannten Position und wird so als S. ›konstituiert‹. Weit davon entfernt, ein freies und unabhängiges Wesen zu sein, ist der Einzelne in das Netz imaginärer Beziehungen eingebunden, an denen er sich von der ihm zugewiesenen Position aus beteiligen kann. Er ist somit, in Althussers Worten, ›immer schon S‹. – Althussers Konzept des von einem System imaginärer Beziehungen abhängigen S.s ist stark beeinflußt von der psychoanalytischen Theorie J. Lacans, der die Bedeutung des Eintritts in die Sprache für die S.genese hervorhebt. In der Lacanschen Entwicklungsgeschichte des Kleinkinds identifiziert sich das Kind noch vor dem Spracherwerb über sein Spiegelbild mit einem imaginären ganzheitlichen und autonomen Ich (Spiegelstadium). Mit dem Spracherwerb erweist sich dieses Ich jedoch noch deutlicher als unerreichbar. Um ein soziales S. werden zu können, muß der Einzelne in die von der Sprache verkörperte ›symbolische Ordnung‹ eintreten, die seiner Existenz vorgängig ist und ihm nur dann die Möglichkeit bietet, sich auszudrücken und eine (symbolische) ↗ Identität anzunehmen, wenn er eine Reihe von vorgegebenen Positionen als seine eigenen (v)erkennt. Subjektivität wird dabei innerhalb einer Matrix diskursiver S.positionen konstituiert. Darüber hinaus bedeutet der Eintritt in die Sprache eine S.spaltung. Das Ich, das spricht (›*sujet d'énonciation*‹), ist ein anderes, als das Ich, das im Diskurs repräsentiert wird (›*sujet d'énoncé*‹). – Das Konzept des durch die Sprache konstituierten S.s ist eine der Grundannahmen sowohl der post-Saussureschen ↗ Semiotik als auch der poststrukturalistischen Kulturtheorie, die sprachliche Bedeutung nicht als Ausdruck einer intentionalen Haltung des S.s zur Welt, sondern als Produkt eines Systems von Differenzen verstehen. Indem der ↗ Poststrukturalismus das S. nicht mehr als ein urspr., autonomes und einheitliches Selbst beschreibt, sondern als eine ›Funktion des ↗ Diskurses‹ (vgl. M. Foucault), versucht er das S. von seiner vormals privilegierten Stellung als Ursprung

und Quelle zu verdrängen, zu ›dezentrieren‹. Diese Dezentrierung des S.s
hat in der Lit.theorie dazu geführt, die beiden wichtigsten Rollen des literar. Prozesses (Autor und Leser) nicht mehr in personelle, sondern in rein
textuelle Begriffe zu fassen. So ist es etwa für R. Barthes (1976) ›Sprache,
die spricht, nicht der Autor‹, während der Leser gleichzeitig auf ›eine Pluralität anderer Texte, unendlicher Codes‹ reduziert ist. Auf ähnliche Weise
werden in poststrukturalistischen Intertextualitätstheorien spezifische und
abgrenzbare Bezüge zwischen Autoren, im Sinne intendierender Subjekte,
ersetzt durch unendliche und nicht-intentionale Beziehungen zwischen
Texten und umfassenderen Codes und Sinnsystemen. Im Gegensatz zu
dem von G. Deleuze, J. Derrida und J.-F. Lyotard konstatierten ›Tod des
S.s‹ (vgl. auch Tod des Autors) und dessen Entsubstantialisierung haben
Hermeneutiker und Philosophen des Diskurses neue und differenziertere
Interpretationen von Subjektivität und Individualität entwickelt (vgl. v.a.
die Arbeiten von M. Frank).

Lit.: J. Lacan: *Das Seminar,* Bd. 11, Bln. 1987 [1964]. – R. Barthes: *S/Z,* FfM.
1976 [1970]. – L. Althusser: *Ideologie und ideologische Staatsapparate. Aspekte zur
marxistischen Theorie,* Hbg. 1977. – Carroll 1982. – M. Frank: *Die Unhintergehbarkeit von Individualität,* FfM. 1986. – ders. et al. (Hgg.): *Die Frage nach dem S.,*
FfM. 1988. – ders./A. Haverkamp (Hgg.): *Individualität,* Mchn. 1988. – R.L. Fetz
et al. (Hgg.): *Geschichte und Vorgeschichte der modernen Subjektivität,* Bln./ N.Y.
1998. – P.V. Zima: *Theorie des S.s: Subjektivität und Identität zwischen Moderne
und Postmoderne,* Tüb./Basel 2000. – P. Geyer/C. Jünke (Hgg.): *Von Rousseau zum
Hypertext. Subjektivität in Theorie und Lit. der Moderne,* Würzburg 2001. – P.V.
Zima: *Das literar. S.: Zwischen Spätmoderne und Postmoderne,* Tüb./Basel 2001. – St.
Deines et al. (Hgg.): *Historisierte S.e – Subjektivierte Historie. Zu Verfügbarkeit und
Unverfügbarkeit von Geschichte,* Bln. 2003. – P. Geyer/M. Schmitz-Emans (Hgg.):
Proteus im Spiegel. Theorie des S.s im 20. Jh., Würzburg 2003. – K. Meyer-Drawe:
»Subjektivität – Individuelle und kollektive Formen kultureller Selbstverhältnisse
und Selbstdeutungen«. In: Jaeger/Liebsch 2004. S. 304–315.   RA

Subjektdezentrierung ↗ Subjekt und Subjektivität

Subjektposition ↗ Subjekt und Subjektivität

Subkulturen, Zusammenschlüsse von Gruppen innerhalb einer Gesellschaft auf der Basis gemeinsamer Interessen, Wertvorstellungen oder als
Reaktion auf Marginalisierungsprozesse. Urspr. vorwiegend sozial, ethnisch
oder religiös definiert, wird der Begriff seit den 1960er Jahren zunehmend
in bezug auf jugend- und gegenkulturelle Strömungen verwendet. Diese
Bedeutungsverschiebung wurde stark durch brit. ↗ *Cultural Studies*-Ansät-
ze geprägt, für die subkulturelle Praktiken eine Möglichkeit darstellten,
sozialen Widerstand oder Dissens anders denn als ausschließlich intel-
lektuelles, politisch explizites oder hochkulturelles Projekt zu fassen. In
diesem Sinne argumentiert der 1976 erschienene Band *Resistance through
Rituals* des Birmingham Center for Contemporary Cultural Studies für die

politische Wirksamkeit auch scheinbar unpolitischer Zusammenschlüsse
v.a. von Jugendlichen der Arbeiterklasse, die sich über populärkulturelle
Stile (↗ Populärkultur) in Popmusik, Kleidung und Sprache nicht-verbal
vom hegemonialen System (↗ Hegemonie) abgrenzen: durch Provokation
wie die Punks, karikierende Überzeichnung wie die Mods oder alternative
Lebensmodelle wie die Hippies. Diese Untersuchung wurde in den folgenden
Jahren u.a. von D. Hebdige im Blick auf afro-diasporische Minderheiten
und von A. McRobbie im Blick auf weibliche Jugendkultur überprüft und
ergänzt. Das in den 1970er Jahren noch deutlich formulierte Vertrauen in
die Macht der S., gegenhegemonial zu wirken, wird in jüngeren Arbeiten
zu diesem Thema stark in Frage gestellt. So wird seit den 1980er Jahren
die Tendenz einer Vereinnahmung subkultureller Stils durch den kulturellen
mainstream diskutiert, in deren Folge die Gesten des Rebellischen und des
Exzentrischen ihre provokative Wirkung verlieren und zu beliebigen, allg.
akzeptierten Modestils werden.

Lit.: St. Hall/T. Jefferson (Hgg.): *Resistance through Rituals*, Ldn. 1992 [1976]. – D.
Hebdige: *Subculture. The Meaning of Style*, Ldn. 1991 [1979]. – A. McRobbie:
Feminism and Youth Culture, Houndmills 1991. – Symbolische Politik, Kultur und
Kommunikation (SpoKK, Hg.): *Kursbuch JugendKultur*, Mannheim 1997.   RM

Symbolische Formen, Philosophie der,   dem Neukantianer Ernst Cassirer
(1874-1945) ist die Grundlegung des Symbolbegriffs als Schlüsselbegriff der
↗ Kulturwissenschaften zu verdanken. So einflußreiche Konzepte wie ›Weisen
der Welterzeugung‹ (N. Goodman) oder ›↗ Kultur als Text‹ (C. Geertz) bauen
auf den Grundlagen auf, die Cassirer in seiner *Philosophie der symbolischen
Formen* (1923-29) geschaffen hat. Cassirers Symboltheorie, die auf einer
Verbindung von neukantianischer Philosophie, strukturaler ↗ Semiotik und
Ethnologie beruht, hat sich, gerade auch in ihrer Weiterentwicklung durch
Susanne Langer (*Feeling and Form*, 1953), Clifford Geertz (*The Interpretation
of Cultures*, 1973), Nelson Goodman (*Ways of Worldmaking*, 1978) oder bei
Paul Ricœur, zu einer der wichtigsten umfassenden ›Kulturmetatheorien‹
des 20. Jh.s entwickelt. – Im Gegensatz zu seinem Zeitgenossen und philosophischen Rivalen Martin Heidegger interessiert sich Cassirer nicht für
ontologische Fragestellungen, sondern wendet, von Kants Erkenntnistheorie
ausgehend, die Kritik der Vernunft zu einer ›Kritik der Kultur‹: Wirklichkeit
ist für Cassirer stets kulturbedingt und wird in der ↗ Kultur produziert. In
seinem 1944 im am. Exil erschienenen *An Essay on Man* legt Cassirer konzis
die Grundeinsichten seiner Philosophie dar: »Die Philosophie der symbolischen Formen geht von der Voraussetzung aus, daß, wenn es überhaupt eine
Definition des ›Wesens‹ oder der ›Natur‹ des Menschen gibt, diese Definition
nur als funktionale, nicht als substantielle verstanden werden kann. [...] Das
Eigentümliche des Menschen, das, was ihn wirklich auszeichnet, ist nicht seine
metaphysische oder physische Natur, sondern sein Wirken« (Cassirer 1990,
S. 110). Bei diesem Wirken des Menschen handelt es sich um das Bilden
von Symbolen: Um der Wirklichkeit gegenüberzutreten, sie zu erkennen,
in ihr Erfahrungen zu machen und sich zu orientieren, bedarf der Mensch

der Vermittlung durch ein ›artifizielles Medium‹. Er bedarf der Symbole, die er selbst erzeugt. ›Symbolische Ideation‹ erscheint so als grundlegende Aktivität des Menschen und der Mensch folglich als ein *animal symbolicum*. – S.F.en sind für Cassirer Erkenntnisformen. Es sind jeweils eigene Arten der Welterschließung. Als s.F.en versteht Cassirer zunächst den *†* Mythos, die Religion und die Sprache. Später untersucht er auch Kunst, Wissenschaft, Geschichte, Technik, Sitte, Recht und Wirtschaft. Wie einzelne ›Fäden‹ konstituieren diese jeweiligen s. F.en das gesamte ›Symbolnetz‹ einer Kultur. In einem Aufsatz, der auf einem Anfang der 1920er Jahre in der Bibliothek Warburg gehaltenen Grundsatzvortrag basiert, definiert Cassirer den Begriff der s.F. wie folgt: »Unter einer ›symbolischen Form‹ soll jede Energie des Geistes verstanden werden, durch welche ein geistiger Bedeutungsgehalt an ein konkretes sinnliches Zeichen geknüpft und diesem Zeichen innerlich zugeeignet wird.« (1994 [1956], S. 175) – Im Unterschied etwa zu Goethes Symbolbegriff betont Cassirer die sinnlich-materielle Qualität kultureller Zeichen: Das Symbol ist ein sinnlicher, kultureller Prozess, der Wahrnehmungen zur Anschauung bringt und mit Sinn erfüllt. Diese Vorstellung von der *Einheit* von Sinnlichem und Sinn zeichnet Cassirers Ansatz aus. Ein Gegensatz zwischen dem Symbolischen und dem Buchstäblichen besteht in dieser Perspektive nicht. Es gibt keinen symbolfreien Bereich. – Kultur ist für Cassirer ein organisches Ganzes, die Summe der s.F.en, die untereinander von dem ›gemeinsamen Band‹ der symbolprägenden Kraft des Menschen zusammengehalten werden. In harmonischem Nebeneinander sind die menschlichen Symboltätigkeiten allerdings nur selten zu finden. Vielmehr erzeugen etwa Mythos, Religion und Wissenschaft durchaus unterschiedliche und häufig miteinander konkurrierende Wirklichkeitsversionen. Zugleich stellen sie jeweils vollständige Auffassungen der Wirklichkeit dar. So erklärt sich zum einen der Objektivitäts- und Wertanspruch jeder Erkenntnisform, zum anderen aber auch die Möglichkeit der Koexistenz von verschiedenen Wirklichkeitsversionen innerhalb einer Kultur. Kultur ist daher für Cassirer die Summe der »mannigfachen Ansätz[e], die alle auf das eine Ziel bezogen sind, die passive Welt der bloßen *Eindrücke* [...] zu einer Welt des reinen geistigen *Ausdrucks* umzubilden« (1994 [1923], S. 12).

Lit.: E. Cassirer: *Gesammelte Werke* (Hg. B. Recki), 26 Bde., Hamburg 1998ff. Bisher erschienen: Bd.1-20. – ders.: *Substanzbegriff und Funktionsbegriff. Untersuchungen über die Grundfragen der Erkenntniskritik*, Darmstadt 2000 [1910]. – ders.: *Philosophie der s.F.en*. Bd. 1: *Die Sprache*, Darmstadt 1994 [1923]. – ders.: *Philosophie der symbolischen Formen*. Bd. 2: *Das mythische Denken*, Darmstadt 1994 [1925]. – ders.: *Philosophie der s.F.en*. Bd. 3: *Phänomenologie der Erkenntnis*, Darmstadt 1994 [1929]. – ders.: *Zur Logik der Kulturwissenschaften. Fünf Studien*, Darmstadt 1994 [1942]. – ders.: *An Essay on Man. An Introduction to a Philosophy of Human Culture*, New Haven/London: Yale UP 1944 (dt. *Versuch über den Menschen. Einführung in eine Philosophie der Kultur*, FfM. 1990). – ders.: *Wesen und Wirkung des Symbolbegriffs*, Darmstadt 1994 [1956]. – A. Graeser: *Ernst Cassirer*, Mchn. 1994. – H. Paetzold: *Die Realität der s.F.en. Die Kulturphilosophie Ernst Cassirers im Kontext*, Darmstadt 1994. – W. Orth: *Von der Erkenntnistheorie zur Kulturphi-*

losophie. Studien zu Ernst Cassirers Philosophie der s.F.en, Würzburg 2004 [1996].
– B. Thaliath: *Perspektivierung als Modalität der Symbolisierung. Erwin Panofskys Unternehmung zur Ausweitung und Präzisierung des Symbolisierungsprozesses in der Philosophie der s.F.en von Ernst Cassirer*, Würzburg 2005.   AE

Systemtheorie (gr. *sýstēma*: ein aus Gliedern bestehendes Ganzes; gr. *theōría*: Betrachtung), die Grundlagen heutigen systemtheoretischen Denkens wurden seit den 1940er Jahren in verschiedenen mathematisch-naturwissenschaftlichen Disziplinen erarbeitet. Wie die Begründung der Allg. S. durch den Biologen L.v. Bertalanffy um 1950 belegt, wurde das Potential des Ansatzes für eine Vereinheitlichung der Wissenschaften schon früh erkannt. Bis heute ist die S. ein Katalysator für ↗ Interdisziplinarität geblieben. Als System werden dabei ganz unterschiedliche Phänomene aufgefaßt. Das Spektrum reicht von chemischen und thermodynamischen Zusammenhängen über alle Stufen von Leben bis hin zu Fragen der Ökologie und den Erscheinungsformen von Gesellschaft und Kultur. Die gelegentlich emphatisch vertretene Annahme eines ganzheitlich-evolutionären Zusammenhangs dieser Phänomene beruht auf einer Theoretisierung von Beobachtungen aus dem naturwissenschaftlichen Bereich. Im Zentrum des so fundierten wissenschaftlichen ↗ Paradigmas stehen Konzepte der Selbstreferenz, der Selbstorganisation und der Autopoiesis, die als dynamische Grundprinzipien aller Formen von Evolution vorausgesetzt werden. In erkenntnistheoretischer Hinsicht steht die Entwicklung der S. in engem Zusammenhang mit der Formulierung und Etablierung des radikalen ↗ Konstruktivismus. – In der Lit.wissenschaft werden systemtheoretische Konzepte in einem engeren, theoretisch-methodisch ausdifferenzierten Sinne seit den 1970er Jahren diskutiert. Ein in Deutschland kaum rezipierter und auch sonst wenig beachteter Ansatz mit semiotischer Orientierung ist die von I. Even-Zohar seit 1970 ausgearbeitete *Polysystem Theory* (vgl. Even-Zohar 1990), die u.a. an Überlegungen von Ju. Tynjanov (Russ. Formalismus) anschließt und Lit. als komplexen Zusammenhang einer Vielzahl von konzeptuellen, d.h. auf Normen und Werte bezogenen Systemen begreift. Hingegen beziehen sich die v.a. in Deutschland entwickelten Konzeptionen einer systemtheoretischen Lit.wissenschaft in erster Linie auf die von T. Parsons eingeleitete und von N. Luhmann fortgeführte Übernahme systemtheoretischer Konzepte in die Soziologie. In Analogie zu den mit diesen Namen verbundenen Unterschieden der jeweils zugrundegelegten Systemkonzepte gibt es auch in der lit.wissenschaftlichen Adaption zwei Richtungen. So hält die von S.J. Schmidt begründete Empirische Theorie der Lit. (ETL) an einem handlungstheoretischen Modell fest und konzipiert das Lit.system als Gesamtmenge von beobachtbaren Kommunikationshandlungen, die sich auf konkrete Individuen in vier sozialen Rollen, nämlich Lit.produzent, Lit.vermittler, Lit.rezipient und Lit.verarbeiter, beziehen lassen (vgl. Jäger 1994). Andere Modelle hingegen versuchen, der in Luhmanns Theorie vollzogenen Emanzipation der Kommunikation von Handlung gerecht zu werden, und beschreiben das Sozialsystem Lit. als einen dynamischen Zusammenhang sich autopoietisch reproduzierender Kommunikationen. Dabei gelten fol-

gende, auch in der ETL weitgehend unumstrittene Grundannahmen: (a)
Im Zuge des Strukturwandels vom vor- bzw. nichtmodernen Prinzip der
stratifikatorischen zum modernen Prinzip der funktionalen Differenzierung
der Gesellschaft kommt es zur Ausdifferenzierung von jeweils auf eine bestimmte Funktion ausgerichteten sozialen Systemen wie z.b. Wirtschaft,
Recht, Wissenschaft oder Politik; die Etablierung dieser Funktionssysteme
ist gegen Ende des 18. Jh.s abgeschlossen. (b) Jedes der so ausdifferenzierten Systeme muß eine Mehrheit von Systemreferenzen unterscheiden,
nämlich (i) seine Beziehung zum übergeordneten sozialen System der modernen Gesellschaft insgesamt (Funktion), (ii) seine Beziehungen zu anderen Systemen in seiner Umwelt (Leistungen) und (iii) seine Beziehung zu
sich selbst (teilsystemspezifische Reflexion). Auf dieser letzten Ebene bestimmt
ein System durch Selbstbeobachtung und Selbstbeschreibung (Selbstreferenz)
und die damit einhergehende Regulierung des Verhältnisses von Funktion
und Leistungen seine Identität. – Eine Theorie, die Lit. als soziales System
vorstellt, muß somit bei der Funktion ansetzen, denn nur eine spezifische,
von keinem anderen sozialen System bediente Funktion kann die Ausdifferenzierung eines Sozialsystems Lit. rechtfertigen. Luhmann (1995, S. 238)
selber verweist im Hinblick auf die Kunst allg. auf den »*Nachweis von
Ordnungszwängen im Bereich des nur Möglichen*« und bleibt dabei ähnlich
wie Schmidt (1989, S. 418), der von »versuchte[r] Überwindung der funktionalen Differenzierung und ihrer Folgeschäden für das Subjekt und die
›bürgerliche Gesellschaft‹« spricht, dem Blickwinkel des mit der modernen
Gesellschaft konfrontierten Individuums verhaftet. Das gleiche, wenn auch
weniger emphatisch, gilt für G. Plumpe und N. Werber, die die Funktion
der Kunst vor dem Hintergrund der durch die funktionale Ausdifferenzierung der Gesellschaft entstehenden Freizeit mit ›Unterhaltung‹ markieren
(vgl. diess. 1993, S. 32–35). Die sich hier andeutende enge Bindung von
Kunst und Lit. an das Bewußtsein psychischer Systeme legt es nahe, auf
der Ebene der Leistungen nicht nur die vielfältigen Beziehungen des Lit.-
systems zu anderen sozialen Systemen zu berücksichtigen (vgl. dazu die von
Plumpe und Werber [1995] konzipierte polykontexturale Lit.wissenschaft),
sondern auch die Beziehungen des Lit.systems zu psychischen Systemen als
Leistungen aufzufassen und gerade in der Relationierung beider Orientierungen ein Charakteristikum des Lit.systems zu sehen (vgl. Reinfandt 1997,
S. 29– 41). – Die Frage nach den spezifischen Besonderheiten literar. Kommunikation muß dann auf der Ebene der teilsystemspezifischen Reflexion
weiterverfolgt werden. Dabei ergeben sich vor dem Hintergrund der Luh-
mannschen Theorie folgende Fragen: (a) Welche Kommunikationen lassen
sich dem Lit.system zuordnen, und wie erfolgt die bereichsspezifische At-
tribution im Vorgang der Kommunikation selbst? Systemtheoretisch formuliert stellt sich hier die Frage nach dem symbolisch generalisierten
Kommunikationsmedium und dem binär schematisierten Code des Lit.-
systems. Abstrakt betrachtet kämen als symbolisch generalisiertes Kommunikationsmedium z.B. Schönheit bzw. die Möglichkeit von Ordnung
(Luhmann) oder Interessantheit (Plumpe/Werber) in Betracht, woran sich
dann als entsprechende Codes schön/häßlich oder interessant/langweilig

anschließen und mit begriffsgeschichtlichen Argumenten mehr oder weniger plausibel untermauert werden können. Letztlich geht es auf dieser formal-funktionalen Ebene jedoch primär um die binäre Schematisierung an sich, die einen positiven Präferenz- und einen negativen Reflexionswert zur Verfügung stellt (Leitdifferenz). Angesichts der Textbezogenheit literar. Kommunikation bietet sich darüber hinaus eine Konkretisierung an, die darauf abzielt, daß die Kontinuität literar. Kommunikation insbes. dadurch gewährleistet und stabilisiert wird, daß Texte als (Kunst-)Werke aufgefaßt und kommuniziert werden. Es erscheint somit sinnvoll, den Werkbegriff als symbolisch generalisiertes Kommunikationsmedium des Kunst- bzw. Lit.systems zu operationalisieren (vgl. Plumpe/Werber 1993, S. 25–27 sowie zur Rolle des Textes in der S. allg. Ort 1995). (b) Wie wird die inhaltsneutrale, rein funktional auf die Fortsetzung literar. Kommunikation bezogene Ebene des Codes inhaltlich, d.h. durch Programme gefüllt? Von zentraler Bedeutung ist dabei der in Luhmanns Theorie entworfene Sinnbegriff, der sich zunächst rein funktional auf ein bestimmtes System, die mit ihm verbundene spezifische System-Umwelt-Differenz und die Fortsetzung der systemspezifischen Operationen bezieht. Durch die Selbstreferenz des Systems kommt es allerdings zu einem paradoxen *re-entry*, der die System-Umwelt-Differenz als durch das System produzierten und im System beobachteten Unterschied verdoppelt. Auf diese Weise wird operativ geschlossenen autopoietischen Systemen ›Umweltkontakt‹ möglich, indem sie der Umwelt Sinn zuschreiben, den sie selber produzieren. Hinsichtlich des Sinnbegriffs ergibt sich daraus eine grundsätzliche Differenz der Beobachtungsebenen (vgl. Reinfandt 1997, S. 56–61): Der in Luhmanns Theorie zentral stehende funktionale Sinnbegriff, der nur einer Beobachtung zweiter Ordnung zugänglich ist, bezieht sich ausschließlich auf die Möglichkeiten und Bedingungen der Fortsetzung systemspezifischer Kommunikation. Wesentliches Merkmal ist hier die Etablierung eines systemspezifischen symbolisch generalisierten Kommunikationsmediums und des dazugehörigen Codes. Demgegenüber kommt es auf der Ebene der Selbstbeobachtung und Selbstbeschreibung des Systems zur inhaltlichen Umsetzung der Konsequenzen des funktionalen Sinnbegriffs. Dabei etablieren sich Programme oder gar weitreichende Semantiken, die unter modernen Bedingungen oft genug als Auseinandersetzung mit Phänomenen des Sinnverlusts erscheinen. Während der funktionale Sinnbegriff ohne Vernichtung des Systems nicht negierbar ist und so für jedes System einen eigenen differenzlosen Letztbegriff darstellt, der für die gesamte Makroperiode der Moderne gilt, läßt sich mit Hilfe des inhaltlichen Sinnbegriffs etwa über eine Beobachtung der Abfolge von Programmen eine Binnenperiodisierung der Evolution des modernen Lit.systems vornehmen (vgl. Plumpe/Werber 1993, S. 35–41). Gerade der für die S. Luhmanns zentrale Sinnbegriff bietet somit durchaus Möglichkeiten, den Zusammenhang von sozialer und semiotischer Referenzebene der Lit. nachzuzeichnen, und hier liegt das immense Potential eines derart umfassenden Theorieentwurfs. Eine systemtheoretische Lit.-wissenschaft bietet die Möglichkeit einer Einbeziehung der historischen bzw. soziokulturellen Voraussetzungen von Lit. bei gleichzeitiger differen-

zierter Berücksichtigung des Lit.spezifischen in Abgrenzung von anderen
gesellschaftlichen Bereichen. Beide Aspekte werden in ein einheitliches
begriffliches Konzept integriert, das sich zudem zeitgemäß im Rahmen
einer konstruktivistischen Erkenntnistheorie bewegt. Eine Realisierung
dieses Potentials ist bisher nur in Ansätzen zu beobachten, doch bleibt die
S. ›der Theoriekandidat für die Umsetzung dieses Programms‹ (vgl. Jahr-
aus/Marius 1998, S. 105). – Im Gesamtverbund der Lit.wissenschaften
haben systemtheoretische Ansätze nach wie vor mit Vorurteilen zu kämpfen,
die ihnen einerseits aus traditioneller Sicht Abstraktion und Lebensfeind-
lichkeit und andererseits aus dekonstruktivistischer Sicht (↗ Dekonstruktivismus) Totalisierungsstreben und Erklärungswahn vorwerfen. Demgegenüber rückt auf systemtheoretischer Seite nach anfänglicher, auf dem
Selbstverständnis als neues Paradigma (vgl. Schwanitz 1990) beruhender
Abgrenzung zunehmend die Frage nach Parallelen und Verknüpfungsmög-
lichkeiten mit anderen Grundlagentheorien wie z.B. ↗ Dekonstruktion oder
Hermeneutik in den Mittelpunkt des Interesses (vgl. de Berg/Prangel 1995
und 1997).

Lit.: S. J. Schmidt: *Die Selbstorganisation des Sozialsystems Lit. im 18. Jh.*, FfM.
1989. – H. Müller: »S./Lit.wissenschaft«. In: Bogdal 1997 [1990]. S. 208–224.
– D. Schwanitz: *S. und Lit.*, Opladen 1990. – Ausg. »Polysystem Studies« (Hg.
I. Even-Zohar) der Zs. *Poetics Today* 11.1 (1990). – G. Plumpe/N. Werber: »Lit.
ist codierbar. Aspekte einer systemtheoretischen Lit.wissenschaft«. In: Schmidt
1993. S. 9–43. – G. Jäger: »S. und Lit. Teil I. Der Systembegriff der Empirischen
Lit.wissenschaft«. In: *IASL* 19.1 (1994) S. 95–125. – de Berg/Prangel 1995. – N.
Luhmann: *Die Kunst der Gesellschaft*, FfM. 1995. – C.-M. Ort: »S. und Lit. Teil
II. Der literar. Text in der S.«. In: *IASL* 20.1 (1995) S. 161–178. – G. Plumpe/N.
Weber (Hgg.): *Beobachtungen der Lit.: Aspekte einer polykontexturalen Lit.wis-
senschaft*, Opladen 1995. – de Berg/Prangel 1997. – Ch. Reinfandt: »Moderne
literar. Kommunikation. Ein systemtheoretischer Entwurf«. In: ders.: *Der Sinn der
fiktionalen Wirklichkeiten*, Heidelberg 1997. S. 16–122. – O. Jahraus/B. Marius:
»S. und Lit. Teil III. Modelle systemtheoretischer Lit.wissenschaft in den 1990ern«.
In: *IASL* 23.1 (1998) S. 66–111. – Jahraus/Scheffer 1999. – A. Koschorke/C.
Vismann (Hgg.): *Widerstände der S.: Kulturtheoretische Analysen zum Werk von N.
Luhmann*, Bln. 1999. – H. de Berg/J.F.K. Schmidt (Hgg.): *Rezeption und Refle-
xion. Zur Resonanz der S. Niklas Luhmanns außerhalb der Soziologie*, FfM. 2000.
– N. Binczek: *Im Medium der Schrift. Zum dekonstruktiven Anteil in der S. Niklas
Luhmanns*, Mchn. 2000. – U. Stäheli: *Sinnzusammenbrüche. Eine dekonstruktive
Lektüre von Niklas Luhmanns S.*, Weilerswist 2000. – Jahraus 2001. – Ch. Reinfandt:
»S. und Lit. Teil IV. Systemtheoretische Überlegungen zur kulturwissenschaftlichen
Neuorientierung der Lit.wissenschaften«. In: *IASL* 26.1 (2001) S. 88–118. – Ausg.
»Systems Theory and Literature« (Hg. Ch. Reinfandt) der Zs. *EJES* 5.3 (2001).
– Holl 2003. – S. Kampmann et al. (Hgg.): *Gender Studies und S.: Studien zu
einem Theorietransfer*, Bielefeld 2004.   ChR

T

Theatralität, seit 1558 in der engl. Sprache belegter Begriff (*theatricality*), der den Aufführungscharakter und die bewußt intendierte Artifizialität von menschlichem Verhalten im sozialen und kulturellen Raum denotiert. – Wie St. Greenblatt anhand von W. Shakespeares Iago zeigt, kann dieser sein Verhalten vorausschauend auf die angenommene Reaktion des Gegenüber einstellen und damit für die soziale Interaktion funktionalisieren. Geht der Roman des 18. Jh.s dominant von einer erkennbaren Trennung von authentischem und theatralischem Verhalten aus, so werden in Werken des 19. Jh.s Zweifel an einer relevanten und überprüfbaren Differenz von Sein und Schein in der Selbstdarstellung deutlich. Das 20. Jh. kommt mit interdisziplinär (↗ Interdisziplinarität) orientierten Untersuchungen zur Th. (bes. ↗ Identitäts- und ↗ Rollentheorien sowie *performance studies* [↗ *performance*/Performativität]) zu der Schlußfolgerung, daß eine strikte terminologische Trennung zwischen ›theatralisch‹, ›aufrichtig‹ und ›authentisch‹ in der gegenwärtigen Diskussion nur in heuristisch determinierten Postulaten verankert werden kann, die bei der Bestimmung des Selbsthaften stets dessen Prozeß- und Aufführungscharakter und die Eingebundenheit in rollenspezifische Situationen mitzudenken versuchen. – Aufgrund der Fokussierung des Aufführungscharakters von Kultur als »inszenierte[r] Welt« (Matala de Mazza/Pornschlegel 2003) und der ↗ Inszenierung von ↗ Ereignissen und ↗ Medienereignissen in allen Lebensbereichen ist Th. in den letzten Jahren zu einem der zentralen Konzepte der Lit.wissenschaft (vgl. Neumann et al. 2000) und der ↗ Kulturwissenschaften (vgl. Fischer-Lichte et al. 2004) avanciert, innerhalb derer sich die Th.sforschung zu einem wichtigen interdisziplinären Forschungsfeld entwickelt hat.

Lit.: s. auch ↗ *performance*/Performativität – E. Goffman: *The Presentation of Self in Everyday Life*, N.Y. 1959. – L. Trilling: *Sincerity and Authenticity*, Cambridge 1972. – M. Fried: »Absorption and Theatricality. Painting and Beholder in the Age of Diderot«. In: *Studies on Voltaire and the Eighteenth Century* 152.2 (1976) S. 753–777. – Greenblatt 1980. – J. Barish: *The Antitheatrical Prejudice*, Berkeley et al. 1981. – T. Castle: *Masquerade and Civilization. The Carnivalesque in Eighteenth-Century English Culture and Fiction*, Stanford 1986. – N. Auerbach: *Private Theatricals. The Lives of the Victorians*, Cambridge 1990. – J. Litvak: *Caught in the Act. Theatricality in the Nineteenth-Century English Novel*, Berkeley et al. 1992. – A. Parker/E. Kosofsky Sedgwick (Hgg.): *Performativity and Performance*, N.Y./Ldn. 1995. – A. Kotte: »Th.: Ein Begriff sucht seinen Gegenstand«. In: *Forum Modernes Theater* 13.2 (1998) S. 117–133. – G. Neumann et al. (Hgg.): *Szenographien. Th. als Kategorie der Lit.wissenschaft*, Freiburg 2000. – E. Fischer-Lichte (Hg.): *Th. und die Krisen der Repräsentation*, Stgt./Weimar 2001. – E. Matala de Mazza/C. Pornschlegel (Hgg): *Inszenierte Welt. Th. als Argument literar. Texte*, Freiburg 2003. – E. Fischer-Lichte et al. (Hg.): *Th. als Modell in den Kulturwissenschaften*, Tüb. 2004. – Schriftenreihe »Th.« (Hg. E. Fischer-Lichte), Tüb.: Francke 2000ff.   SB

Transkulturation (lat. *trans*: über ... hin; lat. *cultura*: die Kultur), ethnologischer Begriff, der in kritischer Auseinandersetzung mit dem Begriff
Akkulturation (engl. *acculturation*) entstanden ist, der ethnozentrisch,
politisch mit kolonialistischen Herrschaftsansprüchen beladen war und
den Kontakt zweier Kulturen nur in eine Richtung erfaßte. Bekannt wurde der Terminus durch F. Ortiz' (1940) Definition: Eine Kultur verläßt
ihre eigene Komponente (Dekulturation), übernimmt die der anderen
Kultur bzw. paßt sich an sie an (Akkulturation), kreiert aber dabei neue
bis dahin nicht bestehende Elemente (Neukulturation). – Der Terminus
wurde von der Lateinamerikanistik für die durch ihre ↗ Interkulturalität
gekennzeichneten Autoren weiter entwickelt. So prägte A. Rama (1982) die
Bezeichnung ›transkulturelle Erzählkunst‹: In der Konfrontation zwischen
traditionellen und modernen Lit.en selektiert so z.B. die eine nicht nur
Elemente der anderen, sondern auch noch archaischere Bestandteile ihrer
eigenen Tradition; bei diesem transkulturellen Prozeß, der aus Verlusten,
Selektionen, Neuentdeckungen und Übernahmen besteht, ist das Resultat
etwas noch nie Dagewesenes. – In kritischer Opposition zu synthetisieren-
den Auffassungen ist T. oft durch die Begriffe Heterogenität (vgl. Cornejo
Polar 1994), ↗ Hybridisierung (N. García Canclini) und Transversalität (vgl.
Welsch 1990) aufgehoben worden.

Lit.: F. Ortiz: *Contrapunteo cubano del tabaco y el azúcar*, La Habana 1991 [1940]
(dt. *Tabak und Zucker. Ein kuban. Disput*, FfM. 1987). – A. Rama: *Transculturación
narrativa en América Latina*, Montevideo 1989 [1982]. – W. Welsch: *Ästhetisches
Denken*, Stgt. 1998 [1990]. – A. Cornejo Polar: *Escribir en el aire. Ensayo sobre la
heterogeneidad socio-cultural en las literaturas andinas*, Lima 1994.   JMS

Trauma und Traumatheorien (gr. *traúma*: Wunde, Verletzung), während
der urspr. medizinische Wortgebrauch unter T. eine durch äußere Gewalt-
einwirkung hervorgerufene körperliche Wunde versteht, bezeichnet das
psychische T. eine Erfahrung von extremer Intensität, die die individuellen
Bewältigungsmöglichkeiten überfordert und das Selbstverständnis nachhaltig
erschüttert. Die psychischen Prozesse und Folgen des T.s sind im Rahmen
der Psychoanalyse zuerst von Pierre Janet und Sigmund Freud beschrieben
worden. Als traumatisch gilt nicht das Ereignis selbst, sondern die sich
nachträglich einstellende Erfahrung seines beharrlichen Wiedererlebens in
Träumen, Flashbacks oder Halluzinationen. Da sich die das T. auslösende
Erfahrung angesichts ihrer Intensität einer Assimilation an vorhandene
Verarbeitungsmuster (↗ Schema und Schematheorie) widersetzt, wird sie
von übrigen Gedächtnisbeständen dissoziiert, so daß der Eindruck einer
Erinnerungslücke entsteht. Die Erfahrung wird in sich unfreiwillig einstel-
lenden Erinnerungsfragmenten zwanghaft reproduziert, die von anderen
Sinnesmodalitäten und damit auch von der urspr. Erlebniskonstellation
losgelöst erscheinen. Die traumatische Erinnerung durchkreuzt die übliche
Differenz von Vergangenheit und Gegenwart. Das Vergangene kann nicht
als Vergangenes erinnert werden. Es bricht unkontrollierbar und unvermutet
in die Gegenwart ein und erscheint so als fortwährende, nicht überwind-

bare Gegenwart. Die das T. begründende Erfahrung manifestiert sich als andauernder Fremdkörper im Gedächtnis, als ›verkörperte‹ Erinnerung, die sich einer kohärenten Narrativierung entzieht. T., so Aleida Assmann (1999, S. 264) ist die Unmöglichkeit der Narration. So weist Narrativierung als soziokulturell geprägte und damit konventionalisierte Sinnstiftungsstrategie ein ambivalentes Potential auf: Sie führt zu einer Normalisierung des T.s, die zwar einerseits dessen pathologische Präsenz reduziert, es andererseits seiner Singularität beraubt und somit dem Vergessen den Weg ebnet (vgl. Caruth 1995). Eine gelungene Erzählung bedeutet, daß die schmerzhafte Erinnerung nicht das T. ist, für das es gehalten wurde (vgl. Roth 1998). Angesichts seiner mangelnden Integration in eine narrative, d.h. diachron strukturierte Ordnung destabilisiert das T. die individuelle Erfahrungs-kontinuität und Identitätsbildung (↗ Identität). Werden traumatische Er-fahrungen von Betroffenen nicht hinreichend verarbeitet, so können sie in symptomatisch modifizierter Form an deren Nachkommen tradiert werden (transgenerationale Tradierung). – Galt das T. zunächst als ein klinisches und individualpsychologisches Konzept, so wird es spätestens seit den 1990er Jahren zunehmend für kulturwissenschaftliche Fragestellungen beansprucht und als Deutungsmuster von Kollektiverfahrungen herangezogen. Das ausgeprägte Interesse der ↗ Kulturwissenschaften an T.theorien ist vor dem Hintergrund der Konjunktur der interdisziplinären Gedächtnisforschung (↗ Erinnerung, kulturelle) sowie der Frage nach Möglichkeiten der Erfahrungs-verarbeitung und -repräsentation zu verstehen. Insbesondere Forschungen zum Holocaust problematisieren die Bedingungen der Vergegenwärtigung bzw. Erinnerbarkeit von traumatischen Erfahrungen. Das T. entzieht sich scheinbar dem Mechanismus konstruktiver und gegenwartsbezogener Deutung, der üblicherweise für das kollektive ↗ Gedächtnis geltend ge-macht wird. Ebenso wie auf individueller geht auch auf kollektiver Ebene von der ↗ Repräsentation des T.s ein ambivalentes Potential aus. So kann seine Monumentalisierung in Denkmälern oder Gedenkstätten zwar einen Beitrag zur Vergegenwärtigung und Bewältigung von ehemals Verdrängtem leisten; gleichwohl impliziert die Auslagerung des T.s in institutionalisierte Gedenkorte einen Prozeß der Trivialisierung, der dem Erinnerten seine Dringlichkeit nimmt. In diesem Sinne ist die Forderung Lyotards (1988) zu verstehen, daß das T. die einzig adäquate Form sei, des Holocaust zu gedenken. Nur eine traumatische Erinnerung verhindere, daß die *Shoah* normalisiert und damit vergessen werde. Kulturwissenschaftliche Studien konzentrieren sich daher v.a. auf die Möglichkeit der Darstellbarkeit von traumatischen Erinnerungen. Sie gehen von der Einsicht aus, daß das T. eine Grenzerfahrung ist, deren Repräsentation auf besondere symbolische Formen angewiesen ist. Im Mittelpunkt solcher Ansätze steht die Frage, wie die traumatische Erinnerung trotz der ihr eigentümlichen ›Unsagbarkeit‹ sagbar und für das kulturelle Gedächtnis verfügbar gemacht werden kann. – Die verstärkte Beanspruchung des T.konzepts für kulturwissenschaftliche Problemstellungen wird kontrovers beurteilt. Fürsprecher betonen, daß seine gegenwärtige Konjunktur eine wünschenswerte Offenheit im Umgang mit vorgängig tabuisierten Themen schafft. Die öffentliche Erinnerung von traumatischen Erfahrungen ist die Voraussetzung für die gesellschaftliche Anerkennung und politische Legitimation von marginalisierten Opfergruppen. Kritiker monieren, daß die Übertragung des T.begriffs auf Kollektiverfahrungen und seine oftmals metaphorische Verwendung zur Bezeichnung einer allg. Krise der Repräsentation die Gefahr einer Universalisierung bergen. Die begrifflichen Erweiterungen drohen die je spezifischen Modalitäten von traumatischen Ereignissen zu verdecken und einer Nivellierung der Unterscheidung von Tätern und Opfern den Weg zu ebnen.

Lit.: S. Freud: »Die Fixierung an das T., das Unbewusste«. In: A. Freud et al. (Hgg.): *Gesammelte Werke*, Bd. 11, Ldn. 1940. S. 282-295. – J.-F. Lyotard: *Heidegger und ›Die Juden‹*, Wien 1988. – C. Caruth (Hg.): *T.: Explorations in Memory*, Ldn. 1995. – dies.: *Unclaimed Experience. T., Narrative, and History*, Baltimore 1996. – M. Lambeck/P. Antze (Hgg.): *Tense Past. Cultural Essays in T. and Memory*, N.Y. 1996. – M.S. Roth: »T., Repräsentation und historisches Bewußtsein«. In: J. Rüsen/J. Straub (Hgg.): *Die dunkle Spur der Vergangenheit. Psychoanalytische Zugänge zum Geschichtsbewusstsein*, FfM. 1998. S. 153-173. – A. Assmann 1999. – E. Bronfen et al. (Hgg.): *T.: Zwischen Psychoanalyse und kulturellem Deutungsmuster*, Köln 1999. – B.R. Erdle: »Das T. im gegenwärtigen Diskurs der Erinnerung«. In: Neumann/Weigel 2000. S. 259-274. – R. Leys: *T.: A Genealogy*, Chicago 2000. – D. LaCapra: *Writing History, Writing T.*, Baltimore 2001. – A. Assmann: »Gedächtnis als Leitbegriff der Kulturwissenschaften«. In: L. Musner/G. Wunberg (Hgg.): *Kulturwissenschaften. Forschung – Praxis – Positionen*, Wien 2002. – W. Kansteiner: »Menschheitstrauma, Holocausttrauma, kulturelles T.: Eine kritische Genealogie der philosophischen, psychologischen und kulturwissenschaftlichen T.forschung seit 1945«. In: Jaeger/Rüsen 2004. S. 109-138. BNe

Trivialliteratur (lat. *trivium*: Dreiweg, Kreuzweg; entsprechend das, was auf der Straße verhandelt wird), der pejorative Begriff bezeichnet Lit. von vermeintlich geringerer Qualität; er wird z.T. als Synonym für Groschenromane, Kolportage und ›Schundlit.‹ verwendet, ebenso für sentimentalen ↗ Kitsch (Thema hier: v.a. Liebes- und Familienbeziehungen). T. ist minderwertig gegenüber handwerklich gelungener Unterhaltungslit., auch wenn im dt. Sprachgebrauch meist nur graduell zu bestimmende Unterschiede vorherrschen. So wird v.a. der aus dem angelsächs. Raum stammenden, traditionsreichen Kriminallit. durchaus höherer Anspruch zugestanden, zumal wenn diese sich von Themen und Weltbild her den ernsteren Gattungen, gar der Höhenkamm- bzw. ↗ Hochlit. annähert. – Die T. als serielle Massenproduktion erscheint durch platte und abgedroschene Formelhaftigkeit gekennzeichnet: schematischer Spannungsaufbau, Melodramatik und Sentimentalität in der Handlung, Schwarz-Weiß-Zeichnung bei Figuren und eindeutige moralische Zuweisungen sowie Vortäuschung eines klaren Weltbildes durch Harmonisierungsbestrebungen. Neuere Tendenzen, wie komplexere Erzähltechniken, Aufdeckung skandalöser sozialer Zustände oder ein subversiver, gar tragischer Grundton, werden von Kritikern der T. und Unterhaltungslit. lediglich als Strategien der Spannungssteigerung und der Zerstreuung gewertet. Bürgerliche wie marxistisch beeinflußte Kritiker und Bildungstheoretiker erkennen die T. abschätzig als bedenkliches Produkt einer seelenlosen Vergnügungs- und Konsumindustrie. Sie warnen vor ihr als sozialem Sedativum und betonen ihren gegenüber konservativen Werten und Normen affirmativen Charakter. Sie raten von dem Unterrichtseinsatz von T. in der prägenden Phase der Lesesozialisation ab (literar. Bildung) und tragen die Hoffnung, Aufklärung über T. könne zu deren Verminderung führen. – Kritiker sehen sich in den Zeiten der ↗ Postmoderne einer radikal gewandelten Einstellung zur T. gegenübergestellt. Alte Grenzziehungen zwischen anspruchsvoller und unterhaltender Lit. werden mit Berufung auf die Erkenntnis, daß ↗ Geschmack immer soziokulturell geprägt ist, aufgelöst. Die T. wird programmatisch aufgewertet, z.b. in der Kritik des westlichen ↗ Logozentrismus, der Sentimentalität und Emotionales bisher ausgrenzte. Die Unterschiede zwischen T. und Unterhaltungslit. schließen sich, ebenso wie die zur gehobenen Ernsten Lit., wenn postmoderne Autoren wie U. Eco bewußt Elemente der Unterhaltungslit. verwenden. – Diese ›neue Unübersichtlichkeit‹ wird die T.-Forschung nachhaltig verändern. Seit den 1960er Jahren standen zunächst empirische und soziologische Studien zur Bedürfnisdisposition des (schichtenspezifischen) Lesepublikums im Vordergrund. Neben einer ›Geschmacksforschung‹ etablierten sich auch eher auf das ganze Genre bzw. auf Subgenres ausgreifende, sehr ertragreiche Forschungsrichtungen, die Gattungskonventionen wie Handlungsbausteine, Erzähl- und Themenmotive, Figurenarsenale usw. untersuchen und in der gekonnten Modifikation und Überschreitung etablierter Muster die Meister und *Queens of Crime* der Unterhaltungslit. ausmachen. – Die Grenzziehungen sind schwerer geworden, können sich aber im allg. noch wie anfangs definiert abzeichnen. Einer semiotisch und kontextuell orientierten, sich den ↗ *Cultural Studies* gegenüber öffnenden Lit.wissenschaft bietet die T. ein weites Aufgabenfeld, auch in nun häufigeren Einzelanalysen. Denn als populäre semiotische Kraftzentren, die in vergröberter und vereinfachter Form die ↗ Episteme eines Zeitalters reflektieren und dabei selbst mitschaffen, sind die Produkte der T. von exemplarischer kultureller und mentalitätsgeschichtlicher Bedeutung.

Lit.: M. Greiner: *Die Entstehung der modernen Unterhaltungslit.*, Reinbek 1964. – A. Rucktäschel/H.D. Zimmermann (Hgg.): *T.*, Mchn. 1976. – J. Fiske: *Understanding Popular Culture*, Boston 1989. – Ch. Mukerji/M. Schudson (Hgg.): *Rethinking Popular Culture*, Berkeley 1991. – P. Nusser: *T.*, Stgt./Weimar 1991. – ders.: *Unterhaltung und Aufklärung. Studien zur Theorie, Geschichte und Didaktik der populären Lesestoffe*, FfM. et al. 2000. – ders.: »T.«. In: Müller 2003. S. 691–695. LV

U

Unbewußtes, kollektives (engl. *collective unconscious*), in Abgrenzung zu S. Freud, dessen Konzept eines individuellen Unbewußten mit archaischen Ablagerungen in der Modifikation durch J. Lacan zum Modell semiotischer Binärstrukturen wurde, geht C.G. Jung von einem dreiteiligen Schichtenmodell des Individuums aus: Bewußtsein, persönliches Unbewußtes und

k.U. Das k.U. entsteht vor der Ontogenese und ist phylogenetisch vererbt.
In seiner Teilhabe am ›Urgedächnis‹ ist es ein autonomes Sammelbecken
von vor- und überzeitlichen symbolischen Urbildern, den Archetypen.
Nach Jung kann der moderne, in der Fragmentarisierung lebende Mensch
erst in der Auseinandersetzung mit seinem phylogenetischen Erbe im
Prozeß der Individuation Ganzheitlichkeit erlangen. Ein Verdrängen der
Verbindung mit den archaischen Schichten der Seele führe hingegen zu
fatalen Ausbrüchen atavistischer Kräfte. Das k.U. äußert sich in Träumen,
Mythen und in der kulturellen Produktion. Es artikuliert sich auch als
kreative Kraft durch den Schriftsteller, den es quasi instrumentalisiert und
dazu befähigt, tiefe Emotionen im Leser auszulösen, da Lit. momentan die
sinnstiftende Verbindung mit dem k.U. aufschimmern läßt und holistische
Gestimmtheiten vermitteln kann. – Das tief in romantischen Ganzheitsge-
danken wurzelnde Jungsche Konzept des k.U. wurde bes. in den 1950er bis
1970er Jahren von den unterschiedlichen Vertretern des *myth criticism* und
der Archetypentheorie, v.a. in der Folge N. Fryes, rezipiert. Therapeutische
Aspekte der Beschäftigung mit dem k.U. traten dabei zurück; begrifflich und
funktional wurde das k.U. als das Unbewußte von bestimmten Kollektiven
(Nationen, ethnischen und sozialen Gruppen usw.) spezifiziert (vgl. auch
das von F. Jameson geprägte Konzept des ›politischen Unbewußten‹, [engl.
political unconscious], das für die neuere marxistische Lit.theorie bedeutsam
geworden ist). Der unscharfe, mythisch aufgeladene Begriff findet in der
Lit.wissenschaft inzwischen weniger Verwendung und ist z.B. dem klarer
umrissenen soziopsychologischen Terminus *mémoire collective* (kulturelles
↗ Gedächtnis) von M. Halbwachs und J. Assmann gewichen.

Lit.: C.G. Jung: »Psychologie und Dichtung«. In: ders.: *Welt der Psyche*, FfM. 1990
[1954]. S. 29–54. – ders.: »Über die Archetypen des k.U.«. In: ders.: *Bewußtes
und U.*, FfM. 1990 [1957]. S. 11–53. – W.C. Dowling: *Jameson, Althusser, Marx.
An Introduction to ›The Political Unconscious‹*, Ithaca 1984. – M. Brumlik: *C.G.
Jung zur Einf.*, Hbg. 1993. – W.L. Bühl: *Das k.U. in der postmodernen Gesellschaft*,
Konstanz 2000. – M. Erdheim: »Das U. in der Kultur. Erinnern und Verdrängen
als Themen der Kulturwissenschaften«. In: Jaeger/Rüsen 2004. S. 92–108.   LV

Unterhaltungsindustrie, Begriff zur Kennzeichnung der industriellen
Produktion und marktorientierten Distribution von Waren und Dienstleistungen, die zum Zwecke der Entspannung, Zerstreuung, Ablenkung und
Unterhaltung konsumiert werden. Der Begriff U. ist etwas umfassender
als der des *show business*, aber enger als der Begriff ↗ Kulturindustrie und
gewinnt seine bes. Bedeutung im Zeitalter der elektronischen und digitalen ↗ Massenmedien. – Das Bedürfnis des Menschen nach Unterhaltung
kann nahezu als eine anthropologische Konstante gesehen werden. U. ist
jener ökonomische und technische Komplex, der dieses Bedürfnis unter
industriellen Bedingungen befriedigt. Die Ursprünge dieses Verfahrens
liegen im ›Kolportageroman‹ des 19. Jh.s, der als das »erste Produkt einer
modernen, rein kommerziellen Unterhaltungsindustrie« (Wittmann 1991,
S. 253) aufgefaßt werden kann. Kennzeichnend dafür sind nicht nur die

standardisierten Produktionsformen, sondern auch die flächendeckende Logistik des Verkaufs und Vertriebs. Mit der Entwicklung elektronischer und digitaler Medien wie Radio, Film, Fernsehen, Schallplatte, Video und Computer gewinnt die U. dramatisch an Bedeutung und wird zu einem entscheidenden Wirtschaftsfaktor, bei dem nicht nur Texte, Bilder, Songs, Stories, Shows, Programme, Stars und Sensationen, sondern auch die entsprechenden Geräte, v.a. der Unterhaltungselektronik, in großem Stil gehandelt werden. – Die ↗ Kulturkritik stand und steht der U. mitunter äußerst skeptisch gegenüber. Schon in den 1950er Jahren hatte G. Anders moniert, daß das Fernsehen alles dem ↗ Paradigma der Unterhaltung unterordne und dadurch der Ernst eine ›antiquierte‹ Kategorie werde; in radikalisierter und vereinfachter Form kehrt diese These bei N. Postman (1985) wieder: Durch die modernen ↗ Medien werde vom Unterricht bis zur Politik, von der Religion bis zur Medizin alles den Gesetzen der U. unterworfen. Wissen und Bildung transformieren sich in *infotainment* und *edutainment*. Die Soziologie scheint diese Polemik zumindest insofern zu bestätigen, als festgestellt werden kann, daß in der ›Erlebnisgesellschaft‹ (vgl. Schulze 1993) das ›Unterhaltungsmilieu‹, also jene v.a. jugendliche Lebensform, deren zentraler Inhalt die von der U. bereitgestellten Produkte sind, stark im Zunehmen begriffen ist, wobei auch groß dimensionierte ›Erlebnisparks‹ an Bedeutung gewinnen.

Lit.: G. Anders: *Die Antiquiertheit des Menschen*, Bd.1: *Über die Seele im Zeitalter der zweiten industriellen Revolution*, Mchn. 1961 [1980]. – N. Postman: *Wir amüsieren uns zu Tode. Urteilsbildung im Zeitalter der U.*, FfM. 1985. – R. Wittman: *Geschichte des dt. Buchhandels. Ein Überblick*, Mchn. 1991. – G. Schulze: *Die Erlebnisgesellschaft. Kultursoziologie der Gegenwart*, FfM. 1993.   KPL

Unterhaltungsliteratur ↗ Trivialliteratur

W

Weiblichkeit/Weibliche Ästhetik, die feministische Theorie hat seit den frühen 1970er Jahren eine natürliche Beziehung zwischen weiblichem ↗ Körper und der weiblichen ↗ Geschlechtsidentität bzw. Geschlechterrolle bestritten. Die Auseinandersetzung um W.skonstrukte konzentrierte sich zunächst v.a. auf die Festlegung der Frauen auf traditionelle Geschlechterrollen, auf ↗ Misogynie und Sexismus. Frz. Wissenschaftlerinnen kritisierten eine als ›männlich‹ definierte Sprache, die das Weibliche marginalisiert. In neueren Studien wird betont, daß W. nicht nur Ausgangspunkt und Ziel männlichen Schreibens sei, sondern, als Uneigentliches verstanden, letztlich für die Repräsentation selbst stehe. – Der Zusammenhang von weiblicher Autorschaft und Schreiben ist in S. Bovenschens Aufsatz »Über die Frage: Gibt es eine w.Ä.?« (1976) programmatisch beleuchtet worden. Mit dieser Diskussion verfolgt die feministische Lit.theorie ein doppeltes Ziel: die Kritik an ›männlichen‹ Texten sowie die positive Suche nach einem alternativen ›weiblichen‹ Schreiben bzw. spezifischen Ausdrucksformen für W. In den 1970er Jahren wurde die von V. Woolf in *A Room of One's Own* (1929) aufgeworfene Frage nach den Bedingungen weiblichen Schreibens in einer patriarchalen Gesellschaft (↗ Patriarchat) wieder aufgenommen. Dabei bezeichnet ›weiblich‹ für einige TheoretikerInnen solche Texte, die nicht zwangsläufig von einer Frau verfaßt sein müssen, sondern durch Merkmale geprägt sind, die die westliche Kultur traditionell der Frau zugewiesen hat. In diesem Sinne wird w.Ä. oftmals synonym mit H. Cixous' Konzept der *écriture féminine* verwendet. Im angloam. und dt.sprachigen Bereich implizierte die Frage nach einer w.Ä. aber eher die Problematisierung weiblicher Autorschaft, die Arbeit an einem ›weiblichen‹ Lit.kanon sowie die Analyse der Besonderheiten der Texte von Frauen (S.M. Gilbert/S. Gubar; E. Showalter). Eine w.Ä. wird im allg. nicht auf den biologischen Körper zurückgeführt, sondern als Effekt der paradoxen Situation der schreibenden Frau begriffen, die Teilhabe an der Kulturproduktion beansprucht, aus der sie eigentlich ausgeschlossen ist. Dies äußert sich in der Geschichte der Frauenlit. u.a. in der Übernahme männlicher Pseudonyme und einer männlichen Erzählperspektive, dem Verzicht auf Veröffentlichung oder der Konzentration auf Gattungen wie Tagebücher oder Brieflit. Im Zusammenhang mit dem Slogan der Neuen Frauenbewegung, »Das Private ist politisch«, konzentrierten sich Texte von Autorinnen in den 1970er Jahren insbes. auf die Aufarbeitung der eigenen Biographie, was als Konstitution einer authentischen, nicht fremdbestimmten ↗ Identität verstanden wurde. In der Lit.wissenschaft ging dies mit der Suche nach einer eigenen Tradition weiblichen Schreibens und der identifikatorischen Lektüre der Texte von Frauen einher (↗ Gynozentrismus). Diese Schwerpunktsetzung ist seit den 1980er Jahren zunehmend kritisiert worden, basiert sie doch auf Vorstellungen von der Autonomie des Subjekts und einem mimetischen Verhältnis zwischen ↗ Repräsentation und repräsentierter ›Wirklichkeit‹, die in der ↗ Postmoderne problematisch geworden sind. So konzentrieren sich feministische Interventionen in den letzten Jahren eher darauf, in der Theorie und Kritik ebenso wie in der künstlerischen Praxis W.skonstrukte durch die ihnen inhärenten Brüche und Lücken in Frage zu stellen. In diesem Zusammenhang sind die Theorien frz. Feministinnen rezipiert und weiterentwickelt worden (S. Weigel, E. Meyer, M. Schuller). Gegenüber der früheren Konzentration auf Figuren, Motive und Handlung rückt nun die Frage nach der Schreibweise sowie der (↗ De-) Konstruktion des sprechenden/schreibenden Subjekts ins Zentrum des Interesses. Dabei wird jedoch eine Neuschrift von W. gerade vermieden, um nicht die patriarchale Festschreibung ›der Frau‹ zu wiederholen.

Lit.: T. de Lauretis: *Alice Doesn't. Feminism, Semiotics, Cinema*, Bloomington 1984. – S. Weigel: *Die Stimme der Medusa. Schreibweisen in der Gegenwartslit. von Frauen*, Dülmen 1987. – I. Weber (Hg.): *W. und weibliches Schreiben. Poststrukturalismus, w.Ä., kulturelles Selbstverständnis*, Darmstadt 1994. – Armstrong 2000. DF/SSch

Wirklichkeitskonstruktion, der umgangssprachliche Begriff ›Konstruktion‹ bezieht sich auf die bewußte und geplante Herstellung von Entitäten.

Daher war es eine unglückliche Begriffswahl, die von kognitiven Systemen geleistete Konstitution sinnhafter Erfahrungswirklichkeit als Konstruktion zu bezeichnen (Wirklichkeitsbegriff). Im konstruktivistischen Diskurs (↗ Konstruktivismus, radikaler) bezeichnet W. den hochkomplexen Prozeß, in dem durch das selbstorganisierte Zusammenwirken von kognitiven, kommunikativen und poietischen Aktivitäten im Rahmen gesellschaftlich verbindlicher symbolischer Ordnungen (bzw. kultureller Programme) die Erfahrungswirklichkeiten emergieren (↗ Emergenz), die die beteiligten Systeme als Wirklichkeiten erleben. Prozesse der W. operieren auf bisher gewonnenem Wissen und stabilisieren sich in Anschlußoperationen. Da dieses Wissen nur von kognitiven Systemen erzeugt und in Interaktionen und Kommunikationen bewährt werden kann, kommt als Referenz wie als Legitimation von W. nicht etwa ›die Realität‹ in Frage, sondern der komplizierte sich selbst steuernde und legitimierende Interaktionsprozeß zwischen Kognition, Kommunikation, ↗ Medien und ↗ Kultur. In Gesellschaften mit entwickelten Mediensystemen wirken Medien als sozio-technische Systeme wie als Systeme von Medienangeboten entscheidend an der alltäglichen W. mit. Ihre W.en, die in aller Regel nicht auf selbsterlebte Ereignisse der Mediennutzer bezogen werden können, liefern die Versatzstücke, aus denen sich die Mitglieder von Medienkulturgesellschaften ihre eigenen W.en zusammenbauen. Dabei ist eine Trennung von Lebenswirklichkeit und Medienwirklichkeit illusorisch, da die sog. Lebenswirklichkeit längst so in die Medienkulturgesellschaft eingebettet ist, daß Selektionsmechanismen und Inszenierungsstile der verschiedenen Mediensysteme die Verfahren wie die Interpretationen individueller W. prägen.

Lit.: N. Luhmann: *Soziologische Aufklärung 5. Konstruktivistische Perspektiven*, Opladen 1990. – Schmidt 1996 [1994]. – E.v. Glasersfeld: *Radikaler Konstruktivismus. Ideen, Ergebnisse, Probleme*, FfM. 1996. – S.J. Schmidt: *Die Zähmung des Blicks. Konstruktivismus – Empirie – Wissenschaft*, FfM. 1998. – M. Fleischer: *Wirklichkeitskonstruktion. Beiträge zur systemtheoretischen Konstruktivismusforschung*, Dresden 2003. – Schmidt 2003.   SJS

Wirklichkeitsmodell, Beobachter, die andere Beobachter beobachten, müssen damit rechnen, daß beide eben dies wissen und als Faktum unterstellen können. Dadurch entwickeln sich die elementaren Wissensstrukturen, die im Laufe der Evolution dazu geführt haben, daß Sozialität als Grundlage von Kommunikation und Sprache möglich geworden ist, indem bestimmte Wissenserwartungen aufgebaut wurden, die gegenseitig unterstellt werden konnten und auf die sich alle Interaktionspartner (wie fiktiv auch immer) verlassen konnten. Durch die Vernetzung solcher reflexiver Wissensstrukturen (Erwartungserwartungen und Unterstellungsunterstellungen) entstanden hochkomplexe Dimensionen kollektiven Wissens, die zwar kognitiv in den Individuen erzeugt werden müssen, von ihnen aber aufgrund erfolgreicher Interaktionen und Kommunikationen als gemeinsam geteiltes Wissen unterstellt werden können. In diesem Prozeß von Kommunalisierung und Kommunikation entstanden und entstehen Interaktionsgemeinschaften, die

bestimmte Vorstellungen, Unterscheidungen und deren Benennungen in ihrer
Erfahrungswirklichkeit zu teilen beginnen, und d.h., die ein gemeinsames
Modell für Wirklichkeit konstruieren, in bezug auf dieses Modell handeln
und dies auch von allen anderen Mitgliedern der Gemeinschaft verbindlich erwarten. Diese W.e beziehen sich auf alle diejenigen lebensweltlichen
Bereiche, die für eine soziale Gruppe wichtig sind, also Umweltkontakte,
Partnerkontakte, Emotionen sowie Normen und Werte. W.e fungieren für
alle Mitglieder einer sozialen Gruppe als Wissensordnungen für Problemlösungen, die aus erfolgreichen Problemlösungen entstanden sind und
für weitere Problemlösungen zur Verfügung stehen. Da sie als operative
Fiktionen als verbindlich für alle Mitglieder unterstellt werden, ko-ori-
entieren sie das Handeln der Mitglieder und schaffen damit verbindliche
soziale Erwartungen, die kommunikativ wie interaktiv als verpflichtende
gesellschaftliche Ordnungen eingeschätzt werden und wirken. W.e werden
in einer Gesellschaft ständig thematisiert und interpretiert. Das Programm
der gesellschaftlich verbindlichen semantischen Thematisierung von W.
kann ↗ Kultur genannt werden.

Lit.: Schmidt 1996 [1994]. – ders. 2003.   SJS

X

Xenologie (gr. *xénos*: fremd, Fremder; gr. *lógos*: Vernunft, Rede, Wort),
Bezeichnung für interdisziplinär und interkulturell ausgerichtete Fremdheitsforschung. Die Hauptgegenstände der aus der interkulturellen Germanistik
hervorgegangenen X., die auch von Seiten der Ägyptologie (vgl. Assmann/
Assmann 1990), Anthropologie (vgl. Duala-M'bedy 1977) und Theologie
(vgl. Sundermeier 1992) Impulse erhalten hat, sind die Erscheinungsformen
und Einschätzungen kultureller Fremdheit und des Fremden, das Verhältnis
und die Interdependenz von Fremdem und Eigenem, die Konstitution von
Fremdheitsprofilen und Fremdheitskonstruktionen, Möglichkeiten und
Grenzen des ↗ Fremdverstehens, interkulturelle Verständigungsprobleme sowie
Formen und Funktionen von ↗ Stereotypen, Vorurteilen und Xenophobie.
Die Aufgaben kulturwissenschaftlicher X., die durch die Gründung des
Instituts für internationale Kommunikation und auswärtige Kulturarbeit
(IIK Bayreuth) institutionalisiert wurde, umreißt ihr Mitbegründer A.
Wierlacher (1993, S. 52) so: »Es geht um die Theorie kultureller Alterität,
die verhaltensleitenden Rahmenbegriffe [↗] interkultureller Kommunikation
und Hermeneutik, die kulturdifferente Konstitution von Fremdheitsprofilen
und Fremdheitsgraden, die kulturelle Funktion und Wirkungsweise fremd-
heitsfeindlicher Vorurteile, das Instrumentarium der Toleranz, die Funktion
von Fremdheitskonstruktionen, [...] die Bedeutungssetzungen von Fremderfahrungen in der Kunst und die Probleme interkulturellen ›Verstehens‹«.
Zu den Prämissen der X. zählen »die Einschätzung kultureller Vielfalt als
Reichtum, Anregung und Fülle, nicht als Chaos, Unterordnung und Vielerlei« (ebd., S. 56) sowie die Einsicht, »daß unsere Auffassungen des Anderen

immer schon kulturspezifisch akzentuiert sind« (ebd., S. 66). Leitbegriffe kulturwissenschaftlicher Fremdheitsforschung sind neben den zentralen Konzepten der Fremdheit und der ↗ Kultur v.a. ↗ Alterität und Alienität (vgl. Turk 1990), Aneignung und Assimilation, Distanz, Fremdverstehen, ↗ Interkulturalität, ↗ Multikulturalismus und Toleranz. – Weitreichende Bedeutung haben xenologische Fragestellungen und Forschungsergebnisse insbes. für die Fremdsprachendidaktik, die Komparatistik und die internationale Kulturpolitik. Aus der X. lassen sich auch viele relevante Problemstellungen für die Lit.- und ↗ Kulturwissenschaften ableiten: (a) die Erforschung der historisch variablen Definitionen des Eigenen und des Fremden in der Lit.; (b) Untersuchungen der Entwicklung von Unterschieden in der wechselseitigen Perzeption von Nationen und der Verschränkung von literar. vermittelten nationalen Selbst- und Fremdbildern (komparatistische Imagologie); (c) die Erforschung der kulturellen Entstehungsbedingungen, literar. Formen und Auswirkungen von Xenophobie. Allerdings stehen sowohl eingehende Untersuchungen künstlerischer Darstellungen des Fremden als auch »eine xenologisch orientierte Kunst- und Lit.geschichte [...] nach wie vor aus« (Wierlacher 1993, S. 112).

Lit.: M. Duala-M'bedy: *X.: Die Wissenschaft vom Fremden und die Verdrängung der Humanität in der Anthropologie*, Freiburg/Mchn. 1977. – J. Kristeva: *Etrangers à nous-mêmes*, Paris 1991 [1988] (dt. *Fremde sind wir uns selbst*, FfM. 1995 [1990]). – A. Assmann/J. Assmann: »Kultur und Konflikt. Aspekte einer Theorie des unkommunikativen Handelns«. In: J. Assmann/D. Harth (Hgg.): *Kultur und Konflikt*, FfM. 1990. S. 11–48. – H. Turk: »Alienität und Alterität als Schlüsselbegriffe einer Kultursemantik«. In: *JbIG* 22 (1990) S. 8–31. – Ausg. »Zur Relevanz des Fremden« der Zs. *Kea.: Zs. für Kulturwissenschaft* 1 (1990). – Th. Sundermeier (Hg.): *Den Fremden wahrnehmen. Bausteine für eine X.*, Gütersloh 1992. – A. Wierlacher: »Kulturwissenschaftliche X.: Ausgangslage, Leitbegriffe und Problemfelder«. In: ders. (Hg.): *Kulturthema Fremdheit. Leitbegriffe und Problemfelder kulturwissenschaftlicher Fremdheitsforschung*, Mchn. 1993. S. 19– 112. – Lenz/Lüsebrink 1999. – A. Wierlacher/C. Albrecht: »Kulturwissenschaftliche X.«. In: Nünning/Nünning 2003. S. 280–306.   AN

Z

Zeit, kein der unmittelbaren Anschauung zugängliches Naturphänomen, sondern merkmalsvermittelt wahrnehmbar als geschwindigkeitsbezogene räumliche Bewegung und Distanzüberwindung, Veränderung des Material- bzw. Entwicklungszustands von Materie bzw. Lebewesen, Ausdehnung und Kontraktion, regelmäßige Wiederholung gleicher Abläufe wie Tag und Nacht, Jahreszeiten usw. Wie in der endokrinologischen Forschung festgestellt wurde, sind Feuer und Licht Z.geber, die auf ein Gefüge von Nervenzellen, den ›suprachiasmatischen Nucleus‹ einwirken, der daraufhin die inneren Uhren für eine Phase von 24 Stunden aktiviert und synchronisiert. In Ursprungs- und Schöpfungsmythen, die Zeitlichkeit, historisches Sosein

und deren Gewordensein aus einer retrospektiven kulturellen Perspektive
erklären, entsteht die Z. aus dem Chaos (Genesis 1,14ff.) oder als Folge
eines Konflikts (Prometheus) und ermöglicht Ordnung, soziale Systeme und
historische ⌐ Kultur. Z.verhalten, d.h. Erinnern, Wahrnehmen/Deuten und
Entwerfen ist Gegenwartshandeln; in der Gegenwart kommt es zu individual-
und gruppenspezifischen Eigenzeitkonstruktionen als Kombinationen aus der
Deutung von Vergangenheit, Gegenwart und Zukunft. Vom Handlungsfeld
Gegenwart aus sind die beiden anderen Z.dimensionen in gleicher Weise
deutungs- und konstitutionsoffen. – Z. ist abhängig von und nur gültig in
einem Bezugssystem aus kulturellem Kontext, Techniken der Z.messung und
zeitordnungspolitischer Umsetzung. Deshalb kann es keine Theorien der
Z., nur solche ihrer Wahrnehmung/Messung und kulturbezogenen Bewirt-
schaftung geben. Gegenstand einer Geschichte der Z. sind Methoden und
Techniken der Z.messung sowie historische gesellschaftliche Z.ordnungen.
Als kulturspezifische Konstruktion erschließt sich Z. nicht der augustinischen
Wesensfrage ›Was aber ist die Z.?‹. Zu fragen ist vielmehr nach der Funktionsweise einer bestimmten Z.ordnung, ihren Organisationsprinzipien, Ausfüh-
rungsbestimmungen, Sanktionen bei Verstößen sowie den berücksichtigten
gesellschaftlichen Interessen. Z.ordnungen unterliegen staatlicher Aufsicht
und normieren, harmonisieren und lenken individuelles und gesellschaftliches
Handeln und regeln die Speicherung von Erfahrungen und Geschehnissen
im je zeitordnungsabhängigen Erinnerungssystem Geschichte. – Mittel der
Z.politik ist (a) die Z.gesetzgebung, zu deren Aufgaben es z.B. gehört, über
Kalender, Feiertage, im Spätmittelalter über die Gültigkeit klösterlicher und
kommunaler Z.angabe zu entscheiden, eine amtliche Z. festzulegen wie die
von der Atomuhr der Physikalisch-Technischen Bundesanstalt angezeigte,
1978 ein Z.gesetz über die Einführung der mitteleurop. Sommerzeit von
1980 bis 2001 zu erlassen. Hinzukommen (b) zeitpolitische Maßnahmen
wie die Festlegung von Öffnungs- und Ferienzeiten, von Wahlperioden und
-terminen, Fristsetzungen, Geschwindigkeitsregelungen im Straßenverkehr,
der Programmgestaltung, der Dauer abschlußbezogener Schulpflicht und
der Lebensarbeitszeit usw. – Als ordnungspolitische Kategorie betrifft
die Z.politik alle anderen Politikbereiche und entscheidet mit über die
Vergabe gesellschaftlicher Chancen und die Öffentlichkeitsstruktur. So
lenken ausgeprägte zeitpolitische Maßnahmen (z.B. Zensur) den Zugriff
auf Erinnerungsspeicher wie ⌐ Archive und Datenbanken und schließen
bestimmte Positionen von der öffentlichen Wirksamkeit aus, die dann
auch im Erinnerungssystem Geschichte nicht präsent sind. Entsprechend
bezeichnet Warten ein temporales Übergangsverhalten, die Wartenden sind in
einer Z.ordnung nicht mehr aufgehoben und haben ihre temporale Heimat
noch nicht gefunden (vgl. Dücker 2001). Auch die kulturgeschichtliche
Opposition des Eigenen und des Fremden basiert u.a. auf unterschiedlichen
Z.ordnungen. – Die Veränderung des Arbeitsbegriffs und der Wechsel
von der Industrie- zur Dienstleistungsgesellschaft vollziehen sich auch als
Diskussion neuer Z.ordnungsmodelle mit Stichworten wie Z.souveränität
der Arbeitnehmer, qualitativer statt quantitativer Z.begriff, Möglichkeit
neuer biographischer Modelle mit mehrfachem Wechsel von Beschäfti-

gungs-, Sozial-, Bildungszeiten. Wenn angesichts aktueller elektronischer Distanzüberwindung von der ›sterbenden Z.‹ gesprochen wird, so ist das als Tod einer Z.ordnung zu verstehen. Die Z. ist kein sterbliches Subjekt, nur ein Mittel zur Harmonisierung und Durchsetzung von Interessen. In den Wissenschaften werden fachspezifische Z.begriffe verwendet. So wird in der Physik I. Newtons Begriff einer absoluten mathematischen Z., die ›an sich und vermöge ihrer Natur gleichförmig und ohne Beziehung auf äußere Gegenstände‹ verfließt, von A. Einsteins relativitätstheoretischem Z.begriff abgelöst, wonach Z. und Z.messung jeweils von einem Bezugssystem abhängig sind. E. Husserls Phänomenologie des inneren Z.bewußtseins, eine Theorie der Z.wahrnehmung, geht davon aus, daß Erfahrung nicht einen Z.punkt, sondern eine gedehnte Gegenwart ausfüllt, also eine Folge von Eindrücken umfaßt, die für eine bestimmte Dauer im Bewußtsein gegenwärtig bleiben, was Husserl ›Retention‹ nennt; jeder Eindruck hat einen Vorgänger und einen Nachfolger, Z. gilt als anfangslose, unendliche Bewegung (W. James' ›stream of consciousness‹). Gegenwart als Dauer, H. Bergsons ›durée‹, kann durch Erinnerung an frühere Erfahrungssituationen beliebig erweitert, die Lebenszeit innerhalb der Weltzeit so ausgedehnt werden. Ebenso nimmt das Bewußtsein unmittelbar bevorstehende Eindrücke vorweg, was Husserl ›Protention‹ nennt, kann aber auch Zukünftiges in Form eines Entwurfs aktiv erwarten.

Lit.: R. Wendorff: *Z. und Kultur. Geschichte des Z.bewußtseins in Europa*, Opladen 1980. – H. Nowotny: *Eigenzeit. Entstehung und Strukturierung eines Z.gefühls*, FfM. 1989. – A. Borst: *Computus. Z. und Zahl in der Geschichte Europas*, Mchn. 1999 [1990]. – K. Flasch: *Was ist Z.? Augustinus von Hippo. Das XI. Buch der Confessiones*, FfM. 1993. – A. Borst: *Die karolingische Kalenderreform*, Hannover 1998. – U. Eco et al.: *Das Ende der Z.en*, Köln 1999. – S. Hofmeister/M. Spitzner (Hgg.): *Z.landschaften. Perspektiven öko-sozialer Z.politik*, Stgt. 1999. – B. Dücker: *Massenwahn und Erlösung. Zur literar. Mythologie des Sezessionismus im 20. Jh.*, Heidelberg 2001. – M. Middeke (Hg.): *Z. und Roman. Z.erfahrung im historischen Wandel und ästhetischer Paradigmenwechsel vom sechzehnten Jh. bis zur Postmoderne*, Würzburg 2002. – K. Newman et al. (Hgg.): *Time and the Literary*, N.Y./Ldn. 2002. – J. Rüsen: »Typen des Zeitbewusstseins. Sinnkonzepte des geschichtlichen Wandels«. In: Jaeger/Liebsch 2004. S. 365–384.   BD

Zentrum und Peripherie (lat. *centrum*: (Kreis-) Mittelpunkt; gr. *periphéreia*: Kreislinie, am Rande liegend), die in binärer Opposition stehenden Begriffe bezeichnen eine Vielfalt kultureller Formationen auf verschiedenen Abstraktionsebenen, die eine mehr oder weniger stark ausgeprägte asymmetrische, hierarchische Relationierung aufweisen: Als peripher, marginal oder abseitig wahrgenommene Phänomene werden in bezug auf einen zentralen Orientierungspunkt positioniert und bewertet. In der Kulturgeographie bezeichnet das Begriffspaar den Kontrast zwischen Metropolen und provinziellen Regionen; in der Praxis eurozentristischer Kartographie (↗ Eurozentrismus) manifestierten sich ideologisch aufgeladene Alteritätskonstruktionen im Sinne einer ›imaginative geography‹ (nach E.W. Saids

Orientalism). Aufgrund der ihnen inhärenten Abhängigkeitsrelation wurden die Termini in den marxistisch fundierten Dependenztheorien Lateinamerikas (A.G. Frank, R.M. Marini, F.H. Cardozo) verwendet. Die Entwicklung des Z.s, der dominanten Imperialmacht, beruht auf Ausbeutungsmechanismen und damit notwendig auf der Unterentwicklung der peripheren Kolonien (nach der Formel A.G. Franks). – Im Diskurs der ↗ Postkolonialen Lit.-theorie und -kritik bezeichnen die Begriffe die asymmetrische Relation zwischen der ↗ Hegemonie der metropolitanen Kolonialmacht und den marginalisierten Kolonien. Neuere Ansätze dekonstruieren die begriffliche Dichotomie dadurch, daß die Phänomene der ›Grenze‹ (↗ Liminalität), der ›Grenzüberschreitung‹ und Modelle kultureller ↗ Hybridität (H.K. Bhabha) in den Vordergrund gerückt werden.

Lit.: R. Shields: *Places on the Margin. Alternative Geographies of Modernity*, Ldn./N.Y. 1991. – J. Bird et al. (Hgg.): *Mapping the Futures. Local Cultures, Global Change*, Ldn./N.Y. 1993. – A. Arteaga: *An Other Tongue. Nation and Ethnicity in the Linguistic Borderlands*, Durham/Ldn. 1994. – M. Reif-Hülser (Hg.): *Borderlands. Negotiating Boundaries in Post-Colonial Writing*, Amsterdam/Atlanta 1999. – J. Benito/A.M. Manzanas (Hgg.): *Literature and Ethnicity in the Cultural Borderlands*, Amsterdam/N.Y. 2002.   HBi

Zivilisationstheorie, der Begriff ist wesentlich mit Name und Werk von N. Elias verbunden. In seinem 1939 erstmals erschienenen Hauptwerk *Über den Prozeß der Zivilisation* untersuchte Elias den komplementären Zusammenhang zwischen zunehmender sozialer Verflechtung und sich verändernder psychischer Struktur des Einzelnen in der frühen europ. Neuzeit. Auf den materialen Untersuchungen aufbauend entwickelte er eine umfassende Theorie des historischen und sozialen Wandels, in der Soziologie, Psychologie und Geschichte miteinander verknüpft werden. Diese Z. hat Elias in weiteren Arbeiten, etwa in *Die Gesellschaft der Individuen* (1987), in *Etablierte und Außenseiter* (dt. 1990) oder in den *Studien über die Deutschen* (1989), an unterschiedlichen Gegenständen erprobt und weiter ausgearbeitet. Inzwischen gibt es, insbes. im holländ. und angelsächs., ebenso im dt.sprachigen Bereich, eine beträchtliche Reihe von Studien, die an diese Konzeption anknüpfen und sie weiterentwickeln. – Ausgangspunkt der Z. ist die wechselseitige Abhängigkeit und Angewiesenheit der Menschen, mithin die Interdependenz der verschiedenen menschlichen Lebensäußerungen. Die Beziehungsgeflechte, in denen sich Menschen immer schon vorfinden und in denen sich damit auch der Prozeß der Individuierung vollzieht, nennt Elias ›Figurationen‹. Diese ihrerseits miteinander verflochtenen Figurationen (wie Familie oder Staat, Schule, Berufsverbände, aber auch literar. Vereinigungen oder Freundschaftsbünde) bilden Funktionszusammenhänge und sind zugleich Organisationsformen von Machtverhältnissen. Nicht zuletzt infolge der wechselseitigen Beziehungen sind Figurationen dynamische Gebilde; ihre Entwicklung gehorcht Regelmäßigkeiten, welche die historischen Wandlungsprozesse bestimmen. Die Intention der Z. ist es, die Regularitäten dieser Prozesse, innerhalb derer sich gleichermaßen soziale

Gegebenheiten und psychische Strukturen verändern, möglichst umfassend
zu formulieren. Sie bietet damit in der komplementären Verbindung von
Soziologie als Analyse von Formen der Vergesellschaftung, Psychologie als
Analyse des Individuums und Geschichte als Analyse des historischen Wandels eine theoretische Grundlage für die Erkenntnis der Zusammenhänge
zwischen heterogenen und scheinbar getrennten Bereichen der menschlichen
Lebensäußerungen, mithin auch für Synthesebildungen. Nicht zuletzt stellt
die Z. ein theoretisch-methodisches Instrumentarium für die Erforschung
der Geschichte des ↗ Unbewußten bereit; die für den europ.-neuzeitlichen
Prozeß der Zivilisation kennzeichnende Verwandlung von gesellschaftlich
erfahrenem Fremdzwang in Selbstzwang des Individuums bietet dafür ein
Beispiel. ›Zivilisation‹ im Sinne dieser Theorie ist weder ein normativer
Begriff, mit dem bestimmte Verhaltensweisen als allgemeingültige behauptet
werden sollen, noch ein teleologischer, mit dem Ziele oder Zwecke von
Geschichte bestimmt würden (gar im Sinne einer Überlegenheit europ.
Standards über andere); vielmehr ist ›Zivilisation‹ ein deskriptiver Begriff,
welcher im umfassender Weise die Gesamtheit der menschlichen Lebensäußerungen, von den praktischen alltäglichen Verrichtungen bis hin zu den
geistigen Tätigkeiten bezeichnet (und damit im übrigen auch gegen die im
dt.sprachigen Bereich lange tradierte Unterscheidung von Zivilisation und
↗ Kultur gerichtet ist). – In den Lit.wissenschaften hat die Z. seit den 1970er
Jahren verstärkte Beachtung gefunden, wobei allerdings vornehmlich auf den
historisch-materialen Ertrag der Arbeiten von Elias Bezug genommen wird;
das gilt insbes. für die Mediävistik, in der Elias stark rezipiert wurde. Die
theoretischen Möglichkeiten, welche die Z. gerade für eine kulturwissen-
schaftlich orientierte Lit.wissenschaft (↗ Kulturwissenschaft) anbietet, werden
hingegen erst in jüngerer Zeit intensiver diskutiert und sind bei weitem
noch nicht ausgeschöpft. Den Versuch einer theoretischen Entfaltung der
Bedeutung der Z. für die Lit.wissenschaft hat R. Wild in *Lit. im Prozeß der
Zivilisation* (1982) unternommen. Ausgehend von der Bestimmung literar.
Handelns als eines Teilbereichs zivilisatorischen Handelns, gleichermaßen
als integrales Moment des zivilisatorischen Prozesses und als dessen reflexive
Durcharbeitung im Entwurf alternativer Möglichkeiten, entwickelt Wild
eine Reihe möglicher Funktionen von Lit. im Prozeß des historischen und
sozialen Wandels, mit denen das Wechselverhältnis von zivilisatorischem
oder kulturellem Wandel und lit. Prozessen näher bestimmt und so lit.
wissenschaftliches, insbes. lit.historisches Arbeiten zivilisationstheoretisch
begründet werden kann.

Lit.: R. Wild: *Lit. im Prozeß der Zivilisation. Entwurf einer theoretischen Grund-
legung der Lit.wissenschaft*, Stgt. 1982. – H. Korte (Hg.): *Gesellschaftliche Prozesse
und individuelle Praxis*, FfM. 1990. – R. Wild: »Lit.geschichte – Kulturgeschichte
– Zivilisationsgeschichte«. In: Danneberg/Vollhardt 1992. S. 349–363. – *Figurations.
Newsletter of the N. Elias Foundation*, Amsterdam 1994ff. – K.-S. Rehberg (Hg.):
N. Elias und die Menschenwissenschaft, FfM. 1996. – R. Wild: »Lit. und Z.«. In:
Glaser/Luserke 1996. S. 69–92. – A. Treibel et al. (Hgg.): *Z. in der Bilanz. Beiträge
zum 100. Geburtstag von Norbert Elias,* Opladen 2000.   RW

Allgemeine Abkürzungen

afr.	afrikanisch	german.	germanisch
ahd.	althochdeutsch	gr.	griechisch
alger.	algerisch	Hg.	Herausgeber (Sg.)
allg.	allgemein	Hgg.	Herausgeber (Pl.)
am.	amerikanisch	holländ.	holländisch
angelsächs.	angelsächsisch	ind.	indisch
argentin.	argentinisch	indian.	indianisch
asiat.	asiatisch	insbes.	insbesondere
Aufl.	Auflage	ital.	italienisch
Ausg.	Ausgabe	japan.	japanisch
austral.	australisch	Jb.	Jahrbuch
Bd./Bde.	Band/Bände	Jh.	Jahrhundert
Beih.	Beiheft	jüd.	jüdisch
belg.	belgisch	kanad.	kanadisch
bes.	besondere	Kap.	Kapitel
	besonders	karib.	karibisch
brit.	britisch	kolumbian.	kolumbianisch
bulg.	bulgarisch	kroat.	kroatisch
byzantin.	byzantinisch	kuban.	kubanisch
bzw.	beziehungsweise	lat.	lateinisch
ca.	circa	lateinam.	lateinamerikanisch
chilen.	chilenisch	Lit.	Literatur
DFG	Deutsche Forschungs-	lit. ...	literatur- ...
	gemeinschaft	literar.	literarisch
d.h.	das heißt	ma./MA.	mittelalterlich/
dän.	dänisch		Mittelalter
ders.	derselbe	marokkan.	marokkanisch
dies.	dieselbe	mexikan.	mexikanisch
diess.	dieselben	mlat.	mittellateinisch
Diss.	Dissertation	n. Chr.	nach Christus
dt.	deutsch	Nachdr.	Nachdruck
ebd.	ebenda	niederländ.	niederländisch
Einf.	Einführung	nigerian.	nigerianisch
Einl.	Einleitung	nlat.	neulateinisch
elsäss.	elsässisch	norweg.	norwegisch
engl.	englisch	Nr.	Nummer
erw.	erweitert	österreich.	österreichisch
et al.	und andere	peruan.	peruanisch
europ.	europäisch	Pl.	Plural
f.	folgende	poln.	polnisch
ff.	fortfolgende	port.	portugiesisch
frz.	französisch	Rez.	Rezension
Fs.	Festschrift	röm.	römisch
geb.	geboren	russ.	russisch

S.	Seite	u.a.	unter anderem
s.	siehe	usw.	und so weiter
schott.	schottisch	Übers.	Übersetzung
schweizer.	schweizerisch	ungar.	ungarisch
serb.	serbisch	urspr.	ursprünglich
Sg.	Singular	v.a.	vor allem
skandinav.	skandinavisch	v. Chr.	vor Christus
slowen.	slowenisch	vgl.	vergleiche
sog.	sogenannt	vs.	versus
sowjet.	sowjetisch	walis.	walisisch
Sp.	Spalte	z.B.	zum Beispiel
span.	spanisch	z.T.	zum Teil
tschech.	tschechisch	zit.n.	zitiert nach
tschechoslowak.	tschechoslowakisch	Zs.	Zeitschrift

Zeitschriften

AAA	Arbeiten aus Anglistik und Amerikanistik
Anglia	Anglia. Zeitschrift für englische Philologie
DVjs	Deutsche Vierteljahrsschrift für Literaturwissenschaft und Geistesgeschichte
EJES	European Journal of English Studies
ELH	English Literary History
Euphorion	Euphorion. Zeitschrift für Literaturgeschichte
GRAAT	Publications des Groupes de Recherches Anglo-Américaines de l'Université François Rabelais de Tours
GRM	Germanisch-Romanische Monatsschrift
IASL	Internationales Archiv für Sozialgeschichte der deutschen Literatur
JbIG	Jahrbuch für Internationale Germanistik
LiLi	Zeitschrift für Literaturwissenschaft und Linguistik
LWU	Literatur in Wissenschaft und Unterricht
Merkur	Merkur. Deutsche Zeitschrift für europäisches Denken
MLN	Modern Language Notes
NLH	New Literary History
PMLA	Publications of the Modern Language Association of America
PTL	PTL: A Journal for Descriptive Poetics and Theory of Literature
REAL	The Yearbook of Research in English and American Literature
RS/SI	Recherches Sémiotiques/Semiotic Inquiry
SPIEL	Siegener Periodicum zur Internationalen empirischen Literaturwissenschaft
TLS	Times Literary Supplement
ZAA	Zeitschrift für Anglistik und Amerikanistik
ZfS	Zeitschrift für Sozialforschung

Orte

Bln.	Berlin
FfM.	Frankfurt/Main
Hbg.	Hamburg
L.A.	Los Angeles
Ldn.	London
Lpz.	Leipzig
Mchn.	München
N.Y.	New York
Stgt.	Stuttgart
Tüb.	Tübingen

Verzeichnis der Mitarbeiterinnen und Mitarbeiter

AB	Achim Barsch, Siegen
AE	Astrid Erll, Gießen
AHo	Annegreth Horatschek, Kiel
AHJ	Andreas H. Jucker, Zürich
AK	Andreas Kablitz, Köln
AMH	Andreas Müller-Hartmann, Heidelberg
AN	Ansgar Nünning, Gießen
AS	Annette Simonis, Braunschweig
BD	Burckhard Dücker, Heidelberg
BJ	Benedikt Jeßing, Bochum
BNe	Birgit Neumann, Gießen
CR	Claudia Riehl, Freiburg
ChM	Christian Moser, Bonn
ChR	Christoph Reinfandt, Tübingen
ChWT	Christian W. Thomsen, Siegen
DBM	Doris Bachmann-Medick, Göttingen
DF	Doris Feldmann, Erlangen
DS	Dagmar Schmauks, Berlin
EK	Eberhard Kreutzer, Bonn
EUG	Ernst-Ulrich Große, Freiburg
EVV	Eckart Voigts-Virchow, Gießen
FSE	Frank Schulze-Engler, Frankfurt/Main
GI	Guido Isekenmeier, Gießen
GK	Günter Küppers, Bielefeld
GMO	Gabriele Müller-Oberhäuser, Münster
GN	Göran Nieragden, Köln
GOe	Günter Oesterle, Gießen
GR	Gebhard Rusch, Siegen
GV	Gabriele Vickermann-Ribemont, Orléans
HA	Heinz Antor, Köln
HB	Hanjo Berressem, Köln
HBi	Hanne Birk, Gießen
HCh	Heiko Christians, Potsdam
HJ	Hannah Jacobmeyer, Münster
HN	Harald Neumeyer, Bayreuth
HPW	Hans-Peter Wagner, Landau
HUS	Hans-Ulrich Seeber, Stuttgart
HZ	Hubert Zapf, Augsburg
JE	Jutta Ernst, Saarbrücken
JG	Julika Griem, Stuttgart
JHa	Janine Hauthal, Gießen
JKr	Jürgen Kramer, Dortmund
JL	Jürgen Link, Bochum
JMS	José Morales Saravia, Bamberg
JS	Jürgen Schlaeger, Berlin
JSt	Jörn Steigerwald, Bochum
KPL	Konrad Paul Liessmann, Wien

KPM	Klaus Peter Müller, Mainz
KS	Klaudia Seibel, Gießen
KSt	Klaus Stierstorfer, Düsseldorf
LS	Linda Simonis, Köln
LV	Laurenz Volkmann, Jena
MB	Matthias Bauer, Tübingen
MCF	Michael C. Frank, Konstanz
MG	Marion Gymnich, Gießen
MGS	Martina Ghosh-Schellhorn, Saarbrücken
MP	Manfred Pfister, Berlin
MSp	Marion Spies, Wuppertal
NS	Nadyne Stritzke, Gießen
OSch	Oliver Scheiding, Tübingen
PF	Peter Finke, Bielefeld
PJB	Peter J. Brenner, Köln
PMH	Peter M. Hejl, Siegen
RA	Richard Aczel, Köln
RB	Raimund Borgmeier, Gießen
RM	Ruth Mayer, Hannover
RP	Rolf Parr, Dortmund
RPo	Roland Posner, Berlin
RS	Roy Sommer, Gießen
RW	Reiner Wild, Mannheim
SB	Susanne Bach, Mannheim
SH	Sabine Heuser, Marburg
SJS	Siegfried J. Schmidt, Münster
SS	Sven Strasen, Aachen
SSch	Sabine Schülting, Berlin
SW	Simone Winko, Göttingen
StGl	Stefan Glomb, Mannheim
StH	Stefan Horlacher, Mannheim
UG	Ute Gerhard, Dortmund
UHei	Ursula Heise, New York
UWK	Ursula Wiest-Kellner, München
VB	Vittoria Borsò, Düsseldorf
VN	Vera Nünning, Heidelberg
WW	Werner Wolf, Graz

Auswahlbibliographie
literatur- und kulturtheoretischer Werke

Adams, Hazard/Searle, Leroy (Hgg.): *Critical Theory Since 1965*. Tallahassee, FL: Florida State UP, 1990 [1986].

Ahrens, Rüdiger/Volkmann, Laurenz (Hgg.): *Why Literature Matters. Theories and Functions of Literature*. Heidelberg: Winter, 1996.

Apel, Karl-Otto (Hg.): *Hermeneutik und Ideologiekritik*. Frankfurt a.M.: Suhrkamp, 1971.

Appiah, Kwame Anthony/Gates, Henry Louis (Hgg.): *The Dictionary of Global Culture*. New York, NY: Knopf, 1996.

Arac, Jonathan/Johnson, Barbara (Hgg.): *Consequences of Theory*. Baltimore, MD et al.: Johns Hopkins UP, 1991.

Armstrong, Isobel (Hg.): *The New Feminist Discourses. Critical Essays on Theories and Texts*. London/New York, NY: Routledge, 1992.

Armstrong, Isobel: *The Radical Aesthetic*. Oxford/Malden, MA: Blackwell, 2000.

Arnold, Heinz Ludwig/Detering, Heinrich (Hgg.): *Grundzüge der Literaturwissenschaft*. München: dtv, 1997 [1996].

Ashcroft, Bill et al.: *Post-Colonial Studies. The Key Concepts*. London/New York, NY: Routledge, 2000 [1998].

Assmann, Aleida (Hg.): *Texte und Lektüren. Perspektiven in der Literaturwissenschaft*. Frankfurt a.M.: Fischer, 1996.

Assmann, Aleida: *Erinnerungsräume. Formen und Wandlungen des kulturellen Gedächtnisses*. München: Beck, 1999.

Assmann, Aleida/Harth, Dietrich (Hgg.): *Kultur als Lebenswelt und Monument*. Frankfurt a.M.: Fischer, 1991.

Assmann, Aleida/Harth, Dietrich (Hgg.): *Mnemosyne. Formen und Funktionen der kulturellen Erinnerung*. Frankfurt a.M.: Fischer, 1993 [1991].

Assmann, Jan: *Das kulturelle Gedächtnis. Schrift, Erinnerung und politische Identität in frü-hen Hochkulturen*. München: Beck, 1999 [1992].

Atkins, G. Douglas/Morrow, Laura (Hgg.): *Contemporary Literary Theory*. Amherst, MA: University of Massachussetts Press; Basingstoke/London: Macmillan, 1989.

Austin, John Longshaw: *How to Do Things with Words*. Oxford: Oxford UP, 1990 [1962] (dt. *Zur Theorie der Sprechakte*. Stuttgart: Reclam, 2002 [1994, 1972]).

Bachmann-Medick, Doris (Hg.): *Kultur als Text. Die anthropologische Wende in der Literaturwissenschaft*. Frankfurt a.M.: Fischer, 1998 [1996].

Bal, Mieke (Hg.): *The Practice of Cultural Analysis. Exposing Interdisciplinary Interpretation*. Stanford: Stanford UP, 1999 (dt. *Kulturanalyse*. Frankfurt a.M.: Suhrkamp, 2002).

Bal, Mieke/Boer, Inge E. (Hgg.): *The Point of Theory. Practices of Cultural Analysis*. New York, NY: Continuum; Amsterdam: Amsterdam UP, 1994.

Barck, Karlheinz (Hg.): *Ästhetische Grundbegriffe. Historisches Wörterbuch in sieben Bänden*. Stuttgart/Weimar: Metzler, 2000–2005.

Barsch, Achim et al. (Hgg.): *Empirische Literaturwissenschaft in der Diskussion*. Frankfurt a.M.: Suhrkamp, 1994.

Belsey, Catherine: *Critical Practice*. London: Routledge, 1994 [1980].

Berg, Eberhard/Fuchs, Martin (Hgg.): *Kultur, soziale Praxis, Text. Die Krise der ethnographischen Repräsentation*. Frankfurt a.m.: Suhrkamp, 1995 [1993].

Berger, Arthur Asa: *Cultural Criticism. A Primer of Key Concepts*. London/Thousand Oaks, CA: Sage, 1995.

Berman, Art: *From the New Criticism to Deconstruction. The Reception of Structuralism and Poststructuralism*. Urbana, IL et al.: University of Illinois Press, 1988.

Bertens, Hans/Natoli, Joseph (Hgg.): *Postmodernism. The Key Figures*. Malden, MA: Blackwell, 2002.

Best, Steven/Kellner, Douglas: *Postmodern Theory. Critical Interrogations*. Basingstoke/ London: Macmillan, 1995 [1991].

Bhabha, Homi K.: *The Location of Culture*. London/New York, NY: Routledge, 1995 [1994] (dt. *Die Verortung der Kultur*. Tübingen: Stauffenburg, 2000).

Blonsky, Marshall (Hg.): *On Signs. A Semiotics Reader*. Baltimore, MD: Johns Hopkins UP, 1991 [1985].

Bloom, Harold: *The Anxiety of Influence. A Theory of Poetry*. New York, NY: Oxford UP, 1997 [1973] (dt. *Einflußangst. Eine Theorie der Dichtung*. Basel/Frankfurt a.M.: Stroemfeld, 1995).

Bloom, Harold et al.: *Deconstruction and Criticism*. New York, NY: Continuum, 1992 [1979].

Böhme, Hartmut/Scherpe, Klaus R. (Hgg.): *Literatur und Kulturwissenschaften. Positionen, Theorien, Modelle*. Reinbek: Rowohlt, 1996.

Bogdal, Klaus-Michael (Hg.): *Neue Literaturtheorien. Eine Einführung*. Opladen: Westdeutscher Verlag, 1997 [1990].

Booth, Wayne C.: *Critical Understanding. The Powers and Limits of Pluralism*. Chicago, IL/ London: University of Chicago Press, 1979.

Borchmeyer, Dieter/Žmegač, Viktor (Hgg.): *Moderne Literatur in Grundbegriffen*. Tübingen: Niemeyer, 1994 [1987].

Bouissac, Paul et al. (Hgg.): *Iconicity. Essays on the Nature of Culture*. Tübingen: Stauffenburg, 1986.

Bowie, Malcolm: *Freud, Proust, and Lacan. Theory as Fiction*. Cambridge/New York, NY: Cambridge UP, 1988 [1987].

Bradford, Richard (Hg.): *The State of Theory*. London/New York, NY: Routledge, 1993.

Brenner, Peter J.: *Das Problem der Interpretation. Eine Einführung in die Grundlagen der Literaturwissenschaft*. Tübingen: Niemeyer, 1998.

Brooks, Ann: *Postfeminisms. Feminism, Cultural Theory, and Cultural Forms*. London/New York, NY: Routledge, 1997.

Burgass, Catherine: *Challenging Theory. Discipline after Deconstruction*. Aldershot: Ashgate, 1999.

Bußmann, Hadumod/Hof, Renate (Hgg.): *Genus. Zur Geschlechterdifferenz in den Kulturwissenschaften*. Stuttgart: Kröner, 1995.

Butler, Judith: *Gender Trouble. Feminism and the Subversion of Identity*. New York, NY/ London: Routledge, 1990 (dt. *Das Unbehagen der Geschlechter*. Frankfurt a.M.: Suhrkamp, 1991).

Butler, Judith: *Bodies that Matter. On the Discursive Limits of ›Sex‹*. New York, NY/London: Routledge, 1993 (dt. *Körper von Gewicht. Die diskursiven Grenzen des Geschlechts*. Berlin: Berlin-Verlag, 1995).

Butler, Judith et al. (Hgg.): *What's Left of Theory? New Work on the Politics of Literary Theory*. London/New York, NY: Routledge, 2000.

Carey, Gary/Snodgrass, Mary Ellen: *A Multicultural Dictionary of Literary Terms*. Jefferson, NC et al.: McFarland, 1999.

Carroll, David: *The Subject in Question. The Language of Theory and the Strategies of Fiction*. Chicago, IL/London: Chicago UP, 1982.

Carroll, Noël: *A Philosophy of Mass Art*. Oxford: Clarendon, 1998.

Cashmore, Ellis/Rojek, Chris (Hgg.): *Dictionary of Cultural Theorists*. London et al.: Arnold, 1999.

Chatman, Seymour: *Story and Discourse. Narrative Structure in Fiction and Film*. Ithaca, NY: Cornell UP, 1993 [1978].

Chatman, Seymour: *Coming to Terms. The Rhetoric of Narrative in Fiction and Film*. Ithaca, NY: Cornell UP, 1993 [1990].

Childs, Peter/Williams, Patrick R.J.: *An Introduction to Post-Colonial Theory*. London/ New York, NY: Prentice Hall, 2002 [1997, 1996].

Cohen, Tom: *Ideology and Inscription. ›Cultural Studies‹ after Benjamin, de Man, and Bakhtin*. Cambridge: Cambridge UP, 1998.

Colebrook, Claire: *New Literary Histories. New Historicism and Contemporary Criticism*. Manchester/New York, NY: Manchester UP, 1998 [1997].

Connor, Steven: *Postmodernist Culture. An Introduction to Theories of the Contemporary*. Oxford/Cambridge, MA: Blackwell, 1997 [1989].

Coombe, Rosemary J.: *Cultural Appropriations*. Durham: Duke UP, 1998 [1997].

Culler, Jonathan: *On Deconstruction. Theory and Criticism after Structuralism*. Ithaca, NY: Cornell UP; London: Routledge, 1994 [1982] (dt. *Dekonstruktion. Derrida und die poststrukturalistische Literaturtheorie*. Reinbek: Rowohlt, 1994 [1988]).

Culler, Jonathan: *Framing the Sign. Criticism and Its Institutions*. Norman, OK: Oklahoma UP; Oxford: Blackwell, 1988.

Danneberg, Lutz/Vollhardt, Friedrich (Hgg.): *Vom Umgang mit Literatur und Literaturgeschichte. Positionen und Perspektiven nach der ›Theoriedebatte‹*. Stuttgart/Weimar: Metzler, 1992.

Danneberg, Lutz/Vollhardt, Friedrich (Hgg.): *Wie international ist die Literaturwissenschaft? Methoden- und Theoriediskussion in den Literaturwissenschaften. Kulturelle Besonderheiten und interkultureller Austausch am Beispiel des Interpretationsproblems (1950– 1990)*. Stuttgart/Weimar: Metzler, 1996 [1995].

Danneberg, Lutz/Vollhardt, Friedrich (Hgg.): *Wissen in Literatur im 19. Jahrhundert*. Tübingen: Niemeyer, 2002.

Davis, Robert Con/Schleifer, Ronald (Hgg.): *Contemporary Literary Criticism. Literary and Cultural Studies. 1900 to the Present*. London/New York, NY: Longman, 1998 [1989].

Davis, Robert Con/Schleifer, Ronald: *Criticism and Culture. The Role of Critique in Modern Literary Theory*. London et al.: Longman, 1991.

Davis, Todd F./Womack, Kenneth: *Formalist Criticism and Reader-Response Theory*. Basingstoke et al.: Palgrave, 2002.

de Berg, Henk/Prangel, Matthias (Hgg.): *Differenzen. Systemtheorie zwischen Dekonstruktion und Konstruktivismus*. Tübingen: Francke, 1995.

de Berg, Henk/Prangel, Matthias (Hgg.): *Systemtheorie und Hermeneutik*. Tübingen: Francke, 1997.

de Berg, Henk/Prangel, Matthias (Hgg.): *Interpretation 2000. Positionen und Kontroversen. Festschrift zum 65. Geburtstag von Horst Steinmetz*. Heidelberg: Winter, 1999.

De-Geest, Dirk et al. (Hgg.): *Under Construction. Links for the Site of Literary Theory. Essays in Honour of Hendrik Van Gorp*. Leuven: Leuven UP, 2000.

de Man, Paul: *Blindness and Insight. Essays in the Rhetoric of Contemporary Criticism*. London: Routledge, 1989 [1971] (dt. *Allegorien des Lesens*. Frankfurt a.M.: Suhrkamp, 1998).

de Man, Paul: *Allegories of Reading. Figural Language in Rousseau, Nietzsche, Rilke, and Proust*. New Haven, CT/London: Yale UP, 1979.

de Man, Paul: *The Resistance to Theory*. Manchester: Manchester UP; Minneapolis, MN: Minnesota UP, 1986.

Derrida, Jacques: *De la grammatologie*. Paris: Minuit, 1997a [1967] (dt. *Grammatologie*. Frankfurt a.M.: Suhrkamp, 1998 [1974]).

Derrida, Jacques: *L'écriture et la différence*. Paris: Seuil, 1997b [1967] (dt. *Die Schrift und die Differenz*. Frankfurt a.M.: Suhrkamp, 1997 [1972]).

Docherty, Thomas: *After Theory. Postmodernism/Postmarxism*. Edinburgh: Edinburgh UP, 1996 [1990].

Docherty, Thomas (Hg.): *Postmodernism. A Reader*. New York, NY/London: Harvester Wheatsheaf, 1993.

Dosse, François: *Geschichte des Strukturalismus*. Bd. 1: *Das Feld des Zeichens, 1945–1966*. Bd. 2: *Die Zeichen der Zeit, 1967–1991*. Hamburg: Junius, 1998 [1996f.].

During, Simon (Hg.): *The Cultural Studies Reader*. London: Routledge, 1995 [1993].

Eagleton, Terry: *The Function of Criticism. From ›The Spectator‹ to Post-Structuralism*. London: Verso, 1994 [1984].

Eagleton, Terry: *The Ideology of the Aesthetic*. Oxford: Blackwell, 1995 [1990] (dt. *Ästhetik*. Stuttgart/Weimar: Metzler, 1994).

Easterlin, Nancy/Riebling, Barbara (Hgg.): *After Poststructuralism. Interdisciplinary and Literary Theory*. Evanston, IL: Northwestern UP, 1993.

Easthope, Antony/McGowan, Kate (Hgg.): *A Critical and Cultural Theory Reader*. Toronto/Buffalo: University of Toronto Press; Buckingham: Open UP, 1992.

Echterhoff, Gerald/Saar, Martin (Hgg.): *Kontexte und Kulturen des Erinnerns. Maurice Halbwachs und das Paradigma des kollektiven Gedächtnisses*. Konstanz: UVK, 2002.

Eco, Umberto: *La struttura assente*. Mailand: Bompiani, 1980 [1968] (dt. *Einführung in die Semiotik*. München: Fink, 1994 [1972]).

Eco, Umberto: *Trattato di semiotica generale*. Mailand: Bompiani, 1994 [1975] (dt. *Semiotik. Entwurf einer Theorie der Zeichen*. München: Fink, 1991 [1987]).

Eco, Umberto: *Semiotica e filosofia del linguaggio*. Turin: Einaudi, 1996 [1984] (dt. *Semiotik und Philosophie der Sprache*. München: Fink, 1985).

Eggert, Hartmut et al. (Hgg.): *Geschichte als Literatur. Formen und Grenzen der Repräsentation von Vergangenheit*. Stuttgart/Weimar: Metzler, 1990.

Eibach, Joachim/Lottes, Günther (Hgg.): *Kompass der Geschichtswissenschaft. Ein Handbuch*. Göttingen: Vandenhoeck & Ruprecht, 2002.

Ellis, John M.: *Against Deconstruction*. Princeton, NJ: Princeton UP, 1989.

Erhart, Walter/Jaumann, Herbert (Hgg.): *Jahrhundertbücher. Große Theorien von Freud bis Luhmann*. München: Beck, 2000.

Erll, Astrid: *Gedächtnisromane. Literatur über den Ersten Weltkrieg als Medium englischer und deutscher Erinnerungskulturen in den 1920er Jahren*. Trier: WVT, 2003.

Eschbach, Achim/Rader, Wendelin (Hgg.): *Literatursemiotik. Methoden – Analysen – Tendenzen*. 2 Bde. Tübingen: Narr, 1980.

Ette, Ottmar: *ÜberLebenswissen. Die Aufgabe der Philologie*. Berlin: Kadmos Kulturverlag, 2004.

Fish, Stanley: *Is There a Text in This Class? The Authority of Interpretive Communities*. Cambridge, MA: Harvard UP, 1995 [1980].

Fischer-Lichte, Erika et al. (Hgg.): *Metzler Lexikon Theatertheorie*. Stuttgart/Weimar: Metzler, 2004.

Fleischer, Michael: *Die sowjetische Semiotik. Theoretische Grundlagen der Moskauer und Tartuer Schule*. Tübingen: Stauffenburg, 1989.

Fludernik, Monika: *Towards a ›Natural‹ Narratology*. London: Routledge, 1996.

Fohrmann, Jürgen (Hg.): *Rhetorik. Figuration und Performanz. DFG-Symposion 2002*. Stuttgart/Weimar: Metzler 2004.

Fohrmann, Jürgen/Müller, Harro (Hgg.): *Diskurstheorien und Literaturwissenschaft*. Frankfurt a.M.: Suhrkamp, 1992 [1988].

Fohrmann, Jürgen/Müller, Harro (Hgg.): *Systemtheorie der Literatur*. München: Fink, 1996.

Fohrmann, Jürgen/Schüttpelz, Erhard (Hgg.): *Die Kommunikation der Medien*. Tübingen: Niemeyer, 2004.

Foltinek, Herbert/Leitgeb, Christoph (Hgg.): *Literaturwissenschaft: Intermedial – Interdisziplinär*. Wien: Verlag der Österreich. Akademie der Wissenschaften, 2002.

Foucault, Michel: *Les mots et les choses. Une archéologie des sciences humaines*. Paris: Gallimard, 1966 (dt. *Die Ordnung der Dinge. Eine Archäologie der Humanwissenschaften*. Frankfurt a.M.: Suhrkamp, 1997 [1971]).

Foucault, Michel: *L'archéologie du savoir*. Paris: Gallimard, 1969 (dt. *Archäologie des Wissens*. Frankfurt a.M.: Suhrkamp, 1997 [1973]).

Fowler, Alastair: *Kinds of Literature. An Introduction to the Theory of Genres and Modes*. Oxford: Clarendon, 1997 [1982].

Fowler, Roger (Hg.): *A Dictionary of Modern Critical Terms*. London: Routledge, 1991 [1973].

Frank, Armin Paul: *Einführung in die britische und amerikanische Literaturkritik und -theorie*. Darmstadt: Wissenschaftliche Buchgesellschaft, 1983.

Frank, Manfred: *Was ist Neostrukturalismus?* Frankfurt a.M.: Suhrkamp, 1997 [1983] (engl. *What Is Neostructuralism?* Minneapolis, MN: Minnesota UP, 1989).

Freadman, Richard/Reinhardt, Lloyd: *On Literary Theory and Philosophy. A Cross-Disciplinary Encounter*. Basingstoke/London: Macmillan; New York, NY: St. Martin's, 1991.

Fricke, Harald: *Norm und Abweichung. Eine Philosophie der Literatur*. München: Beck, 1981.

Fricke, Harald (Hg.): *Reallexikon der Deutschen Literaturwissenschaft*. Bd. 2: *H-O*. Neubearbeitung des *Reallexikons der Deutschen Literaturgeschichte*. Berlin/New York, NY: de Gruyter, 2000. [Bd. 1 s. Weimar 1997; Bd. 3 s. Müller 2003]

Frühwald, Wolfgang et al.: *Geisteswissenschaften heute. Eine Denkschrift*. Frankfurt a.M.: Suhrkamp, 1996 [1991].

Gates, Henry Louis, Jr. (Hg.): *›Race‹, Writing, and Difference*. Chicago, IL: Chicago UP, 1995 [1986].

Geertz, Clifford: *The Interpretation of Cultures. Selected Essays*. New York, NY: Basic Books, 1973 (dt. Teilübers.: *Dichte Beschreibung. Beiträge zum Verstehen kultureller Systeme*. Frankfurt a.M.: Suhrkamp, 1991 [1983]).

Geisenhanslüke, Achim: *Einführung in die Literaturtheorie. Von der Hermeneutik bis zur Medienwissenschaft*. Darmstadt: WBG, 2003.

Geppert, Hans Vilmar/Zapf, Hubert (Hgg.): *Theorien der Literatur*. Bd. 1: *Grundlagen und Perspektiven*. Tübingen/Basel: Francke, 2003.

Glaser, Renate/Luserke, Matthias (Hgg.): *Literaturwissenschaft – Kulturwissenschaft. Positionen, Themen, Perspektiven.* Opladen: Westdeutscher Verlag, 1996.

Glauser, Jürg/Heitmann, Annegret (Hgg.): *Verhandlungen mit dem ›New Historicism‹. Das Text-Kontext-Problem in der Literaturwissenschaft.* Würzburg: Königshausen & Neumann, 1999.

Gottdiener, Mark: *Postmodern Semiotics. Material Culture and the Forms of Postmodern Life.* Oxford/Cambridge, MA: Blackwell, 1995.

Greenblatt, Stephen: *Renaissance Self-Fashioning. From More to Shakespeare.* Chicago, IL/London: University of Chicago Press, 1980.

Gülich, Elisabeth/Raible, Wolfgang: *Linguistische Textmodelle. Grundlagen und Möglichkeiten.* München: Fink, 1977.

Gumbrecht, Hans Ulrich/Link-Heer, Ursula (Hgg.): *Epochenschwellen und Epochenstrukturen im Diskurs der Literatur- und Sprachhistorie.* Frankfurt a.M.: Suhrkamp, 1985.

Harari, Josué V. (Hg.): *Textual Strategies. Perspectives in Post-Structuralist Criticism.* Ithaca, NY: Cornell UP, 1989 [1979].

Hawthorn, Jeremy (Hg.): *Criticism and Critical Theory.* London: Arnold, 1984.

Henrich, Dieter/Iser, Wolfgang (Hgg.): *Funktionen des Fiktiven.* München: Fink, 1983.

Herman, David: *Story Logic. Problems and Possibilities in Narrative.* Lincoln, NE: University of Nebraska Press, 2002.

Herron, Jerry et al. (Hgg.): *The Ends of Theory.* Detroit, MI: Wayne State UP, 1996.

Hetzel, Andreas: *Zwischen Poiesis und Praxis. Elemente einer kritischen Theorie der Kultur.* Würzburg: Königshausen & Neumann, 2001.

Heuermann, Hartmut (Hg.): *Classics in Cultural Criticism.* Bd. 2: *U.S.A.* Frankfurt a.M.: Lang, 1990.

Heuermann, Hartmut/Lange, Bernd-Peter (Hgg.): *Contemporaries in Cultural Criticism.* Frankfurt a.M. et al.: Lang, 1992 [1991].

Holl, Mirjam-Kerstin: *Semantik und soziales Gedächtnis. Die Systemtheorie Niklas Luhmanns und die Gedächtnistheorie von Aleida und Jan Assmann.* Würzburg: Königshausen & Neumann, 2003.

Holub, Robert C.: *Reception Theory. A Critical Introduction.* London: Routledge, 1989 [1984].

Horatschek, Annegreth: *Alterität und Stereotyp. Die Funktion des Fremden in den ›International Novels‹ von E.M. Forster und D.H. Lawrence.* Tübingen: Narr, 1998.

Horstmann, Ulrich: *Parakritik und Dekonstruktion. Eine Einführung in den amerikanischen Poststrukturalismus.* Würzburg: Königshausen & Neumann, 1983.

Horstmann, Ulrich/Zach, Wolfgang (Hgg.): *Kunstgriffe. Auskünfte zur Reichweite von Literaturtheorie und Literaturkritik. Festschrift für Herbert Mainusch.* Frankfurt a.M. et al.: Lang, 1990 [1989].

Huber, Martin/Lauer, Gerhard (Hgg.): *Nach der Sozialgeschichte. Konzepte für eine Literaturwissenschaft zwischen Historischer Anthropologie, Kulturgeschichte und Medientheorie.* Tübingen: Niemeyer, 2000.

Hutcheon, Linda: *A Poetics of Postmodernism. History, Theory, Fiction.* London/New York, NY: Routledge, 1996 [1988].

Iser, Wolfgang: *Prospecting. From Reader Response to Literary Anthropology.* Baltimore: Johns Hopkins UP, 1989.

Iser, Wolfgang: *Theorie der Literatur. Eine Zeitperspektive.* Konstanz: Universitätsverlag Konstanz, 1992 [1991].

Iser, Wolfgang: *Das Fiktive und das Imaginäre. Perspektiven literarischer Anthropologie.* Frankfurt a.M.: Suhrkamp, 1993 [1991] (engl. *The Fictive and the Imaginary. Charting Literary Anthropology.* Baltimore, MD: Johns Hopkins UP, 1993).

Jaeger, Friedrich/Liebsch, Burkhard (Hgg.): *Handbuch der Kulturwissenschaften.* Bd. 1: *Grundlagen und Schlüsselbegriffe.* Stuttgart/ Weimar: Metzler, 2004.

Jaeger, Friedrich/Rüsen, Jörn (Hgg.): *Handbuch der Kulturwissenschaften.* Bd. 3: *Themen und Tendenzen.* Stuttgart/Weimar: Metzler, 2004.

Jaeger, Friedrich/Straub, Jürgen (Hgg.): *Handbuch der Kulturwissenschaften.* Bd. 2: *Paradigmen und Disziplinen.* Stuttgart/Weimar: Metzler, 2004.

Jahraus, Oliver: *Theorieschleife. Systemtheorie, Dekonstruktion und Medientheorie.* Wien: Passagen-Verlag, 2001.

Jahraus, Oliver/Ort, Nina (Hgg.): *Bewusstsein – Kommunikation – Zeichen. Wechselwirkungen zwischen Luhmannscher Systemtheorie und Peircescher Zeichentheorie.* Tübingen: Niemeyer, 2001.

Jahraus, Oliver/Scheffer, Bernd (Hgg.): *Interpretation, Beobachtung, Kommunikation. Avancierte Literatur und Kunst im Rahmen von Konstruktivismus, Dekonstruktivismus und Systemtheorie.* Tübingen: Niemeyer, 1999.

Jakobson, Roman: *Semiotik. Ausgewählte Texte 1919–1982.* Frankfurt a.M.: Suhrkamp, 1992 [1988].

Jameson, Fredric: *The Prison-House of Language. A Critical Account of Structuralism and Russian Formalism.* Princeton, NJ: Princeton UP, 1974 [1972].

Jameson, Fredric: *The Political Unconscious. Narrative as a Social Symbolic Act.* Ithaca, NY: Cornell UP, 1994 [1981] (dt. *Das politische Unbewußte. Literatur als Symbol sozialen Handelns.* Reinbek: Rowohlt, 1988).

Jameson, Fredric: *The Ideologies of Theory.* Bd. 1: *Situations of Theory.* Bd. 2: *The Syntax of History.* London: Routledge, 1988.

Jay, Martin: *Cultural Semantics. Keywords of Our Time.* London: Athlone, 1998.

Jünger, Sebastian: *Kognition, Kommunikation, Kultur. Aspekte integrativer Theoriearbeit.* Wiesbaden: Deutscher Universitätsverlag, 2002.

Jurt, Joseph (Hg.): *Zeitgenössische französische Denker. Eine Bilanz.* Freiburg: Rombach, 1998.

Jurt, Joseph (Hg.): *Von Michel Serres bis Julia Kristeva.* Freiburg: Rombach, 1999.

Kavanagh, Thomas D. (Hg.): *The Limits of Theory.* Stanford, CA: Stanford UP, 1989.

Kittler, Friedrich A.: *Aufschreibesysteme 1800/1900.* München: Fink, 2003 [1995, 1985] (engl. *Discourse Networks 1800/1900.* Stanford, CA: Stanford UP, 1990).

Kloock, Daniela/Spahr, Angela: *Medientheorien. Eine Einführung.* München: Fink, 2000 [1997].

Koch, Walter A.: *Evolutionäre Kultursemiotik. Skizzen zur Grundlegung und Institutionalisierung von integrierten Kultur-Studien.* Bochum: Brockmeyer, 1986 (engl. *Evolutionary Cultural Semiotics. Essays on the Foundation and Institutionalization of Integrated Cultural Studies.* Bochum: Brockmeyer, 1986).

Koch, Walter A. (Hg.): *Semiotik in den Einzelwissenschaften.* 2 Bde. Bochum: Brockmeyer, 1990.

Koselleck, Reinhart: *Vergangene Zukunft. Zur Semantik geschichtlicher Zeiten.* Frankfurt a.M.: Suhrkamp, 2000 [1995, 1979] (engl. *Futures Past. On the Semantics of Historical Time.* New York, NY: Columbia UP, 2004 [Cambridge, MA et al.: MIT Press 1985]).

Kroll, Renate (Hg.): *Metzler Lexikon Gender Studies/Geschlechterforschung. Ansätze – Personen – Grundbegriffe*. Stuttgart/Weimar: Metzler, 2002.

Lacey, Nick: *Narrative and Genre. Key Concepts in Media Studies*. Basingstoke: Macmillan, 2000.

Landow, George P.: *Hypertext. The Convergence of Contemporary Critical Theory and Technology*. Baltimore, MD: Johns Hopkins UP, 1993 [1992].

Landow, George P.: *Hyper/Text/Theory*. Baltimore, MD: Johns Hopkins UP, 1994.

Lange, Bernd-Peter (Hg.): *Classics in Cultural Criticism*. Bd. 1: *Britain*. Frankfurt a.M.: Lang, 1990.

Lentricchia, Frank: *After the New Criticism*. Chicago, IL: Chicago UP; London: Athlone, 1980.

Lentricchia, Frank/McLaughlin, Thomas (Hgg.): *Critical Terms for Literary Study*. Chicago, IL/London: Chicago UP, 1995 [1990].

Lenz, Bernd/Lüsebrink, Hans-Jürgen (Hgg.): *Fremdheitserfahrung und Fremdheitsdarstellung in okzidentalen Kulturen. Theorieansätze, Medien/Textsorten, Diskursformen*. Passau: Wissenschaftsverlag Richard Rothe, 1999.

Link, Jürgen: *Elementare Literatur und generative Diskursanalyse*. München: Fink, 1983.

Lodge, David (Hg.): *Modern Criticism and Theory. A Reader*. London/New York, NY: Longman, 2000 [1996, 1988].

Lotman, Jurij M.: *Die Struktur literarischer Texte*. München: Fink, 1993 [1972].

Ludes, Peter: *Einführung in die Medienwissenschaft. Entwicklungen und Theorien*. Berlin: Schmidt, 2003 [1998].

Lyotard, Jean-François: *La condition postmoderne. Rapport sur le savoir*. Paris: Minuit, 1994 [1979] (dt. *Das postmoderne Wissen. Ein Bericht*. Wien: Passagen-Verlag, 1994 [1982]).

Macey, David: *The Penguin Dictionary of Critical Theory*. London et al.: Penguin Books, 2000.

Machor, James L./ Goldstein, Philip (Hgg.): *Reception Study. From Literary Theory to Cultural Studies*. New York, NY: Routledge, 2001.

McGann, Jerome: *Radiant Textuality. Literature after the World Wide Web*. Basingstoke et al.: Palgrave, 2001.

McGowan, John: *Postmodernism and Its Critics*. Ithaca, NY: Cornell UP, 1991.

McHale, Brian: *Constructing Postmodernism*. London: Routledge, 1992.

McQuillan, Martin et al. (Hgg.): *Post-Theory. New Directions in Criticism*. Edinburgh: Edinburgh UP, 1999.

Merrell, Floyd: *A Semiotic Theory of Texts*. Berlin: Mouton; New York, NY: de Gruyter, 1985.

Merrell, Floyd: *Sign, Textuality, World*. Bloomington, IN: Indiana UP, 1992.

Merrell, Floyd: *Semiosis in the Postmodern Age*. West Lafayette, IN: Purdue UP, 1995.

Mihailescu, Calin-Andrei/Hamarneh, Walid (Hgg.): *Fiction Updated. Theories of Fictionality, Narratology, and Poetics*. Toronto: University of Toronto Press, 1996.

Miner, Earl R.: *Comparative Poetics. An Intercultural Essay on Theories of Literature*. Princeton, NJ: Princeton UP, 1990.

Mohanty, Satya P.: *Literary Theory and the Claims of History. Postmodernism, Objectivity, Multicultural Politics*. Ithaca, NY/London: Cornell UP, 1997.

Moi, Toril. *Sexual/Textual Politics. Feminist Literary Theory*. London: Routledge, 2002 [1995, 1985] (dt. *Sexus, Text, Herrschaft. Feministische Literaturtheorie*. Bremen: Zeichen und Spuren, 1989).

Mongia, Padmini (Hg.): *Contemporary Postcolonial Theory. A Reader*. London: Arnold, 1996.

Moore-Gilbert, Bart: *Postcolonial Theory. Contexts, Practices, Politics*. London: Verso, 1997.

Moriarty, Michael E.: *Semiotics of World Literature*. Lewiston, NY: Mellen, 1996.

Moser, Sibylle: *Komplexe Konstruktionen. Systemtheorie, Konstruktivismus und empirische Literaturwissenschaft*. Wiesbaden: Deutscher Universitätsverlag, 2001.

Müller, Jan-Dirk (Hg): *Reallexikon der Deutschen Literaturwissenschaft*. Bd. 3: *P–Z*. Neubearbeitung des *Reallexikons der Deutschen Literaturgeschichte*. Berlin/New York, NY: de Gruyter, 2003. [Bd. 1 s. Weimar 1997; Bd. 2 s. Fricke 2000].

Murray, Chris (Hg.): *Key Writers on Art. The Twentieth Century.* London/New York, NY: Routledge, 2002.

Naumann, Dietrich: *Literaturtheorie und Geschichtsphilosophie*. Teil 1: *Aufklärung, Romantik, Idealismus*. Stuttgart/Weimar: Metzler, 1979.

Neumann, Gerhard/Weigel, Sigrid (Hgg.): *Lesbarkeit der Kultur. Literaturwissenschaften zwischen Kulturtechnik und Ethnographie*. München: Fink, 2000.

Nöth, Winfried: *Handbuch der Semiotik*. Stuttgart/Weimar: Metzler, 2000 [1985] (engl. *Handbook of Semiotics*. Bloomington, IN: Indiana UP, 1990).

Nöth, Winfried (Hg.): *Origins of Semiosis. Sign Evolution in Nature and Culture*. Berlin: Mouton/New York, NY: de Gruyter, 1994.

Nöth, Winfried (Hg.): *Semiotics of the Media. State of the Art, Projects, and Perspectives*. Berlin: Mouton; New York, NY: de Gruyter, 1997.

Norris, Christopher: *Deconstruction. Theory and Practice*. London: Routledge, 2002 [1996, 1982].

Nünning, Ansgar: *Grundzüge eines kommunikationstheoretischen Modells der erzählerischen Vermittlung. Die Funktionen der Erzählinstanz in den Romanen George Eliots*. Trier: Wissenschaftlicher Verlag Trier, 1989.

Nünning, Ansgar (Hg.): *Literaturwissenschaftliche Theorien, Modelle und Methoden. Eine Einführung*. Trier: Wissenschaftlicher Verlag Trier, 1998 [1995].

Nünning, Ansgar: *Von historischer Fiktion zu historiographischer Metafiktion*. Bd. 1: *Theorie, Typologie und Poetik des historischen Romans*. Trier: Wissenschaftlicher Verlag Trier, 1995.

Nünning, Ansgar/Nünning, Vera (Hgg.): *Neue Ansätze in der Erzähltheorie*. Trier: WVT, 2002.

Nünning, Ansgar/Nünning, Vera (Hgg.): *Konzepte der Kulturwissenschaften. Theoretische Grundlagen – Ansätze – Perspektiven*. Stuttgart/Weimar: Metzler, 2003.

Nünning, Vera/Nünning, Ansgar (Hgg.): *Erzähltheorie transgenerisch, intermedial, interdisziplinär*. Trier: WVT, 2002.

Nünning, Vera/Nünning, Ansgar (Hgg.): *Erzähltextanalyse und Gender Studies*. Stuttgart/Weimar: Metzler, 2004.

Ong, Walter J.: *Orality and Literacy. The Technologizing of the Word*. London: Routledge, 1982 (dt. *Oralität und Literalität. Die Technologisierung des Wortes.* Opladen: Westdeutscher Verlag, 1987).

Orr, Leonard: *A Dictionary of Critical Theory*. New York, NY: Greenwood, 1991.

Payne, Michael (Hg.): *A Dictionary of Cultural and Critical Theory*. Oxford: Blackwell, 1996.

Payne, Michael/Schad, John (Hgg.): *Life.After. Theory. Interviews with Jacques Derrida, Sir Frank Kermode, Toril Moi and Christopher Norris*. London: Continuum, 2003.

Pechlivanos, Miltos et al. (Hgg.): *Einführung in die Literaturwissenschaft.* Stuttgart/Weimar: Metzler, 1995.

Peper, Jürgen: *Ästhetisierung als Aufklärung. Unterwegs zur demokratischen Privatkultur. Eine literarästhetisch abgeleitete Kulturtheorie.* Berlin: John F. Kennedy-Institut für Nordamerikastudien, 2002.

Pethes, Nicolas/Ruchatz, Jens (Hgg.): *Gedächtnis und Erinnerung. Ein interdisziplinäres Lexikon.* Reinbek: Rowohlt, 2001.

Pfeiffer, Karl Ludwig: *Das Mediale und das Imaginäre. Dimensionen kulturanthropologischer Medientheorie.* Frankfurt a.M.: Suhrkamp, 1999.

Pfeiffer, Karl Ludwig et al. (Hgg.): *Theorie als kulturelles Ereignis.* Berlin/New York: de Gruyter, 2001.

Posner, Roland et al.: *Semiotik. Ein Handbuch zu den zeichentheoretischen Grundlagen von Natur und Kultur.* 4 Bde. Berlin/New York, NY: de Gruyter, 1997–2004.

Preminger, Alex/Brogan, Terry V.F. (Hgg.): *The New Princeton Encyclopedia of Poetry and Poetics.* Princeton, NJ: Princeton UP, 1993.

Prinz, Wolfgang/Weingart, Peter (Hgg.): *Die sogenannten Geisteswissenschaften. Innenansichten.* Frankfurt a.M.: Suhrkamp, 1990.

Rabaté, Jean-Michel: *The Future of Theory.* Oxford/Malden, MA: Blackwell, 2002.

Rajan, Tilottama/O'Driscoll, Michael-J. (Hgg.): *After Poststructuralism. Writing the Intellectual History of Theory.* Toronto, ON: University of Toronto Press, 2002.

Reif-Hülser, Monika (Hg.): *Borderlands. Negotiating Boundaries in Post-Colonial Writing.* Amsterdam/Atlanta, GA: Rodopi, 1999.

Righter, William: *The Myth of Theory.* Cambridge et al.: Cambridge UP, 1994.

Rimmon-Kenan, Shlomith: *Narrative Fiction. Contemporary Poetics.* London: Routledge, 2002 [1996, 1983].

Rusch, Gebhard: *Erkenntnis, Wissenschaft, Geschichte. Von einem konstruktivistischen Standpunkt.* Frankfurt a.M.: Suhrkamp, 1987.

Said, Edward W.: *Orientalism.* London et al.: Penguin, 2003 [1995, 1978] (dt. *Orientalismus.* Frankfurt a.M. et al.: Ullstein, 1981).

Said, Edward W.: *The World, the Text, and the Critic.* London: Vintage, 1991 [1983] (dt. *Die Welt, der Text und der Kritiker.* Frankfurt a.M.: Fischer, 1997).

Said, Edward W.: *Culture and Imperialism.* New York, NY: Knopf, 1994 [1993] (dt. *Kultur und Imperialismus. Einbildungskraft und Politik im Zeitalter der Macht.* Frankfurt a.M.: Fischer, 1994).

Said, Edward W.: *Representations of the Intellectual.* New York, NY: Vintage, 1996 [1994] (dt. *Götter, die keine sind. Der Ort des Intellektuellen.* Frankfurt a.M./Wien: Büchergilde Gutenberg, 1998 [1997]).

Saussure, Ferdinand de: *Cours de linguistique générale.* Paris: Payot & Rivages, 1967 [1916] (kritische Ausgabe [Hg. Rudolf Engler]: Wiesbaden: Harrassowitz, 1967–74; dt. *Grundfragen der allgemeinen Sprachwissenschaft.* Berlin/New York, NY: de Gruyter, 2001 [1931]).

Saussure, Ferdinand de: *Linguistik und Semiologie. Notizen aus dem Nachlaß. Texte, Briefe und Dokumente.* Frankfurt a.M.: Suhrkamp, 1997.

Schanze, Helmut (Hg.): *Metzler Lexikon Medientheorie – Medienwissenschaft. Ansätze – Personen – Grundbegriffe.* Stuttgart/Weimar: Metzler, 2002.

Schatz, Thomas (Hg.): *Hollywood. Critical Concepts in Media and Cultural Studies.* 4 Bde. London: Routledge, 2004.

Schmidt, Siegfried J.: *Grundriß der Empirischen Literaturwissenschaft*. Bd. 1: *Der gesellschaftliche Handlungsbereich Literatur*. Frankfurt a.M.: Suhrkamp, 1991 [1980]. Bd. 2: *Zur Rekonstruktion literaturwissenschaftlicher Fragestellungen in einer empirischen Theorie der Literatur*. Braunschweig/Wiesbaden: Vieweg, 1982 (engl. *Foundations for the Empirical Study of Literature. The Components of a Basic Theory*. Hamburg: Buske, 1982).

Schmidt, Siegfried J. (Hg.): *Literaturwissenschaft und Systemtheorie. Positionen, Kontroversen, Perspektiven*. Opladen: Westdeutscher Verlag, 1993.

Schmidt, Siegfried J.: *Kognitive Autonomie und soziale Orientierung. Konstruktivistische Bemerkungen zum Zusammenhang von Kognition, Kommunikation, Medien und Kultur*. Münster: LIT, 2003 [Frankfurt a.M.: Suhrkamp, 1996 (1994)].

Schmidt, Siegfried J.: *Kalte Faszination. Medien – Kultur – Wissenschaft in der Mediengesellschaft*. Weilerswist: Velbrück Wissenschaft, 2000.

Schmidt, Siegfried J.: *Geschichten & Diskurse. Abschied vom Konstruktivismus*. Reinbek: Rowohlt, 2003.

Schneider, Ralf (Hg.): *Literaturwissenschaft in Theorie und Praxis. Eine anglistisch-amerikanistische Einführung*. Tübingen: Narr, 2004.

Schnell, Ralf (Hg.): *Metzler Lexikon Kultur der Gegenwart. Themen und Theorien, Formen und Institutionen seit 1945*. Stuttgart/Weimar: Metzler, 2000.

Scholz, Bernhard F. (Hg.). *Mimesis. Studien zur literarischen Repräsentation/Studies on Literary Representation*. Tübingen/Basel: Francke, 1998.

Searle, John R.: *Speech Acts. An Essay in the Philosophy of Language*. Cambridge: Cambridge UP, 1997 [1969] (dt. *Sprechakte. Ein sprachphilosophischer Essay*. Frankfurt a.M.: Suhrkamp, 2003 [1971]).

Sebeok, Thomas A. (Hg.): *Encyclopedic Dictionary of Semiotics*. 3 Bde. Berlin/New York, NY: Mouton de Gruyter, 1994 [1986].

Sebeok, Thomas A.: *An Introduction to Semiotics*. London: Pinter, 1994.

Selden, Raman (Hg.): *The Theory of Criticism from Plato to the Present. A Reader*. London/ New York, NY: Longman, 1997 [1988].

Selden, Raman: *Practising Theory and Reading Literature. An Introduction*. New York, NY: Harvester Wheatsheaf, 1995 [1989].

Selden, Raman et al.: *A Reader's Guide to Contemporary Literary Theory*. London: Prentice Hall, 1997 [1985].

Showalter, Elaine (Hg.): *The New Feminist Criticism. Essays on Women, Literature and Theory*. London: Virago, 1993 [1985].

Sim, Stuart (Hg.): *The A-Z Guide to Modern Literary and Cultural Theorists*. London: Prentice Hall, 1995.

Smith, Barbara Herrnstein: *Contingencies of Value. Alternative Perspectives for Critical Theory*. Cambridge, MA/London: Harvard UP, 1991 [1988].

Smith, Philip: *Cultural Theory. An Introduction*. Oxford/Malden, MA: Blackwell, 2001.

Stanitzek, Georg/Voßkamp, Wilhelm (Hgg.): *Schnittstelle. Medien und kulturelle Kommunikation*. Köln: DuMont, 2001.

Stanzel, Franz: *Theorie des Erzählens*. Göttingen: Vandenhoeck & Ruprecht, 2001 [1995, 1979] (engl. *A Theory of Narrative*. Cambridge/New York, NY: Cambridge UP, 1984).

Stockwell, Peter: *Cognitive Poetics. An Introduction*. London/New York, NY: Routledge, 2002.

Storey, John: *An Introductory Guide to Cultural Theory and Popular Culture*. New York, NY: Harvester Wheatsheaf, 1997 [1993].

Tholen, Toni: *Erfahrung und Interpretation. Der Streit zwischen Hermeneutik und Dekonstruktion.* Heidelberg: Winter, 1999.

Tompkins, Jane P. (Hg.): *Reader-Response Criticism. From Formalism to Post-Structuralism.* Baltimore, MD: Johns Hopkins UP, 1994 [1980].

Tonn, Ralf: *Zwischen Rezeption und Revision. Derrida in der amerikanischen Literaturwissenschaft, mit besonderer Berücksichtigung der ›Yale-critics‹.* Frankfurt a.M. et al.: Lang, 2000.

Ullmaier, Johannes: *Kulturwissenschaft im Zeichen der Moderne. Hermeneutische und kategoriale Probleme.* Tübingen: Niemeyer, 2001.

Veeser, Harold Aram (Hg.): *The New Historicism.* New York, NY: Routledge, 1989.

von Braun, Christina/Stephan, Inge (Hgg.): *Gender-Studien. Eine Einführung.* Stuttgart/ Weimar: Metzler, 2000.

von Graevenitz, Gerhart (Hg.): *Konzepte der Moderne.* Stuttgart/Weimar: Metzler, 1999.

Wagenknecht, Christian (Hg.): *Zur Terminologie der Literaturwissenschaft. Akten des IX. Germanistischen Symposions der Deutschen Forschungsgemeinschaft, Würzburg 1986.* Stuttgart/Weimar: Metzler, 1989 [1988].

Warhol, Robyn R./Herndl, Diane Price (Hgg.): *Feminisms. An Anthology of Literary Theory and Criticism.* Basingstoke/London: Macmillan, 1997 [1991].

Weimann, Robert: *Ränder der Moderne. Repräsentation und Alterität im (post)kolonialen Diskurs.* Frankfurt a.M.: Suhrkamp, 1997.

Weimar, Klaus (Hg.): *Reallexikon der Deutschen Literaturwissenschaft.* Bd. 1: *A-G.* Neubearbeitung des *Reallexikons der Deutschen Literaturgeschichte.* Berlin/New York, NY: de Gruyter, 1997. [Bd. 2 s. Fricke 2000; Bd. 3 s. Müller 2003]

Wellek, René: *A History of Modern Criticism, 1750–1950.* Bde. 1–4: 1966; Bde. 5, 6: 1986; Bd. 7: 1991; Bd. 8: 1992. New Haven, CT/ London: Yale UP, 1966ff.

White, Hayden: *Metahistory. The Historical Imagination in 19th Century Europe.* Baltimore, MD/London: Johns Hopkins UP, 1997 [1973] (dt. *Metahistory. Die historische Einbildungskraft im 19. Jahrhundert.* Frankfurt a.M.: Fischer, 1994 [1991]).

White, Hayden: *Tropics of Discourse. Essays in Cultural Criticism.* Baltimore, MD/London: Johns Hopkins UP, 1994 [1978] (dt. *Auch Klio dichtet oder die Fiktion des Faktischen. Studien zur Tropologie des historischen Diskurses.* Stuttgart: Klett-Cotta, 1991 [1986]).

White, Hayden: *The Content of the Form. Narrative Discourse and Historical Representation.* Baltimore, MD: Johns Hopkins UP, 1987 (dt. *Die Bedeutung der Form. Erzählstrukturen in der Geschichtsschreibung.* Frankfurt a.M.: Fischer, 1990).

Williams, Patrick/Chrisman, Laura (Hgg.): *Colonial Discourse and Post-Colonial Theory. A Reader.* New York, NY: Harvester Wheatsheaf, 1996 [1993].

Wolfreys, Julian (Hg.): *Introducing Criticism at the 21st Century.* Edinburgh: Edinburgh UP, 2002.

Wolfreys, Julian: *Critical Keywords in Literary and Cultural Theory.* Basingstoke/ London: Palgrave Macmillan, 2003.

Zapf, Hubert: *Kurze Geschichte der anglo-amerikanischen Literaturtheorie.* München: Fink, 1996 [1991].

Zapf, Hubert: *Literatur als kulturelle Ökologie. Zur kulturellen Funktion imaginativer Texte an Beispielen des amerikanischen Romans.* Tübingen: Niemeyer, 2002.

Zima, Peter V.: *Literarische Ästhetik. Methoden und Modelle der Literaturwissenschaft.* Tübingen: Francke, 1995 [1991].

Zima, Peter V.: *Die Dekonstruktion. Einführung und Kritik*. Tübingen et al.: Francke, 1994 (engl. *Deconstruction and Critical Theory*. London/New York, NY: Continuum, 2000).

Zima, Peter V. (Hg.): *Literatur intermedial. Musik – Malerei – Photographie – Film*. Darmstadt: Wissenschaftliche Buchgesellschaft, 1995.

Zima, Peter V.: *Moderne/Postmoderne. Gesellschaft, Philosophie, Literatur*. Tübingen et al.: Francke, 2001 [1997].

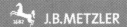

Kultur pur

Nünning (Hrsg.)
Metzler Lexikon Literatur- und Kulturtheorie
3., aktual. und erw. Auflage 2004. 752 S. Geb., € 29,95
ISBN 3-476-01889-X

Kultur- und literaturwissenschaftliche Theorien schießen heute
wie Pilze aus dem Boden. Den Überblick behalten, heißt die
Devise. Welche Konzepte sind relevant? Welche Begriffe spielen
eine tragende Rolle? Welche Autoren prägen die gegenwärtigen
Diskurse?

In rund 720 kompakten Artikeln verwandeln sich abstrakte
Begriffe und komplexe Modelle in gut verständliches Grund-
lagenwissen. Ein Muss für alle, die sich mit Literatur- und
Kulturtheorie befassen.

Nünning/Nünning (Hrsg.)
Konzepte der Kulturwissenschaften
2003. 398 S. Kart., € 24,95
ISBN 3-476-01737-0

Der Band bietet Orientierung in einem interdisziplinären
Diskussionsfeld, informiert über die gegenwärtigen kulturwissenschaftlichen Diskussionen und gibt einen systematischen
und umfassenden Überblick über die verschiedenen Ansätze
wie Kultursemiotik, Kulturanthropologie und New Historicism.

Fax (07 11) 21 94-119 · info@metzlerverlag.de · www.metzlerverlag.de

Printed in the United States
By Bookmasters